Beck'sche Musterverträge, Band 4

Graf von Westphalen: Allgemeine Verkaufsbedingungen

Allgemeine Verkaufsbedingungen

von

Prof. Dr. Friedrich Graf von Westphalen

Rechtsanwalt in Köln

7., neu überarbeitete Auflage

Verlag C. H. Beck München 2012

www.beck.de

ISBN 978 3 406 63192 4

© 2012 Verlag C. H. Beck oHG
Wilhelmstraße 9, 80801 München
Druck und Bindung: Nomos Verlagsgesellschaft
In den Lissen 12, 76547 Sinzheim

Satz: jürgen ullrich typosatz, Nördlingen

Gedruckt auf säurefreiem, alterungsbeständigem Papier
(hergestellt aus chlorfrei gebleichtem Zellstoff)

Inhaltsverzeichnis

A. Einleitung und Textabdruck 1
  I. Einleitung 1
  II. Textabdruck der Allgemeinen Verkaufsbedingungen 2

B. Allgemeine Verkaufsbedingungen mit Erläuterungen 9
  § 1 Allgemeines – Geltungsbereich 9
    1. Qualifikation von Vertragsbedingungen als AGB-Klauseln 10
    2. Voraussetzungen des „Aushandelns" von AGB gemäß § 305 Abs. 1 Satz 3 BGB – Grenzziehung zur Individualabrede 14
    3. Einbeziehung von AGB im unternehmerischen Verkehr ... 21
    4. Kaufmännisches Bestätigungsschreiben – Einbeziehung von AGB 29
    5. Kollision von Bedingungen 34
    6. Schriftformklauseln 42
    7. Geltungsbereich der AGB 51
    8. Einbeziehung gegenüber dem Verbraucher 53

  § 2 Angebot – Angebotsunterlagen 61
    1. Angebotsbindung 62
    2. Angebotsklauseln – Vertragsabschlussklauseln 65
    3. Angebotsunterlagen 67
    4. Angebotsbindung gegenüber dem Endverbraucher 67

  § 3 Preise – Zahlungsbedingungen 68
    1. Preis – Zahlung 70
    2. Preisanpassungsklauseln 75
    3. Aufrechnungs- und Zurückbehaltungsrechte 84
    4. Zahlungsverzug 88

  § 4 Lieferzeit 92
    1. Bestimmung der Lieferzeit 93
    2. Unmöglichkeit 97
    3. Lieferverzug – Voraussetzungen – Folgen 98
    4. Annahmeverzug des Gläubigers 110
    5. Mitwirkungspflichten – Schuldnerverzug 113
    6. Vorlieferant – Erfüllungsgehilfe – Vertretenmüssen 114
    7. Fixgeschäft – Interessenfortfall 118

8. Schadensersatz des Verkäufes	119
9. Klauselgestaltung	123

§ 5 Gefahrenübergang ... 130
1. Erfüllungsort ... 130
2. Gefahrenübergang ... 134
3. Versendungskauf ... 134
4. Klauselgestaltung ... 136

§ 6 Mängelhaftung ... 137
1. Mängeluntersuchung – Mängelrüge ... 139
2. Klauselgestaltungen ... 143
3. Mängelansprüche – allgemein ... 145
4. Beschaffenheitsvereinbarung – Subjektiver und objektiver Fehler ... 145
5. Montage- und Montageanleitung ... 154
6. Falsch- und Zuweniglieferung ... 155
7. Rechtsmangel ... 156
8. Nacherfüllung – Mangelbeseitigung ... 157
9. Nacherfüllung – Ersatzlieferung ... 161
10. Einrede der Unverhältnismäßigkeit der Kosten ... 163
11. Ersatzlieferung – Rückabwicklung ... 164
12. Nacherfüllung – Klauselgestaltung ... 164
13. Selbstvornahme ... 169
14. Rücktritt – Minderung ... 170
15. Schadensersatz als Folge eines Mangels – Fahrlässigkeit ... 174
16. Schadensersatz – strengere Haftung: Garantieübernahme – Beschaffenheitsgarantie ... 176
17. Mangel – Schadensersatz statt der Leistung ... 179
18. Schadensersatz – Verletzung von Nebenpflichten ... 182
19. Beweislast ... 184
20. Haftungsfreizeichnung – Mängelhaftung ... 186
21. Haftungsfreizeichnung – Verletzung von vorvertraglichen Pflichten oder Nebenpflichten ... 195
22. Ersatz vergeblicher Aufwendungen ... 199
23. Haftungsbegrenzungsklausel ... 200
24. Empfehlung ... 201
25. Rechtsmängel ... 202
26. Allgemeine Verjährung von Mängelansprüchen/Rechten ... 202
27. Allgemeine Verjährung – Konkurrierende Ansprüche ... 204
28. Haltbarkeitsgarantie ... 208
29. Lieferregress ... 209

Inhaltsverzeichnis VII

§ 7 Gesamthaftung	218
1. Auslegungskriterien – Unklarheitenregel	218
2. Eindeutigkeitsgebot	221
3. Personalhaftung	224
4. Haftung nach dem Produkthaftungsgesetz – Produzentenhaftung	225
5. Verbraucher-AGB	227

§ 8 Eigentumsvorbehaltssicherung	227
1. Vereinbarung eines Eigentumsvorbehalts	230
2. Unter Vorbehalt stehende Kaufsache	234
3. Entstehen eines Besitzmittlungsverhältnisses	235
4. Rücktritt bei Zahlungsverzug des Kunden	236
5. Zahlung des Preises – Erlöschen des Eigentumsvorbehalts	236
6. Klauselgestaltungen für sonstige Pflichten	237
7. Vorausabtretung – Verlängerter Eigentumsvorbehalt	239
8. Gestattung der Weiterveräußerung der Kaufsache	241
9. Einziehungsermächtigung	243
10. Erlösabführungspflicht	245
11. Weiterverarbeitungsbefugnis	246
12. Verbindung – Vermischung	249
13. Freigabeverpflichtung	251

§ 9 Gerichtsstand – Erfüllungsort	253
1. Gerichtsstandsklauseln	254
2. Salvatorische Klauseln	256
3. Trennbarkeit von AGB-Klauseln	257
4. Ersatz-AGB	258
5. Erfüllungsortklauseln	259
6. Verkehr mit dem Verbraucher	259

C. Sachverzeichnis 261

A. Einleitung und Textabdruck

I. Einleitung

Allgemeine Geschäftsbedingungen (AGB) dienen der notwendigen Rationalisierung und Vereinfachung bei der Abwicklung von Massenverträgen. Sie gehören zum „eisernen Bestand" eines jeden Unternehmens. Es macht insoweit keinen Unterschied, ob die AGB gegenüber einem Verbraucher oder gegenüber einem Unternehmer verwendet werden. Doch die zum AGB-Recht inzwischen ergangene Rechtsprechung und Literatur sind nur noch sehr schwer zu übersehen; auch Spezialisten werden nicht mit Fug und Recht – und ehrlicherweise – von sich behaupten, diese Aussage in der Praxis wirklich und nachhaltig zu widerlegen, dass nämlich mit hinreichender Sicherheit nur wirksame Klauseln verwendet werden.

Gerade deswegen soll dieses Buch eine Hilfestellung bei der Formulierung von Verkaufs-AGB bieten. Soweit Einkaufs-AGB in Rede stehen, sei auf eine eigene Publikation in dieser Reihe verwiesen. Das Schwergewicht der hier unterbreiteten Erläuterungen liegt eindeutig im so genannten b-b-Verkehr, weil ja die Gestaltungsmöglichkeiten von AGB gegenüber einem Verbraucher – jedenfalls im Bereich des Kaufvertrags und auch im gesamten Bereich des e-commerce – sehr begrenzt sind; dort herrscht weithin das zwingende Recht. Doch werden gleichwohl diese Fragestellungen mit behandelt.

Es versteht sich von selbst, dass auch in dieser Auflage die neueste Entwicklung der AGB-Rechtsprechung und die der Literatur berücksichtigt wurden; doch ist sie gegenüber der Vorauflage vollständig überarbeitet.

Im Vordergrund steht der Versuch, praxisorientierte Vorschläge für die Umarbeitung bzw. Neugestaltung der Verkaufsbedingungen zu unterbreiten. Gleichwohl auch wieder ein Vorbehalt, der ständig zu wiederholen ist: Es ist keineswegs ausgemacht, dass die hier vorgeschlagenen Formulierungen über den Tag hinaus gelten; die Rechtsprechung des BGH ist weiterhin rigoros, so dass eine ständige Kontrolle der weiteren Rechtsentwicklung angezeigt ist.

II. Textabdruck der Allgemeinen Verkaufsbedingungen

Allgemeine Verkaufsbedingungen

I. Text gut lesbar auf der **Vorderseite** der Auftragsbestätigung:
„Wir danken Ihnen für die Bestellung; diese bestätigen wir unter ausschließlicher Geltung unserer rückseitig abgedruckten Verkaufsbedingungen."

II. Text gut lesbar auf der **Rückseite** der Auftragsbestätigung:

§ 1
Allgemeines – Geltungsbereich

(1) Unsere Verkaufsbedingungen gelten ausschließlich; entgegenstehende oder von unseren Verkaufsbedingungen abweichende Bedingungen des Kunden erkennen wir nicht an, es sei denn, wir hätten ausdrücklich schriftlich ihrer Geltung zugestimmt. Unsere Verkaufsbedingungen gelten auch dann, wenn wir in Kenntnis entgegenstehender oder von unseren Verkaufsbedingungen abweichender Bedingungen des Kunden die Lieferung an den Kunden vorbehaltlos ausführen.

(2) Alle Vereinbarungen, die zwischen uns und dem Kunden zwecks Ausführung dieses Vertrages getroffen werden, sind in diesem Vertrag schriftlich niedergelegt.

(3) Unsere Verkaufsbedingungen gelten nur gegenüber Unternehmern im Sinn von § 310 Abs. 1 BGB.

§ 2
Angebot – Angebotsunterlagen

(1) Ist die Bestellung als Angebot gemäß § 145 BGB zu qualifizieren, so können wir dieses innerhalb von 2 Wochen annehmen.

(2) An Abbildungen, Zeichnungen, Kalkulationen und sonstigen Unterlagen behalten wir uns Eigentums- und Urheberrechte vor. Dies gilt auch für solche schriftlichen Unterlagen, die als „vertraulich" bezeichnet sind. Vor ihrer Weitergabe an Dritte bedarf der Kunde unserer ausdrücklichen schriftlichen Zustimmung.

§ 3
Preise – Zahlungsbedingungen

(1) Sofern sich aus der Auftragsbestätigung nichts anderes ergibt, gelten unsere Preise „ab Werk", ausschließlich Verpackung; diese wird gesondert in Rechnung gestellt.

(2) Die gesetzliche Mehrwertsteuer ist nicht in unseren Preisen eingeschlossen; sie wird in gesetzlicher Höhe am Tag der Rechnungsstellung in der Rechnung gesondert ausgewiesen.

(3) Der Abzug von Skonto bedarf besonderer schriftlicher Vereinbarung.

(4) Sofern sich aus der Auftragsbestätigung nichts anderes ergibt, ist der Kaufpreis netto (ohne Abzug) innerhalb von 30 Tagen ab Rechnungsdatum zur Zahlung fällig. Es gelten die gesetzlichen Regeln betreffend die Folgen des Zahlungsverzugs.

(5) Aufrechnungsrechte stehen dem Kunden nur zu, wenn seine Gegenansprüche rechtskräftig festgestellt, unbestritten oder von uns anerkannt sind. Außerdem ist er zur Ausübung eines Zurückbehaltungsrechts insoweit befugt, als sein Gegenanspruch auf dem gleichen Vertragsverhältnis beruht.

§ 4
Lieferzeit

(1) Der Beginn der von uns angegebenen Lieferzeit setzt die Abklärung aller technischen Fragen voraus.

(2) Die Einhaltung unserer Lieferverpflichtung setzt weiter die rechtzeitige und ordnungsgemäße Erfüllung der Verpflichtung des Kunden voraus. Die Einrede des nicht erfüllten Vertrages bleibt vorbehalten.

(3) Kommt der Kunde in Annahmeverzug oder verletzt er schuldhaft sonstige Mitwirkungspflichten, so sind wir berechtigt, den uns insoweit entstehenden Schaden, einschließlich etwaiger Mehraufwendungen ersetzt zu verlangen. Weitergehende Ansprüche oder Rechte bleiben vorbehalten.

(4) Sofern die Voraussetzungen von Abs. (3) vorliegen, geht die Gefahr eines zufälligen Untergangs oder einer zufälligen Verschlechterung der Kaufsache in dem Zeitpunkt auf den Kunden über, in dem dieser in Annahme- oder Schuldnerverzug geraten ist.

(5) Wir haften nach den gesetzlichen Bestimmungen, soweit der zugrundeliegende Kaufvertrag ein Fixgeschäft im Sinn von § 286 Abs. 2 Nr. 4 BGB oder von § 376 HGB ist. Wir haften

auch nach den gesetzlichen Bestimmungen, sofern als Folge eines von uns zu vertretenden Lieferverzugs der Kunde berechtigt ist geltend zu machen, dass sein Interesse an der weiteren Vertragserfüllung in Fortfall geraten ist.
(6) Wir haften ferner nach den gesetzlichen Bestimmungen, sofern der Lieferverzug auf einer von uns zu vertretenden vorsätzlichen oder grob fahrlässigen Vertragsverletzung beruht; ein Verschulden unserer Vertreter oder Erfüllungsgehilfen ist uns zuzurechnen. Sofern der Lieferverzug auf einer von uns zu vertretenden grob fahrlässigen Vertragsverletzung beruht, ist unsere Schadensersatzhaftung auf den vorhersehbaren, typischerweise eintretenden Schaden begrenzt.
(7) Wir haften auch dann nach den gesetzlichen Bestimmungen, soweit der von uns zu vertretende Lieferverzug auf der schuldhaften Verletzung einer wesentlichen Vertragspflicht beruht; in diesem Fall ist aber die Schadensersatzhaftung auf den vorhersehbaren, typischerweise eintretenden Schaden begrenzt.
(8) Im Übrigen haften wir im Fall des Lieferverzugs für jede vollendete Woche Verzug im Rahmen einer pauschalierten Verzugsentschädigung in Höhe von 3% des Lieferwertes, maximal jedoch nicht mehr als 15% des Lieferwertes.
(9) Weitere gesetzliche Ansprüche und Rechte des Kunden bleiben vorbehalten.

§ 5
Gefahrenübergang – Verpackungskosten

(1) Sofern sich aus der Auftragsbestätigung nichts anderes ergibt, ist Lieferung „ab Werk" vereinbart.
(2) Für die Rücknahme von Verpackungen gelten gesonderte Vereinbarungen.
(3) Sofern der Kunde es wünscht, werden wir die Lieferung durch eine Transportversicherung eindecken; die insoweit anfallenden Kosten trägt der Kunde.

§ 6
Mängelhaftung

(1) Mängelansprüche des Kunden setzen voraus, dass dieser seinen nach § 377 HGB geschuldeten Untersuchungs- und Rügeobliegenheiten ordnungsgemäß nachgekommen ist.

§ 6 Mängelhaftung

(2) Soweit ein Mangel der Kaufsache vorliegt, ist der Kunde nach seiner Wahl zur Nacherfüllung in Form einer Mangelbeseitigung oder zur Lieferung einer neuen mangelfreien Sache berechtigt. Im Fall der Mangelbeseitigung oder der Ersatzlieferung sind wir verpflichtet, alle zum Zweck der Nacherfüllung erforderlichen Aufwendungen, insbesondere Transport-, Wege-, Arbeits- und Materialkosten zu tragen, soweit sich diese nicht dadurch erhöhen, dass die Kaufsache nach einem anderen Ort als dem Erfüllungsort verbracht wurde.

(3) Schlägt die Nacherfüllung fehl, so ist der Kunde nach seiner Wahl berechtigt, Rücktritt oder Minderung zu verlangen.

(4) Wir haften nach den gesetzlichen Bestimmungen, sofern der Kunde Schadensersatzansprüche geltend macht, die auf Vorsatz oder grober Fahrlässigkeit, einschließlich von Vorsatz oder grober Fahrlässigkeit unserer Vertreter oder Erfüllungsgehilfen beruhen. Soweit uns keine vorsätzliche Vertragsverletzung angelastet wird, ist die Schadensersatzhaftung auf den vorhersehbaren, typischerweise eintretenden Schaden begrenzt.

(5) Wir haften nach den gesetzlichen Bestimmungen, sofern wir schuldhaft eine wesentliche Vertragspflicht verletzen; auch in diesem Fall ist aber die Schadensersatzhaftung auf den vorhersehbaren, typischerweise eintretenden Schaden begrenzt.

- **Alternativ-zusätzlich:**
Eine wesentliche Vertragspflicht liegt vor, wenn sich die Pflichtverletzung auf eine Pflicht bezieht, auf deren Erfüllung der Kunde vertraut hat und auch vertrauen durfte.

(6) Soweit dem Kunden im Übrigen wegen einer fahrlässigen Pflichtverletzung ein Anspruch auf Ersatz des Schadens statt der Leistung zusteht, ist unsere Haftung auf Ersatz des vorhersehbaren, typischerweise eintretenden Schadens begrenzt.

- **Alternativ:**
Keine Regelung betreffend den Ersatz des Schadens statt der Leistung, so dass dann der Ausschluss gemäß Abs. (8) unmittelbar eingreift.

(7) Die Haftung wegen schuldhafter Verletzung des Lebens, des Körpers oder der Gesundheit bleibt unberührt; dies gilt auch für die zwingende Haftung nach dem Produkthaftungsgesetz.

(8) Soweit nicht vorstehend etwas Abweichendes geregelt, ist die Haftung ausgeschlossen.

(9) Die Verjährungsfrist für Mängelansprüche beträgt 12 Monate, gerechnet ab Gefahrenübergang. Dies gilt nicht, soweit die Kaufsache üblicherweise für ein Bauwerk verwendet wird und den Mangel verursacht hat.

(10) Die Verjährungsfrist im Fall eines Lieferregresses nach den §§ 478, 479 BGB bleibt unberührt; sie beträgt fünf Jahre, gerechnet ab Ablieferung der mangelhaften Sache.

§ 7
Gesamthaftung

(1) Eine weitergehende Haftung auf Schadensersatz als in § 6 vorgesehen, ist – ohne Rücksicht auf die Rechtsnatur des geltend gemachten Anspruchs – ausgeschlossen. Dies gilt insbesondere für Schadensersatzansprüche aus Verschulden bei Vertragsabschluss, wegen sonstiger Pflichtverletzungen oder wegen deliktischer Ansprüche auf Ersatz von Sachschäden gemäß § 823 BGB.
(2) Die Begrenzung nach Abs. (1) gilt auch, soweit der Kunde anstelle eines Anspruchs auf Ersatz des Schadens, statt der Leistung Ersatz nutzloser Aufwendungen verlangt.
(3) Soweit die Schadensersatzhaftung uns gegenüber ausgeschlossen oder eingeschränkt ist, gilt dies auch im Hinblick auf die persönliche Schadensersatzhaftung unserer Angestellten, Arbeitnehmer, Mitarbeiter, Vertreter und Erfüllungsgehilfen.

§ 8
Eigentumsvorbehaltssicherung

(1) Wir behalten uns das Eigentum an der Kaufsache bis zum Eingang aller Zahlungen aus dem Liefervertrag vor. Bei vertragswidrigem Verhalten des Kunden, insbesondere bei Zahlungsverzug, sind wir berechtigt, die Kaufsache zurückzunehmen. In der Zurücknahme der Kaufsache durch uns liegt ein Rücktritt vom Vertrag. Wir sind nach Rücknahme der Kaufsache zu deren Verwertung befugt, der Verwertungserlös ist auf die Verbindlichkeiten des Kunden – abzüglich angemessener Verwertungskosten – anzurechnen.
(2) Der Kunde ist verpflichtet, die Kaufsache pfleglich zu behandeln; insbesondere ist er verpflichtet, diese auf eigene Kosten gegen Feuer-, Wasser- und Diebstahlsschäden ausreichend zum Neuwert zu versichern. Sofern Wartungs- und Inspektionsarbeiten erforderlich sind, muss der Kunde diese auf eigene Kosten rechtzeitig durchführen.
(3) Bei Pfändungen oder sonstigen Eingriffen Dritter hat uns der Kunde unverzüglich schriftlich zu benachrichtigen, damit wir

§ 8 Eigentumsvorbehaltssicherung

Klage gemäß § 771 ZPO erheben können. Soweit der Dritte nicht in der Lage ist, uns die gerichtlichen und außergerichtlichen Kosten einer Klage gemäß § 771 ZPO zu erstatten, haftet der Kunde für den uns entstandenen Ausfall.

(4) Der Kunde ist berechtigt, die Kaufsache im ordentlichen Geschäftsgang weiter zu verkaufen; er tritt uns jedoch bereits jetzt alle Forderungen in Höhe des Faktura-Endbetrages (einschließlich MWSt) unserer Forderung ab, die ihm aus der Weiterveräußerung gegen seine Abnehmer oder Dritte erwachsen, und zwar unabhängig davon, ob die Kaufsache ohne oder nach Verarbeitung weiter verkauft worden ist. Zur Einziehung dieser Forderung bleibt der Kunde auch nach der Abtretung ermächtigt. Unsere Befugnis, die Forderung selbst einzuziehen, bleibt hiervon unberührt. Wir verpflichten uns jedoch, die Forderung nicht einzuziehen, solange der Kunde seinen Zahlungsverpflichtungen aus den vereinnahmten Erlösen nachkommt, nicht in Zahlungsverzug gerät und insbesondere kein Antrag auf Eröffnung eines Vergleichs- oder Insolvenzverfahrens gestellt ist oder Zahlungseinstellung vorliegt. Ist aber dies der Fall, so können wir verlangen, dass der Kunde uns die abgetretenen Forderungen und deren Schuldner bekannt gibt, alle zum Einzug erforderlichen Angaben macht, die dazugehörigen Unterlagen aushändigt und den Schuldnern (Dritten) die Abtretung mitteilt.

(5) Die Verarbeitung oder Umbildung der Kaufsache durch den Kunden wird stets für uns vorgenommen. Wird die Kaufsache mit anderen, uns nicht gehörenden Gegenständen verarbeitet, so erwerben wir das Miteigentum an der neuen Sache im Verhältnis des Wertes der Kaufsache (Fakturaendbetrag, einschließlich MWSt) zu den anderen verarbeiteten Gegenständen zur Zeit der Verarbeitung. Für die durch Verarbeitung entstehende Sache gilt im Übrigen das Gleiche wie für die unter Vorbehalt gelieferte Kaufsache.

(6) Wird die Kaufsache mit anderen, uns nicht gehörenden Gegenständen untrennbar vermischt, so erwerben wir das Miteigentum an der neuen Sache im Verhältnis des Wertes der Kaufsache (Fakturaendbetrag, einschließlich MWSt) zu den anderen vermischten Gegenständen zum Zeitpunkt der Vermischung. Erfolgt die Vermischung in der Weise, dass die Sache des Kunden als Hauptsache anzusehen ist, so gilt als vereinbart, dass der Kunde uns anteilmäßig Miteigentum überträgt. Der Kunde verwahrt das so entstandene Alleineigentum oder Miteigentum für uns.

(7) Der Kunde tritt uns auch die Forderungen zur Sicherung unserer Forderungen gegen ihn ab, die durch die Verbindung der Kaufsache mit einem Grundstück gegen einen Dritten erwachsen.

(8) Wir verpflichten uns, die uns zustehenden Sicherheiten auf Verlangen des Kunden insoweit freizugeben, als der realisierbare Wert unserer Sicherheiten die zu sichernden Forderungen um mehr als 10% übersteigt; die Auswahl der freizugebenden Sicherheiten obliegt uns.

§ 9
Gerichtsstand – Erfüllungsort

(1) Sofern der Kunde Kaufmann ist, ist unser Geschäftssitz Gerichtsstand; wir sind jedoch berechtigt, den Kunden auch an seinem Wohnsitzgericht zu verklagen.

(2) Es gilt das Recht der Bundesrepublik Deutschland; die Geltung des UN-Kaufrechts ist ausgeschlossen.

(3) Sofern sich aus der Auftragsbestätigung nichts anderes ergibt, ist unser Geschäftssitz Erfüllungsort.

B. Allgemeine Verkaufsbedingungen mit Erläuterungen

Allgemeine Verkaufsbedingungen

I. Text gut lesbar auf der Vorderseite der Auftragsbestätigung:
„Wir danken Ihnen für die Bestellung; diese bestätigen wir unter ausschließlicher Geltung unserer rückseitig abgedruckten Verkaufsbedingungen."

II. Text gut lesbar auf der Rückseite der Auftragsbestätigung:

§ 1
Allgemeines – Geltungsbereich

(1) Unsere Verkaufsbedingungen gelten ausschließlich; entgegenstehende oder von unseren Verkaufsbedingungen abweichende Bedingungen des Kunden erkennen wir nicht an, es sei denn, wir hätten ausdrücklich schriftlich ihrer Geltung zugestimmt. Unsere Verkaufsbedingungen gelten auch dann, wenn wir in Kenntnis entgegenstehender oder von unseren Verkaufsbedingungen abweichender Bedingungen des Kunden die Lieferung an den Kunden vorbehaltlos ausführen.

(2) Alle Vereinbarungen, die zwischen uns und dem Kunden zwecks Ausführung dieses Vertrages getroffen werden, sind in diesem Vertrag schriftlich niedergelegt.

(3) Unsere Verkaufsbedingungen gelten nur gegenüber Unternehmern im Sinn von § 310 Abs. 1 BGB.

Zusätzlich, falls laufende Geschäftsbeziehungen mit dem betreffenden Kunden wirklich sicher sind und auch für die Zukunft (nicht nur gelegentlich) gewollt sind:

(4) Unsere Verkaufsbedingungen gelten auch für alle künftigen Geschäfte mit dem Kunden.

- **Alternativ** für den Verkehr mit dem **Verbraucher:**
  - Übernahme nur von § 1 Abs. (2) textgleich
  - anstelle voin § 1 Abs. 1

„**Wir verkaufen Ihnen die im Einzelnen hier spezifizierte Ware zu den umstehend abgedruckten Verkaufsbedingungen.**"

Erläuterungen

1. Qualifikation von Vertragsbedingungen als AGB-Klauseln
2. Voraussetzungen des „Aushandelns" von AGB gemäß § 305 Abs. 1 Satz 3 BGB – Grenzziehung zur Individualabrede
3. Einbeziehung von AGB im unternehmerischen Verkehr
4. Kaufmännisches Bestätigungsschreiben – Einbeziehung von AGB
5. Kollision von Bedingungen
6. Schriftformklauseln
7. Geltungsbereich der AGB
8. Einbeziehung gegenüber dem Verbraucher

1. Qualifikation von Vertragsbedingungen als AGB-Klauseln

Wenn ein Lieferant Allgemeine Verkaufsbedingungen (AGB) verwendet, so handelt es sich stets um AGB-Klauseln im Sinn von § 305 Abs. 1 Satz 1 BGB. AGB sind – rechtlich gewertet – stets als "Vertragsbedingungen" zu qualifizieren, weil damit alle vertraglich bedeutsamen Regelungen im Rahmen gegenseitiger Schuldverhältnisse erfasst werden sollen, die Inhalt des zwischen dem Lieferanten als AGB-Verwender und seinem Vertragspartner, dem Kunden, zu schließenden Rechtsgeschäfts sind.[1] Auch Klauseln, die unmittelbar den Vertragsabschluss betreffen, sind als AGB-Klauseln im Sinn § 305 Abs. 1 Satz 1 BGB einzuordnen;[2] selbst die „höfliche Bitte", eine Taschenkontrolle beim Betreten eines Supermarkts vorzunehmen, zählt hierher.[3] Es ist nicht erforderlich, dass die betreffende AGB auch tatsächlich in den Vertrag wirksam einbezogen wird.[4] Daraus folgt: Auch die auf der **Vorderseite** der Auftragsbestätigung anzubringende Hinweisklausel, dass sich nämlich der jeweilige Kaufvertrag nach den AGB des Lieferanten abwickelt, enthält ihrerseits AGB-Klauseln im Sinn der Legaldefinition des § 305 Abs. 1 Satz 1 BGB.[5]

a) Als „Vertragsbedingungen im Sinn von § 305 Abs. 1 Satz 1 BGB werden aber auch solche Regelungen aufgefasst, welche sich auf **deliktische Ansprüche** beziehen.[6] Das ist z.B. im Kontext der hier zu behandelnden Klausel betreffend die Gesamthaftung des

---

1. Ulmer/Habersack, in Ulmer/Brandner/Hensen, AGB-Recht, § 305 Rdnr. 9.
2. Grunewald, ZIP 1987, 353, 356.
3. BGH NJW 1996, 2174; vgl. aber auch BGH NJW 1994, 188 – noch abweichend; zustimmend Heinrichs, NJW 1997, 1407f.; OLG Frankfurt NJW-RR 1995, 1330.
4. Palandt/Grüneberg, BGB, § 305 Rdnr. 4.
5. BGH ZIP 1981, 446.
6. Palandt/Grüneberg, BGB, § 305 Rdnr. 4.

1. Qualifikation von Vertragsbedingungen als AGB-Klauseln 11

Lieferanten (§ 7) von Bedeutung, weil diese sich nicht nur auf die gewöhnlichen Mängelansprüche beziehen darf, sondern auch solche deliktische Ansprüche erfassen sollte, die zum einen sich nicht aus den Bestimmungen des ProdHaftG ergeben, sondern aus der Verletzung des Integritätsinteresses des Kunden im Rahmen von § 823 BGB hergeleitet werden, weil es sich um einen „weiterfressenden Schaden" handelt (S. 226). Da es sich in diesen Fällen um eine Haftungsfreizeichnungs- oder doch um eine Haftungsbegrenzungsklausel handelt, ist die hier gezogene Schlussfolgerung keineswegs überraschend, weil ja der Kunde einer solchen Klausel im Rahmen ihrer wirksamen Einbeziehung nach § 305 Abs. 2 BGB oder nach den §§ 145 ff. BGB ausdrücklich oder stillschweigend auch zugestimmt hat. Auch sachenrechtliche Rechtsgeschäfte werden von § 305 Abs. 1 Satz 1 BGB erfasst, wie etwa die Abtretung von Forderungen oder die Einigung über die Bestellung einer Grundschuld.[7]

b) Als Vertragsbestimmungen sind aber auch alle die **einseitigen Erklärungen des Kunden** anzusehen, welche auf einer vorformulierten Klausel des Verwenders beruhen.[8] Auf solche Tatbestände sind die §§ 305 ff. BGB jedenfalls entsprechend anzuwenden.[9] Von Bedeutung ist diese Feststellung vor allem bei Vollmachten.[10]

c) Aus dem Merkmal des **„Stellens"** in § 305 Abs. 1 Satz 1 BGB – der Lieferant als AGB-Verwender muss der anderen Vertragspartei, dem Kunden, bei Abschluss des Vertrages vorformulierte Vertragsbedingungen „stellen" – folgt, dass als AGB nur solche Vertragsbedingungen anzusehen sind, die aufgrund des Willens des Lieferanten als AGB-Verwender und damit auf rechtsgeschäftlicher Grundlage Vertragsinhalt werden sollen.[11] Das Stellen bezeichnet mithin die Rolle des Verwenders.[12] Dabei kommt es nicht entscheidend darauf an, ob auf Seiten des Verwenders ein wirtschaftliches Übergewicht besteht.[13] Für die Frage, wer denn Verwender von AGB ist, ist die Antwort auf diese Frage unerheblich.[14]

d) Vertragsbedingungen als AGB-Klauseln im Sinn von § 305 Abs. 1 Satz 1 BGB liegen nur dann vor, wenn sie auch **„vorformuliert"** sind. Dies ist immer dann zu bejahen, wenn sie – vor Abschluss des Einzelvertrages – aufgestellt wurden, um in künftigen

---

7. Ulmer/Habersack, in Ulmer/Brandner/Hensen, AGB-Recht, § 305 Rdnr. 15.
8. Ulmer/Habersack, in Ulmer/Brandner/Hensen, AGB-Recht, § 305 Rdnr. 16 ff.
9. Grunewald, in FS für Graf von Westphalen, 2010, S. 229, 231 ff.; Erman/Roloff, BGB, § 305 Rdnr. 6.
10. Palandt/Grüneberg, BGB, § 305 Rdnr. 5.
11. Ulmer/Habersack, in Ulmer/Brandner/Hensen, AGB-Recht, § 305 Rdnr. 27.
12. BGH NJW 2010, 1131, 1133.
13. BGH a.a.O.
14. Palandt/Grüneberg, BGB, § 305 Rdnr. 10.

Verträgen Verwendung zu finden. Dabei ist es gleichgültig, ob die Vorformulierung durch den AGB-Verwender/Lieferanten selbst oder durch einen Dritten bewerkstelligt wurde, zum Beispiel bei der Übernahme eines Mustervertrages oder einzelner Musterklauseln, wie dies etwa auch hier geschieht. In welcher Weise das Vorformulieren stattgefunden hat, ist irrelevant.[15] Daher liegt ein Vorformulieren im Sinn von § 305 Abs. 1 Satz 1 BGB stets vor, wenn AGB gedruckt, fotokopiert, von einem Schreibautomaten übernommen oder in sonstiger Weise vervielfältigt worden sind, notwendig ist dies jedoch nicht.[16] Nach Auffassung des BGH[17] reicht es sogar aus, wenn die AGB-Klauseln im Gedächtnis des Verwenders gespeichert worden sind.[18] Eine schriftliche Fixierung der Klausel ist demnach nicht erforderlich.[19]

Demgegenüber liegen dann die Voraussetzungen des Vorformulierens von AGB-Klauseln nicht vor, wenn die AGB ausschließlich für den speziellen Vertragsabschluss entworfen worden sind,[20] etwa im Rahmen einer Ausschreibung, die an verschiedene Bieter gerichtet war.[21] Entscheidend ist in diesem Zusammenhang, dass das Begriffselement des „Vorformulierens" in § 305 Abs. 1 Satz 1 BGB formalen Charakter besitzt und auf den Massenverkehr zugeschnitten ist.[22] Daraus folgt: Der Einzelvertrag – und die hierfür entwickelten Klauseln – unterfallen nicht der AGB-Definition des § 305 Abs. 1 Satz 1 BGB; sie sind klassische Individualverträge. Wird jedoch dieser Vertrag oder einzelne Klauseln später – gleichgültig, aus welchen Gründen – gegenüber anderen Dritten oder gegenüber dem gleichen Kunden[23] verwendet, so ist insoweit dem Tatbestandselement des Vorformulierens von § 305 Abs. 1 Satz 1 BGB Genüge getan.[24]

c) § 305 Abs. 1 Satz 1 BGB verlangt des Weiteren, dass das Vorformulieren für eine „**Vielzahl**" von Verträgen oder Rechtsgeschäften erfolgen muss. Das ist schon immer dann zu bejahen, wenn der AGB-Verwender die betreffende Klausel drei Mal verwendet oder

---

15. Palandt/Grüneberg, BGB, § 305 Rdnr. 8.
16. OLG Hamm NJW-RR 1988, 726; Ulmer/Habersack, in Ulmer/Brandner/Hensen, AGB-Recht, § 305 Rdnr. 33 ff.
17. BGH NJW 1988, 410; OLG Köln NJW-RR 1995, 758.; BGH WM 2005, 1373.
18. Staudinger/Schlosser, BGB, § 305 Rdnr. 23; Palandt/Gruneberg, BGB, § 305 Rdnr. 8.
19. BGH NJW 2001, 2635.
20. BGH NJW-RR 2002, 13 – Absicht der Mehrfachverwendung entscheidet; BGH NJW-RR 1988, 57.
21. BGH NJW 1997, 135.
22. Ukmer/Habersack, in Ulmer/Brandner/Hensen, AGB-Recht, § 305 Rdnr. 21.
23. BGH NJW 1979, 367.
24. Ulmer/Habersack, in Ulmer/Brandner/Hensen, AGB-Recht, § 305 Rdnr. 22.

1. Qualifikation von Vertragsbedingungen als AGB-Klauseln

wenn die entsprechende Absicht besteht[25] Nicht erforderlich ist, dass eine „unbestimmte" Vielzahl von Verwendungsfällen vom AGB-Verwender in Betracht gezogen wird.[26] Vielmehr gilt: Das Kriterium der Vielzahl im Sinn von § 305 Abs. 1 Satz 1 BGB ist, wie gesagt, bereits dann erfüllt, wenn AGB-Klauseln mindestens in drei Fällen Verwendung gefunden haben.[27] Dies entspricht auch der Tendenz der Literatur.[28] Dabei ist es unerheblich, ob diese Verträge dem Massengeschäft oder selteneren Rechtsgeschäften zuzurechnen sind, wie zum Beispiel einem Lizenzvertrag oder einem Handelsvertretervertrag, soweit sie nicht nur für einen bestimmten Vertrag ausgearbeitet wurden.[29] Dabei reicht es auch aus, wenn das Merkmal der Vielzahl deswegen erfüllt ist, weil der Verwender die gleichen Vetragsbestimmungen gegenüber dem gleichen Vertragspartner mehrfach verwenden will.[30]

Von besonderem praktischen Belang ist es, dass nach der Rechtsprechung des BGH eine Vermutung in Form des Beweises eines ersten Anscheins für das Vorliegen von AGB-Klauseln immer dann anzunehmen sein kann, wenn es sich um inhaltlich im Wesentlichen übereinstimmende Klauseln handelt, welche für einen bestimmten Vertragstyp für gewöhnlich verwendet werden.[31] Das gilt etwa bei Bauverträgen,[32] kann aber auch in anderem Zusammenhang angenommen werden.

f) Gemäß § 305 Abs. 1 Satz 1 BGB ist es gleichgültig, ob die als AGB-Klauseln zu qualifizierenden Vertragsbestimmungen mit dem Vertrag eine Einheit bilden oder äußerlich getrennt sind; und es ist des weiteren unerheblich, welchen Umfang die AGB-Klauseln aufweisen, in welcher Schriftart sie verfasst sind und welche Form der Vertrag hat. Bereits das Wort „Gerichtsstand" in einem Briefkopf ist eine AGB-Klausel.[33] Deshalb kann auch eine einzelne Klausel in einem Individualvertrag AGB-Charakter haben.[34]

g) Haben sich beide Parteien – dies kommt gelegentlich vor – darauf geeinigt, ein bestimmtes AGB-Formular zu verwenden,[35] so

---

25. BGH NJW 2002, 128; BGH NJW 2004, 138; BGH NJW 1998, 2286, 2287.
26. Palandt/Grüneberg, § 305 Rdnr. 9.
27. BGH WM 1984, 1610; LG Konstanz BB 1981, 1420. BGH NJW 1998, 2286; BGH NJW 2002, 138; BAG DB 2006, 1377.
28. Palandt/Grüneberg, BGB, § 305 Rdnr. 9; Ulmer/Habersack, in Ulmer/Brandner/Hensen, AGB-Recht, § 305 Rdnr. 25 a.
29. BGH NJW-RR, 2002, 13.
30. Ulmer/Habersack, in Ulmer/Brandner/Hensen, AGB-Recht, § 305 Rdnr. 23.
31. BGH NJW 1999, 2180, 2181; Fischer, in FS für Kreft, 2004, S. 33, 49 ff.
32. BGH NZBau 2005, 590; BGH NZBau 2004, 146.
33. BGH ZIP 1987, 1185.
34. BGH NJW 1979, 2387, 2388.
35. BGH NJW 2010, 1131.

ist mit der herrschenden Meinung davon auszugehen, dass dann die §§ 305 ff. BGB unanwendbar sind.[36] Dem ist zu folgen: Geschützt werden soll nämlich die Vertragsgestaltungsfreiheit der Partei, die mit den jeweiligen AGB konfrontiert worden ist und sie nicht „gestellt" hat.[37] Daran fehlt es, wenn sich beide Parteien auf bestimmte AGB-Klauseln geeinigt haben, indem sie insoweit von ihrer autonomen Vertragsgestaltungsfreiheit Gebrauch gemacht haben.

2. Voraussetzungen des „Aushandelns" von AGB gemäß § 305 Abs. 1 Satz 3 BGB – Grenzziehung zur Individualabrede

Die Schutzbestimmungen des AGB-Rechts sind dann nicht anwendbar, wenn die Voraussetzungen eines Individualvertrages gemäß § 305 Abs. 1 Satz 3 BGB erfüllt sind. Dies setzt voraus und schließt ein, dass zwischen den Parteien die jeweilige AGB-Klausel „im Einzelnen ausgehandelt" wurde.[38]

a) Die Judikatur zur inhaltlichen Bestimmung des Begriffselements „Aushandeln" im Sinn von § 305 Abs. 1 Satz 3 BGB hat sich inzwischen – gerade auch in jüngerer Zeit[39] – verfestigt.[40] Danach erfordert ein „Aushandeln" im Sinn von § 305 Abs. 1 Satz 3 BGB mehr als ein reines Verhandeln,[41] der Verwender muss nämlich den „gesetzesfremden Kerngehalt" der Klausel ernsthaft zur Disposition stellen[42] und dem Vertragspartner damit „Gestaltungsfreiheit zur Wahrung eigener Interessen einräumen mit zumindest der realen Möglichkeit, die inhaltliche Ausgestaltung der Vertragsbedingung zu beeinflussen".[43] Demnach genügt eine allgemein geäußerte Bereitschaft, Vertragsklauseln auf Anfordern des Vertragspartners ab-

---

36. Palandt/Grüneberg, BGB, § 305 Rdnr. 13; Ulmer/Habersack, in Ulmer/Brandner/Hensen, AGB-Recht, § 305 Rdnr. 29.
37. Vgl. Palandt/Grüneberg, § 305 Rdnr. 13.
38. Umfassend AGB-Klauselwerke/Graf von Westphalen – Individualvereinbarung Rdnr. 1 ff.; Ulmer/Habersack, in Ulmer/Brandner/Hensen, AGB-Recht, § 305 Rdnr. 47 ff.; vgl. auch Palandt/Grüneberg, BGB, § 305 Rdnr. 18 ff.
39. BGH NJW 2005, 2543, 2544; BGH NJW-RR 2005, 1040; BGH NJW 2003, 1805.
40. BGH, NJW 1977, 624, 625; BGH WM 1982, 871, 872; BGH ZIP 1986, 1466, 1467; BGH ZIP 1987, 448, 449; BGH ZIP 1987, 1576; BGH NJW 2000, 1110, 1111; BAG 2006, 1377.
41. BGH ZIP 1986, 1466; BGH ZIP 1987, 448, 449; BGH, ZIP 1987, 1576, BGH NJW 1991, 1679.
42. BGH ZIP 1986, 1466, 1467; BGH ZIP 1987, 448, 449; BGH ZIP 1987, 1576; BGH WM 1992, 1995, 1996; insbesondere BGH NJW-RR 1996, 783, 787; BGH ZIP 1996, 1997.
43. BGH ZIP 1986, 1466, 1467; BGH ZIP 1987, 1576, 1577; BGH WM 1992, 401; BGH WM 1992, 1995, 1996; BGH NJW 2000, 1110, 1111.

2. Voraussetzungen des „Aushandelns" von AGB

zuändern nicht.[44] Der BGH hat in seiner jüngsten Rechtsprechung[45] diese Anforderungen tendenziell – bezogen auf den Verkehr mit dem Verbraucher – verschärft. Danach verlangt ein Aushandeln, dass „der Verwender den anderen Teil über den Inhalt und die Tragweite der Klausel im Einzelnen belehrt oder sonst wie erkennbar wird, dass der andere Teil den Inhalt der Klausel wirklich verstanden hat". Maßgeblich ist, dass der „vorformulierte Text" von beiden Parteien in ihren „rechtsgeschäftlichen Gestaltungswillen aufgenommen wird, also als Ausdruck ihrer rechtsgeschäftlichen Selbstbestimmung und Selbstverantwortung gewertet werden kann".[46]

aa) Demnach genügt es für ein „Aushandeln" nicht, dass das Vertragsformular dem Vertragspartner bekannt ist und nicht auf Bedenken stößt. Des Weiteren ist es unbeachtlich, wenn der Verwender den Text erläutert, so dass dann der Kunde vom Inhalt der AGB tatsächlich auch Kenntnis erlangt hat.[47] Auch die Tatsache, dass die AGB vom Kunden unterzeichnet worden sind, ist irrelevant.[48] Dies gilt selbst dann, wenn die entsprechende Klausel dahin lautet, dass der Kunde dem Verwender „bestätigt", dass ein Aushandeln stattgefunden hat, solange es sich hierbei um eine vom Verwedner selbst vorformulierte AGB handelt.[49]

bb) Es gilt vielmehr ein „**Regelsatz**",[50] der auch weiterhin Gültigkeit hat: Die dem anderen Vertragspartner eindeutig und unmissverständlich signalisierte Abänderungsbereitschaft[51] wird sich „in aller Regel"[52] auch in „erkennbaren Änderungen des vorformulierten Textes niederschlagen".[53] Allerdings gilt eine wichtige **Ausnahme**: „Unter besonderen Umständen",[54] so formuliert es der BGH, kann ein Vertrag allerdings auch dann das Ergebnis eines „Aushandelns" im Sinn von § 305 Abs. 1 Satz 3 BGB sein, „wenn es schließlich nach gründlicher Erörterung bei dem gewünschten Entwurf verbleibt",[55] weil sich der Kunde „ausdrücklich" mit der Formulierung einver-

---

44. BGH NJW-RR 2005, 1040.
45. BGH NJW 2005, 2543.
46. In der Sache auch BGH NJW 2010, 1131, 1133.
47. BGH NJW 2000, 1110, 1111.
48. Ulmer/Habersack, in Ulmer/Brandner/Hensen, AGB-Recht, § 305 Rdnr. 49.
49. BGH NJW 2005, 2543, 2544.
50. BGH ZIP 1986, 1466, 1467; BGH ZIP 1987, 1576, 1577 – „in aller Regel".
51. BGH NJW 1977, 624, 625.
52. BGH ZIP 1986, 1466, 1467.
53. BGH ZIP 1986, 1466, 1467; BGH ZIP 1987, 1576, 1577.
54. BGH ZIP 1986, 1466, 1467; BGH ZIP 1987, 1576, 1577; BGH NJW 2001, 1110, 1111 f.
55. BGH ZIP 1982, 969, 970; BGH ZIP 1986, 1466, 1467; BGH ZIP 1987, 1576, 1577; BGH NJW 1992, 2283, 2285.

standen erklärt hat.⁵⁶ Dann aber muss die Beibehaltung der vorformulierten AGB-Klausel darauf beruhen, dass der AGB-Verwender „den Kunden von ihrer sachlichen Notwendigkeit überzeugt" hat.⁵⁷ Dies setzt voraus, dass zwischen beiden Parteien detaillierte, auf Abänderung einer Klausel zielende – und diese schließlich verwerfende – Vertragsverhandlungen stattgefunden haben, so dass die Aufnahme der Klausel als Ausdruck der rechtsgeschäftlichen Selbstbestimmung und Selbstverantwortung gewertet werden kann.⁵⁸ Es reicht folglich auch nicht aus, wenn der Verwender eine bestimmte Klausel als „unabdingbar" hinstellt, und zwar selbst dann nicht, wenn der Kunde mit ihrem Inhalt sich letztlich einverstanden erklärt. Denn es ist in diesen Fällen offen, ob der Kunde in der Tat eine autonome, selbstverantwortliche Entscheidung getroffen hat, die ja setst Voraussetzung für die Bejahung einer Individualabrede ist.⁵⁹

cc) Ob die Tatbestandsvoraussetzungen des „Aushandelns" im Sinn von § 305 Abs. 1 Satz 3 BGB erfüllt sind, ist für jede einzelne Klausel gesondert festzustellen⁶⁰ – eine Erkenntnis, die bereits aus dem Wortlaut von § 305 Abs. 1 Satz 3 BGB abgeleitet wird. Das ist wesentlich. Denn es ist in der Praxis durchaus üblich, dass einzelne Klauseln – z.B. Haftungsfreizeichnungs- oder Haftungsbegrenzungsklauseln – im Einzelnen „ausgehandelt" werden, während der Vertragsinhalt im Übrigen den AGB unterworfen bleibt. Soweit ein derartiges „Aushandeln" stattgefunden hat, ist aber stets weiter zu prüfen, ob von der abgeänderten Klausel eine **Ausstrahlungswirkung** auf übrige – nicht abgeänderte – Klauseln ausgehen kann.⁶¹ Ob es in diesem Zusammenhang entscheidend darauf ankommt, dass die – „ausgehandelte" – Klausel von zentraler oder untergeordneter Bedeutung ist,⁶² oder ob dieses Kriterium irrelevant ist, braucht hier nicht weiter vertieft zu werden. Richtig erscheint allemal: Es kommt auf die jeweiligen Umstände des Einzelfalls an, weil der Zweck des AGB-Rechts darauf abhebt, die Partei zu schützen, die nicht in der Lage war, die vertragliche Gestaltungsfreiheit zur Wahrung ihrer eigenen Interessen wahrzunehmen. Soweit festgestellt ist, dass dies zutrifft, liegt kein „Aushandeln" im Sinn von § 305 Abs. 1 Satz 3 BGB vor. Richtig ist es aber auch, dass immer

---

56. BGH NJW 1992, 2283, 2285; Heinrichs, NJW 1996, 1381, 1382 – gegen OLG München NJW-RR 1995, 1524.
57. BGH ZIP 1987, 1576, 1577; Palandt/Grüneberg, BGB, § 305 Rdnr. 22.
58. BGH NJW 2005, 2543; BT-Drucks. 7/3919 S. 17.
59. Hierzu auch Ulmer/Habersack, in Ulmer/Brandner/Hensen, AGB-Recht, § 305 Rdnr. 51; vgl. auch Pfeiffer, in Wolf/Lindacher/Pfeiffer, AGB-Recht, § 305 Rdnr. 38.
60. BGH NJW-RR 1996, 783, 787.
61. Palandt/Grüneberg, BGB, § 305 Rdnr. 20.
62. So Löwe/Graf von Westphalen/Trinkner, AGBG, § 1 Rdnr. 24.

dann, wenn ein Vertrag nachweislich an mehreren Stellen abgeändert worden ist, dann kann dies als Indiz dafür gewertet werden, dass dann der gesamte Vertrag als Individualvertrag anzusehen ist.[63]

dd) Eine bloße **Abänderung des Preises** oder der Zahlungsbedingungen reicht ebenso wenig aus, wie die Änderung der Hauptleistung auf Grund von Verhandlungen, weil es auf die Einflussnahme gegenüber dem „gesetzesfremden" Kerngehalt der jeweiligen AGB-Klausel ankommt.[64] Es ist auch nicht ausreichend, wenn der AGB-Verwender seinen Kunden lediglich vor die Wahl stellt, entweder die gestellten Bedingungen unverändert zu übernehmen oder ganz von dem Vertrag Abstand zu nehmen.[65]

ee) Doch diese Fälle sind von denen zu unterscheiden, in denen der Verwender dem Kunden bestimmte Alternativen als **Wahlmöglichkeiten** anbietet. Wenn der Verwender dem Kunden etwa die Möglichkeit eröffnet, bestimmte Leerräume innerhalb des Klauseltextes auszufüllen, dann kommt es nach der Rechtsprechung darauf an, ob es sich hierbei um unselbständige Ergänzungen handelt, wie etwa das Ausfüllen des Vertragsgegenstandes oder die Angabe der Adresse des Kunden. Trifft dies zu, dann handelt es sich eindeutig um AGB.[66] Anders, d.h. im Sinn eines Individualvertrages ist aber dann zu entscheiden, wenn es sich bei den auszufüllenden Leerräumen um selbständige Ergänzungen handelt, sofern der Kunde in der Lage war, eine autonome Entscheidungsfreiheit zu betätigen,[67] wie etwa beim Ausfüllen von Laufzeiten des Vertrages. Anders ist aber dann wieder zu entscheiden, sofern dieses Ausfüllen der Leerräume im Sinn und Interesse des Verwenders geschieht.[68] In diesem Fall verbleibt es bei der Qualifikation als AGB.

ff) **Unerheblich** im Sinn eines „Aushandelns" gemäß § 305 Abs. 1 Satz 3 BGB ist – entgegen einem weitverbreiteten Missverständnis – auch die Tatsache, ob der Kunde den Vertrag unterzeichnet hat. Denn damit dokumentiert der Kunde lediglich, er sei mit den AGB des Verwenders einverstanden.[69] Die Unterzeichnung eines Vertrages, der AGB-Klauseln des Verwenders einschließt, besagt also lediglich, dass diese wirksam in den jeweiligen Individualvertrag einbezogen worden sind. Dies gilt auch dann, wenn die Klausel dahin

---

63. Ulmer/Habersack, in Ulmer/Brandner/Hensen, AGB-Recht, § 305 Rdnr. 55; vgl. auch MünchKomm/Basedow, BGB, § 305 Rdnr. 37; Erman/Roloff, BGB, § 305 Rdnr. 18 f.
64. BGH NJW 1991, 1678, 1679; BGH NJW 1992, 1107, 1108.
65. BGH ZIP 1987, 1576, 1577.
66. BGH NJW 2003, 1713; Palandt/Grüneberg, BGB, § 305 Rdnr. 8 m.w.N.
67. BGH NJW 1998, 1066.
68. BGH NJW 2005, 1574.
69. BGH ZIP 1986, 1466, 1467.

lautet, der Kunde habe die AGB anerkannt".[70] Auch eine formulargemäße Erklärung des AGB-Verwenders, er sei zur Abänderung der AGB jederzeit bereit, begründet nicht die tatsächliche Abänderungsbereitschaft des AGB-Verwenders für eine Individualvereinbarung gemäß § 305 Abs. 1 Satz 3 BGB.[71] Sie ist auch nicht geeignet, die Beweislast für das Vorliegen eines Individualvertrages zum Nachteil des Kunden zu ändern.[72] Auch eine früher erklärte oder praktizierte Abänderungsbereitschaft wirkt nicht ohne weiteres auf spätere Verträge nach; vielmehr ist es geboten, dass der AGB-Verwender diese – gesondert, d.h. bei jedem Vertragsabschluss – eindeutig und unmissverständlich erklärt.[73]

gg) Da die richterliche Inhaltskontrolle von AGB-Klauseln streng und die Voraussetzungen an ein „Aushandeln" im Sinn eines Individualvertrages hoch sind, empfiehlt es sich dringend, bei den Vertragsverhandlungen sicherzustellen, dass der Tatbestand des „Aushandelns" im Sinn von § 305 Abs. 1 Satz 3 BGB beweismäßig festgehalten wird. Die **Darlegungs- und Beweislast** ist wie folgt verteilt: Wer sich auf den Schutz der §§ 305ff. BGB berufen will, ist verpflichtet, den Nachweis zu führen, dass es sich in der Tat um AGB im Sinn des § 305 Abs. 1 Satz 1 BGB handelt.[74] Dafür spricht der Beweis des ersten Anscheins, sofern die Klauseln der äußeren Form nach als vorformuliert anzusehen sind.[75] Es kann aber auch sein, dass sich aus der äußeren Fassung der Klauseln – wegen ihrer Typizität im Blick auf einen bestimmten Vertragstypus – ergibt, dass der Anschein für die AGB-Qualität streitet.[76] Nicht eindeutig ist in der Regel der Fall, dass die AGB in maschinenschriftlicher Form unterbreitet werden, weil dies die klassische Form eines Computerausdrucks ist. Denn spricht einiges dafür, dass der Kunde noch zusätzliche Merkmale wird beweisen müssen, wie insbesondere auch die Absicht der Mehrfachverwendung oder die auf eine Mehrfachverwendung hindeutende Typizität der Vertragsgestaltung selbst.[77] Die Tatsache, dass eine bestimmte Klausel für eine Partei günstig ist, belegt noch nicht, dass sie für die andere nachteilig und daher AGB ist.[78]

---

70. BGH BB 1983, 15 m. Anm. von Bohle; Ulmer/Habersack, in Ulmer/Brandner/Hensen, AGB-Recht, § 305 Rdnr. 49.
71. BGB NJW 1977, 624., BGH NJW-RR 2005, 1040.
72. BGH ZIP 1987, 448, 450.
73. BGH NJW 1979, 367, 368.
74. Palandt/Grüneberg, BGB, § 305 Rdnr. 25.
75. Ulmer/Habersack, in Ulmer/Brandner/Hensen, AGB-Recht, § 305 Rdnr. 61.
76. BGH NJW 2004, 502.
77. BGH NZBau 2005, 580; Ulmer/Habersack, a.a.O.
78. BGH NJW 2010, 1131, 1133.

2. Voraussetzungen des „Aushandelns" von AGB

Hat der Kunde diesen Nachweis geführt, dann ist es Sache des Verwenders zu beweisen, dass die Voraussetzungen einer Individualabrede nach § 305 Abs. 1 Satz 3 BGB vorliegen,[79] weil er nur auf diese Weise die richterliche Inhaltskontrolle der AGB-Klauseln vermeiden kann.[80] Ein ganz wichtiges Indiz für das Vorliegen der Voraussetzungen von § 305 Abs. 1 Satz 3 BGB ist dabei der Befund, dass die Klausel tatsächlich abgeändert worden ist.[81] Ist jedoch der Text unverändert beibehalten, so obliegt dem AGB-Verwender der volle Beweis für das Vorliegen einer Individualabrede und dafür dass ein ernsthaftes „Aushandeln" tatsächlich stattfand.[82]

hh) Auch im **unternehmerischen Verkehr** wird man – entsprechend den Vorgaben der Judikatur[83] – grundsätzlich an dieser strengen Interpretation von § 305 Abs. 1 Satz 3 BGB festhalten müssen.[84] Das Bestehen eines Machtgefälles zwischen den Parteien ist dabei für die Beurteilung einer Individualabrede genauso irrelevant wie für die Frage nach dem Maß der richterlichen Inhaltskontrolle.[85] Denn dieser Ansatz verbietet sich auf Grund des eindeutigen Wortlauts des Gesetzes.

In letzter Zeit allerdings ist eine wahre **Springflut von Veröffentlichungen** auf den Markt gebracht worden, welche – mit durchaus unterschiedlicher Begründung – die Auffassung vertreten, dass im unternehmerischen Verkehr andere, weniger strenge Voraussetzungen für ein Aushandeln nach § 305 Abs. 1 Satz 3 BGB gelten sollen.[86] Darauf kann hier nicht näher eingegangen werden. Denn für die Praxis gelten vorrangig die Grundsätze, wie sie von der Rechtsprechung entwickelt worden sind.[87] Dabei sind vor allem **zwei Konstellationen**, wie sie in der Praxis immer wieder vorkommen,

---

79. BGH ZIP 1996, 1997, 1999 – Treuhandvertrag.; BGH NJW 1998, 2600.
80. BGH NJW 1977, 624, 625; OLG Stuttgart NJW-RR 1987, 143.
81. BGH NJW 2000, 1110, 1111 f.
82. Ulmer/Habersack, in Ulmer/Brandner/Hensen, AGB-Recht, § 305 Rdnr. 64.
83. BGH NJW 2000, 1110.
84. Vgl. aber Palandt/Grüneberg, BGB, § 305 Rdnr. 22; dem BGH folgend Ulmer/Habersack, in Ulmer/Brandner/Hensen, AGB-Recht, § 305 Rdnr. 45 ff.; Erman/Roloff, BGB, § 305 Rdnr. 18; MünchKomm/Basedow, BGB; § 305 Rdnr. 37; Becker, in Bamberger/Roth, BGB, § 305 Rdnr. 34.
85. BGH NJW 2010, 11341, 1133.
86. Ohne Anspruch auf Vollständigkeit Berger ZIP 2006, 2149 ff.; ders. NJW 2010, 465 ff. – Gesetzesvorschlag; Berger/Kleine BB 2007, 2137 ff.; Lischek/Mahnken ZIP 2007, 158 ff.; Kessel/Jüttner BB 2008, 1350 ff.; Müller/Griebler/Pfeil BB 2009, 2658 ff. – ebenfalls Gesetzesvorschlag; ablehnend Graf von Westphalen ZIP 2010, 1110 ff.
87. Dagegen auch in der gängigen Literatur Staudinger/Schlosser, BGB; § 305 Rdnr. 36 a; Pfeiffer, in Wolf/Lindacher/Pfeiffer, AGB-Recht, § 305 Rdnr. 39; Palandt/Grüneberg, BGB, § 305 Rdnr. 22.

noch kurz zu vertiefen: Wenn der Verwender dem Kunden die reale Möglichkeit eröffnet, eine Abänderung der vorformulierten Klausel vorzunehmen, der Kunde aber von dieser Möglichkeit keinen Gebrauch macht, um so in den Schutzbereich des AGB-Rechts zu gelangen, dann wird man diesen Akt einer rechtsgeschäftlichen Verantwortungslosigkeit kaum honorieren dürfen. Vielmehr ist diese „AGB-Falle" im Rahmen des § 311 Abs. 2 BGB aufzulösen: Es besteht nämlich eine Obliegenheit des Kunden, sich auch auf eine so angebotene Vertragsänderung tatsächlich einzulassen und in ein Aushandeln auch einzutreten.[88] Jedenfalls ist es als treuwidrig zu klassifizieren, wenn der Kunde – ungeachtet der ihm gewährten Chance, seine eigenen Interessen auch durchzusetzen – diese Möglichkeit verweigert, um dann die richterliche Inhaltskontrolle gegegenüber der betreffenden Klausel nach § 307 BGB einzufordern.

Die Berücksichtigung der vom BGH angesprochenen „besonderen Umstände",[89] die trotz fehlender Abänderung des vorformulierten Textes eine Individualabrede nach § 305 Abs. 1 Satz 3 BGB als möglich erscheinen lassen, sind stets auf das sorgfältigste zu prüfen und in die Waagschale (Risiko des Vertrages, Zeitdauer der Verhandlungen, Einsicht in technische und kommerzielle Zusammenhänge, juristische Beratung) zu werfen,[90] Es führt aber gerade auch in diesen Fällen kein Weg an der tragenden Erkenntnis vorbei, dass es im Ergebnis darauf ankommt, ob denn der Kunde eine eigenverantwortliche Entscheidung getroffen hat, die betreffende Klausel als sachgerecht und seinem eigenen Interesse entsprechend anzuerkennen, obwohl sie nicht geändert worden war.[91] Das kann etwa bei einer Haftungsfreizeichnung (selten) oder aber bei einer Haftungsbegrenzungsklausel (häufiger) anzunehmen sein, wenn der ergänzend eingreifende Versicherungsschutz im Einzelnen erörtert wurde, so dass der Kunde in der Lage war, sein Risiko im Fall eines Schadenseintritts auch tatsächlich selbstverantwortlich abzugreifen. Das setzt eine umfassende Abwägung voraus. Mitunter ist es auch so, dass eine Art „Tarifwahl" dem Kunden angeboten wird, die sich auf die Perspektive – Preis, Haftung, Versicherungsschutz – bezieht. Ist sie ausreichend transparent und hat der Kunde in der Tat eine, auf

---

88. Mit Recht Ulmer/Habersack, in Ulmer/Brandner/Hensen, AGB-Recht, § 305 Rdnr. 51; a. M. Erman/Roloff, BGB, § 305 Rdnr. 19 – keine Pflicht sich auf Verhandlungen einzulassen.
89. BGH NJW 2000, 1110, 1111 f.
90. Im Einzelnen AGB-Klauselwerke/Graf von Westphalen – Individualvereinbarung Rdnr. 417 ff.
91. Im Einzelnen auch Graf von Westphalen ZIP 2010, 1110 ff.

seine eigenen Belange bezogene Wahlfreiheit, dann wird man dies als hinreichend im Sinn eines Aushandelns nach § 305 Abs. 1 Satz 3 BGB bewerten dürfen.[92] Bezeichnet der Verwender indessen die betreffende Klausel schlicht als „unabdingbar", dann reicht dies für die Annahme einer Individualabrede sicherlich nicht aus.[93]

3. Einbeziehung von AGB im unternehmerischen Verkehr

Gemäß § 310 Abs. 1 BGB gilt: Die Einbeziehungsvoraussetzungen von § 305 Abs. 2 BGB, welche gegenüber dem Verbraucher gemäß § 13 BGB zwingend zu beachten sind, finden zwar bei der Einbeziehung von AGB-Klauseln gegenüber Kaufleuten keine Anwendung. Doch auch im unternehmerischen Verkehr gilt für die Einbeziehung von AGB-Klauseln, dass diese nach Maßgabe der §§ 145 ff. BGB erfolgen müssen.[94]

a) Von besonderer Bedeutung ist, dass eine **Kongruenz** zwischen dem Typus des jeweiligen Individualvertrages und den in Bezug genommenen AGB besteht. Ist zum Beispiel der Individualvertrag ein Wartungsvertrag, so scheitert die Einbeziehung von Verkaufs-AGB schon an diesem Umstand.[95] Notfalls kann auch eine solche Diskrepanz unter Berücksichtigung des Vorrangprinzips von § 305 b BGB bewältigt werden; das führt dann ebenfalls dazu, dass die AGB wegen ihrer „Individualvertragsferne" nicht gelten. Doch ist es durchaus sachgerecht, auch in diesem Zusammenhang auf die Einbeziehungsvoraussetzungen der §§ 145 ff. BGB zurückzugreifen. Das Gleiche gilt in der Sache, wenn der Lieferant verschiedene AGB verwendet; unter dieser Voraussetzung ist er verpflichtet, gegenüber dem Kunden von vornherein klarzustellen, welche AGB gelten sollen.[96]

Das gesamte hier erörterte **Formular** bezieht sich ausschließlich auf einen als **Kaufvertrag** gemäß §§ 433 ff. BGB zu qualifizierenden Individualvertrag. Sollten andere Verträge Verwendung finden, so ist ein Rückgriff auf dieses Formular – wenn überhaupt – nur in sehr engen Grenzen vertretbar. Das gilt auch für solche Verträge, die an Kaufverträge oft angelehnt werden, wie insbesondere Dienst- und Werkverträge. Allerdings ist es unbedenklich, Verträge im Rah-

---

92. Ulmer/Habersack, in Ulmer/Brandner/Hensen, AGB-Recht, § 305 Rdnr. 53.
93. Ulmer/Habersack, in Ulmer/Brandner/Hensen, AGB-Recht, § 305 Rdnr. 51; a. M. BGH NJW 1992, 2283, 2285 – obiter.
94. BGH BB 1978, 1085; BGH BB 1982, 2074; BGH ZIP 1985, 623; Ulmer/Habersack, in Ulmer/Brandner/Hensen, AGB-Recht, § 305 Rdnr. 169.
95. BGH VersR 1976, 286 f.
96. BGH ZIP 1981, 1220.

men des § 651 BGB nach diesem Muster zu behandeln. Denn für diese Verträge gilt primär Kaufrecht.[97]

b) Die erforderliche rechtsgeschäftliche Einbeziehung von AGB-Klauseln ist im Sinn der §§ 145 ff. BGB immer dann zu bejahen, wenn der AGB-Verwender/Lieferant durch „ausdrückliche" Erklärung auf die Geltung seiner AGB gegenüber dem Kunden hingewiesen hat. Anstelle eines „ausdrücklichen" Hinweises ist auch ein konkludenter Hinweis auf die Geltung der AGB zulässig, sofern sich hierfür ausreichende Anhaltspunkte gemäß §§ 133, 157 BGB für die wirksame Einbeziehung der AGB finden lassen.[98] Diese Voraussetzung wird man dann als erfüllt ansehen dürfen, wenn – unter Berücksichtigung der jeweiligen Umstände des Einzelfalls – eine genaue Prüfung des Verhaltens beider Vertragsparteien ergibt, dass auf Seiten des Kunden das erforderliche Einverständnis mit der Geltung der AGB des Lieferanten – vor allem wegen eines fehlenden Widerspruchs gegen deren Geltung – vorliegt.[99]

c) Um alle anfallenden praktischen Schwierigkeiten in diesem Zusammenhang von vornherein auszuräumen, empfiehlt es sich dringend, bei Verwendung von Verkaufs-AGB zum einen sicherzustellen, dass ein entsprechender – deutlicher – Hinweis auf die Geltung der AGB auf der **Vorderseite der Auftragsbestätigung** erfolgt, und dass zum anderen die Verkaufs-AGB auf der Rückseite der Auftragsbestätigung abgedruckt sind. Davon geht das hier unterbreitete Formular aus.

d) Fehlt es im Gegensatz zu dem hier vorgeschlagenen **Formular** an diesen – eindeutigen – Voraussetzungen für eine „ausdrückliche" Einbeziehung der jeweiligen Verkaufs-AGB, so sind folgende Gesichtspunkte relevant:

aa) Ob eine wirksame Einbeziehung der AGB-Klauseln auch dann vorliegt, sofern der Lieferant auf seine Verkaufs-AGB lediglich auf der Rückseite seiner Auftragsbestätigung hingewiesen hat – ohne die Einbeziehung auf der Vorderseite durch einen entsprechenden Verweis sicherzustellen – ist umstritten.[100] Diese Frage ist durch Auslegung nach den §§ 133, 157 BGB zu entscheiden.[101] Regelmäßig dürfte in diesen Fällen eine wirksame Einbeziehung zu ver-

---

97. Palandt/Sprau, BGB, § 651 Rdnr. 5.
98. BGH ZIP 1992, 404, 406; BGH BB 1978, 1085; BGHZ 12, 136, 142; Ulmer/Habersack, in Ulmer/Brandner/Hensen, AGB-Recht, § 305 Rdnr. 170.
99. Palandt/Grüneberg, BGB, § 305 Rdnr. 52.
100. Bejahend: Ulmer/Habersack, in Ulmer/Brandner/Hensen, AGB-Recht, § 305 Rdnr. 170; verneinend: Löwe/Graf von Westphalen/Trinkner, AGBG, § 2 Rdnr. 35; Schmidt-Salzer, AGB, D 55; OLG Hamburg ZIP 1984, 1241, 1242 – Gerichtstandsklausel auf der Rückseite einer Rechnung.
101. Palandt/Grüneberg, BGB, § 305 Rdnr. 52.

3. Einbeziehung von AGB im unternehmerischen Verkehr 23

neinen sein, es sei denn, aufgrund der besonderen Umstände des Einzelfalls war für den Kunden der Wille des AGB-Verwenders/ Lieferanten unübersehbar, seine nur auf der Rückseite abgedruckten Verkaufs-AGB in den Individualvertrag einzubeziehen.[102] Denn auch eine schlüssige Einbeziehung von AGB setzt voraus, dass der Verwender erkennbar auf seine AGB verweist und der Kunde dem nicht widerspricht.[103] Denn immer ist eine Einbeziehung auf rechtsgeschäftlicher Basis nach den §§ 145 ff. BGB erforderlich und nachzuweisen.[104]

bb) Stets muss daher der Kunde in der Lage sein, aufgrund des – ihm erkennbaren – Einbeziehungswillens des AGB-Verwenders/ Lieferanten eindeutig festzustellen, welche AGB in den betreffenden Vertrag einbezogen werden sollten, so dass er in der Lage ist, sich vom Inhalt dieser – einzubeziehenden – AGB selbst zu überzeugen und entsprechende Kenntnis zu verschaffen und ihrer Geltung auch zu widersprechen.[105] Er muss deshalb in der Lage sein, den Abschluss des ihm angebotenen Vertrages wegen der als belastend angesehenen AGB abzulehnen. Freilich gelten andere Gesichtspunkte, wenn es sich um laufende Geschäftsbeziehungen zwischen den Parteien handelt (S. 24) oder wenn die Verwendung von AGB als branchenüblich einzuordnen ist (S. 25).

cc) **Nicht ausreichend** unter Berücksichtigung der stets nachzuweisenden rechtsgeschäftlichen Einbeziehungskriterien ist deshalb die Bezugnahme auf AGB im Rahmen von Einzelklauseln, z.B. in den Zahlungsbedingungen.[106] Gleiches gilt dann, wenn nicht erkennbar ist, welche AGB von mehreren in Betracht kommenden AGB einbezogen werden sollten, weil zum Beispiel der Einbeziehungshinweis missverständlich war.[107] Auch der Abdruck von AGB in Prospekten, Katalogen, Preislisten, Broschüren u. Ä. reicht grundsätzlich nicht aus.[108] Eine Ausnahme kann freilich dann gelten, sofern an deutlicher und unübersehbarer Stelle auf die Geltung der AGB verwiesen wurde und wenn üblicherweise Preislisten, Kataloge, Prospekte etc. dem Bestellvorgang zugrunde gelegt werden.[109] Denn dann weiß der Kunde, dass AGB den Vertrag beherrschen sollen.

---

102. Staudinger/Schlosser, BGB, § 305 Rdnr. 123.
103. BGH NJW-RR 2003, 754, 755.
104. BGH a.a.O.; Palandt/Grüneberg, BGB; § 305 Rdnr. 52; Erman/Roloff, BGB, § 305 Rdnr. 47.
105. Palandt/Grüneberg, BGB, § 305 Rdnr. 52.
106. OLG Düsseldorf NJW 1965, 761, 762.
107. BGH WM 1980, 164.
108. LG Berlin MDR 1980, 404.
109. Ulmer/Habersack, in Ulmer/Brandner/Hensen, AGB-Recht, § 305 Rdnr. 170.

Auch sind Hinweise in Rechnungen[110] sowie in Lieferscheinen,[111] Warenbegleitpapieren etc. grundsätzlich nicht geeignet,[112] eine wirksame Einbeziehung der AGB in einen Individualvertrag sicherzustellen, weil ja diese Dokumente – und die in ihnen enthaltenen Hinweise – dem Vertragsabschluss regelmäßig nachfolgen.[113] Man kann die Begründung für die Nichteinbeziehung auch darin sehen, dass diese Dokumente und damit die entsprechenden AGB regelmäßig einer Person zugehen, die nicht für die Abänderung von (ohne einbezogene AGB bereits abgeschlossenen) Verträgen zuständig ist, z. B. die Warenannahmestelle.

cc) Bei **laufenden Geschäftsbeziehungen**[114] stellt sich regelmäßig die Frage, ob die bei früheren Anlässen wirksam einbezogenen AGB unverändert – aufgrund stillschweigender Einbeziehung – auch für künftige Rechtsgeschäfte fortgelten.[115] Die damit aufgeworfene Frage bedarf sorgfältigster Prüfung.[116] Sie ist nicht ohne weiteres zu bejahen.[117] Die Rechtsprechung ist zurückhaltend.[118] Voraussetzung für die Einbeziehung ist allemal, dass bei Beginn der Geschäftsbeziehungen – auf beiden Seiten – der erkennbare Wille vorhanden war, in Zukunft miteinander nicht nur unregelmäßig Geschäfte einer bestimmten Art unter Beachtung bestimmter AGB abzuwickeln.[119] Die rechtliche Selbständigkeit der Einzelverträge darf also nicht im Vordergrund stehen;[120] sondern der Tatbestand der laufenden Geschäftstbeziehung und damit der der Regelmäßigkeit.[121] Daher reicht es nicht aus, wenn die Geschäftsbeziehungen zwischen den Parteien erst kurze Zeit andauern und es ungewiss ist, ob sie weiter fortgesetzt werden.[122] Für sich allein genommen ist jedenfalls die Existenz laufender Geschäftsbeziehungen – auch im kaufmännischen Verkehr – kein Geltungsgrund für die wirksame Einbeziehung der AGB des Verwenders/Lieferanten, und zwar auch dann nicht,

---

110. Vgl. BGH ZIP 1986, 1125.
111. BGH NJW 1978, 2243, 2244; LG Gießen NJW-RR 1996, 630 – weitere Hinweise.
112. Staudinger/Schlosser, BGB, § 305, Rdnr. 119.
113. Staudinger/Schlosser, BGB, § 305 Rdnr. 114; Palandt/Grüneberg, BGB, § 305 Rdnr. 52.
114. BGHZ 42, 53, 55; BGH NJW 1978, 2243; Müller-Graff, Festschrift für Pleyer, 401, 412 ff.
115. Hierzu BGH ZIP 1992, 404; BGH NJW 1982, 1751 – Eigentumsvorbehalt.
116. Palandt/Grüneberg, BGB, § 305 Rdnr. 51.
117. Ulmer/Habersack, in Ulmer/Brandner/Hensen, AGB-Recht, § 305 Rdnr. 170a.
118. BGHZ 117, 190.
119. BGH ZIP 1992, 404, 405; BGH ZIP 1986, 1125, 1126.
120. BGH a. a. O.
121. BGH NJW-RR 2003, 754, 755.
122. BGH BB 1978, 1085.

3. Einbeziehung von AGB im unternehmerischen Verkehr 25

wenn eine entsprechende Geltungsklausel sicherstellen soll, dass die AGB auch für künftige Verträge gelten sollen. Daher ist auch ein solcher Hinweis in den AGB angesichts der vorrangigen Bedeutung des Individualvertrages, laufende Geschäftsbeziehungen eingehen und aufrechterhalten zu wollen, unbehelflich.[123]

Diese – restriktiven – Gesichtspunkte haben gerade auch dann hohe Bedeutung, wenn der AGB-Verwender/Lieferant bei früheren Verträgen nur auf Rechnungen[124] oder auf Warenbegleitpapieren auf die Geltung seiner AGB hingewiesen hat.[125] Dies kann zwar gemäß §§ 133, 157 BGB zu einem konkludenten Einbezug der Liefer-AGB führen.[126] Doch reicht es im Regelfall nicht aus.[127] Anders ist freilich die Rechtslage dann zu beurteilen, wenn es sich um eine **Nachbestellung** handelt, sofern bei der Erstbestellung die AGB bereits wirksam einbezogen worden sind, zum Beispiel bei einer nachfolgenden Ersatzteilbestellung.[128] Denn in diesem Fall liegt das rechtsgeschäftliche Einverständnis des Kunden mit der Fortgeltung der AGB in der Tat sehr nahe.

dd) Bei der Verwendung **branchenüblicher AGB-Klauseln** ist anerkannt: In diesen Fällen werden die AGB-Klauseln ohne einen besonderen Hinweis aufgrund konkludenter Einbeziehung wirksamer Bestandteil des jeweiligen Individualvertrages, sofern nicht besondere Umstände dem entgegenstehen.[129] Im Rahmen des hier diskutierten Musters von Verkaufs-AGB hat diese Frage keine Bedeutung, weil sie vor allem für die Verwendung der ADSp[130] anerkannt ist. Doch muss es sich auch um ein branchentypisches Geschäft handeln, weil ja eine stillschweigende Zustimmung des Kunden nur insoweit erwartet werden kann.[131]

e) Verweist der AGB-Verwender/Lieferant „ausdrücklich" – also: auf der Vorderseite der Auftragsbestätigung – auf die Geltung seiner AGB, so ist er auch im kaufmännischen Verkehr entgegen der weiter oben apostrophierten Empfehlung nicht zwingend verpflichtet, die AGB auf der Rückseite der Auftragsbestätigung abzudrucken oder

---

123. BGHZ 117, 190.
124. OLG Hamburg ZIP 1984, 1241.
125. BGH BB 1978, 1085; OLG Celle WM 1987, 1569, 1570; vgl. auch Philipowski, Betr 1979, 248.
126. BGH NJW-RR 2005, 1518; vgl. auch BGH NJW-RR 2004, 1292.
127. MünchKomm/Basedow, BGB, § 305 Rdnr. 176; Ulmer/Habersack, in Ulmer/Brandner/Hensen, AGB-Recht, § 305 Rdnr. 176.
128. BGH BB 1965, 435; Umer/Habersack, in Ulmer/Brandner/Hensen, AGB-Recht, § 305 Rdnr. 170 a.
129. BGHZ 7, 187, 190 f.; BGH NJW 1964, 1788, 1789.
130. BGH VersR 1974, 327, 328; BGH NJW 1976, 2075; BGH RIW 1982, 55; BGH NJW 1986, 1434; BGH NJW-RR 1996, 1313.
131. Vgl. Palandt/Grüneberg, BGB, § 305 Rdnr. 57.

diese dem Vertragsdokument beizufügen.[132] Ausreichend, aber auch erforderlich ist, dass der Kunde die **Möglichkeit der Kenntnisnahme** vom Inhalt der AGB hat.[133] Deshalb besteht – im Gegensatz zum Endverbraucher-Verkehr gemäß § 305 Abs. 2 BGB – eine **Erkundigungspflicht** des Kunden.[134] Notfalls ist er deshalb verpflichtet, die ihm nicht bekannten, aber konkret als einbezogen bezeichneten AGB beim AGB-Verwender/Lieferanten anzufordern oder sich in sonstiger Weise zu beschaffen.[135] Insoweit reicht also die Bereitschaft des AGB-Verwenders aus, die AGB dem Kunden auf Wunsch zu übersenden.[136] Dieser Gesichtspunkt gilt jedoch nur für Klauseln, die den Inhalt oder die Abwicklung des konkreten Vertrages betreffen, nicht aber für die Geltung von AGB auch für künftige Verträge.[137]

aa) Erfüllt aber der AGB-Verwender/Lieferant in Übereinstimmung mit der hier ausgesprochenen Empfehlung seine Kenntnisverschaffungsobliegenheit, dann müssen die AGB-Klauseln, wenn sie denn dem Kunden zur Kenntnis gebracht werden, drucktechnisch so gestaltet sein, dass sie ohne Mühe gelesen werden können.[138] Maßgebend ist das Kriterium der **Zumutbarkeit**.[139] Die Benutzung einer Lupe zur Entzifferung des Inhalts der AGB ist allemal unzumutbar.[140] Die Rechtsprechung ist freilich hier in starkem Maße einzelfallbezogen.[141]

Aus praktischer Sicht ist es empfehlenswert, für die auf der Rückseite der Auftragsbestätigung abzudruckenden Verkaufs-AGB eine Drucktype zu verwenden, die ausreichend groß und daher mühelos lesbar ist. Bei der Abfassung üblicher Verkaufs-AGB kann dies – auch vom Umfang her – unschwer bewältigt werden; die Erfahrung belegt dies nachhaltig. Der regelmäßig auf der Rückseite einer Auftragsbestätigung vorhandene Platz reicht aus, um dort die AGB in leicht lesbarer Form abzudrucken. Es sollte jedoch vermieden werden, dass ein zu dünnes Papier verwendet wird, weil „Farbe oder

---

132. BGH Betr 1976, 1616; BGH Betr 1985, 884.
133. BGH ZIP 1992, 404, 406.
134. OLG Hamburg Betr 1981, 470; vgl. auch Palandt/Grüneberg, BGB, § 305 Rdnr. 54.
135. BGH NJW 1987, 487, 491.
136. OLG Düsseldorf VersR 1996, 1394.
137. BGH ZIP 1992, 404, 406.
138. BGH NJW 1982, 2772; BGH NJW-RR 1986, 1311; OLG Hamburg, BB 1987, 1703.
139. Thamm/Detzer, BB 1989, 1133, 1134.
140. BGH VersR 1986, 678, 679; BGH BB 1983, 2074; OLG Hamm, NJW-RR 1988, 944.
141. OLG Hamburg BB 1987, 1703, 1704 – Lieferbedingungen; BGH BB 1983, 2074 – Konnossementsbedingungen; BGH VersR 1986, 678 – dito; Rabe, RIW 1984, 589; umfassend Thamm/Detzer, BB 1989, 1133 ff.

3. Einbeziehung von AGB im unternehmerischen Verkehr 27

Helligkeit des Untergrundes und die drucktechnische Sauberkeit eine wesentliche Rolle" spielen, um – unter Berücksichtigung allgemeiner Zumutbarkeitskriterien – abzuklären, ob das Kriterium der mühelosen Lesbarkeit erreicht ist.[142]

bb) Die Beachtung der rechtsgeschäftlichen Einbeziehungsvoraussetzungen für AGB erfordert auch, dass die AGB – gerade dann, wenn sie umfangreich sind – übersichtlich gestaltet und ausreichend gegliedert sind.[143] Sie müssen auch gemäß § 307 Abs. 1 Satz 2 BGB transparent gestaltet sein.[144] Dies schließt eine logische Gliederung ein; eine klare inhaltliche Konzeption muss in Aufbau und Ausgestaltung erkennbar werden.[145] Die Verwendung von Überschriften ist geboten, weil so – bezogen auf die Verständnismöglichkeit eines durchschnittlichen Kunden – eine raschere Übersicht ermöglicht wird.[146] Die Beachtung dieses Gebots hat vor allem praktische Auswirkungen bei Haftungsfreizeichnungsklauseln.[147] Eine Freizeichnungsklausel verstößt im unternehmerischen Verkehr deshalb dann gegen das sog. Transparenzgebot, wenn sie sich auf die nicht abbedungene „Haftung für die Verletzung von Kardinalpflichten" bezieht.[148] Denn nach Ansicht des BGH fasst eine solche Klausel die von der Rechtsprechung entwickelten Vertragspflichten nur schlagwortartig zusammen, so dass es für den juristischen Laien nur schwerlich zu erfassen sei, was unter „Kardinalpflichten" zu verstehen ist. Es bedürfe vielmehr der abstrakten Erläuterung des mit „Kardinalpflichten" Gemeinten. Die Entscheidung ist zwar berechtigter Kritik ausgesetzt, doch erscheint es geboten der Auffassung des BGH aus „Sicherheitsgründen" zu folgen. Anstatt auf die „Kardinalpflichten" sollte sich die Freizeichnung nicht auf solche fahrlässig verletzten amtlichen Pflichtverletzungen beziehen, deren Erfüllung dem Vertrag das Gepräge gibt und auf die der Kunde vertrauen darf. Das Formular bemüht sich, diesen Anforderungen zu entsprechen.

cc) Soweit der Lieferant/AGB-Verwender **fremdsprachige** AGB verwendet, ist er verpflichtet, diese in der jeweiligen Verhandlungssprache oder in einer Weltsprache abzufassen.[149] Liegen zweisprachige, inhaltlich voneinander abweichende AGB-Fassungen vor,

---

142. BGH VersR 1986, 678.
143. BGH BB 1978, 1085, 1086; OLG Saarbrücken, NJW-RR 1988, 858; Palandt/Grüneberg, BGB, § 305 Rdnr. 54.
144. Grundlegend Heinrichs, FS für Trinkner, S. 157 ff.
145. Thamm/Detzer, BB 1989, 1133, 1135; Palandt/Grüneberg a. a. O.
146. Thamm/Detzer, a. a. O.
147. BGH BB 1977, 162 – Schwimmschalter; BGH ZIP 1992, 934, 936 – Silokipper.
148. BGH NJW-RR 2005, 1496 = NJW 2006, 46 L.
149. BGH NJW 1996, 1819.

werden im Zweifel die in der Verhandlungssprache abgefassten AGB Vertragsinhalt.[150]

f) Unter Berücksichtigung der rechtsgeschäftlichen Kriterien der §§ 145 ff. BGB ist besonders im kaufmännischen Verkehr zu berücksichtigen, ob die Einbeziehung der Verkaufs-AGB im Rahmen einer Auftragsbestätigung den Tatbestand des § 150 Abs. 2 BGB – „modifizierte Auftragsbestätigung" – erfüllt. Das ist immer dann anzunehmen, wenn der Verwender erstmals im Rahmen einer Auftragsbestätigung – Annahmeerklärung – auf seine AGB verweist, während das Angebot keine AGB (oder die des Kunden) enthält. Zu berücksichtigen ist dabei: Ein solcher – erstmaliger – Hinweis auf die Geltung seiner AGB ist gemäß § 150 Abs. 2 BGB grundsätzlich nicht geeignet, als rechtzeitige, d.h. auf den Vertragsabschluss gerichtete Einbeziehung gewertet zu werden. Denn die widerspruchslose Entgegennahme einer „modifizierten Auftragsbestätigung" ist – auch im kaufmännischen Verkehr – nicht als Einverständnis zu werten, weil insoweit Schweigen – auch unter Kaufleuten – als Ablehnung gilt.[151]

Unter Berücksichtigung der jeweiligen Umstände des Einzelfalls bleibt jedoch zu prüfen, ob nicht die spätere – widerspruchslose – Entgegennahme der erbrachten Lieferung/Leistung durch den Kunden als stillschweigendes Einverständnis mit der Geltung der Verkaufs-AGB zu werten ist.[152] Für sich allein genommen ist freilich die Entgegennahme der Lieferung/Leistung durch den Kunden genauso erklärungsneutral wie die Bezahlung des geschuldeten Entgelts. Aber abhängig von der Bewertung der Umstände des Einzelfalls kann es durchaus sein, dass dann das stillschweigende Einverständnis des Kunden sich nicht nur auf die Entgegennahme der Lieferung/Leistung bezieht, sondern auch darauf, dass dann die in der modifizierten Auftragsbestätigung erstmals in Bezug genommenen AGB wirksam Vertragsbestandteil werden.[153] Aber auch in diesem Zusammenhang ist das Konsens-Dissens-Prinzip der §§ 154, 155 BGB anwendbar, falls der Kunde seinerseits eine Abwehrklausel in seinen Einkaufs-AGB vorsieht,[154] weil dann das allgemeine Problem zu bewältigen ist, dass sich nämlich eine Kollision von AGB beim Vertragsabschluss ergibt (S. 34 ff.). Fehlt es aber daran, dann ergibt sich folgende Lösung; Angesichts der im kaufmännischen Verkehr ständig praktizierten Trennung zwischen Individualvertrag und der

---

150. BGH a.a.O.
151. BGHZ 18, 212, 216; BGHZ 61, 282, 285; BGH JZ 1977, 602, 603.
152. BGH LM Nr. 3 zu § 150 BGB; BGH LM Nr. 6 zu § 150 BGB.
153. BGH NJW-RR 2000, 1154, 1155; Palandt/Grüneberg, BGB, § 305 Rdnr. 52 f.
154. Palandt/Grüneberg, BGB, § 305 Rdnr. 55.

regelmäßig als nachrangig angesehenen Bedeutung von AGB lässt die vorbehaltlose Entgegennahme der Lieferung/Leistung durch den Kunden grundsätzlich den Schluss zu, dass dieser – in Kenntnis der einbezogenen Verkaufs-AGB des Verwenders handelnd – ihre Geltung unter Berücksichtigung von § 242 BGB akzeptieren muss. Dem Kunden ist es wegen des Verbots widersprüchlichen Verhaltens gemäß § 242 BGB verwehrt, sich gleichwohl darauf zu berufen, dass die Verkaufs-AGB – mangels Konsenses – nicht wirksam einbezogen worden seien. Doch gilt dies eben nur, wenn der Kunde seinerseits keine AGB verwendet. Denn nach der hier vertretenen Ansicht kommt es für das Kollisionsproblem nicht auf das Vorhandensein einer Abwehrklausel, sondern darauf an, dass überhaupt AGB durch einen ausdrücklichen Hinweis in Geltung gesetzt werden sollen.

Das **Formular** berücksichtigt diesen Gesichtspunkt in Abs. (1) Satz 2.

4. Kaufmännisches Bestätigungsschreiben – Einbeziehung von AGB

Die wirksame Einbeziehung von Verkaufs-AGB kann auch im Rahmen eines kaufmännischen Bestätigungsschreibens stattfinden. Verweist der Lieferant – erstmalig – im Rahmen eines solchen Schreibens auf die Geltung seiner AGB,[155] so gelten folgende Erwägungen:

a) Es entspricht einer vielfach geübten kaufmännischen Praxis, auf das vielseitig verwendbare und auch verwendete Instrument eines kaufmännischen Bestätigungsschreibens zurückzugreifen.[156] Seine Wirkung beruht auf **Gewohnheitsrecht** nach § 346 HGB. Die besondere Rechtswirkung dieses Instituts besteht darin, dass der Empfänger eines solchen Schreibens verpflichtet ist, seinen Inhalt unverzüglich zu prüfen und zu widersprechen, weil er sonst seinen Inhalt gegen sich gelten lassen muss.[157] Dabei geht die Rechtsprechung davon aus, dass der persönliche Anwendungsbereich dadurch umschrieben ist, dass der Absender eines solchen Bestätigungsschreibens jeder ist, der – wie ein Kaufmann – am Rechtsverkehr teilnimmt, so dass von ihm auch erwartet werden kann, dass er das insoweit anwendbare Gewohnheitsrecht tatsächlich auch kennt und beachtet. Das gleiche gilt für den Empfänger eines solchen Schreibens.[158]

---

155. Palandt/Grüneberg, BGB, § 305 Rdnr. 53; Staudinger/Schlosser, BGB, § 305 Rdnr. 197; MünchKomm/Basedow, BGB, § 305 Rdnr. 84.
156. Palandt/Ellenberger, BGB, § 147 Rdnr. 8 ff.
157. Baumbach/Hopt, HGB, § 346 Rdnr. 16 ff.; Palandt/Ellenberger a. a. O.
158. Baumbach/Hopt, HGB, § 346 Rdnr. 18; Palandt/Ellenberger, BGB, § 147 Rdnr. 10.

aa) Der entscheidende praktische Anwendungsberecih eines kaufmännischen Bestätigungsschreibens ergibt sich daraus, dass der Kaufmann einen formlos, d.h. mündlich geschlossenen Vertrag gegenüber dem anderen Vertragsteil schriftlich bestätigt. Dies dient in erster Linie dem Zweck der **Beweissicherung**. Wirksamkeitsvoraussetzung ist dabei, dass die Parteien einen schriftlichen Vertragsabschluss vereinbart haben.[159] Das Bestätigungsschreiben muss sich daher auf eine mündliche, fernmündliche oder telegrafisch getroffene Vereinbarung beziehen.[160] Notwendigerweise müssen Vertragsverhandlungen stattgefunden haben.[161] Dabei reicht das Handeln eines vollmachtlosen Vertreters aus.[162] Damit ist auch der entscheidende **Unterschied zu einer Auftragsbestätigung** bezeichnet. Diese ist nämlich die Annahmeerklärung, also der zweite Akt eines abzuschließenden Vertrages. Vertragsverhandlungen sind hier nicht vorausgegangen, wohl aber ist dies die Bedingung für die Annahme eines Bestätigungsschreibens.[163]

bb) Die Rechtswirkung eines kaufmännischen Bestätigungsschreibens – Schweigen gilt mangels eines unverzüglichen Widerspruchs als Zustimmung – ist jedoch nicht davon abhängig, dass bereits ein Vertragsabschluss mündlich, fernmündlich oder telegrafisch erfolgt ist.[164] Es müssen allerdings Vertragsverhandlungen stattgefunden haben.[165] Aus diesem Grund wird zwischen einem **deklaratorischen** – den Vertragsabschluss lediglich bestätigenden – und einem **vertragskonstitutiven**, d.h. den Vertragsabschluss begründenden kaufmännischen Bestätigungsschreiben differenziert.[166] Klassischer Fall für ein solches konstitutives Bestätigungsschreiben ist das Handeln eines vollmachtlosen Vertreters.[167] Denn unter dieser Voraussetzung hängt die Wirksamkeit des Vertrages von der Erfüllung der Voraussetzungen des § 179 BGB ab, weil ja der Prinzipal das Geschäft und damit auch das Handeln des vollmachtlosen Vertreters genehmigen kann.

cc) Kraft Gewohnheitsrecht gemäß § 346 HGB gilt, dass **Schweigen** auf den Erhalt eines kaufmännischen Bestätigungsschreibens – jedenfalls unter Kaufleuten – als Zustimmung zu seinem Inhalt. Nicht erforderlich ist, dass das Schreiben ausdrücklich als Bestäti-

---

159. BGH NJW 1964, 1270.
160. BGH NJW 1965, 965.
161. BGH NJW 1974, 992.
162. BGH Betr 1967, 1362.
163. Baumbach/Hopt, HGB, § 346 Rdnr. 16 f.
164. Palandt/Ellenberger, BGB, § 147 Rdnr. 11 m. w. N.
165. BGH NJW 1974, 992; Palandt/Ellenberger, BGB, § 147 Rdnr. 11.
166. Vgl. Baumbach/Hopt, HGB, § 346 Rdnr. 17; Lindacher, WM 1981, 702 ff.
167. BGH NJW 2007, 987.

4. Kaufmännisches Bestätigungsschreiben

gungsschreiben bezeichnet ist; es kann auch als „Auftragsschreiben" oder als „Auftragsbestätigung" benannt sein; entscheidend ist die Zweckrichtung des jeweiligen Schreibens.[168] Damit die Rechtswirkungen des kaufmännischen Bestätigungsschreibens – im Fall des Schweigens des Empfängers – eintreten, verlangt die Judikatur regelmäßig, dass der Zweck des Schreibens eindeutig darauf hinweist, dass der Vertragsabschluss und seine einzelnen Bedingungen im unmittelbaren zeitlichen Anschluss verbindlich festgelegt werden.[169] Unklarheiten gehen zu Lasten des Absenders.[170]

dd) Es gehört zu dem klassischen Arsenal eines Bestätigungsschreibens, dass der Absender den Vertragsinhalt in Nebenpunkten ergänzt.[171] Aus diesem Grund hat die BGH-Judikatur die nachträgliche **Einbeziehung der AGB** im Rahmen eines kaufmännischen Bestätigungsschreibens – zu Lasten des Empfängers – grundsätzlich als wirksam angesehen, sofern der Empfänger des Bestätigungsschreibens seinem Inhalt nicht unverzüglich widersprochen hat.[172] Mangels eines – rechtzeitigen – Widerspruchs des Empfängers richtet sich folglich der Inhalt des Vertrages nach den AGB des Bestätigenden.[173] So gesehen gelten bei der erstmaligen Einbeziehung von Verkaufs-AGB im Rahmen eines kaufmännischen Bestätigungsschreibens die gleichen Grundsätze, die zuvor erörtert worden sind: Erforderlich ist also vor allem der „ausdrückliche" Hinweis auf die Geltung der AGB, d.h. auf der Vorderseite des Schreibens; auch eine stillschweigende, konkludente Einbeziehung der AGB im Rahmen der §§ 145 ff. BGB ist – abhängig von den Umständen des Einzelfalls – ausreichend.[174] Doch ist stets darauf zu achten, dass ein kaufmännisches Bestätigungsschreiben – mangels ausdrücklicher Einbeziehung der AGB – die Vermutung der Vollständigkeit für sich hat, so dass für eine stillschweigende Einbeziehung – auch bei laufenden Geschäftsbeziehungen[175] – recht enge Grenzen zu beachten sind.

ee) Die erstmalige, wirksame Einbeziehung von Verkaufs-AGB im Rahmen eines kaufmännischen Bestätigungsschreibens scheitert jedoch dann, wenn und soweit ein **erheblicher, unauflöslicher Erklä-**

---

168. BGHZ 54, 236, 238f.; BGH NJW 1965, 965, 966; Palandt/Ellenberger, BGB, § 147 Rdnr. 12.
169. BGH NJW-RR 20001, 1044; vgl. auch Baumbach/Hopt, HGB, § 346 Rdnr. 21.
170. Palandt/Ellenberger a. a. O.
171. BGH Betr 1969, 2172.
172. BGHZ 7, 187, 190; BGH BB 1962, 902; BGH BB 1968, 354; BGH BB 1968, 398; BGH BB 1985, 546, 547; BGH NJW-RR 1995, 179, 180.
173. BGH BB 1970, 1324; BGH BB 1974, 524; BGH BB 1985, 546, 547.
174. Staudinger/Schlosser, BGB, § 305 Rdnr. 198.
175. BGHZ 42, 53, 55; BGH NJW 1864, 1788; OLG Hamburg NJW-RR 1986, 1171, 1788.

rungskonflikt[176] zwischen den Vertragsverhandlungen (§ 305 b BGB) und dem Inhalt des kaufmännischen Bestätigungsschreibens und den einbezogenen Verkaufs-AGB besteht.[177] Aus dem Vorrangprinzip von § 305 b BGB folgt nämlich, dass die Teile der Verkaufs-AGB – trotz ihrer Einbeziehung im Rahmen des kaufmännischen Bestätigungsschreibens – unbeachtlich sind, die dem Inhalt des Individualvertrages, wie er sich durch die Vertragsverhandlungen und den dann abgeschlossenen, weil bestätigten Individualvertrag konkretisieren, widerstreiten.[178] Haben nämlich die Parteien in einem Bestätigungsschreiben den Inhalt eines mündlich geschlossenen Vertrages zusammengefasst, so liegt darin eine Individualabrede im Sinn von § 305 b BGB.[179] Die damit aufgeworfene Frage kann etwa im Rahmen von Haftungsfreizeichnungs- und Haftungsbegrenzungsklauseln in Verkaufs-AGB bedeutsam werden gemäß § 276 BGB, insbesondere bei Übernahme einer **Garantie** für die Beschaffenheit einer Sache im Sinn der §§ 443, 444 BGB.[180] Hier werden sich regelmäßig die individuell vereinbarten Zusicherungserklärungen – und die darin liegende Risikoübernahme – haftungsbegründend durchsetzen. Daran ist zu erinnern, weil der Tatbestand des § 444 BGB besagt, dass eine Begrenzung oder ein Ausschluss der Haftung insoweit nichtig ist, als die in der Garantieerklärung liegende Risikoübernahme reicht.[181] Klauseln des einfachen Eigentumsvorbehalts in den AGB sind indessen im Blick auf den Inhalt eines Bestätigungsschreibens regelmäßig unproblematisch.[182] Denn mit einer solchen Sicherung ist stets zu rechnen, wenn ein Zahlungsziel vereinbart ist. Auch der verlängerte oder erweiterte Eigentumsvorbehalt begegnet keinen grundsätzlichen Bedenken, weil der Empfänger eines kaufmännischen Bestätigungsschreibens mit derartigen Klauseln durchaus rechnen muss. Gleiches gilt für Gerichtsstandsklauseln.

b) Damit der Inhalt des kaufmännischen Bestätigungsschreibens gegenüber dem Empfänger Rechtswirkungen entfalten kann, ist dieser verpflichtet, unverzüglich seinem Inhalt zu **widersprechen**, sofern er die Bindungswirkung ausschließen will.[183] Die widerspruchslose Entgegennahme des kaufmännischen Bestätigungs-

---

176. Löwe/Graf von Westphalen/Trinkner, AGBG, § 2 Rdnr. 57.
177. Ulmer/Habersack, in Ulmer/Brandner/Hensen, AGB-Recht, § 305 Rdnr. 178 f.; Coester, Betr 1982, 1551, 1553; vgl. auch Batsch, NJW 1980, 1731.
178. Weitergehend Lindacher, WM 1981, 702 ff.
179. BGH NJW-RR 1995, 179, 180.
180. BGH ZIP 2007, 583; BGHZ 50, 200, 206; BGH BB 1985, 546, 547.
181. BGB, Palandt/Weidenkaff, BGH NJW 2007, 1346, 1348; § 444 Rdnr. 12; Graf von Westphalen, BB 2005, 1, 3.
182. BGH NJW 1982, 1749; BGH NJW 1982, 1751.
183. BGHZ 7, 187, 189; BGHZ 11, 1, 3 f.

4. Kaufmännisches Bestätigungsschreiben

schreibens – und die darin liegende Bindungswirkung – beruht auf Gewohnheitsrecht;[184] es handelt sich um den Tatbestand eines sogenannten normierten Schweigens.[185] Gemäß der Rechtsregeln des § 121 BGB muss der Widerspruch unverzüglich – also: binnen einer dem kaufmännischen Geschäftsverkehr entsprechenden angemessenen kurzen Frist – erklärt werden.[186] Die Regelfrist ist ein bis zwei Tage;[187] die Frist von einer Woche ist regelmäßig zu lang.[188] Gemäß § 130 BGB muss der Widerspruch notwendigerweise dem Bestätigenden zugehen.

Ferner fordert die Judikatur, dass der Absender des Bestätigungsschreibens unter Bezugnahme auf die Verhandlungen im guten Glauben gehandelt hat und folglich mit einem Einverständnis des Empfängers rechnen konnte und durfte.[189] Demzufolge ist das Bestätigungsschreiben dann ohne Wirkung, wenn der Bestätigende das Verhandlungsergebnis bewusst unrichtig oder entstellt wiedergibt.[190] Dies ist immer dann zu bejahen, wenn sich der Inhalt des Schreibens so weit von dem Inhalt der vertraglichen Vereinbarung entfernt, dass der Absender mit dem Einverständnis des Empfängers nicht rechnen konnte.[191] Teilweise wird auch darauf abgehoben, ob der Empfänger des kaufmännischen Bestätigungsschreibens – unter Berücksichtigung der Kriterien von Treu und Glauben – mit dem Inhalt des Bestätigungsschreibens rechnen musste, dem er nicht widersprochen hat.[192] Indessen ist diese Rechtsprechung aus zutreffenden Gründen auf erhebliche Kritik gestoßen.[193] Sie dürfte auch inzwischen überholt sein, so dass ausschließlich auf den guten Glauben des Absenders des kaufmännischen Bestätigungsschreibens abzustellen ist.[194]

c) Da Schweigen auf ein kaufmännisches Bestätigungsschreiben kraft Handelsbrauch gemäß § 346 HGB Rechtswirkungen erzeugt, ist eine das Schweigen des Empfängers als Widerspruch qualifizierende Klausel nach § 307 Abs. 2 Nr. 1 BGB unwirksam; sie würde

---

184. Baumbach/Hopt, HGB, § 346 Rdnr. 16 f.
185. MünchKomm/Kramer, BGB, § 151 Rdnrn. 12 ff. m. w. N.
186. BGHZ 18, 212, 216.
187. Baumbach/Hopt, HGB, § 346 Rdnr. 25 ff.; Palandt/Ellenberger, BGB, § 147 Rdnr. 17.
188. BGH NJW 1962, 104; OLG Köln, BB 1971, 286.
189. BGH NJW 1965, 965; BGH BB 1967, 902; BGH BB 1969, 1455; BGH BB 1974, 524; Walchshöfer, BB 1975, 719 ff.
190. BGHZ 40, 42, 44 f.; BGH ZIP 1987, 584, 586.
191. BGH ZIP 1987, 584, 586.
192. BGHZ 54, 236, 242.
193. Götz/Huhn, Das kaufmännische Bestätigungsschreiben, 54 ff.; Walchshöfer, BB 1975, 719 ff.
194. BGH ZIP 1987, 584, 586.

auch gegen das Vorrangprinzip von § 305 b BGB verstoßen. Gleiches gilt gemäß § 307 Abs. 2 Nr. 1 BGB für eine Klausel, die die Widerspruchsfrist unangemessen verlängert.

5. Kollision von Bedingungen

In der Praxis ist es überaus häufig, dass sowohl der Lieferant im Rahmen seiner Verkaufs-AGB als auch der Kunde im Rahmen seiner Einkaufs-AGB jeweils auf die Geltung der eigenen AGB verweist. Der damit vorgezeichnete Kollisionsfall – durch das widerstreitende Aufeinandertreffen von Einkaufs- und Verkaufs-AGB bedingt – hat unterschiedliche Antworten erzeugt.[195] Inzwischen ist die Rechtslage jedoch – von Nuancen abgesehen – wohl geklärt:[196]

a) Formal gewertet ist im Hinblick auf die Texterung von Einbeziehungsklauseln – entsprechend dem jeweiligen Inhalt der AGB-Klausel – folgende Unterscheidung angezeigt: Soweit der Lieferant in seinen Verkaufs-AGB auf deren Geltung verweist, spricht man von einer „**Geltungsklausel**". Ihre Verwendung ist kardinale Voraussetzung für eine „ausdrückliche" Einbeziehung der jeweiligen AGB. Eine solche Klausel ist im Formular vorgesehen (vgl. Ziff. I). Vielfach begnügen sich jedoch die AGB-Verwender – entsprechend dem hier vorliegenden Muster (vgl. Ziff. II Abs. 1) – nicht mit der Verwendung einer einfachen „Geltungsklausel"; sie legen vielmehr gleichzeitig fest, dass die – einzubeziehenden – AGB „ausschließlich" gelten sollen, so dass eine sogenannte „**Ausschließlichkeitsklausel**" vorliegt. Diese notifiziert, dass für die Einbeziehung/Geltung entgegenstehender oder widerstreitender AGB kein Raum ist. Regelmäßig wird dieser Sachverhalt auch noch durch eine eigenständige Texterung unterstrichen, indem entgegenstehende oder widerstreitende AGB des anderen Vertragsteils ausdrücklich abgewehrt werden; dies wird als „**Abwehrklausel**" bezeichnet.[197] Dabei ist unbestritten, dass auch Vertragsabschlussklauseln ihrerseits als AGB-Klauseln im Sinn von § 305 Abs. 1 Satz 1 BGB zu qualifizieren sind.[198] Das Zusammenspiel von Geltungs-, Ausschließlichkeits-

---

195. Hierzu Palandt/Grüneberg, § 305 Rdnr. 55; Erman/Roloff, § 305 Rdnr. 54; kritisch Graf von Westphalen, FS für Kreft, 2004, S. 97 ff.
196. AGB-Klauselwerke/Graf von Westphalen – Vertragsabschlussklauseln Rdnr. 8 ff.; Ulmer/Habersack, in Ulmer/Brandner/Hensen, AGB-Recht, § 305 Rdnr. 182 ff.
197. BGH BB 1982, 1751; BGH ZIP 1986, 1052; vgl. auch Graf Lambsdorff, ZIP 1987, 1370 ff.
198. Palandt/Grüneberg, BGB, § 305 Rdnr. 4; Grunewald, ZIP 1987, 353 ff.

5. Kollision von Bedingungen

und Abwehrklauseln dient dem Zweck, den Vertragsabschluss – und damit den Vertragsinhalt – zugunsten des jeweiligen AGB-Verwenders inhaltlich zu fixieren.[199]

b) Aus dieser unterschiedlichen Struktur von Geltungs-, Ausschließlichkeits- und Abwehrklauseln ergeben sich folgende Bewertungen, welche für die Praxis relevant sind.

aa) Die **frühere Rechtsprechung des BGH** fand die Lösung des Kollisionsproblems vorwiegend in § 150 Abs. 2 BGB. Danach blieb der Vertragsabschluss zunächst offen; es setzte sich die Partei mit ihren AGB durch, welche zuletzt auf ihre Bedingungen verwiesen hatte, sofern die andere Partei die vertraglich geschuldete Lieferung/Leistung widerspruchs- und vorbehaltlos entgegengenommen bzw. erbracht hatte.[200] Dabei ist erneut darauf hinzuweisen, dass auch im kaufmännischen Verkehr Schweigen auf eine „modifizierte Auftragsbestätigung" gemäß § 150 Abs. 2 BGB nicht als Einverständniserklärung, sondern als Ablehnung zu werten ist.[201] Diese Theorie hat freilich eklatante Nachteile, weil sie den Vertragsabschluss bis zur tatsächlichen Erfüllung in der Schwebe lässt. Zutreffend wird sie – durchaus plastisch formuliert – als „Theorie des letzten Wortes" apostrophiert, weil sich ja die Partei mit ihren AGB durchsetzt, welche zuletzt, d.h. vor der Erfüllungshandlung des anderen Teils auf die Geltung der AGB verwiesen hat, was zu einem unliebsamen Ping-Pong-Spiel im Streit um die Geltung der jeweiligen eigenen AGB zwischen Lieferant und Kunde beitragen kann und dem Zufall Tür und Tor öffnet.

bb) Hervorzuheben ist jedoch, dass der BGH[202] in einer neueren Entscheidung eine umfassende Abwehrklausel in Einkaufs-AGB gegenüber einer einfachen Geltungsklausel in den AGB des Lieferanten honoriert hat:[203] Sowohl entgegenstehende als auch abweichende AGB-Klauseln der „Lieferanten" bleiben danach unbeachtlich.[204] Diese Rechtsprechung ist jedoch abzulehnen, denn sie gewährt dem Besteller die Rechtsmacht, sich in jedem Fall durchzusetzen, sofern der „Lieferant" nicht individuell widerspricht. In der Sache ist dies nichts anderes als die (erneute) Bejahung der „Theorie des ersten Wortes". Zur weiteren Fragen vgl. S. 40 f.

---

199. AGB-Klauselwerke/Graf von Westphalen – Vertragsabschlussklauseln Rdnr. 8; 23.
200. BGH LM Nr. 3 zu § 150 BGB; BGH LM Nr. 6 zu § 150 BGB; OLG Stuttgart NJW 1947/1948, 383; OLG Köln WM 1971, 846.
201. BGHZ 18, 212, 216.
202. BGH NJW-RR 2001, 484.
203. Hierzu Palandt/Grüneberg, BGB, § 305 Rdnr. 55; kritisch Graf von Westphalen, FS für Horn, 2006, S. 159 ff.
204. Palandt/Grüneberg, a.a.O.

cc) Inzwischen scheint allerdings der BGH wohl tendenziell dazu übergegangen zu sein,[205] die Lösung des Kollisionsproblems im Konsens-Dissens-Prinzip der §§ 154, 155 BGB zu sehen,[206] ohne freilich zunächst ausdrücklich die Alternative gemäß § 150 Abs. 2 BGB aufzugeben.[207] Im Wesentlichen löst also der BGH diese Kollisionsfrage widerstreitender AGB danach, ob sie einander entsprechen oder ob sie sich widersprechen, sofern beide Parteien eine Abwehrklausel in ihren AGB vorsehen.[208] Auch die instanzgerichtliche Judikatur[209] folgt dem Trend: Soweit die AGB einander widersprechen, gilt gemäß § 306 Abs. 2 BGB dispositives Recht.

dd) Den Ergebnissen der **instanzgerichtlichen Rechtsprechung** ist grundsätzlich für die Praxis zu folgen.[210] Dies gilt insbesondere auch deswegen, weil die **Literatur** nahezu einheitlich dieser Tendenz folgt.[211] Notwendige Voraussetzung dafür, auf das Konsens-Dissens-Prinzip der §§ 154, 155 BGB bei kollidierenden AGB zu rekurrieren, ist stets die Feststellung: Beide Parteien haben den Abschluss des Vertrages gewollt; sie waren sich in den wesentlichen Punkten des Individualvertrages – Liefergegenstand, Lieferzeit, Lieferort, Zahlungsbedingungen, Preis – einig. Der Dissens im Hinblick auf die Geltung der AGB ist dann – infolge des Konsenses beider Parteien über die essentalia negotii – irrelevant.[212] Wenn und soweit nämlich beide Parteien den Individualvertrag gewollt und mit seiner Ausführung begonnen haben, ist der Dissens in den AGB in ihren Augen bedeutungslos: Die AGB gelten vielmehr – im Rahmen des Kongruenzprin-

---

205. Vgl. Palandt/Grüneberg, a. a. O.
206. Ulmer/Habersack, in Ulmer/Brandner/Hensen, AGB-Recht, § 305 Rdnr. 186; MünchKomm/Basedow, BGB, § 305 Rdnr. 102; Palandt/Grüneberg, BGB, § 305 Rdnr. 55.
207. BGH BB 1973, 1459; BGH BB 1974, 1136; BGH WM 1977, 451; BGH WM 1977, 555, 556; BGH NJW 1980, 449; BGH NJW 1985, 1838, 1839; BGH NJW-RR 1986, 984; BGH NJW 1995, 1671, 1672 a. E.; vor allem BGH NJW-RR 2001, 484.
208. BGH ZIP 1991, 802, 804; BGH WM 1990, 1671, 1672; a. M. wohl BGH NJW-RR 2001, 484.
209. OLG Frankfurt BB 1975, 601; LG Hagen BB 1976, 723; OLG Hamm BB 1979, 701; OLG Köln BB 1980, 1237; OLG Stuttgart ZIP 1981, 176, 177; OLG Koblenz WM 1984, 1347, 1348; OLG Hamm WM 1985, 785, 786; OLG München NJW-RR 1994, 886, 887; OLG Düsseldorf NJW-RR 1997, 946, 947.
210. AGB-Klauselwerke/Graf von Westphalen – Vertragsabschlußklauseln Rdnr. 28 ff.
211. Ulmer/Habersack, in Ulmer/Brandner/Hensen, AGB-Recht, § 305 Rdnr. 188 ff.; Palandt/Grüneberg, BGB, § 305 Rdnr. 54; Erman/Roloff, BGB, § 305 Rdnr. 54; MünchKomm/Basedow, BGB, § 305 Rdnr. 101 f.
212. BGH NJW 1985, 1838; OLG Hamm BB 1979, 701; OLG Stuttgart ZIP 1981, 176; OLG Koblenz WM 1984, 1347; OLG Hamm WM 1985, 785.

5. Kollision von Bedingungen

zips – insoweit, als sie einander entsprechen[213] und nicht im Widerspruch zueinander stehen.[214] Notwendigerweise ist dabei nicht am Wortlaut der einzelnen Bestimmungen zu haften, was auch dem allgemeinen Auslegungsprinzip von § 133 BGB entspricht. Ob dies auch insoweit gilt, als ein „gemeinsames Minimum" der im Übrigen widerstreitenden AGB-Klauseln vorliegt, lässt sich nicht generell sagen, dürfte aber regelmäßig abzulehnen sein,[215] zum Beispiel bei einer Verjährungsfrist in den Verkaufs-AGB gemäß § 438 Abs. 1 Nr. 3 BGB, während in den entgegenstehenden Einkaufs-AGB eine Verjährungsfrist von 36 Monaten bedungen ist. Das führt dann zur Anwendung des dispositiven Rechts gemäß § 438 Abs. 1 Nr. 3 BGB unter Berücksichtigung von § 306 Abs. 2 BGB. Gleiches gilt, wenn der Lieferant in seinen Verkaufs-AGB eine Nachfrist im Rahmen von § 323 Abs. 1 BGB von sechs Wochen verlangt, während der Kunde in seinen Einkaufs-AGB als angemessene Nachfrist zwei Wochen stipuliert. Hier wird man sicherlich nicht soweit gehen können, das Kongruenzprinzip auf das „gemeinsame Minimum", d.h. auf den Zeitraum von zwei Wochen zu erstrecken. Sachgerechter ist es, gemäß § 306 Abs. 2 BGB unmittelbar an § 323 Abs. 1 BGB anzuknüpfen.

ee) Aus der Geltung des Kongruenzprinzips folgt vor allem gemäß § 306 Abs. 2 BGB: Soweit die Verkaufs-AGB und die Einkaufs-AGB einander widersprechen, gilt **dispositives Recht**.[216] Soweit sie einander entsprechen, gilt das auf diese Weise Vereinbarte.[217] Bei der – beiderseitigen – Verwendung einer „Abwehrklausel" oder einer entsprechenden „Ausschließlichkeitsklausel" ist die Geltung dispositiven Rechts schon nach der Sinn- und Zweckrichtung einer derartigen Klausel evident. Die gleiche Rechtsfolge muss aber auch dann gelten, wenn der Kollisionsfall von Einkaufs- und Verkaufs-AGB dadurch charakterisiert ist, dass eine Partei lediglich eine „Geltungsklausel" – regelmäßig auf der Vorderseite der Auftragsbestätigung – verwendet, während die andere Partei – weitergehend – eine entsprechende „Ausschließlichkeitsklausel" oder auch eine

---

213. BGH NJW-RR, 2001, 484; BGH ZIP 1991, 802, 804; Staudinger/Schlosser, BGB, § 305 Rdnr. 209; Palandt/Grüneberg, BGB, § 305 Rdnr. 54; Ulmer/Habersack, in Ulmer/Brandner/Hensen, AGB-Recht, § 305 Rdnrn. 191 ff.
214. BGH ZIP 1991, 802, 804 – Begriffe: „unentgeltlich" – „kostenlos"; BGH NJW 1985, 1838, 1839; OLG Hamm WM 1985, 785, 786; Löwe/Graf von Westphalen/Trinkner, AGBG, § 2 Rdnr. 46; Ulmer/Habersack, in Ulmer/Brandner/Hensen, AGB-Recht, § 305 Rdnr. 193.
215. Ulmer/Habersack, in Ulmer/Brandner/Hensen, AGB-Recht, § 305 Rdnr. 192.
216. Ulmer/Habersack, in Ulmer/Brandner/Hensen, AGB-Recht, § 305 Rdnr. 193; Palandt/Grüneberg, § 305 Rdnr. 54.
217. BGH ZIP 1991, 802, 804 – „unentgeltliche" – „kostenlose" Nachbesserung.

noch weitergehende „Abwehrklausel" formuliert hat. Diese Sicht entspricht auch der instanzgerichtlichen Judikatur.[218]

ff) Der gegenteiligen Auffassung des BGH, wonach maßgeblich auf das Vorhandensein einer Abwehrklausel in den Einkaufs-AGB abzustellen ist,[219] kann nicht gefolgt werden.[220] Denn sie verschafft dem Einkäufer eine zu große Machtstellung, die der Lieferant nur dadurch abwehren kann, dass er seinerseits jedenfalls eine entsprechend formulierte umfassende Abwehrklausel einsetzt. Das ist unbefriedigend. Insbesondere ist es auch verfehlt anzunehmen, dass die Verwendung einer „Ausschließlichkeitsklausel" oder einer „Abwehrklausel" dazu führt, die von dem anderen Vertragsteil lediglich verwendete „Geltungsklausel" zu verdrängen.[221] Denn bereits aus der Verwendung der „Geltungsklausel" wird deutlich, dass der AGB-Verwender seiner Vertragserklärung seine AGB zugrunde legen will; dies ist auch dem anderen Vertragsteil – unter Berücksichtigung der §§ 145 ff. BGB – unmittelbar erkennbar. Würde man anders argumentieren,[222] so wären – erneut – der Kautelar-Jurisprudenz Tür und Tor geöffnet: Jeder AGB-Verwender hätte dann ein primäres Interesse daran, seine jeweilige „Abwehrklausel" so zu gestalten, dass sie gegenüber wie auch immer gearteten „Abwehrklauseln" der Gegenseite hieb- und stichfest wäre. Damit aber würde das endlich anerkannte Konsens-Dissens-Prinzip der §§ 154, 155 BGB zur Bewältigung des leidigen Kollisionsproblems – trotz der Vorrangigkeit des individuell Gewollten – wieder radikal in Frage gestellt.

gg) Gerade bei der Kollision von AGB ist die Antwort auf die Frage von hoher praktischer Bedeutung, ob dispositives Recht gemäß § 306 Abs. 2 BGB auch dann gilt, wenn die andere Partei in ihren Einkaufs-AGB auf die entsprechende AGB-Klausel in den Verkaufs-AGB „schweigt", d.h. nur eine Regelung aufweist, die dem dispositiven Recht entspricht.[223] Die aktuelle Bedeutung dieser Frage zeigt sich vor allem bei Haftungsbegrenzungs- und Haftungsfreizeichnungsregeln sowie bei Eigentumsvorbehaltsklauseln, welche ja

---

218. OLG Köln BB 1980, 1237, 1239; OLG Hamm BB 1983, 1814.
219. BGH NJW-RR 2001, 484; BGH WM 1990, 1671, 1673.
220. So auch Ulmer/Habersack, in Ulmer/Brandner/Hensen, AGB-Recht, § 305 Rdnr. 188; AGB-Klauselwerke/Graf von Westphalen, Vertragsabschlussklauseln Rdnr. 39 ff.
221. So aber Schmidt-Salzer, AGBG, Rdnr. B 25; Schmidt-Salzer, BB 1971, 591, 596 f.
222. Dagegen auch mit Recht Graf Lambsdorff, ZIP 1987, 1370, 1373; Staudinger/Schlosser, BGB, § 305 Rdnr. 207; Erman/Roloff, BGB, § 305 Rdnr. 54; Schlechtriem, Festschrift für Wahl, S. 67, 71 bei Fn. 17.
223. Hierzu BGH NJW-RR 2001, 634; Ulmer/Habersack, in Ulmer/Brandner/Hensen, AGB-Recht, § 305 Rdnr. 193; AGB-Klauselwerke/Graf von Westphalen – Vertragsabschlussklauseln Rdnr. 47 f.

5. Kollision von Bedingungen

integraler Bestandteil aller Verkaufs-AGB sind, obwohl hierzu in den Einkaufs-AGB häufig keine entsprechende Regelung enthalten ist.[224] Ob in diesen Fällen gemäß § 306 Abs. 2 BGB dispositives Recht oder ob die einseitig formulierten AGB gelten, ist stets durch Auslegung gemäß §§ 133, 157 BGB zu ermitteln.[225] Maßgebend ist dabei das Interesse des Kunden: Lässt sich dieses als stillschweigendes Einverständnis mit der einseitigen Regelung in den Verkaufs-AGB deuten, wie zum Beispiel bei Klauseln des einfachen Eigentumsvorbehalts,[226] oder ist die in den Einkaufs-AGB fehlende vertragliche Regelung dahin zu verstehen, dass damit – entsprechend dem Interesse des Kunden – dispositives Recht sich durchsetzt, wie zum Beispiel gegenüber einseitig formulierten Haftungsfreizeichnungs- oder Haftungsbegrenzungsklauseln des Lieferanten? Regelmäßig dürfte das Auslegungsergebnis dahin zielen, dass der Kunde – mangels einer eigenen vertraglichen Regelung – die Geltung dispositiven Rechts auf Grund seiner Einkaufs-AGB wollte, weil diese Regelung für ihn günstig ist.[227] Zugunsten des Lieferanten gilt Gleiches, etwa bei der Regelung der Wareneingangskontrolle und Mängelrüge nach § 377 HGB.

hh) Von besonderer praktischer Bedeutung ist das Kollisionsproblem auch immer dann, wenn es in diesen Fällen darum geht, das Entstehen eines **einfachen Eigentumsvorbehalts** zu bejahen. Nach der Rechtsprechung setzt sich – trotz der Kollision der AGB – der Lieferant mit seinem einfachen Eigentumsvorbehalt durch, weil der Kunde in der Regel nicht erwarten kann, dass der Lieferanten ihm die Sache vorbehaltlos übereignen will.[228] Diese Folgerung gilt allerdings nicht für den Fall des verlängerten und auch des erweiterten Eigentumsvorbehalts. Vielmehr geht dieser im Fall einer Kollision mit entgegenstehenden Einkaufs-AGB deswegen unter, weil kaum zu erwarten ist, dass sich die Parteien im Sinn der §§ 133, 157 BGB auf eine bestimme Form dieser Vorbehaltssicherung verständigen, weil die Modalitäten insoweit zu vielgestaltig sind.[229] Daher bedarf es inso-

---

224. AGB-Klauselwerke/Graf von Westphalen – Vertragsabschlussklauseln, Rdnr. 49.
225. Ulmer/Habersack, in Ulmer/Brandner/Hensen, AGB-Recht, § 305 Rdnr. 194; Erman/Roloff, BGB, § 305 Rdnr. 54; Löwe/Graf von Westphalen/Trinkner, AGBG, § 2 Rdnr. 47; Graf von Westphalen, Betr 1976, 1317, 1319.
226. BGH, BB 1985, 1818, 1819; BGH ZIP 1986, 1052, 1054; BGH WM 1988, 740; BGH WM 1989, 1342, 1343f.
227. Vgl. auch Ulmer/Habersack, in Ulmer/Brandner/Hensen, AGB-Recht, § 305 Rdnr. 194.
228. BGH NJW 1985, 1838, 1840; OLG Stuttgart ZIP 1981, 176, 178; Palandt/Grüneberg, BGB, § 305 Rdnr. 55f.
229. BGH a.a.O.; vgl. auch Ulmer/Habersack, in Ulmer/Brandner/Hensen, AGB-Recht, § 305 Rdnr. 195, Palandt/Grüneberg, BGB, § 305 Rdnr. 56.

weit einer ausdrücklichen Vereinbarung, um diese Formen der Vorbehaltssicherung zugunsten des Lieferanten zu erhalten.

ii) Ähnlich liegen die Probleme im Blick auf die in den Verkaufs-AGB enthaltenen **Haftungsfreizeichnungs- und Haftungsbegrenzungsklauseln**. Da insoweit die gesetzliche Regelung dem Lieferanten allemal günstig ist, wird man auch dann, wenn die Einkaufs-AGB zu diesem Komplex keine eigenständige Regelung aufweisen, davon ausgehen: Es gilt dann dispositives Recht. Daher ist im Kollisionsfall auch der Lieferant vital darauf angewiesen, eine eigenständige Haftungsregelung vorzusehen, um dem Risiko zu entgehen, nach Maßgabe der gesetzlichen Bestimmungen unlimitiert haften zu müssen.

jj) Weder für den Lieferanten noch für den Kunden ist damit das Kollisionsproblem stest zufriedenstellend gelöst. Man wird daher eines sagen müssen: Sofern das Risiko des betreffenden Vertrages für den Lieferanten oder auch für den Kunden zu groß ist, um es auf Bais des dispositiven Rechts abzuwickeln, wird man zwangsläufig dazu raten müssen, dass dann eine **individualvertragliche Regelung** zwischen den Parteien zu vereinbaren ist. Denn AGB eignen sich nicht als Instrzment einer adäquaten Begrenzung nicht unerheblicher vertraglicher und technischer Risiken.

b) Um aber allen Fährnissen der Judikatur Rechnung zu tragen, ist im Hinblick auf die Geltung der hier **vorgeschlagenen Verkaufs-AGB** eine umfassende Ausschließlichkeits- und Abwehrklausel formuliert worden. Sie bewirkt zumindest, dass entgegenstehende oder widerstreitende Einkaufs-AGB abgewehrt werden, so dass – soweit der Widerspruch der einzelnen AGB reicht – dispositives Recht gemäß § 306 Abs. 2 BGB gilt. Eine weitergehende Bedeutung hat die Klausel gemäß § 1 Abs. 1 des vorgesehenen **Formulars** nicht. Dies gilt freilich nicht, wenn man der Abwehrklausel in den Einkaufs-AGB des Kunden den Vorrang einräumt.[230] Das entspricht aber nicht der hier vertretenen Auffassung. Mit anderen Worten: Die eigenständige Geltung der Verkaufs-AGB kann nur in den aufgezeigten Grenzen erreicht werden. Erneut ist zu betonen, dass die Vorschriften des dispositiven Rechts nicht immer – im Zweifel sogar nur recht selten – eine hinnehmbare Basis für eine vertraglich adäquate Risikovorsorge sind. Das gilt freilich auch dann, wenn man bedenkt, dass die Möglichkeiten einer wirksamen Freizeichnung und einer effektiven Begrenzung der Haftung wegen des umfassenden Verbots nach § 307 Abs. 2 Nr. 2 BGB sehr begrenzt sind. AGB sind kein Instrument der Risikosteuerung.

---

230. So BGH NJW-RR 2001, 484.

5. Kollision von Bedingungen

c) Die Kollision von Einkaufs- und Verkaufs-AGB ist jedoch dann – ausnahmsweise – gemäß § 150 Abs. 2 BGB zu bewältigen, wenn und soweit eine Partei den entgegenstehenden AGB der anderen Partei ausdrücklich gesondert – außerhalb der eigenen AGB und der dort enthaltenen „Abwehrklausel"/„Ausschließlichkeitsklausel" – widersprochen hat.[231] Dies gilt jedoch nur dann, wenn die schweigende Partei in Kenntnis des gesonderten Widerspruchs eine nach außen erkennbare, schlüssige Willenserklärung gesetzt hat, welche als Einverständnis mit den durch den gesonderten Widerspruch in Geltung gesetzten AGB zu verstehen ist.[232] Es kommt also dann maßgeblich darauf an, ob der Kunde – in Kenntnis des gesonderten Widerspruchs des Lieferanten – die Lieferung/Leistung vorbehaltlos entgegengenommen hat, oder ob – im umgekehrten Fall – der Lieferant in Kenntnis des gesonderten Widerspruchs des Kunden die Lieferung/Leistung vorbehaltlos ausgeführt hat.[233] Der Rückgriff auf das Konsens-Dissens-Prinzip der §§ 154, 155 BGB scheitert in diesen Fällen ersichtlich daran, dass die widersprechende Partei eine rechtsgeschäftlich bindende Erklärung abgegeben hat, welche die Anwendung des Konsens-Dissens-Prinzips der §§ 154, 155 BGB sprengt. Dem kann nicht entgegengehalten werden,[234] dass es sich – auch in diesen Fällen – um einen formelhaften Widerspruch handelt. Denn man darf nicht übersehen, dass das Erklärungsverhalten des Lieferanten aufgrund eines derartigen gesonderten Widerspruchs gegen die Geltung der AGB der anderen Partei dazu führt, das Verhalten des Kunden im Sinn von §§ 150 Abs. 2, 242 BGB als Annahme des neuen Antrags, bei Ablehnung des ersten zu qualifizieren.

d) Das **Formular** geht in Abs. 1 Satz 2 davon aus, dass der Lösungsansatz des Kollisionsproblems von AGB im Rahmen von kommerziellen Verhandlungen (ohne Teilnahme sachkundiger Juristen) immer noch in § 150 Abs. 2 BGB gesucht wird. Für diesen Fall soll die Klausel gewährleisten, dass die eigenen AGB ausschließlich gelten, was zusätzlich zur Regelung von Abs. 1 Satz 1 angestrebt wird. Ob auch der gesonderte Widerspruch – außerhalb der AGB – von dieser Klausel erfasst wird und erfasst werden kann, erscheint

---

231. Ulmer/Habersack, in Ulmer/Brandner/Hensen, AGB-Recht, § 305 Rdnr. 189; AGB-Klauselwerke/Graf von Westphalen, Vertragsabschlussklauseln, Rdnr. 39 ff.
232. AGB-Klauselwerke/Graf von Westphalen – Vertragsabschlussklauseln Rdnr. 52 ff.
233. A. M. OLG Köln BB 1980, 1237, 1239 f.; Staudinger/Schlosser, BGB, § 305 Rdnr. 207.
234. So aber OLG Köln, a. a. O.

angesichts des Vorrangs des Individualverhaltens gemäß § 305 b BGB zweifelhaft.[235]

e) Im Ergebnis wird man einräumen müssen, dass bei widerstreitenden AGB der Wert der eigenen AGB des Lieferanten gering ist.[236] Man mag die Regelung von Abs. 1 des Formulars textieren wie man will, unter Berücksichtigung des Konsens-Dissensprinzips der §§ 154, 155 BGB lässt sich eine unmittelbare, ausschließliche Geltung der eigenen AGB im Kollisionsfall nicht erreichen. Hierfür ist der Abschluss einer Individualabrede notwendig, z. B. auch eines Rahmenvertrages.

6. Schriftformklauseln

Die hier verwendete Schriftformklausel bewirkt lediglich einen **moderaten Schutz des Lieferanten**. Doch ist entscheidend, dass sowohl das Vorrangprinzip von § 305 b BGB als auch die allgemeine Unwirksamkeitsregel des § 307 Abs. 1 BGB enge Grenzen für die Wirksamkeit von Schriftformklauseln aufstellen.[237]

a) Aus § 127 BGB folgt, dass die Vorschrift des § 126 BGB „im Zweifel" auch für die durch das Rechtsgeschäft bestimmte schriftliche Form gilt. Das bedeutet: § 126 Abs. 1 BGB fordert – zur Wahrung der Schriftform – die **eigenhändige Unterzeichnung der Urkunde** durch den Aussteller; dabei muss die Unterschrift den Urkundentext räumlich abschließen.[238] Es ist insoweit die Konsequenz der Namensunterschrift, dass die Person des Ausstellers erkennbar sein muss. § 126 Abs. 2 BGB verlangt, dass die Parteien zur Wahrung der Schriftform dieselbe Urkunde unterzeichnen. In Abweichung von § 126 Abs. 2 BGB bestimmt allerdings § 127 Satz 2 BGB, dass zur Wahrung des Formerfordernisses – „soweit nicht ein anderer Wille anzunehmen ist" – neben der telegrafischen Übermittlung auch ein Briefwechsel ausreicht, um auf diese Weise einen formgültigen Vertragsabschluss zu dokumentieren.

Ist die nach § 127 BGB vertraglich vereinbarte, d. h. gewillkürte Schriftform nicht beachtet, so folgt aus § 125 Satz 2 BGB, dass dann das Rechtsgeschäft „im Zweifel" **nichtig** ist. Damit wird eine Auslegungsregel bezeichnet; es ist also jeweils gemäß §§ 133, 157 BGB zu ermitteln, welche Rechtsfolgen sich aus dem Formverstoß erge-

---

235. Vgl. auch OLG Köln BB 1980, 1237, 1239 f.
236. Hierzu auch Graf von Westphalen, ZIP 2007, 158 f.
237. Hierzu im Einzelnen AGB-Klauselwerke/Graf von Westphalen – Schriftformklausel Rdnr. 12 ff.
238. Palandt/Ellenberger, BGB, § 126 Rdnr. 6.

6. Schriftformklauseln

ben.[239] Dabei ist zu differenzieren: Dient unter Berücksichtigung der Parteiabrede die vereinbarte, d.h. gewillkürte Schriftform lediglich dem Zweck, das Vereinbarte schriftlich zum Zweck der Beweissicherung zu fixieren, so handelt es sich um eine **deklaratorische Schriftform**.[240] Ist sie nicht eingehalten, dann ist „im Zweifel" das Rechtsgeschäft auch dann wirksam, wenn dieses Formerfordernis nicht eingehalten wurde; es besteht jedoch dann ein Anspruch darauf, die fehlende Schriftform nachzuholen.[241] Ist aber zwischen Kaufleuten – und dies geschieht häufig – vereinbart, dass zum Zweck der Beweissicherung das mündlich Vereinbarte schriftlich bestätigt werden soll, so handelt es sich im Zweifel um ein kaufmännisches Bestätigungsschreiben gemäß § 346 HGB, dem deklaratorische Bedeutung zukommt.[242]

Da Inhalt und Tragweite des vereinbarten Formerfordernisses immer von der Auslegung der Parteivereinbarung abhängen, kann es auch sein, dass es sich um ein **konstitutives Merkmal** des Rechtsgeschäfts handelt.[243] Ergibt sich, dass es sich wegen der besonderen Bedeutung der Schriftformabrede um ein konstitutives Element handelt, dann ist die Rechtsfolge über § 125 Satz 2 BGB vorgezeichnet: Zum einen bedarf dann das gesamte Rechtsgeschäft (einschließlich aller Änderungen und Ergänzungen) der Schriftform; zum anderen ist dann die Rechtsfolge der Nichtigkeit anzunehmen. Denn die Einhaltung der Schriftform ist danach Wirksamkeitsvoraussetzung.[244] Das gleiche Resultat greift dann im Sinn von § 125 Satz 2 BGB ein, wenn es sich nicht klar abzeichnet, ob die Abrede der Parteien im Sinn einer deklaratorischen oder konstitutiven Form gewollt ist.

b) Soweit die Parteien im Sinn von § 127 BGB die Schriftform vereinbart haben, gilt diese für das **gesamte Rechtsgeschäft**; sie erstreckt sich also auch auf Nebenabreden.[245] Auch Vertragsänderungen werden von dem Schriftformerfordernis erfasst.[246]

aa) Von Wichtigkeit ist in diesem Zusammenhang aber, dass die Parteien – als Herren des Rechtsgeschäfts – auch jederzeit in der Lage sind, das vereinbarte Formerfordernis formlos aufzuheben.[247]

---

239. Palandt/Ellenberger, BGB, § 125 Rdnr. 17 f.
240. Palandt/Ellenberger, BGB, § 125 Rdnr. 17.
241. Vgl. MünchKomm/Einsele, BGB, § 125 Rdnr. 69; Palandt/Ellenberger, BGB, § 125 Rdnr. 17.
242. BGH NJW 1964, 1269, 1270.
243. BGH NJW 2004, 1320; Palandt/Ellenberger, BGB, § 125 Rdnr. 17.
244. MünchKomm/Einsele, BGB, § 127 Rdnr. 4; Palandt/Ellenberger, a.a.O.
245. Palandt/Ellenberger, BGB, § 125 Rdnr. 18.
246. Palandt/Ellenberger, a.a.O.
247. BGH NJW 1993, 1063, 1065; BGH NJW 1991, 1750, 1751; BGH NJW 1968, 32, 33; BGH WM 1981, 121, 122.

Hierfür ist jedoch erforderlich, dass ein entsprechender Wille eindeutig zum Ausdruck kommt. In der Praxis ist allerdings eine ausdrückliche Aufhebung der Schriftform selten; die **stillschweigende Aufhebung** oder Einschränkung des vereinbarten Formerfordernisses steht im Vordergrund:[248] Haben die Parteien die Maßgeblichkeit der mündlichen Vereinbarung – in der Sache übereinstimmend – gewollt, so liegt darin eine stillschweigende Aufhebung des Formerfordernisses.[249] Dabei ist es unerheblich, ob die Parteien daran gedacht haben, dass – entsprechend der vorhergehenden Vereinbarung – Formzwang bestand.[250]

bb) Umstritten ist freilich die Antwort auf die Frage, ob die Parteien auch dann befugt sind, durch mündliche Vereinbarung den – früher begründeten – Formzwang aufzuheben, wenn die vereinbarte Schriftformklausel auch für diesen Fall Formzwang vorsieht („doppelte Schriftformklausel"). Nach der BGH-Judikatur ist dies zunächst zu verneinen.,[251] was auch der Rechtsprechung des BAG entspricht.[252] Doch ist es zutreffender, unter Berücksichtigung der noch darzustellenden BGH-Judikatur zur Schriftformklausel im Sinn der §§ 305 b, 307 Abs. 1 BGB ein hiervon abweichendes Resultat durch die Erwägung zu begründen: Auch bei einer derart umfassend formulierten, mündliche Vereinbarungen ausschließenden Schriftformklausel hat das von den Parteien tatsächlich Gewollte, weil mündlich Vereinbarte Vorrang gemäß § 305 b BGB vor der früher vereinbarten Schriftform.[253] Daraus folgt, dass der praktische Nutzen einer derart weitreichend formulierten Schriftformklausel als Auslegungsregel zu qualifizieren ist. Denn die Mehrzahl der praktischen Fälle ist dadurch geprägt, dass geltend gemacht wird, die nachfolgende mündliche Abrede habe eine **stillschweigende Aufhebung** der vereinbarten Schriftform zum Inhalt.[254] Es reicht nämlich insoweit aus, dass die Parteien das mündlich Vereinbarte in der Tat gewollt haben, auch wenn sie an die Notwendigkeit gar nicht gedacht haben, das vereinbarte Formerfordernis auch aufzuheben.[255]

c) Wenn und soweit die Parteien gemäß § 127 BGB Schriftform vereinbart haben, entfaltet die Urkunde eine **Beweisvermutung**, dass

---

248. MünchKomm/Einsele, BGB, § 125 Rdnr. 70 ff.; Palandt/Ellenberger, BGB, § 125 Rdnr. 19.
249. BGH NJW 1993, 1063, 1065; BGH WM 1982, 902; BGH NJW 1962, 1908.
250. BGH NJW 1993, 1063, 1065; BGHZ 71, 162, 164.
251. BGHZ 66, 378.
252. BAG NJW 2003, 3725; Palandt/Ellenberger, BGB, § 125 Rdnr. 19.
253. Vgl. MünchKomm/Basedow, BGB, § 305 b Rdnr. 11 ff.; Erman/Palm, BGB, § 125 Rdnr. 7 f.
254. BGH NJW 2006, 138; Palandt/Ellenbetger, BGB, § 15 Rdnr. 19.
255. BGH a. a. O.

6. Schriftformklauseln

nämlich das schriftlich Vereinbarte richtig und vollständig in der Urkunde enthalten ist.[256] Dies gilt wie selbstverständlich für die Fälle, in denen die Schriftform konstitutiven Charakter hat. Denn diese Konsequenz ist auch durch § 154 Abs. 2 BGB vorgegeben. Sie gilt aber auch dann, wenn die Schriftform nur zu dem Zweck der Beweissicherung – also: deklaratorisch – vereinbart wurde.[257] Gleichwohl bleibt der Nachweis zulässig, dass – außerhalb der Urkunde – eine mündliche Vereinbarung getroffen wurde.[258] Erforderlich ist aber in jedem Fall der Nachweis, dass die Parteien das mündlich Vereinbarte noch in dem Zeitpunkt als Vertragsinhalt wollten, als sie darüber einig waren, über das Vereinbarte eine Urkunde zu errichten. Daran wird erkennbar, dass in diesem Punkt die Beweisanforderungen hoch liegen.

d) Hinsichtlich der **Erscheinungsform** typischer Schriftformklauseln bietet sich folgende **Differenzierung** an, die im Hinblick auf ihre Wirksamkeitskontrolle gegenüber dem Vorrangprinzip von § 305 b BGB und der allgemeinen Unwirksamkeitsregel des § 307 Abs. 1 BGB Bedeutung hat. Der **gemeinsame Zweck** aller Schriftformklauseln besteht stets darin, individuelle Abweichungen und Ergänzungen des vorformulierten Textes nur unter den erschwerten Voraussetzungen der Schriftform wirksam werden zu lassen; dies gilt insbesondere im Hinblick auf mündliche Zusagen, Nebenabreden oder sonstige Ergänzungen des schriftlich Vereinbarten. Zu unterscheiden ist deshalb:[259]

aa) Die **einfache Schriftformklausel**, die etwa lautet: „Mündliche Abreden bedürfen zu ihrer Wirksamkeit der Schriftform". Daneben spielen Vollständigkeitsklauseln eine gewisse Rolle; sie lauten zum Beispiel: „Mündliche Abreden außerhalb dieses Vertrages sind nicht getroffen". Zwischen diesen Formen schwankt – je nach ihrem konkreten Inhalt – die Schriftformklausel, die entweder gegenüber dem Inhalt des Individualvertrages sowie den AGB-Klauseln Abweichungsverbote aufstellt und diese nur unter Berücksichtigung der Schriftform zulässt sowie die Schriftformklausel, welche in Bezug auf mündliche Abreden, Zusagen oder sonstige Erklärungen den schriftlichen Bestätigungsvorbehalt durch den Lieferanten stipuliert.[260]

---

256. BGH NJW 2002, 3164; BGH NJW 1985, 623, 630; BGH NJW 1980, 1680; BGH NJW 1981, 922; Palandt/Ellenberger, BGB, § 125 Rdnr. 21.
257. MünchKomm/Einsele, BGB, § 125 Rdnr. 72.
258. Palandt/Ellenberger, BGB, § 125 Rdnr. 15.
259. Hierzu auch Ulmer/Schäfer, in Ulmer/Brandner/Hensen, AGB-Recht, § 305 b Rdnr. 29 ff.
260. Ulmer/Schäfer, a.a.O. Rdnr. 39; AGB-Klauselwerke/Graf von Westphalen – Schriftformklausel Rdnr. 12 ff.

bb) Die Rechtsprechung des BGH – sie bietet in der Tat kein einheitliches und einfach zu entschlüsselndes Bild – lässt allerdings gegenwärtig den Regelsatz unberührt: Schriftformklauseln sind nicht schlechthin gemäß §§ 305b, 307 Abs. 1 BGB unwirksam. Vielmehr ist im Einzelfall eine Prüfung der Ausgestaltung der Klausel und ihres Anwendungsbereichs erforderlich.[261] Auch die Literatur reflektiert diesen Zusammenhang.[262] Gleichwohl werden regelmäßig im praktischen Ergebnis – besonders im Bereich abstrakter Kontrollverfahren nach dem UKlaG – die zur Prüfung gestellten Schriftformklauseln verworfen. Im Einzelnen:

(1) **Unbedenklich** im Sinn der §§ 305b, 307 Abs. 1 BGB sind – entsprechend dem hier vorgelegten Muster – solche Schriftformklauseln, die für Vereinbarungen bei den Vertragsverhandlungen, einschließlich der Ausfüllung eines Bestellformulars die Schriftform vorsehen. Denn sie zielen in der Sache darauf ab sicherzustellen, dass der gesamte Vertrag – entsprechend der Vollständigkeitsvermutung einer rechtsgeschäftlich begründeten Urkunde – in schriftlicher Form niedergelegt ist.[263] Allerdings ist zu unterstreichen, dass der BGH[264] ausdrücklich die Frage offen gelassen hat, ob aufgrund einer derartig formulierten Schriftformklausel eine unangemessene Benachteiligung des anderen Vertragsteils im Sinn von § 307 Abs. 1 BGB anzunehmen ist, wenn die Schriftform sicherstellt, dass auch solche mündlichen Vereinbarungen unwirksam sind, die „bei den Vertragsverhandlungen oder bei Ausfüllung des Bestellformulars" getroffen, nicht aber in der Urkunde enthalten sind. Solange die Schriftformklausel jedoch nur die ohnehin vorhandene Vermutung der Vollständigkeit der Urkunde reflektiert,[265] wird man weder nach § 307 Abs. 1 BGB noch gemäß § 305b BGB Bedenken gegen ihre Wirksamkeit haben dürfen.[266]

(2) **Unwirksam** im Sinn der §§ 305b, 307 Abs. 1 BGB ist jedoch eine Schriftformklausel, wenn und soweit sie sich auch auf nachträglich getroffene mündliche Vereinbarungen bezieht.[267] Denn unter

---

261. BGH NJW 2001, 292; BGH NJW 1982, 331, 333; BGH NJW 1985, 320, 322; BGH NJW 1986, 1809, 1810; BGH NJW 1995, 1488, 1489; offen gelassen in BGH ZIP 1992, 1573, 1575 – betreffend § 34 GWB a. F.
262. Palandt/Grüneberg, BGB, § 305b Rdnr. 5; AGB-Klauselwerke/Graf von Westphalen, Schriftformklauseln Rdnr. 1 ff.; vgl. auch Schmidt, in Ulmer/Brandner/Hensen, AGB-Recht, Bes. Klauseln (3) Rdnr. 4 ff.
263. BGH NJW 1985, 320, 322; BGH NJW 1982, 331, 333.
264. BGH NJW 1985, 320, 322.
265. Hierzu Palandt/Ellenberger, BGB, § 125 Rdnr. 21.
266. BGH NJW 2000, 207; BGH NJW 2001, 292.
267. BGH NJW 1985, 320, 322; BGH NJW 1986, 1809; BGH NJW 2001, 292; BGH NJW 2006, 138.

6. Schriftformklauseln

dieser Voraussetzung zielt sie darauf ab, dem Lieferanten/AGB-Verwender die Möglichkeit zu eröffnen, wirksam getroffene mündliche Individualvereinbarungen abzuwehren.[268] Es ist nämlich, wie bereits betont, allgemein anerkannt,[269] dass die Parteien eines Vertrages die Rechtsmacht besitzen, eine Schriftformklausel durch eine mündlich getroffene Abrede – und dies: auch stillschweigend – außer Funktion zu setzen, sofern sie deutlich einen diesbezüglichen Willen zum Ausdruck bringen,[270] dass das mündlich Vereinbarte maßgebend sein soll.

(3) Differenziert also eine Schriftformklausel – und dieses Erfordernis wird in der Praxis selten beachtet – nicht nach solchen mündlichen Vereinbarungen, die bei Vertragsabschluss oder später – und damit das schriftlich Vereinbarte abändernd – getroffen worden sind, so ist die Schriftformklausel wegen Verstoßes gegen § 307 Abs. 1 BGB insgesamt **unwirksam;**[271] eine Teilbarkeit der Klausel kommt dann grundsätzlich nicht in Betracht.[272] Auch in der instanzgerichtlichen Judikatur wird die aus §§ 305b, 307 Abs. 1 BGB gefolgerte Unwirksamkeit derartiger, Schriftformklauseln reflektiert.[273] Entscheidend ist letztlich: Für nachträgliche Vereinbarungen besteht häufig ein berechtigtes Bedürfnis, zum Beispiel bei telefonischen Vertragsänderungen oder Ergänzungen. Ist dann die getroffene – mündlich vereinbarte, die den bisherigen Vertrag ergänzende – Individualabrede wirksam zustande gekommen, so steht die fehlende Schriftform im Sinn der §§ 127, 125 Satz 2 BGB nicht entgegen.[274]

Beispielhaft sei aus der Rechtsprechung erwähnt, dass folgende Schriftformklauseln mit § 307 Abs. 1 BGB nicht im Einklang stehen: „Vereinbarungen, Zusicherungen oder Änderungen sind nur in schriftlicher Form gültig"[275] oder „Mündliche Abmachungen haben ohne schriftliche Bestätigung der Firma keine Gültigkeit",[276] aber auch „Änderungen oder Ergänzungen bedürfen der Schriftform".[277] Denn alle diese Klauseln sind dadurch charakterisiert, dass sie für ihre Gültigkeit die Schriftform bedingen und mithin unwirksam sein sollen, wenn es an ihr fehlt.[278]

---

268. BGH, NJW 1995, 1488, 1489.
269. BGH NJW 1968, 32; BGH WM 1981, 121, 122.
270. Hierzu auch MünchKomm/Einsele, BGB, § 125 Rdnr. 70 ff.
271. BGH NJW 1985, 320, 322.
272. BGH NJW 1985, 320, 322.
273. LG Frankfurt, AGBE V § 9 Nr. 129; LG Hamburg, AGBE V § 9 Nr. 130; LG Dortmund, AGBE V § 9 Nr. 134.
274. BGH NJW 1985, 320, 322; BGH NJW 1986, 1809, 1810.
275. BGH NJW 1985, 320, 322.
276. BGH NJW 1986, 1809, 1810.
277. BGH NJW 1995, 1488, 1489.
278. BGH a.a.O.

(4) Zahlreiche in der Praxis gebräuchliche Schriftformklauseln sind als **Bestätigungsklauseln** aufgebaut, weil sie die Wirksamkeit mündlicher Zusicherungen, Zusagen, Nebenabreden und Vertragsänderungen davon abhängig machen, dass diese gesondert vom AGB-Verwender schriftlich bestätigt werden. Darin liegt dann nach dem Inhalt der Klausel eine Voraussetzung ihrer Wirksamkeit. Derartige Bestätigungsklauseln verstoßen grundsätzlich gegen § 307 Abs. 2 Nr. 1 BGB und sind unwirksam.[279] So hat etwa auch eine Einmann-GmbH kein schutzwürdiges Interesse daran, eine solche Schriftformklausel zu verwenden.[280] In Übereinstimmung mit dem zuvor Gesagten sind deshalb Schriftformklauseln – in der Form der Bestätigungsklausel – gemäß § 307 Abs. 2 Nr. 1 BGB unwirksam, welche sich auf solche mündlichen Abreden beziehen, die nach Vertragsabschluss getroffen werden.[281] Somit lässt sich die Schlussfolgerung halten: Schriftformklauseln in der Form der Bestätigungsklausel sind nicht mehr geeignet, dem Lieferanten/AGB-Verwender das Risiko abzunehmen, sich vor unkontrollierbaren Äußerungen seiner Angestellten zu schützen und sich gegen mögliche, dadurch auftretende Beweisschwierigkeiten zu sichern.[282]

(5) Darüber hinaus dient eine Schriftformklausel in Form der Bestätigungsklausel auch dem Zweck, den **Umfang der rechtsgeschäftlich erteilten Vertretungsmacht zu beschränken.** Denn die entsprechend formulierten Schriftformklauseln sind so aufgebaut, dass sie als weitere Wirksamkeitsvoraussetzung für Zusagen, Zusicherungen, Nebenabreden etc. eine schriftliche Bestätigung des Lieferanten/AGB-Verwenders einfordern.[283] Dabei ist zu differenzieren:

(6) Soweit der Handelnde – gleichgültig, ob auf gesetzlicher oder vertraglicher Basis – Vertretungsmacht besitzt, stellt sich zunächst die Frage, ob diese gegenüber dem Kunden durch eine Schriftformklausel eingeschränkt werden kann.[284] Eine solche **Beschränkung der Vertretungsmacht** wird man überhaupt nur dann (außerhalb einer gesetzlichen Vertretungsmacht, etwa im Sinn der §§ 54 ff. HGB) akzeptieren können, wenn die Klausel ausreichend eindeutig und damit auch transparent im Sinn von § 307 Abs. 1 Satz 2 BGB war.

---

279. BGH NJW 1985, 623, 630; BGH ZIP 1991, 1054; AGB-Klauselwerke/Graf von Westphalen – Schriftformklausel Rdnr. 26 ff.
280. BGH NJW 1983, 1853.
281. BGH NJW 1986, 1809, 1810.
282. So aber BGH NJW 1980, 234, 235; BGH ZIP 1991, 1054, 1055.
283. BGH NJW-RR 1995, 80, 81; BGH NJW 1985, 623, 630.
284. Hierzu Ulmer/Schäfer, in Ulmer/Brandner/Hensen, AGB-Recht, § 305 b Rdnr. 40 ff.; AGB-Klauselwerke/Graf von Westphalen, Schriftformklauseln Rdnr. 28 ff.

6. Schriftformklauseln

Ob eine solche Beschränkung innerhalb der AGB möglich ist, ist jedoch zweifelhaft,[285] aber wohl zu bejahen, sofern sie drucktechnisch so hervorgehoben ist, dass der Kunde daraufhin in der Lage ist, die vollmachtsbeschränkende Bedeutung der Schriftformklausel unmittelbar zu erkennen.[286] Doch auch dann bleiben Ansprüche aus Verschulden bei Vertragsabschluss nach § 311 Abs. 2 BGB möglich, falls der Vertreter Verhandlungsgehilfe des AGB-Verwenders war, so dass dieser für den Schaden nach § 278 BGB haftet, den der Kunde dadurch erleidet, dass er auf die Verbindlichkeit der mündlichen Erklärung des Vertreters vertraut hat.[287]

(7) Nichts anderes gilt in den Fällen, in denen eine **Anscheins- oder Duldungsvollmacht**[288] eingreift.[289] Ihre Regeln sind Ausprägung des allgemeinen Rechtsgrundsatzes, dass derjenige, der einem gutgläubigen Dritten gegenüber zurechenbar den Rechtsschein erweckt, er sei bevollmächtigt, muss sich auch so behandeln lassen, als habe er einem anderen in wirksamer Weise Vollmacht erteilt.[290]

(a) Von einer **Duldungsvollmacht** ist dann zu sprechen, wenn der Vertretene es wissentlich geschehen lässt, dass ein anderer für ihn – wie ein Vertreter – auftritt und der Vertragspartner dieses Dulden unter Berücksichtigung der Gebote von Treu und Glauben gemäß § 242 BGB dahin verstehen darf, dass der als Vertreter Handelnde auch bevollmächtigt ist.[291] Eine **Anscheinsvollmacht** liegt hingegen dann vor, wenn der Vertretene das Handeln eines angeblichen Vertreters zwar nicht kennt, er es aber bei pflichtgemäßer Sorgfalt hätte erkennen und verhindern können, und wenn – dies ist weitere Voraussetzung – der Geschäftspartner nach Treu und Glauben gemäß § 242 BGB annehmen durfte, dass der Vertretene das Handeln seines Vertreters duldete und billigte.[292] Bei allen Differenzierungen im Detail[293] unterscheiden sich Duldungs- und Anscheinsvollmacht vor allem dadurch: Die Anscheinsvollmacht – sie beruht ja auf der Zurechnung eines schuldhaft verursachten Rechtsscheins[294] – setzt in der Regel eine gewisse Dauer des Tätigwerdens des Vertreters vor-

---

285. Hierzu auch Ulmer/;Schäfer, in Ulmer/Brandner/Hensen, AGB-Recht, § 305b Rdnr. 35.
286. AGB-Klauselwerke/Graf von Westphalen, a. a. O. Rdnr. 34 ff.
287. Vgl. Ulmer/Schäfer, in Ulmer/Brandner/Hensen, AGB-Recht, § 305b Rdnr. 36.
288. Vgl. Palandt/Ellenberger, BGB, § 172 Rdnr. 6 ff.
289. AGB-Klauselwerke/Graf von Westphalen, a. a. O. Rdnr. 34 ff.
290. BGH NJW 2005, 2985, 2987; BGH NJW 2002, 2325, 2327.
291. BGH NJW-RR 2004, 1275, 1277; BGH LM Nr. 4 zu § 167 BGB; BGH LM Nr. 13 zu § 167 BGB; hierzu auch Palandt/Ellenberger, BGB, § 172 Rdnr. 6 ff.
292. BGH LM Nr. 4 zu § 167 BGB; BGH LM Nr. 8 zu § 167 BGB; BGH LM Nr. 17 zu § 167 BGB.
293. Palandt/Ellenberger, BGB, § 172 Rdnr. 8 ff. m. w. N.
294. BGH LM Nr. 4 zu § 167 BGB.

aus.²⁹⁵ Demgegenüber reicht bei einer Duldungsvollmacht bereits aus, wenn ein weiterer, gleich gelagerter Fall eintritt, aus dem unter Berücksichtigung der Gebote von Treu und Glauben gemäß § 242 BGB der Schluss abgeleitet werden kann, dass der Vertretene dieses Verhalten duldet.²⁹⁶

(b) Zielt eine Schriftformklausel in Form der Bestätigungsklausel darauf ab, die Tatbestände der Anscheins- oder Duldungsvollmacht zu negieren, so kommt es ganz entscheidend darauf an: Ist diese Klausel derart eindeutig, unmissverständlich und klar formuliert, so dass sie bereits die Voraussetzungen beseitigt, welche für das Bestehen der Anscheins- oder Duldungsvollmacht konstitutiv sind, so wird sie als wirksam angesehen.²⁹⁷ Die Begründung liegt darin: Eine derart abgefasste Klausel beseitigt bereits das Vertrauen des anderen Vertragsteils und verhindert damit das Entstehen einer Anscheins- oder Duldungsvollmacht, so dass das Vertrauen auf das mit dem „Vertreter" mündlich Vereinbarte nicht schutzwürdig ist. Dies wird allerdings sehr selten sein, weil Klauseln kaum jemals so eindeutig abgefasst sind.

(8) Man kann letztlich mit guten Gründen²⁹⁸ darüber streiten, ob eine Vollständigkeitsklausel, wie sie hier im **Formular** verwendet wird, überhaupt eine Schriftformklausel darstellt. Denn aus der simplen Tatsache, dass ein schriftlicher Vertrag – Bestellungen und Auftragsbestätigungen werden unter Kaufleuten regelmäßig schriftlich abgefasst – vorliegt, folgt, dass diese Urkunde die Vermutung der Vollständigkeit und Richtigkeit – vorbehaltlich des zu führenden Gegenbeweises verkörpert.²⁹⁹ Die Klausel reflektiert so nur diesen Klartext, der ohnedies kraft Gesetzes gilt.

(9) Das dogmatische **Rangverhältnis** zwischen dem Vorrangprinzip von § 305 b BGB einerseits und der Wirksamkeitskontrolle von Schriftformklauseln gemäß § 307 Abs. 2 Nr. 1 BGB bzw. gemäß § 307 Abs. 1 BGB bedarf noch der Klärung.³⁰⁰

(a) In der Praxis ist die Antwort auf diese Frage freilich regelmäßig deswegen belanglos, weil die Rechtsfolgen bei einem Verstoß gegen das Vorrangprinzip von § 305 b BGB die gleichen sind wie in den Fällen, in denen die Unwirksamkeit der Klausel aus § 307 Abs. 1 BGB hergeleitet wird.³⁰¹ Der Unterschied besteht ja lediglich darin, dass bei Eingreifen der Regel des § 305 b BGB die gegenläufi-

---

295. BGH LM Nr. 4 zu § 167 BGB; BGH WM 1986, 901.
296. Palandt/Ellenberger, BGB, § 172 Rdnr. 8 ff.
297. BGH NJW-RR 1995, 80, 81; Schmidt, in Ulmer/Brandner/Hensen, AGB-Recht, Bes. Klauseln (3) Rdnr. 13.
298. Ulmer/Schäfer, in Ulmer/Brandner/Hensen, AGB-Recht, § 305 b Rdnr. 44.
299. BGHZ 79, 281, 287; BGH NJW 1985, 623, 630.
300. Ulmer/Schäfer, in Ulmer/Brandner/Hensen, AGB-Recht, § 305 b Rdnr. 32.
301. Hierzu Palandt/Grüneberg, BGB, § 305 b Rdnr. 5.

ge Schriftformklausel nicht zum Zuge gelangt, weil sie von der mündlich vereinbarten und als maßgeblich erachteten Individualabrede verdrängt wird, während bei einer Unwirksamkeit der Klausel unmittelbar § 306 Abs. 2 BGB bemüht wird.

(b) Daher ist folgendes festzuhalten: Soweit eine mündliche Vereinbarung zwischen den Parteien getroffen worden ist, der eine Schriftformklausel entgegensteht, gilt zunächst uneingeschränkt das Vorrangprinzip von § 305 b BGB. Auf die Wirksamkeit der Schriftformklausel gemäß § 307 Abs. 2 Nr. 1 BGB oder gemäß § 307 Abs. 1 BGB kommt es dann nicht entscheidend an. Man kann natürlich auch umgedreht argumentieren.[302] Dann ist logisch bedingt davon auszugehen, dass die Beurteilung einer Schriftformklausel gemäß § 307 Abs. 1 BGB vorrangig ist.[303] Denn nur solche Schriftformklauseln können am Vorrangprinzip von § 305 b BGB gemessen werden, die nicht an § 307 Abs. 1 BGB scheitern. Zur Konsequenz hat diese Ansicht, dass auch solche Schriftformklauseln wegen des Vorrangprinzips von § 305 b BGB nicht anerkannt werden, die gemäß § 307 Abs. 1 BGB nicht zu beanstanden sind.[304] Auch wenn dieser Auffassung – bezogen auf Schriftformklauseln – durchaus eine gewisse Klarheit zukommt, das Rangverhältnis zwischen § 305 b BGB und § 307 Abs. 1 BGB zu fixieren, so muss man doch hinzufügen: Das Vorrangprinzip von § 305 b BGB erweist seine praktische Bedeutung bei weitem nicht nur gegenüber der Wirksamkeit von Schriftformklauseln,[305] sondern gilt generell für alle individualvertraglichen Vereinbarungen, wenn und soweit AGB-Klauseln hierzu in einem unmittelbaren oder mittelbaren Widerspruch stehen.[306]

(c) Aus Gründen der Praktikabilität dürfte es sich aber empfehlen, bei gelungenem Nachweis einer mündlichen Abrede den Weg über § 305 b BGB zu gehen als zu versuchen, die Klausel an § 307 I BGB scheitern zu lassen.[307]

7. Geltungsbereich der AGB

(a) Es empfiehlt sich dringend – wie im **Formular** vorgeschlagen – eine eindeutige Regelung darüber zu treffen, für welchen Geltungs-

---

302. Für die Vorrangigkeit des § 307 Abs. 1 BGB Ulmer/Schäfer, in Ulmer/Brandner/Hensen, AGB-Recht § 305 b, Rdnr. 32.
303. Ulmer/Schäfer, in Ulmer/Brandner/Hensen, AGBG, § 305 b Rdnr. 32.
304. Ulmer/Schäfer, in Ulmer/Brandner/Hensen, AGBG, § 305 b Rdnr. 33.
305. Hierzu BGH NJW 2006, 138.
306. Hierzu Palandt/Grüneberg, BGB, § 305 b Rdnr. 3 f.
307. Hierzu AGB-Klauselwerke/Graf v. Westphalen – Schriftformklauseln, Rdnr. 1 ff.

bereich die Verkaufsbedingungen Gültigkeit erlangen sollen. Die dogmatische Notwendigkeit hierzu ergibt sich unmittelbar aus § 310 Abs. 1 BGB. Denn danach gelten die Bestimmungen der §§ 305 Abs. 2 und 3 sowie die §§ 308, 309 BGB nicht für die Verwendung von AGB-Klauseln gegenüber Unternehmern; Gleiches gilt, sofern die AGB gegenüber juristischen Personen des öffentlichen Rechts oder öffentlich-rechtlichen Sondervermögen Verwendung finden. Ist hingegen der Lieferant/AGB-Verwender vor die Notwendigkeit gestellt, seine Verkaufsbedingungen auch gegenüber Verbrauchern gemäß § 13 BGB einzusetzen, so gelten unmittelbar die strikten Verbotstatbestände der §§ 308, 309 BGB; außerdem sind die erschwerten Einbeziehungsvoraussetzungen von § 305 Abs. 2 BGB zu beachten.

(b) Soweit ein Lieferant – aus welchen Gründen immer – gehalten ist, seine Verkaufsbedingungen sowohl gegenüber Verbrauchern gemäß § 13 BGB als auch gegenüber Unternehmern im Sinn von § 14 BGB einzusetzen, sind die dadurch für die Praxis auftretenden Probleme schwer zu bewältigen:

(aa) Gegenüber **Verbrauchern** sind nämlich, wenn es sich – wie hier – um Kaufverträge handelt, die in § 475 Abs. 1 und 2 BGB in Bezug genommenen Bestimmungen im Rahmen eines Verbrauchsgüterkaufs insgesamt **zwingend**; die Grenzen der Freizeichnung gegenüber Ansprüchen auf Schadensersatz richten sich allerdings nach § 475 Abs. 3 BGB im Kern nach den gleichen Kriterien, die für den unternehmerischen Verkehr gelten.[308] Denn der Maßstab ist in beiden Fällen die allgemeine Norm des § 307 Abs. 2 Nr. 2 BGB, sofern es sich nicht um die Verbotstatbestände des § 309 Nr. 7a und b BGB handelt. Dieser Maßstab wird aber – wie noch zu zeigen sein wird – auch im Kontext des § 307 Abs. 2 Nr. 1 BGB reflektiert.[309]

(bb) Daher ist es nicht mehr zu empfehlen, für den Endverbraucher bei Abschluss eines Kaufvertrages überhaupt AGB zu formulieren. Denn das weithin zwingende Recht ist ohnehin zu beachten. Man könnte es – wenn denn überhaupt – nur mit anderen Worten wiedergeben. Doch ein solches Vorgehen eröffnet in der Regel den Verbotstatbestand von § 307 Abs. 1 Satz 2 BGB, weil es wohl stets so ist, dass die vom Gesetzgeber geforderte Transparenz deutlich über derjenigen liegt, welche ein AGB-Verwender erreichen kann. Deshalb wird hier dieser Komplex, AGB für einen Kaufvertrag gegenüber einem Verbraucher abzubilden, auch nur noch am Rande behandelt.

---

308. Graf von Westphalen, BB 2002, 209 ff.; AGB-Klauselwerke/Graf von Westphalen – Freizeichnungsklausel Rdnr. 36 ff.
309. BGH NJW 2007, 3774 – „Gleichschritt".

8. Einbeziehung gegenüber dem Verbraucher

In diesem Bereich gilt – im Gegensatz zu dem bereits zuvor dargestellten unternehmerischen Verkehr (§§ 145 ff. BGB) – die zwingende Bestimmung von § 305 Abs. 2 BGB. Neben dem „ausdrücklichen" Hinweis auf die Geltung der AGB – vgl. **Formulartext** zu Ziff. I – ist es unerlässlich, dass der AGB-Verwender seine Obliegenheit erfüllt, dem Kunden die Möglichkeit zumutbarer Kenntnisnahme vom Inhalt der einzubeziehenden AGB zu verschaffen – vgl. **Formulartext** zu Ziff. I bzw. Ziff. II –. Besondere Bedeutung hat zudem der Umstand, dass gemäß § 305 Abs. 2 Nr. 2 BGB die AGB für den Durchschnittskunden verständlich sein müssen. Im Einzelnen sind folgende Gesichtspunkte bei der Einbeziehung von AGB gegenüber einem Verbraucher zu beachten:

a) Beim **schriftlichen Vertragsabschluss** ergeben sich folgende Einzelheiten: Wenn der AGB-Verwender seine AGB in den Vertrag einbeziehen will, dann ist er auch verpflichtet, auf die Geltung seiner AGB ausdrücklich hinzuweisen. Dieser Hinweis kann sowohl mündlich als auch schriftlich erfolgen, weil § 305 Abs. 2 Nr. 1 BGB nur von einem „ausdrücklichen Hinweis" spricht.[310] Zudem muss der betreffende Hinweis auf die Geltung der AGB im Zusammenhang mit dem konkreten Vertragsabschluss getätigt werden.[311] Ein Hinweis ist im Sinn von § 305 Abs. 2 Nr. 1 BGB immer nur dann gegenüber dem Verbraucher als „ausdrücklich" zu qualifizieren, wenn er vom Lieferanten/AGB-Verwender unmissverständlich formuliert ist und für den Kunden klar erkennbar geäußert wurde.[312] Durch eben dieses Erfordernis wird der Einbeziehungsvorgang formalisiert; § 305 Abs. 2 BGB weicht von den Vorschriften der §§ 133, 157 BGB nicht ab, weil eine Einbeziehungserklärung des Lieferanten/AGB-Verwenders im Wege der Auslegung aus seinen sonstigen auf den Vertragsabschluss gerichteten Erklärungen abgeleitet werden kann.[313] Bei einem schriftlichen Angebot ist jedoch grundsätzlich ein schriftlicher – und damit „ausdrücklicher" – Hinweis auf die Geltung der AGB erforderlich, und zwar in gut lesbarer Form.[314] Verdeckte oder versteckte Hinweise reichen nicht aus.[315] Auch der Abdruck der AGB auf einem Lieferschein ist nicht ausreichend.[316] Das Gleiche gilt für

---

310. Palandt/Grüneberg, BGB, § 305 Rdnr. 29.
311. BGH NJW 1987, 113.
312. BGH NJW-RR 1987, 112, 113.
313. BGH NJW-RR 1987, 112, 113.
314. BGH NJW 1986, 1608.
315. OLG Düsseldorf BB 1983, 84.
316. BGH NJW-RR 1987, 112, 114.

den Abdruck der AGB auf einer Rechnung; Ausnahmen können – abhängig von den Umständen des Einzelfalls – dann, wenn es um die Vereinbarung eines einfachen Eigentumsvorbehalts geht.[317]

(aa) Besondere Schwierigkeiten ergeben sich in der Regel dann gelten, das **Angebot zum Abschluss des Vertrages vom Kunden** ausgeht. Denn dieser hat natürlich keine Veranlassung, auf die Geltung der AGB seinerseits zu verweisen.[318] Wenn dann aber der Verwender erst im Rahmen der Annahmeerklärung erstmals auf seine AGB hinweist, dann handelt es sich in Wirklichkeit immer um den Fall einer modifizierten Auftragsbestätigung im Sinn des § 150 Abs. 2 BGB. So gesehen ist dann der Hinweis verspätet. Denn dieses neue Angebot muss ja der Kunde erst wiederum annehmen. Dazu reicht es in der Regel nicht aus, dass der Kunde die ihm angebotene Lieferung/Leistung stillschweigend entgegennimmt. Denn zwischen der Annahme der vertraglich geschuldeten Hauptleistung und der Annahme der AGB besteht ein substantieller Unterschied.[319]

(bb) **Im Zweifel** ist daher nicht davon auszugehen, dass in solchen Fällen auch die AGB kraft stillschweigender Zustimmung (§ 242 BGB) wirksam in den Vertrag einbezogen worden sind. Vielmehr spricht einiges dafür, dass dann der Vertrag nach Maßgabe des dispositiven Rechts zustande gekommen ist.[320]

b) Handelt es sich jedoch um einen **mündlich geschlossenen Vertrag**, dann gelten folgende Erwägungen: Hier dispensiert keiner den Verwender von der Obliegenheit, auch in diesen Fällen ausdrücklich auf die Geltung der AGB hinzuweisen.[321] Dazu reicht es anerkanntermaßen nicht aus, dass die betreffenden AGB auf Quittungen, Inhaberkarten etc. aufgedruckt sind, weil diese Handlungen in der Regel einen bereits abgeschlossenen Vertrag voraussetzen.[322] Anerkannt ist des Weiteren, dass der Verwender auch bei einem **fernmündlich abgeschlossenen Vertrag** in der Regel gar nicht imstande ist, die Voraussetzungen einer Kenntnisverschaffungspflicht nach

---

317. BGH NJW 1982, 1749; BGH NJW 1982, 1751 – jeweils: kaufmännischer Bereich.
318. Ulmer/Habersack, in Ulmer/Brandner/Hensen, AGB-Recht, § 305 Rdnr. 130.
319. Vgl. auch Ulmer/Habersack, in Ulmer/Brandner/Hensen, AGB-Recht, § 305 Rdnr. 130 f.
320. So vor allem Palandt/Grünberg, BGB, § 305 Rdnr. 43; ähnlich Ulmer/Habersack, in Ulmer/Brandner/Hensen, AGB-Recht, § 305 Rdnr. 131; Erman/Roloff, BGB, § 305 Rdnr. 27, 41; a.M. Staudinger/Schlosser, BGB, § 305 Rdnr. 201.
321. Ulmer/Habersack, in Ulmer/Brandner/Hensen, AGB-Recht, § 305 Rdnr. 133 f.
322. Ulmer/Habersack, in Ulmer/Brandner/Hensen, AGB-Recht, § 305 Rdnr. 134; Palandt/Grüneberg, BGB, § 305 Rdnr. 29.

8. Einbeziehung gegenüber dem Verbraucher

§ 305 Abs. 2 Nr. 2 BGB zu erfüllen, so dass es ausreicht, wenn er bei Abschluss des Vertrages auf die Geltung seiner AGB verweist.[323]

c) § 305 Abs. 2 Nr. 2 BGB erfordert des Weiteren, dass der Lieferant/AGB-Verwender seinem Vertragspartner die Möglichkeit zumutbarer Kenntnisnahme vom Inhalt der AGB verschafft. Abgesehen davon, dass bei einem **schriftlichen Vertragsabschluss (unter Abwesenden)** die AGB auf der Rückseite der Bestellung/Auftragsbestätigung abgedruckt sein müssen,[324] wird man regelmäßig auch daran festhalten müssen, dass der Lieferant/AGB-Verwender verpflichtet ist, seinem Vertragspartner die AGB auszuhändigen oder zu übersenden. Denn nur so erfüllt der Verwender die Verpflichtung, dem Kunden den Text der AGB auch tatsächlich zugänglich zu machen.[325]

(aa) Beim **mündlichen Vertragsabschluss** muss der Verwender dem Kunden – außerhalb des Tatbestandes, dass ein entsprechender Aushang der einzubeziehenden AGB ausreicht, weil es sich um ein konkludent abzuschließendes Massengeschäft handelt[326] – die Gelegenheit verschaffen, vom Inhalt der ihm auszuhändigenden AGB Kenntnis zu erhalten.[327] Denn nur dann ist es dem Kunden möglich, den ihm angebotenen Vertragsabschluss entweder in Kenntnis der AGB anzunehmen oder ihn auch abzulehnen. Dies setzt voraus, dass der Verwender dem Kunden unaufgefordert die AGB zur Kenntnis bringt.[328]

(bb) Bei einem **fernmündlichen Vertragsabschluss** bereitet die Einhaltung des Erfordernisses von § 305 Abs. 2 Nr. 2 BGB erhebliche Probleme.[329] Denn der Lieferant/AGB-Verwender ist in der Regel außerstande, seinem Vertragspartner vor dem fernmündlichen Vertragsabschluss die Möglichkeit zu verschaffen, vom Inhalt der AGB Kenntnis zu nehmen.[330] Die AGB vorzulesen, ist ebenfalls eine völlig unpraktische Lösung. Andererseits: Das Angebot des Lieferanten/AGB-Verwenders, die einzubeziehenden AGB seinem Vertragspartner zu übersenden, genügt den Erfordernissen von § 305 Abs. 2 Nr. 2 BGB nicht, weil damit die Möglichkeit zumutbarer Kenntnisnahme erst für den Zeitpunkt nach Vertragsabschluss geschaffen wird. Ob die Lösung dieses praktischen Problems darin zu

---

323. Im Einzelnen Palandt/Grüneberg, BGB, § 305 Rdnr. 35; vgl. auch Ulmer/Habersack, in Ulmer/Brandner/Hensen, AGB-Recht, § 305 Rdnr. 135.
324. BGH NJW-RR 1987, 112, 114.
325. BGH NJW 2009, 3197; Palandt/Grüneberg, BGB, § 305 Rdnr. 33.
326. Palandt/Grüneberg, BGB, § 305 Rdnr. 29.
327. Ulmer/Habersack, in Ulmer/Brandner/Hensen, AGB-Recht, § 305 Rdnr. 148.
328. Ulmer/Habersack, in Ulmer/Brandner/Hensen, AGB-Recht, § 305 Rdnr. 148.
329. Palandt/Grüneberg, BGB, § 305 Rdnr. 37.
330. Hierzu Erman/Roloff, § 305 Rdnr. 36.

sehen ist, dass die Vertragspartner – anlässlich des Vertragsabschlusses – vereinbaren, auf die Erfüllung der Einbeziehungsvoraussetzungen gemäß § 305 Abs. 2 Nr. 2 BGB zu verzichten, ist umstritten.[331] Im Zweifel ist dies zu verneinen. Denn § 305 Abs. 2 BGB ist eine Schutzbestimmung, auf die – jedenfalls im Rahmen von AGB-Klauseln[332] – nicht wirksam verzichtet werden kann.[333]

(cc) Zum **allgemeinen Kriterium der zumutbaren Kenntnisnahme** im Sinn von § 305 Abs. 2 Nr. 2 BGB zählt des Weiteren die mühelose Lesbarkeit und Verständlichkeit des Inhalts der AGB.[334] Übermäßiger Kleindruck ist ebenso zu vermeiden wie eine ungewöhnliche Schriftart; insbesondere ist darauf zu achten, dass sich der Druck der AGB farblich von der Farbe des Papiers abheben.[335] Die Verwendung juristischer Fachtermini sollte unbedingt unterlassen werden, weil sie nicht hinreichend für den Laien transparent sind.[336] Auf eine systematisch einwandfreie Gliederung ist zu achten; Überschriften sind zweckmäßigerweise zu verwenden.[337] Die Beachtung dieses Postulats verpflichtet den AGB-Verwender, seine Klauseln so zu gestalten, dass der rechtlich nicht vorgebildete Durchschnittskunde in der Lage ist, die ihn benachteiligende Wirkung einer Klausel – ohne Einholung von Rechtsrat – zu erkennen.[338]

(dd) Das Verständlichkeitsgebot des § 305 Abs. 2 Nr. 2 BGB deckt sich im Kern auch mit dem in § 307 Abs. 1 Satz 2 BGB verankerten **Transparenzgebot**. Ein Verstoß gegen dieses Gebot ist insbesondere dann anzunehmen, wenn in den AGB gegenüber einem Verbraucher auf Bestimmungen des Gesetzes verwiesen wird.[339] Das ist tunlichst zu vermeiden. Gleiches gtil aber auch dann, wenn die ins Auge gefasste Regelung nicht klar und eindeutig ist, wie etwa dann, dass für „nicht ausdrücklich geregelte Fragen" die Bestimmungen der VOB/B gelten,[340] oder wenn die Klausel bestimmt, dass sich die Verjährung sowohl nach den Bestimmungen der VOB/B als auch nach BGB

---

331. Bejahend: Ulmer/Habersack, in Ulmer/Brandner/Hensen, AGB-Recht, § 305 Rdnr. 149; Palandt/Grüneberg, BGB, § 305 Rdnr. 37.
332. BGH ZIP 1988, 559, 562 – generell.
333. A. M. OLG Koblenz ZIP 1983, 557.
334. BGH BB 1983, 2074; BGH NJW-RR 1986, 1311; OLG Saarbrücken NJW-RR 1988, 858; Palandt/Grüneberg, BGB, § 305 Rdnr. 28.
335. OLG Hamburg BB 1987, 1703; Thamm/Detzer BB 1989, 1133 ff.
336. Vgl. BGH NJW 1982, 331, 333 – Verwendung der Begriffe „Wandelung" und „Minderung".
337. Ulmer/Habersack, in Ulmer/Brandner/Hensen, AGB-Recht, § 305 Rdnr. 152.
338. BGHZ 106, 47, 49.
339. OLG Düsseldorf, NJW-RR 1997, 1150 – Hinweis auf § 51 BRAO; AG Dortmund, NJW-RR 1996, 1355 – Berechnungs-VO 120/II; OLG Schleswig, NJW 1995, 2858 – §§ 537, 538 BGB.
340. OLG Stuttgart, NJW-RR 1988, 787.

8. Einbeziehung gegenüber dem Verbraucher

richtet.[341] Nichts anders gilt bei der Verwendung salvatorischer Klauseln, die etwa dahin lauten, dass die Haftung ausgeschlossen sein soll, „soweit dies gesetzlich zulässig" ist.[342]

ee) Soweit dem Lieferanten/AGB-Verwender **erkennbar** ist, dass der Kunde an **körperlichen Gebrechen** leidet, ist dies gemäß § 305 Abs. 2 Nr. 2 BGB angemessen zu berücksichtigen, etwa bei erkennbarer Sehschwäche des Kunden. Dann hat der Verwender sicherzustellen, dass die AGB dem Kunden entweder in elektronischer oder auch in Blindenschrift überlassen werden.[343]

d) Die Voraussetzungen einer wirksamen Einbeziehung nach § 305 Abs. 2 BGB müssen **bei Vertragsabschluss** vorliegen. Wird eine der beiden Erfordernisse erst nach Abschluss des Vertrages erfüllt, so werden die AGB nicht Vertragsbestandteil, es sei denn, eine nachträgliche Änderung des Vertrages – unter Einbeziehung der AGB – ist unter Beachtung der Voraussetzungen von § 305 Abs. 2 BGB vereinbart worden.[344] Frühere Hinweise des AGB-Verwenders/ Lieferanten wirken nur bis zum Vertragsabschluss fort; sie sind also – als Teil der jeweiligen Vertragsverhandlungen – auf den betreffenden Individualvertrag beschränkt.

e) Wenn die Einbeziehung der AGB-Klauseln gemäß § 305 Abs. 2 Nr. 1 und Nr. 2 BGB vorgenommen wurde, ist regelmäßig davon auszugehen, dass der Kunde mit der **Geltung der AGB einverstanden** war. Dieses Einverständnis kann ausdrücklich oder durch schlüssiges Verhalten erklärt werden.[345] Besondere Schwierigkeiten ergeben sich, wenn der AGB-Verwender erstmals im Rahmen einer Auftragsbestätigung auf die Geltung der AGB verweist.[346] Denn das Schweigen auf die der Auftragsbestätigung beigefügten oder dort abgedruckten AGB ist regelmäßig nicht als Zustimmung zu werten.[347] Selbst dann, wenn der Kunde – in Kenntnis der AGB des Verwenders – die ihm angebotene Lieferung/Leistung tatsächlich annimmt, liegt in dieser Einverständniserklärung regelmäßig kein Einverständnis mit der Geltung der AGB.[348]

f) Verweist der AGB-Verwender auf das **Klauselwerk eines Dritten**, so dispensiert ihn dies nicht von den Obliegenheiten des § 305 Abs. 2 BGB. Konkret bedeutet dies: Der AGB-Verwender

---

341. OLG Celle, NJW-RR 1997, 82.
342. Vgl. Ulmer/Habersack, in Ulmer/Brandner/Hensen, AGB-Recht, § 305 Rdnr. 153.
343. Vgl. BT-Drucks. 14/6040 S. 150.
344. BGH NJW 1983, 816, 817; BGH NJW-RR 1987, 112, 114.
345. Palandt/Grüneberg, BGB, § 305 Rdnr. 43.
346. Palandt/Grüneberg, a. a. O.
347. BGHZ 18, 212; BGH NJW 1988, 2106; OLG Köln, NJW-RR 1994, 1430.
348. Palandt/Grüneberg, a. a. O.

muss nicht nur auf das Klauselwerk des Dritten hinweisen; vielmehr ist er auch verpflichtet, dem Kunden in zumutbarer Weise Kenntnis von dem Inhalt der in Bezug genommenen Dritt-AGB zu verschaffen.[349]

g) Werden AGB gegenüber einem **Ausländer** verwendet, so ist wie folgt zu differenzieren: Soweit der Vertrag innerhalb des Geltungsbereichs des deutschen Rechts abgeschlossen wird, ist davon auszugehen, dass der Kunde der deutschen Sprache mächtig ist.[350] Dies gilt insbesondere dann, wenn sich der Kunde eines Vertreters bedient, der die deutsche Sprache beherrscht, weil er selbst dann dafür Sorge trägt, dass das Sprachrisiko nicht zum Rechtsrisiko wird. Aus dem EG-rechtlichen Transparenzgebot des Art. 4 EG-Richtlinie 13/93/EWG, wie es in § 307 Abs. 1 Satz 2 BGB enthalten ist, kann aber gefolgert werden, dass der Unternehmer weiter verpflichtet ist, jedenfalls bei Verträgen, die eine erhebliche Tragweite für den Kunden haben, für eine adäquate Information des Kunden zu sorgen.[351] Angesichts der Freizügigkeit innerhalb der EU darf das Sprachrisiko keinesfalls zum Rechtsrisiko werden. Vielmehr ist der AGB-Verwender verpflichtet, gegenüber den Staatsangehörigen der EU-Mitgliedstaaten für eine ausreichende Transparenz der Vertragsgestaltung, d.h. auch dafür zu sorgen, dass die jeweiligen Staatsbürger dieser Länder den vorgelegten Vertragstext, insbesondere die AGB-Klauseln inhaltlich verstehen.

Erweist sich also, dass dies – für den AGB-Verwender oder seinen Vertreter erkennbar – nicht zutrifft, dann muss der AGB-Verwender dafür Sorge tragen, dass der Kunde über den Inhalt des abzuschließenden Vertrages sowie über die Tragweite der AGB-Klauseln ausreichend informiert wird. Unterlässt er dies, macht er sich aus dem Gedanken des **Verschuldens bei Vertragsabschluss** nach § 311b Abs. 2 BGB schadensersatzpflichtig.[352] Diese Sanktion geht über den Rahmen von § 305 Abs. 2 BGB – Nichteinbeziehung der AGB – wesentlich hinaus, ist aber jedenfalls dann als angemessen anzusehen, wenn man dem Grundsatz folgt, dass die Verwendung unwirksamer – dazu zählen auch intransparente – AGB-Klauseln seinerseits eine Schadensersatzpflicht aus dem Gedanken des Verschuldens bei Vertragsabschluss auslöst.[353]

---

349. Graf von Westphalen, BB 1990, 1, 2; Palandt/Grüneberg, BGB, § 305 Rdnr. 36.
350. Vgl. BGHZ 87, 114.
351. Hierzu Reich, NJW 1995, 1860; so auch Palandt/Grüneberg, BGB, § 305 Rdnr. 42.
352. BGH NJW 2009, 2590; vgl. auch Fuchs, in Ulmer/Brandner/Hensen, AGB-Recht, vor § 307 Rdnr. 104.
353. BGH NJW 1984, 2816; BGH NJW 1994, 2754.

8. Einbeziehung gegenüber dem Verbraucher

Finden die Vertragsverhandlungen hingegen in einer anderen Sprache statt (Verhandlungssprache), so muss auf die AGB in dieser Sprache hingewiesen werden und der Text der AGB muss in dieser Sprache vorliegen.[354]

h) **Bestätigungsklauseln**[355] unterscheiden sich von Vertragsabschlussklauseln: Letztere betreffen AGB-Klauseln, die unmittelbar den Vertragsabschluss regeln und – regelmäßig – in diesem Zusammenhang auch sicherstellen, dass AGB-Klauseln in den jeweiligen Individualvertrag einbezogen werden, etwa in Form der Geltungs-, Ausschließlichkeits- oder Abwehrklausel. Demgegenüber zielen Bestätigungsklauseln darauf ab, das nach § 305 Abs. 2 BGB erforderliche Einverständnis des Kunden – mit der Geltung der AGB – zu unterstreichen. Sie lauten zum Beispiel: „Der Kunde bestätigt, von den umstehenden AGB Kenntnis genommen zu haben und mit deren Geltung einverstanden zu sein"-

k) Schwierigkeiten bereitet in der Praxis oft die Frage, in welcher Weise der Verwender die Voraussetzungen von § 305 Abs. 2 BGB sicherstellen soll, wenn es sich um die **Änderung von AGB** handelt. Die Relevanz dieser Frage bezieht sich indessen nicht auf die Konstellationen, bei denen zwischen den Parteien **laufende Geschäftsbeziehungen** vorliegen, weil es hier durchaus möglich und auch ohne weiteres zumutbar ist, dass der Verwender bei einem neuen Vertragsabschluss auf die Geltung der neuen AGB im Sinn von § 305 Abs. 2 BGB oder nach den §§ 145 ff. BGB verweist. Unter diesen Voraussetzungen kann der Verwender die Geltung der neuen AGB dadurch erreichen, dass er eine synoptische Fassung der alten und der neuen AGB dem Kunden zur Verfügung stellt, um ihm auf diese Weise – im Zweifel durch drucktechnische Hervorhebung der neuen Textfassungen – deutlich erkennbar macht, welche neuen AGB gelten. Setzt dann der Kunde seine Vertragsbeziehungen fort, dann liegt darin im Zweifel ein stillschweigendes Einverständnis mit den neuen AGB.[356]

aa) Die besondere Problematik tritt vielmehr dann auf, wenn zwischen den Parteien ein **Dauerschuldverhältnis** besteht und der AGB-Verwender – aus welchen Gründen auch immer – der Auffassung ist, von einem bestimmten Zeitpunkt an sollen neue AGB-Klauseln gelten. Klar ist, dass der Verwender nicht berechtigt ist, sich in den AGB ein einseitiges Änderungsrecht auszubedingen. Die-

---

354. OLG Frankfurt a. M. NJW-RR 2003, 704.
355. BGH BB 1983, 15 m. Anm. von Bohle.
356. Hierzu Palandt/Grüneberg, BGB, § 305 Rdnr. 47; MünchKomm/Basedow, BGB, § 305 Rdnr. 78.

ses scheitert nach § 308 Nr. 4 BGB.[357] Danach ist es erforderlich, dass die Klausel selbst erkennen lässt, aus welchem Anlass welche Änderungen tatsächlich vorgenommen werden dürfen, weil sonst das Transparenzgebot beeinträchtigt ist.[358] Anerkannt ist des Weiteren, dass eine Klausel nicht dahin lauten darf, dass die AGB des Verwenders „in ihrer jeweils gültigen Fassung" gelten sollen.[359]

(bb) Verschiedentlich wird der Versuch unternommen, mit Hilfe einer an die Erklärungsfiktion des Kunden nach § 308 Nr. 5 BGB anknüpfende **Zustimmungsfiktion** die Geltung neuer AGB zu rechtfertigen. Die Verwender weist dann auf die Voraussetzungen und auch auf die Folgen eines Schweigens nach § 308 Nr. 5 BGB hin, fordert den Kunden auf, der Geltung der neuen AGB innerhalb einer angemessenen Frist zu widersprechen, andernfalls sein Schweigen als Zustimmung zu werten sei. Doch die Rechtsprechung ist in diesem Punkt sehr restriktiv.[360] Sie verlangt vor allem auch das Vorliegen eines besonderen Interesses des Verwenders an einer solchen Fiktionsklausel, was im Zweifel nur dann gegeben ist, wenn es sich um eine Klausel handelt, die im Massenverkehr verwendet wird.[361] Für die besonders wichtige Kategorie von Preisanpassungsklauseln hat der BGH jedenfalls entschieden, dass diese nicht im Rahmen einer Änderungsbefugnis und einer anschließenden Zustimmungsfiktion wirksam als eine neue **Preisanpassungsklausel** vereinbart werden dürfen.[362]

l) Für die Wirksamkeitskontrolle derartiger Bestätigungsklauseln gilt: Die **Darlegungs- und Beweislast** dafür, dass die Einbeziehungsvoraussetzungen gemäß § 305 Abs. 2 BGB erfüllt sind, obliegt dem Lieferanten/AGB-Verwender.[363] Rechtsgeschäftliche Bestätigungen des Kunden, welche auf eine Änderung der Beweislast abzielen, sind jedoch nach § 309 Nr. 12 BGB unwirksam.[364] Dies gilt gemäß § 307 Abs. 2 Nr. 1 BGB auch für den unternehmerischen Verkehr.[365] Deshalb ist bei Bestätigungsklauseln stets exakt danach zu differenzieren, ob ihre inhaltliche Ausgestaltung derart ist, zugunsten des

---

357. BGH NJW 1999, 1865; Ulmer/Habersack, in Ulmer/Brandner/Hensen, AGB-Recht, § 305 Rdnr. 165.
358. Hierzu auch Palandt/Grüneberg, BGB, § 305 Rdnr. 47.
359. Ulmer/Habersack, in Ulmer/Brandner/Hensen, AGB-Recht, § 305 Rdnr. 165.
360. Vgl. Palandt/Grüneberg, BGB, § 308 Rdnr. 29 ff.
361. BGH NJW-RR 2008, 134 – unwirksam, aber Hinweis auf die Banken-AGB; Planadt/Grüneberg, BGB, § 308 Rdnr. 31; Schmidt, in Ulmer/Brandner/Hensen, AGB-Recht, § 308 Nr. 5 Rdnr. 7.
362. BGH NJW-RR 2008, 134, 135.
363. BGH NJW-RR 1987, 112, 113; Staudinger/Schlosser, BGB, § 305 Rdnr. 126.
364. Löwe/Graf von Westphalen/Trinkner, Großkommentar, Bd. II § 11 Nr. 15 Rdnr. 28.
365. Palandt/Grüneberg, BGB, § 309 Rdnr. 103.

8. Einbeziehung gegenüber dem Verbraucher

Lieferanten/AGB-Verwenders die sich aus § 305 Abs. 2 BGB ergebende Beweislast zum Nachteil des Kunden zu verschieben.[366] Beschränkt sich hingegen die Bestätigungsklausel darauf, dass der Kunde lediglich erklärt, mit der „Geltung der AGB einverstanden zu sein", so ist dies weder nach § 305 Abs. 2 BGB – letzter Halbsatz – noch nach § 309 Nr. 12 BGB zu beanstanden.[367] Denn unter dieser Voraussetzung hat eine solche Bestätigungsklausel lediglich deklaratorische Bedeutung. Sie erschöpft sich darin, die rechtsgeschäftliche Konsequenz in Form des Einverständnisses des Kunden zu wiederholen, sofern der Lieferant/AGB-Verwender seine Erklärungsobliegenheiten gemäß § 305 Abs. 2 Nr. 1 und Nr. 2 BGB erfüllt hat. Lautet die Bestätigungsklausel jedoch dahin, der Kunde habe vom Inhalt der AGB „Kenntnis genommen" oder fingiert sie, der Lieferant/-AGB-Verwender habe ordnungsgemäß auf die Geltung seiner AGB „hingewiesen", so handelt es sich entweder um eine Erklärungsfiktion, die nach § 308 Nr. 5 BGB zu beanstanden ist, oder es handelt sich um eine unwirksame Tatsachenbestätigung, weil der Verbotstatbestand von § 309 Nr. 12 b BGB eingreift.[368]

m) Dieses Formular erfasst **nicht** Konstellationen, die im Rahmen des Fernabsatzes, etwa im Rahmen eines Versandhandelskaufs nach § 312 b BGB zu bewältigen sind. Auch Fragen des **Widerrufsrechts** nach den §§ 355 ff. BGB sind hier nicht erfasst. Daher sind auch die **Informationspflichten** des Lieferanten, wie sie in Art. 246 § 1 EGBGB vorgegeben sind, nicht Gegenstand der hier anzustellenden Erörterungen, was auch für die weiteren Informationspflichten nach Art. 246 § 2 und § 3 EGBGB gilt. Denn das Schwergewicht der hier unterbreiteten Erörterungen liegt in der Gestaltung der AGB, wie sie im Verkehr zwischen Kaufleuten/Unternehmern zu verwenden sind.

§ 2
Angebot – Angebotsunterlagen

(1) Ist die Bestellung als Angebot gemäß § 145 BGB zu qualifizieren, so können wir dieses innerhalb von 2 Wochen annehmen.
• Alternativ:
Unser Angebot ist freibleibend, sofern sich aus der Auftragsbestätigung nichts anderes ergibt.
(2) An Abbildungen, Zeichnungen, Kalkulationen und sonstigen Unterlagen behalten wir uns Eigentums- und Urheberrechte vor.

---

366. Bohle, BB 1983, 16 f.
367. BGH BB 1983, 16 f.
368. A.M. BGH, a.a.O.

Dies gilt auch für solche schriftlichen Unterlagen, die als „vertraulich" bezeichnet sind. Vor ihrer Weitergabe an Dritte bedarf der Kunde unserer ausdrücklichen schriftlichen Zustimmung.
- Alternativ für den Verkehr mit Verbrauchern:
(1) Die vom Kunden unterzeichnete Bestellung ist ein bindendes Angebot.
(2) Wir sind berechtigt, dieses Angebot innerhalb von zwei Wochen durch Zusendung einer Auftragsbestätigung anzunehmen oder dem Kunden innerhalb dieser Frist die bestellte Ware zuzusenden. Wir behalten uns vor, den Kunden innerhalb dieser Frist darüber zu unterrichten, dass wir seine Bestellung ablehnen.

Erläuterungen

1. Angebotsbindung
2. Angebotsklauseln – Vertragsabschlussklauseln
3. Angebotsunterlagen
4. Angebotsbindung gegenüber dem Verbraucher

1. Angebotsbindung

Im kaufmännischen Verkehr ist die Bestellung regelmäßig als Angebot gemäß § 145 BGB zu qualifizieren. Voraussetzung für die nach § 145 BGB eintretende Bindungswirkung ist jedoch, dass aufgrund des jeweiligen Textes der Bestellung Gegenstand und Inhalt des Vertrages so bestimmt oder doch zumindest gemäß §§ 133, 157 BGB bestimmbar sind, dass die Annahmeerklärung des Lieferanten – regelmäßig verkörpert in der Auftragsbestätigung – durch das einfache „Ja" den Vertrag zustande bringt.[1]

a) Der Antrag ist für den Antragenden gemäß § 145 BGB bindend; er kann deshalb – soweit die Bindungswirkung des Angebots reicht – nicht frei widerrufen werden. Selbstverständlich kann der Antragende gemäß § 145 BGB – letzter Halbsatz – die Bindungswirkung an das Angebot ausschließen. Dies geschieht zum Beispiel dadurch, dass das Angebot als „freibleibend" oder als „unverbindlich" bezeichnet wird. Im kaufmännischen Verkehr ist jedoch anerkannt: Wird ein Antrag – regelmäßig geschieht dies freilich aus der Perspektive des Lieferanten – als „freibleibend" bezeichnet, geht aber dem Lieferanten daraufhin eine Bestellung zu, so gilt das Schweigen des Lieferanten als Zustimmung.[2] Soll die durch das Schweigen eintretende Bindungswirkung ausgeschlossen werden, so ist der Emp-

---

1. Palandt/Ellenberger, BGB, § 145 Rdnr. 1.
2. Palandt/Ellenberger, BGB, § 145 Rdnr. 4; RG JW 1926, 2674.

1. Angebotsbindung

fänger in diesen Fällen verpflichtet, unverzüglich die Annahme der Bestellung abzulehnen.

b) Die **Annahme** eines Vertrages ist eine einseitige, empfangsbedürftige Willenserklärung; ihr Inhalt besteht in einer vorbehaltlosen Bejahung des Angebots.[3] Gemäß § 146 BGB erlischt der Antrag, wenn er entweder gegenüber dem Antragenden abgelehnt oder nicht rechtzeitig gemäß §§ 147 ff. BGB angenommen worden ist. Auch die Ablehnung eines Antrags ist eine empfangsbedürftige Willenserklärung.[4]

aa) Aus den §§ 147, 148 BGB ergibt sich: Lediglich die **rechtzeitige Annahme** führt zum Vertragsabschluss. Hat der Antragende eine Annahmefrist bestimmt, so ist diese maßgebend, wie § 148 BGB bestimmt. Ist eine Frist für die Angebotsbindung – zum Beispiel für einen Zeitraum von 2 Wochen – vorgesehen, so beginnt im Zweifel die Frist mit der Abgabe des Angebots, nicht erst mit dessen Zugang.[5] Aus dem Zugangserfordernis gemäß § 130 Abs. 1 BGB ergibt sich des Weiteren, dass die Annahmeerklärung innerhalb der bedungenen Frist zugegangen sein muss; es reicht im Zweifel nicht aus, dass innerhalb dieser Frist die erforderliche Annahmeerklärung abgegeben oder abgesandt wurde.[6]

bb) Die Annahme braucht nicht ausdrücklich erklärt zu werden; schlüssiges Verhalten reicht aus: Nimmt der Kunde die beim Lieferanten bestellte Lieferung/Leistung vorbehaltlos entgegen, obwohl eine Auftragsbestätigung deckungsgleich mit der Bestellung[7] nicht vorliegt, so spricht vieles dafür, dass dann der Vertrag durch schlüssiges Verhalten wirksam zustande gekommen ist.[8] Doch ist entscheidend: Bloßes Schweigen ist keine Annahmeerklärung.[9] Dies gilt auch grundsätzlich im kaufmännischen Geschäftsverkehr.[10] Indessen ist gemäß § 242 BGB die vorbehaltlose Entgegennahme der jeweiligen Lieferung/Leistung, die in Kenntnis einer „modifizierten" **Auftragsbestätigung** gemäß § 150 Abs. 2 BGB erfolgt, im kaufmännischen Verkehr als Zustimmung zu qualifizieren. Bei laufenden Geschäftsbeziehungen kann es jedoch anders sein: Abhängig von den Umständen des Einzelfalls kann sich aus § 242 BGB eine Widerspruchspflicht gegen die abweichende Auftragsbestätigung im Sinn von § 150 Abs. 2 BGB ergeben, sofern die Bindungswirkung ausge-

---

3. Staudinger/Bork, BGB, § 146 Rdnr. 1.
4. Palandt/Ellenberger, BGB, § 146 Rdnr. 1.
5. Soergel/Wolf, BGB, § 148 Rdnr. 8.
6. Palandt/Ellenberger, BGB, § 148 Rdnr. 3.
7. Vgl. § 150 Abs. 2 BGB.
8. BGH NJW 1980, 2246.
9. Palandt/Ellenberger, BGB, § 147 Rdnr. 3.
10. BGHZ 18, 212, 216; BGH BB 1973, 1459; BGH BB 1974, 524.

schlossen werden soll.[11] Dies gilt vor allem dann, wenn die Parteien – im Rahmen laufender Geschäftsbeziehungen – eine Bindung auch bei partiellem Dissens eintreten ließen, weil dann § 154 Abs. 1 BGB § 150 Abs. 2 BGB verdrängt.

cc) Wie dargestellt (S. 29 ff.), gelten Ausnahmen beim kaufmännischen Bestätigungsschreiben.

c) In der Regel setzt die Bejahung eines Vertragsabschlusses voraus, dass Angebot und Annahmeerklärung sich einander in allen Punkten decken. Ist dies nicht der Fall, weil die Annahmeerklärung – im Gegensatz zum Antrag – Abänderungen oder Ergänzungen enthält, so ist – abhängig von den Umständen des Einzelfalls – entweder auf § 150 Abs. 2 BGB oder auf das Konsens-Dissens-Prinzip der §§ 154, 155 BGB zurückzugreifen. Entscheidend ist hierbei die Erkenntnis, dass § 154 Abs. 1 BGB eine Auslegungsregel enthält.[12]

(aa) Demzufolge kommt es entscheidend darauf an, ob sich beide Parteien – trotz des Dissenses, etwa bei den AGB (Kollisionsproblem – S. 34) – erkennbar vertraglich binden wollten.[13] Im Rahmen der Auslegungsregel des § 154 Abs. 1 BGB ist folglich ein vertraglicher Bindungswille immer dann zu bejahen, wenn beide Parteien – im beiderseitigen Einverständnis – mit der Durchführung des Vertrages trotz der noch offen stehenden, vom Dissens erfassten Punkte begonnen haben.[14] Bezieht sich die fehlende Übereinstimmung von Angebot und Annahmeerklärung – in der kaufmännischen Terminologie: Bestellung und Auftragsbestätigung – auf die jeweilige, einander ausschließende Geltung der Einkaufs- und Verkaufs-AGB, so ergibt sich aus dem Konsens-Dissens-Prinzip der §§ 154, 155 BGB: Wenn und soweit sich die Parteien im Rahmen der individualvertraglichen Bindung tatsächlich geeinigt haben (Leistung, Preis, Zahlungsbedingungen, Lieferzeit, Lieferort), ist der Vertrag – ungeachtet des Dissenses über die Geltung der jeweiligen AGB – wirksam abgeschlossen, so dass – wie dargelegt – anstelle der einander widersprechenden AGB-Klauseln gemäß § 306 Abs. 2 BGB die Bestimmungen des dispositiven Rechts eingreifen.[15]

(bb) Bezieht sich hingegen der Dissens zwischen Angebot und Annahmeerklärung auf die zu erbringende Lieferung/Leistung, den Preis, die Zahlungsbedingungen, Lieferzeit oder Lieferort, so stellt

---

11 BGH LM Nr 4 zu § 157 BGB (Gh)
12. BGH NJW 1951, 397.
13. BGH WM 1981, 1141; KG NJW 1971, 1139.
14. BGH NJW 1983, 1728.
15. BGH BB 1974, 1136, 1137; BGH WM 1977, 451; BGH NJW 1980, 449; BGH NJW 1985, 1838; BGH ZIP 1991, 802, 804.

sich jedesmal die Frage: Ist unter Berücksichtigung der Auslegungsregel des § 154 Abs. 1 BGB – trotz des vorhandenen Dissenses – eine wirksame Vertragsbindung begründet? Oder ist dies erst dann gemäß § 150 Abs. 2 BGB zu bejahen, wenn und soweit die Parteien – in Kenntnis des Dissenses – mit der Erfüllung der Vertragspflichten begonnen haben? Erst dann, wenn als Folge des Dissenses der Abschluss eines wirksamen Vertrages verneint wird, ist auf § 150 Abs. 2 BGB – „modifizierte" Auftragsbestätigung als neuer Antrag mit Ablehnung des vorherigen Angebots – zurückzugreifen: Weil auch im kaufmännischen Verkehr eine „modifizierte" Auftragsbestätigung gemäß § 150 Abs. 2 BGB der Annahme bedarf, ist also entscheidend, ob der Adressat der „modifizierten" Auftragsbestätigung – in Kenntnis ihres Charakters als eines neuen Angebotes – dieses ausdrücklich oder stillschweigend dadurch angenommen hat, dass er die aufgrund der „modifizierten" Auftragsbestätigung zu erbringende Lieferung/Leistung vorbehaltlos entgegengenommen hat.[16] Unter Berücksichtigung der Gebote von Treu und Glauben gemäß § 242 BGB ist nämlich dann der Annehmende gehindert, gegenüber seinem tatsächlichen Annahmeverhalten geltend zu machen, der Vertrag sei nicht zustande gekommen, so dass er folglich berechtigt sei, die erbrachte Lieferung/Leistung zurückzuweisen.

d) Das **Formular** geht zum einen davon aus, dass die Bestellung als Angebot zu qualifizieren ist, und dass zum anderen – vgl. Alternativvorschlag in Abs. 1 – die Auftragsbestätigung als Angebot zu werten ist. Letzteres ist immer dann zu bejahen, wenn der Lieferant einen Antrag des Kunden beantwortet und ihm die jeweilige Lieferung anbietet. Bei der Verwendung des Formulars ist also nach den jeweiligen Gegebenheiten zu differenzieren.

aa) Dies gilt insoweit, ob das Angebot in der Tat „**freibleibend**" sein soll, weil ja hier der Vorrang der Individualabrede gemäß § 305b BGB zu berücksichtigen ist. Der zweite Halbsatz in dem Alternativvorschlag berücksichtigt diesen Zusammenhang.

bb) Ob und welche Bindungsfrist für das Angebot bedungen wird, ist abhängig von den jeweiligen Erfordernissen der Branche. So gesehen handelt es sich bei der Regelung von Abs. 1 lediglich um einen – zu überprüfenden und ggf. abzuändernden – Vorschlag.

2. Angebotsklauseln – Vertragsabschlussklauseln

Alle die das Angebots- oder Annahmeverhalten der Parteien regelnden AGB-Klauseln müssen sich an die rechtsgeschäftlichen Grund-

---

16. BGH LM Nr. 3 zu § 150 BGB; BGH LM Nr. 6 zu § 150 BGB.

sätze der §§ 145 ff. BGB anlehnen. Soweit dies nicht geschieht, verstoßen sie gegen § 307 Abs. 2 Nr. 1 BGB und sind **unwirksam**.

a) Auch alle den Abschluss des Vertrages unmittelbar regelnden AGB-Klauseln unterliegen den Kategorien der richterlichen Inhaltskontrolle gemäß § 307 Abs. 2 Nr. 1 BGB.[17] Vertragsabschlussklauseln, die den jeweiligen Individualvertrag durch Schweigen des anderen Vertragsteils zustande bringen, verstoßen deshalb gegen diese Norm.[18] Dies gilt nur dann nicht, wenn der – seltene – Ausnahmetatbestand des § 151 BGB vorliegt. Voraussetzung ist jedoch insoweit, dass der „Schweigende" – in Kenntnis eines an ihn gerichteten Angebots – eindeutig seinen Annahmewillen betätigt,[19] und dass gemäß § 151 BGB ausnahmsweise auf den Zugang der Annahmeerklärung entweder aufgrund vertraglicher Vereinbarung verzichtet wurde oder ein Zugang der Annahmeerklärung nach näherer Maßgabe der Verkehrssitte nicht zu erwarten ist.[20]

b) Häufig wird die Klausel verwendet, dass sich „Inhalt und Umfang des Vertrages" ausschließlich nach der jeweiligen Auftragsbestätigung des Lieferanten richten.[21] Derartige AGB-Klauseln sind jedoch nicht geeignet, einen nach § 154 Abs. 1 BGB als maßgeblich einzustufenden Dissens zwischen Bestellung und Auftragsbestätigung zu überbrücken.[22] Sie sind auch nach § 150 Abs. 2 BGB unbeachtlich, weil die kongruente Annahmeerklärung der Kunden grundsätzlich erforderlich ist.

c) Sofern der Kunde ein Angebot im Sinn von § 145 BGB abgibt, gilt für die vom Lieferanten/AGB-Verwender bedungene Annahmefrist der Verbotstatbestand von § 307 Abs. 2 Nr. 1 BGB: Unangemessen lange Fristen im Sinn des Verbotstatbestandes von § 308 Nr. 1 BGB sind unwirksam. Denn auch im unternehmerischen Verkehr gilt die Grundwertung der §§ 145 ff. BGB, auf der § 308 Nr. 1 BGB aufruht. Daher findet insoweit auch der allgemeine Verbotstatbestand von § 307 Abs. 2 Nr. 1 BGB Anwendung.[23] Dabei sind selbstverständlich der jeweilige Individualvertrag und die Besonderheiten der Branche zu berücksichtigen.[24] Derartige Konstellationen sind allerdings in Verkaufs-AGB selten. Sie kommen aber in Ein-

---

17. Grunewald, ZIP 1987, 353 ff.
18. AGB-Klauselwerke/Graf von Westphalen, Vertragsabschlussklauseln Rdnr. 28; 18 ff. – Verbraucher.
19. Palandt/Ellenberger, BGB, § 151 Rdnr. 2.
20. Palandt/Elleneberger, BGB, § 151 Rdnr. 3 f. m. w. N.
21. Bunte, Handbuch der Allgemeinen Geschäftsbedingungen, 167.
22. AGB-Klauselwerke/Graf von Westphalen, Vertragsabschlussklauseln Rdnr. 32.
23. Palandt/Grüneberg, BGB, § 308 Rdnr. 10; Schmidt, in Ulmer/Brandner/Hensen, AGB-Recht, § 308 Nr. 1 Rdnr. 16.
24. Schmidt a. a. O.

kaufs-AGB vor, was der BGH auch im Blick auf eine Annahmefrist von faktisch mehr als sechs Monaten gerügt hat.[25]

3. Angebotsunterlagen

Soweit zum Angebot – und dies ist in der Praxis ausgesprochen häufig – technische Dokumentationen, wie zum Beispiel Zeichnungen, Pläne, Berechnungen, Kalkulationen etc. gehören, beurteilt sich ihre Verbindlichkeit unmittelbar nach § 145 BGB: Ist das Angebot bindend, so gilt dies uneingeschränkt, auch für die gesamte Dokumentation, soweit sie Teil des Angebotes ist. Eine generelle Ausnahme dahingehend, dass die beigefügten technischen Spezifikationen – Zeichnungen, Abbildungen etc. – nur „annähernd" maßgeblich sein sollen, scheitert an § 307 Abs. 2 Nr. 1 BGB. Freilich bleibt es dem Lieferanten/AGB-Verwender unbenommen, durch eindeutige Hinweise auf dem einzelnen Stück der technischen Dokumentation sicherzustellen, dass Vorbehalte im Blick auf die nach § 145 BGB geltende Bindungswirkung eingreifen.

Soweit dem Angebot Zeichnungen, technische Spezifikationen etc. beigefügt werden, sollte zweckmäßigerweise eine über die Verbotstatbestände der §§ 17, 18 UWG hinausreichende Absicherung (Geheimhaltung, weitere Verwendung etc.) vertraglich vereinbart werden. Das UrhRG schützt persönliche geistige Schöpfungen der Literatur, Wissenschaft und Kunst durch die Gewährung zeitlich beschränkter Ausschließlichkeitsrechte; ob und inwieweit diese Rechte tatsächlich eingreifen, ist abhängig von den jeweiligen Umständen des Einzelfalls. Deshalb empfiehlt sich eine weitergehende vertragliche Regelung; die hier vorgeschlagene ist nach § 307 BGB unbedenklich. Umgekehrt: Fehlen die Voraussetzungen des UrhRG, so verstößt es gegen § 307 Abs. 2 Nr. 1 BGB, diesen Schutz in den AGB gleichwohl zu verankern, z.B. für Trivial-Software.

4. Angebotsbindung gegenüber dem Endverbraucher

Die hier vorgeschlagene Klausel geht davon aus, dass – anders als zuvor entwickelt – der Kunde das Angebot in Form einer Bestellung abgibt. Unter dieser Voraussetzung ist stets der Verbotstatbestand von § 308 Nr. 1 BGB zu berücksichtigen. Die Bindungsfrist darf nicht unangemessen lang oder für die Annahmefrist nicht hinreichend bestimmt sein. Generelle Richtwerte verbieten sich.[26] Es ist

---
25. BGH NJW 2008, 1148.
26. Palandt/Grüneberg, BGB, § 308 Rdnr. 4; Löwe/Graf von Westphalen/Trinkner, Großkommentar, Bd. II § 10 Nr. 1 Rdnr. 12.

stets eine umfassende Interessenabwägung unter Beachtung der Grundwertung von § 147 Abs. 2 BGB vorzunehmen.[27] Die danach geltende Frist darf in den AGB nur geringfügig überschritten werden.[28] Dahinter steht der Gedanke, dass das Interesse des Verbrauchers jedenfalls dann in hohem Maße schutzbedürftig ist, wenn und soweit er auf den Erhalt der Lieferung/Leistung angewiesen ist.[29] Bei Alltagsgeschäften kann die hier vorgesehene Frist von zwei Wochen zu lang sein.[30] Bei hochwertigeren Gütern, z. B. Kraftfahrzeugen kann eine Frist von vier Wochen angemessen sein.[31]

In Bezug auf den ebenfalls in § 308 Nr. 1 BGB vorgesehenen Tatbestand der nicht hinreichend bestimmten Annahmefrist ist stets zu bedenken, dass der Verbraucher von sich aus in der Lage sein muss, den Lauf und damit auch das Ende der für ihn geltenden Annahmefrist zu bestimmen.[32] Dieses Erfordernis ist dann nicht eingehalten, wenn der Lauf der Frist von Umständen abhängig gemacht wird, die außerhalb der Risiko- und Einflusssphäre des Kunden liegen.[33]

Vorsicht: Alle Fragen, die sich aus Tatbeständen ergeben, die Gegenstand eines **Widerrufs- oder Rückgaberechts** nach den §§ 355, 356 BGB sind, sind nicht Gegenstand dieses Formulars. Das Gleiche gilt, soweit **Fernabsatzverträge** nach § 312b BGB vorliegen sollten. Fragen des e-commerce nach § 312e BGB sind ebenfalls nicht behandelt.

§ 3
Preise – Zahlungsbedingungen

(1) Sofern sich aus der Auftragsbestätigung nichts anderes ergibt, gelten unsere Preise „ab Werk", ausschließlich Verpackung; diese wird gesondert in Rechnung gestellt.
• **Alternativ:** (Preisanpassungsklausel)
Wir behalten uns das Recht vor, unsere Preise entsprechend zu ändern, wenn nach Abschluss des Vertrages Kostenerhöhungen,

---

27. BGH WM 2010, 1514, 1515; Schmidt, in Ulmer/Brandner/Hensen, AGB-Recht, § 308 Nr. 1 Rdnr. 11.
28. Erman/Roloff, BGB, § 308 Nr. 1 Rdnr. 3; MünchKomm/Kieninger, BGB, § 308 Nr. 1 Rdnr. 5.
29. Schmidt a. a. O.
30. Palandt/Grüneberg a. a. O.; Löwe/Graf von Westphalen/Trinkner, Großkommentar, Bd. II § 10 Nr. 1 Rdnr. 13; skeptisch gegenüber diesem Ansatz Schmidt, in Ulmer/Brandner/Hensen, AGB-Recht, § 308 Nr. 1 Rdnr. 13.
31. BGH NJW 1985, 623, 626; BGH ZIP 1990, 241.
32. BGH NJW 1985, 855, 856; Palandt/Grüneberg, BGB, § 308 Rdnr. 5.
33. BGH NJW 1988, 2106, 2107; Schmidt, in Ulmer/Brandner/Hensen, AGB-Recht, § 308 Nr. 1 Rdnr. 14.

1. Preis

insbesondere aufgrund von Tarifabschlüssen oder Materialpreisänderungen eintreten. In gleicher Weise sind wir verpflichtet, bei Kostensenkungen zu verfahren. Sowohl Kostensenkungen als auch Kostenerhöhungen werden wir, sobald und soweit sie eingetreten sind, dem Kunden auf Verlangen nachweisen.

(2) Die gesetzliche Mehrwertsteuer ist nicht in unseren Preisen eingeschlossen; sie wird in gesetzlicher Höhe am Tag der Rechnungstellung in der Rechnung gesondert ausgewiesen.

(3) Der Abzug von Skonto bedarf besonderer schriftlicher Vereinbarung.

(4) Sofern sich aus der Auftragsbestätigung nichts anderes ergibt, ist der Kaufpreis netto (ohne Abzug) innerhalb von 30 Tagen ab Rechnungsdatum zur Zahlung fällig. Es gelten die gesetzlichen Regeln betreffend die Folgen des Zahlungsverzugs.

(5) Aufrechnungsrechte stehen dem Kunden nur zu, wenn seine Gegenansprüche rechtskräftig festgestellt, unbestritten oder von uns anerkannt sind. Außerdem ist er zur Ausübung eines Zurückbehaltungsrechts insoweit befugt, als sein Gegenanspruch auf dem gleichen Vertragsverhältnis beruht.

- Alternativen *für den Verkehr gegenüber dem Verbraucher:*
(1) Unsere Rechnungen sind innerhalb von 30 Tagen ab Rechnungsdatum zur Zahlung fällig.
Variante: bei längerfristigen Verträgen: Wir behalten uns das Recht vor, bei Verträgen mit einer vereinbarten Lieferzeit von mehr als 4 Monaten die Preise entsprechend den nach diesem Zeitpunkt eingetretenen Kostenänderungen, insbesondere aufgrund von Tarifverträgen oder Materialpreisänderungen unserer VorVerkäuferen zu erhöhen. In gleicher Weise und im gleichen Umfang sind wir unverzüglich bei Vorliegen von Kostensenkungen verpflichtet, den Preis herabzusetzen. Wir werden eine entsprechende Änderung des Preises mindestens vier Wochen im Voraus schriftlich dem Kunden bekannt geben. Ihm steht dann ein Kündigungs- oder Rücktrittsrecht für den Zeitpunkt des Wirksamwerdens dieser Preisänderung zu.
Abs. (5) – ohne Alternative.

Erläuterungen

1. Preis
2. Preisanpassungsklauseln
3. Aufrechnungs- und Zurückbehaltungsrechte
4. Zahlungsverzug

§ 3 Preise – Zahlungsbedingungen

1. Preis – Zahlung

Der vom Kunden zu entrichtende Preis ist – entsprechend der Struktur des Kaufvertrages als eines gegenseitigen Vertrages – dessen Hauptpflicht gemäß § 433 Abs. 2 BGB. Soweit nichts anderes vereinbart, ist der vereinbarte Preis gemäß §§ 320 Abs. 1, 322 BGB Zug um Zug gegen Übertragung der Kaufsache zu erfüllen.

a) Die auf die Kaufpreisforderung entfallende Umsatzsteuer ist stets Teil des Kaufpreises.[1] Regelmäßig kann daher der zum Vorsteuerabzug berechtigte Besteller die Mehrwertsteuer nicht zusätzlich zum Kaufpreis verlangen, wenn ein bestimmter Betrag als „Preis" angegeben wurde.[2] Deshalb braucht der Kunde – mangels abweichender Vereinbarung oder eines abweichenden Handelsbrauchs,[3] was nur extrem selten zutreffen dürfte – nur den jeweils bezifferten „Preis" zu zahlen; denn die Mehrwertsteuer ist als Kostenfaktor eingeschlossen.[4]

b) Soweit nichts anderes vereinbart ist, muss und darf der Kunde den Kaufpreis in bar entrichten. Dies ist inzwischen in der kaufmännischen Praxis die Ausnahme.

aa) In der Praxis ist die bargeldlose Zahlung zur Regel geworden: Zahlung wird grundsätzlich durch **Überweisung** des geschuldeten Betrages auf ein Konto des Verkäufers geleistet.[5] Zugrunde liegt der Tatbestand, dass der Zahler (Schuldner) seinen Zahlungsdienstleister beauftragt, dem Zahlungsdienstleister des Zahlungsempfängers (Gläubiger) im Rahmen eines Zahlungsvorgangs einen bestimmten Geldbetrag zu übermitteln, so dass dieser dann dem Konto des Zahlungsempfängers gutgeschrieben werden kann. Dabei ist zu unterscheiden: Bei einer **institutsinternen Überweisung** – hier sind der Zahlungsdienstleister des Zahlers und der des Zahlungsempfängers identisch[6] – so dass nur eine Verrechnung stattfindet.[7] Bei einer **institutsfremden Überweisung** kommt es darauf an, ob die Zahlungsdienstleister jeweils ein Konto bei dem je anderen Zahlungsdienstleister unterhalten, so dass dann auch hier eine Verrechnung stattfindet. In beiden Fällen legt dann ein **Zahlungsdienst** vor; die §§ 675 c ff. BGB sind anwendbar. Dies ist jedoch dann anders, wenn

---

1. Palandt/Weidenkaff, BGB, § 433 Rdnr. 38.
2. BGH WM 1973, 677.
3. Schaumburg, NJW 1975, 1261.
4. BGH WM 1972, 414; BGH WM 1973, 677.
5. Staudinger/Beckmann, BGB, § 433 Rdnr. 126.
6. Palandt/Sprau, BGB, § 675 f Rdnr. 30.
7. Palandt/Sprau a. a. O.

1. Preis

es erforderlich ist, dass zur Durchführung einer institutsfremden Überweisung ein **Zahlungssystem** – sozusagen als weitere Partei – eingeschaltet werden muss, um die betreffende Überweisung auszuführen, weil dann **insoweit** kein Zahlungsdienst vorliegt.[8]

(bb) Gemäß § 675n BGB wird ein Zahlungsauftrag – und damit auch eine Überweisung – **wirksam**, wenn er dem Zahlungsdienstleister des Zahlers (Schuldners) zugeht. Grundsätzlich kann der Zahler als Zahlungsdienstnutzer (Schuldner) einen Zahlungsauftrag nicht mehr widerrufen, wenn dieser beim Zahlungsdienstleister des Zahlers zugegangen ist, was sich aus § 675p BGB ablesen lässt.

(cc) Von besonderem Belang ist, dass der Zahlungsdienstleister stets berechtigt ist, den ihm erteilten Zahlungsauftrag nur auf Basis der vom Zahlungsdienstnutzer angegebenen **Kundenkennung** gemäß § 675r BGB durchzuführen. Diese ist nach § 675r Abs. 2 BGB eine „Abfolge von Buchstaben, Zahlen oder Symbolen". Darin liegt eine erhebliche Änderung zur früher geltenden Rechtslage. Jetzt reicht es also aus, die Kontonummer/Bankleitzahl anzugeben; die Angabe der IBAN ist hingegen nicht geboten, auch wenn damit eine höhere Sicherheit gewährleistet wäre.[9] Früher galt: Wenn Kontonummer und Empfängerbezeichnung auseinander fallen, dann war für das Kreditinstitut letztere Angabe maßgebend.[10] Denn die Empfängerbezeichnung ermöglicht eine wesentlich sichere Identifizierung des Zahlungsempfängers, weil bei Verwendung der Kontonummer immer Schreibfehler (Zahlendreher) vorkommen können. Mit anderen Worten: die Zahlungsdienstleister sind gesetzlich nicht mehr verpflichtet, außerhalb der angegebenen Kundenkennung irgendwelche Abgleichungen zwischen dem Namen des Empfängers und der Kundenkennung vorzunehmen.[11] Damit erhöht sich das Risiko des Zahlers nicht unerheblich gegenüber der früheren Rechtslage. Dies gilt insbesondere, wenn man weiter bedenkt, dass bei einer Fehlüberweisung der Zahlungsdienstleister nur nach § 675y Abs. 5 BGB verpflichtet ist, eine Nachforschung anzustellen, wo denn der Zahlungsbetrag verblieben ist. Führt dies nicht zum Erfolg, hat lediglich der Zahler einen Bereicherungsanspruch gegenüber dem Empfänger nach §§ 812 ff. BGB.[12]

(dd) Aus § 675t Abs. 1 BGB ergibt sich des Weiteren, dass der Zahlungsdienstleister des Zahlungsempfängers (Gläubigers) verpflichtet ist, diesem den Zahlungsbetrag unverzüglich **verfügbar zu**

---

8. Palandt/Sprau a. a. O.
9. Kritisch hierzu Bitter WM 2010, 1725, 1729; Palandt/Sprau § 675r Rdnr. 2.
10. BGH NJW 2006, 503, BGH NJW 2003, 1389.
11. Palandt/Sprau, BGB, § 675r Rdnr. 5.
12. Belling/Belling, JZ 2010, 708 ff.

machen, „nachdem er auf dem Konto des Zahlungsdienstleisters eingegangen ist". Diese Pflicht hat mit der bislang bekannten Rechtsfigur der Gutschriftserteilung nichts mehr zu tun, weil sie nur darauf abzielt, dass der jeweils erhaltene Zahlungsbetrag dem Zahlungsempfänger überlassen werden muss.[13]

(ee) Nach § 675 s BGB muss der Zahlungsdienstleister des Zahlers sicherstellen, dass der Zahlungsbetrag spätestens am Ende des auf den Zugangszeitpunkt des Zahlungsauftrags folgenden Geschäftstags beim Zahlungsdienstleister des Zahlungsempfängers eingeht. Die Beachtung dieser **Ausführungsfrist** ist von großer praktischer Bedeutung, wenn es darum geht, ob denn der Käufer/Zahler den Kaufpreis (Zahlungsbetrag) rechtzeitig dem Zahlungsempfänger überwiesen hat. Denn die Ausführungsfrist nach § 675 s Abs. 1 BGB ist für den Zahler stets bindend, will er es vermeiden, wegen einer verspäteten Zahlung in Verzug zu geraten.

(ff) Für die **Rechtzeitigkeit** der vom Zahler zu erbringenden Zahlungspflicht kommt es nicht mehr darauf an, zu welchem Zeitpunkt die für die Durchführung der Überweisung erforderlichen Leistungshandlungen vorgenommen worden sind. Vielmehr wird man unter Beachtung der Rechtsprechung des **EuGH**[14] nunmehr zwingend darauf abstellen, dass es allein darauf ankommt, dass der Zahlungsbetrag rechtzeitig beim Zahlungsempfänger eingegangen ist.[15] Unter Beachtung des Grundsatzes einer richtlinienkonformen Auslegung der Zahlungsverzugs-Richtlinie wird man dieses Ergebnis stets als geboten ansehen müssen, und zwar unabhängig davon, ob es sich um den unternehmerischen Verkehr oder um Rechtsgeschäfte mit dem Verbraucher handelt. Dass freilich abweichende Vereinbarungen zwischen den Parteien möglich sind, liegt auf der Hand, ist aber im Zweifel nur auf Grund eines **Individualvertrages** zulässig, weil ja das Recht des Zahlungsempfängers, Verzugszinsen reklamieren zu dürfen, unmittelbar von der jeweiligen Vereinbarung abhängt und der Zahler (Einkaufs-AGB) den Gläubiger allemal unangemessen im Sinn von § 307 Abs. 2 Nr. 1 BGB benachteiligt, sollte es nach dem Inhalt der AGB nur darauf ankommen, wann die Leistungshandlungen erbracht worden sind, nicht aber auf den Leistungserfolg. Mithin muss für gewöhnlich der Zahler seine Leistungshandlungen so rechtzeitig planen, dass der geschuldete Zahlbetrag – bei gewöhnlichem Ablauf der Dinge innerhalb des Zahlungsdienstes – rechtzeitig beim Zahlungsempfänger auch eingeht.

---

13. Palandt/Sprau, BGB, § 675 t Rdnr. 4.
14. EuGH NJW 2008, 1935.
15. Hierzu auch Palandt/Grüneberg, BGB, § 271 Rdnr. 5.

1. Preis

c) Grundsätzlich ist der geschuldete Preis **ohne Abzüge** zu bezahlen. Der Abzug von **Skonto** für vorzeitige oder pünktliche Zahlung ist nur zulässig, wenn dies vereinbart, im betreffenden Geschäftszweig handelsüblich oder einseitig gestattet ist.[16] Anders formuliert: Der Abzug von Skonto setzt eine Barzahlungsvereinbarung voraus.[17] Soweit eine Skontofrist vereinbart, handelsüblich oder gestattet ist, liegt darin grundsätzlich eine wirksame Stundungsvereinbarung.[18]

(aa) Erforderlich ist aber stets eine Vereinbarung, soweit ein entsprechender Handelsbrauch oder eine Verkehrsmitte nicht besteht.[19] Dabei schließt der Abzug von Skonto die Vereinbarung einer zeitlichen Bedingung ein, dass rechtzeitig Zahlung geleistet wird.[20] Soweit also eine Skontofrist vereinbart ist, muss entweder der skontierte Geldbetrag innerhalb der Frist beim Verkäufer eingegangen oder – nach anderer Auffassung – die geschuldete Leistungshandlung muss rechtzeitig erbracht[21] sein.[22] Doch kommt es auch hier nicht mehr auf die rechtzeitige Erfüllung der **Leistungshandlungen** an, also: auf die rechtzeitige Absendung des Schecks oder den rechtzeitigen Abschluss des Überweisungsvertrages. Vielmehr gilt auch hier, dass unter Beachtung der Rechtsprechung des EuGH[23] und einer daran anknüpfenden richtliniekonformen Auslegung[24]: Für die **Rechtzeitigkeit des Leistungserfolges** ist ausschließlich darauf abzustellen, dass die geschuldete Zahlung rechtzeitig beim Kunden eingegangen ist. Die **Beweislast** für die rechtzeitige Zahlung trifft den Kunden, da er die Erfüllung des Kaufpreises schuldet.[25]

bb) Die Feststellung einer Skontovereinbarung kann bei **kollidierenden Verkaufs- und Einkaufs-AGB** zweifelhaft sein, weil die „Skontofrist" in Verkaufsbedingungen regelmäßig vom „Rechnungsdatum" an rechnet, während die entsprechende Bestimmung in Einkaufsbedingungen dahin lautet, dass es auf das „Datum des Rechnungseingangs" ankommt.[26] Ungeachtet dieses Dissenses wird man gleichwohl – entsprechend der weiter oben aufgezeigten Regel (S. 34 ff.) – auch hier gemäß § 154 Abs. 1 BGB „im Zweifel" das

---

16. Palandt/Ellenberger, BGB, § 157 Rdnr. 16.
17. MünchKomm/Westermann, BGB, § 433 Rdnr. 74.
18. BGH NJW 1981, 1959.
19. Palandt/Ellenberger, BGB,§ 157 Rdnr. 16.
20. OLG Düsseldorf WM 1984, 248.
21. Palandt/Ellenbeger, a. a. O.
22. Staudinger/Beckmann, BGB, § 433 Rdnr. 125.
23. EuGH NJW 2008, 1935.
24. Palandt/Grüneberg, BGB, § 271 Rdnr. 5.
25. BGH WM 1983, 1008, 1009.
26. AGB-Klauselwerke/Graf von Westphalen, Zahlungsklauseln Rdnrn. 1, 4 ff.

Entstehen einer Skontovereinbarung bejahen dürfen. Voraussetzung ist allerdings, dass für die Vergangenheit – nicht nur gelegentlich – eine einseitige Gestattung des Skontoabzuges durch den Verkäufer innerhalb einer bestimmten Frist nachgewiesen werden kann. Anders gewendet: Handelt es sich um eine erstmalige Kollision von Einkaufs- und Verkaufs-AGB, so kann im Sinn der §§ 154, 155 BGB von einer wirksamen Skontovereinbarung nicht ohne weiteres die Rede sein. Dies ist aber dann – abhängig von den Umständen des Einzelfalls – anders, wenn der Kunde Skonto in Abzug gebracht und der Verkäufer dem nicht unverzüglich widersprochen und auf einer ungekürzten Zahlung bestanden hat. Dann dürfte Schweigen als Zustimmung anzusehen sein.

d) Auf eine Zahlung des Kunden durch **Wechsel** braucht sich der Verkäufer nicht einzulassen. Umgekehrt gilt: Auch der Kunde ist nicht verpflichtet, einen auf ihn gezogenen Wechsel zur Abdeckung des Kaufpreises zu akzeptieren. Haben sich aber Verkäufer und Kunde darauf geeinigt, dass Zahlung durch Hingabe eines Wechsels oder eines Schecks erfolgen kann, so gilt im Zweifel § 364 Abs. 2 BGB: Der Wechsel oder Scheck ist erfüllungshalber hereingenommen; die Kaufpreisforderung bleibt weiterhin bestehen.[27]

(aa) In der Hereinnahme des **Schecks** oder Wechsels liegt in der Regel eine **Stundung** der ursprünglichen Forderung; diese erlischt entweder mit der Erfüllung oder dadurch, dass der Versuch der anderweitigen Befriedigung misslingt.[28] Es kann aber auch sein, dass insoweit keine Stundung vereinbart wird, sondern dass in der Hinnahme eines Schecks oder Wechsels lediglich ein vorübergehender Ausschluss der Klagbarkeit der Kaufpreisforderung liegt.[29] Bei Zahlung durch Scheck tritt Erfüllung mit der Belastung des Ausstellerkontos und Gutschrift auf dem Konto des Schecknehmers ein.[30]

(bb) Es entspricht der Verkehrssitte, dass dem Kunden **Wechsel- und Diskontspesen** zur Last fallen.[31] Dies gilt auch dann, wenn „sofortige Fälligkeit" dieser Spesen verlangt wird.[32] In diesen Fällen ist unter dem Blickwinkel von § 307 Abs. 1 BGB entscheidend, dass die Hingabe von Wechseln oder Schecks stets im Interesse des Kunden liegt, was die berechtigte Forderung einschließt, ihn auch mit den durch die Diskontierung anfallenden Spesen und sonstigen Ge-

---

27. Staudinger/Beckmann, BGB, § 433 Rdnr. 133.
28. BGH WM 1974, 570, 571; BGH NJW 1986, 425, 426.
29. Köhler, WM 1977, 242, 248; Palandt/Grüneberg, BGB, § 364 Rdnr. 9; MünchKomm/Wenzel, BGB, § 364 Rdnr. 13.
30. BGH Betr. 1988, 1947.
31. Staudinger/Beckmann, BGB, § 433 Rdnr. 133.
32. AGB-Klauselwerke/Graf von Westphalen, Zahlungsklauseln, Rdnr. 1.

bühren zu belasten. Unwirksam im Sinn von § 307 Abs. 2 Nr. 1 BGB ist es indessen, wenn der Verkäufer seine Haftung für die „rechtzeitige Vorlage" des Wechsels, insbesondere für die „rechtzeitige Protestierung" ausschließt.[33] Ob die gleiche Wertung auch im Bereich einfacher Fahrlässigkeit gilt, lässt sich nicht ohne weiteres sagen. Doch spricht vieles dafür. Denn bei einer Leistung im Sinn von § 364 Abs. 2 BGB wird eine fiduziarische Vollrechtsübertragung[34] – ähnlich einer Sicherungsübereignung oder Sicherungsabtretung – angenommen.[35] Folge dieser dogmatischen Einordnung ist es, dass auch eine fahrlässige Pflichtverletzung – bezogen auf die rechtzeitige Vorlage oder die rechtzeitige Protestierung des Wechsel – nicht hingenommen werden kann, ohne dass die entsprechende Haftungsfreizeichnungsklausel als unangemessene Benachteiligung im Sinn von § 307 Abs. 2 Nr. 1 BGB bewertet wird.

2. Preisanpassungsklauseln

a) Bei der Vereinbarung einer Preisanapssungsklausel ist typologisch – entsprechend den gesetzlichen Vorgaben von § 1 Abs. 2 PreisklauselG – zwischen einer Kostenelements- und einer Preisvorbehaltsklausel zu unterscheiden.[36] Von einer **Kostenelementsklausel** ist dann nach § 1 Abs. 2 Nr. 3 PreisklauselG zu sprechen, wenn der Preis an die „Entwicklung der Preise oder Werte für Güter und Leistungen abhängig gemacht wird", soweit diese die Selbstkosten des Verkäuferen betreffen. Eine **Preisvorbehaltsklausel** ist nach § 1 Abs. 2 Nr. 1 PreiskaluselG immer dann gegeben, wenn der Verkäufer sich im Blick auf die Veränderung des Preises einen „Ermessensspielraum" vorbehält, so dass dann im Ergebnis eine Entscheidung über die endgültige Höhe des zu zahlenden Preises nach „Billigkeitsgrundsätzen" in Betracht kommt.

b) In der kaufmännischen Praxis steht die Verwendung einer Kostenelementsklausel deutlich im Vordergrund. Daher ist auch nur sie im vorgeschlagenen Text angesprochen. Festzuhalten ist allerdings sogleich, dass nach der Rechtsprechung des BGH die Vereinbarkeit einer Preisanpassungsklausel mit den **Vorgaben des PreisklauselG** nichts darüber aussagt, ob denn dadurch ein Rückgriff auf die rich-

---

33. AGB-Klauselwerke/Graf von Westphalen, a.a.O., Rdnr. 13.
34. Palandt/Grüneberg, BGB, § 364 Rdnr. 8.
35. Köhler, WM 1977, 242; MünchKomm/Wenzel, BGB, § 364 Rdnr. 11.
36. Die in dieser Norm auch erwähnte Spannungsklausel kommt in der Kaufpraxis so gut wie nicht vor; auf ihre Darstellung wird daher verzichtet. Aus der Rechtsprechung vgl. BGH NJW 2010, 2789 – Erdgasvertrag: Koppelung des Preises an Heizölpreis.

terliche Inhaltskontrolle nach § 307 Abs. 1 BGB ausgeschlossen ist.[37] Preisanpassungsklauseln – gleichgültig, ob sie als Vorbehalts- oder als Kostenelementsklauseln aufgebaut sind – sind daher gegenüber einem Unternehmer stets an § 307 Abs. 1 Satz 1 BGB zu messen, wobei freilich gemäß § 310 Abs. 1 BGB auf die im Handelsverkehr geltenden Gewohnheiten und Gebräuche angemessen Rücksicht zu nehmen ist,[38] was jedoch – wie stets – nur geringe Auswirkungen auf den Umfang der richterlichen Inhaltskontrolle entfaltet.

c) Im Einzelnen ergeben sich folgende Gesichtspunkte, die bei der Ausgestaltung von Verkaufs-AGB bei Preisanpassungsklauseln[39] stets exakt zu berücksichtigen sind.

aa) Auch im **unternehmerischen Verkehr** unterliegen Preisanpassungsklauseln – gleichgültig, in welcher Weise sie ausformuliert sind – dem **Vorrangprinzip** von § 305 b BGB.[40] Dieses greift auch regelmäßig dann ein, wenn der zu zahlende Preis nur nominal bestimmt und nicht ausdrücklich als „Festpreis" bezeichnet ist.[41] Anders gewendet: Preisanpassungsklauseln müssen mit der individualvertraglichen Preisabrede vereinbar sein.[42] Um hier die erforderliche Klarheit zu schaffen, ist es empfehlenswert, schon bei der Vereinbarung des Preises – also: auf der Vorderseite der Auftragsbestätigung – festzulegen, dass der damit stipulierte Preis unter dem Vorbehalt der entsprechenden Preisanpassungsklausel steht. Auf diese Weise kann mit der erforderlichen Sicherheit die Kollision zwischen der Preisanpassungsklausel einerseits und der Individualabrede andererseits ausgeschaltet und der Anwendungsbereich von § 305 b BGB eingegrenzt werden. Geschieht dies nicht, liegt vielmehr eine Kollision mit dem Vorrangprinzip von § 305 b BGB vor, so greift auch – dies ist Konsequenz der zwischen den §§ 305 b, 307 Abs. 1 BGB bestehenden Gesetzeskonkurrenz – die Unwirksamkeitssanktion von § 307 Abs. 2 Nr. 1 BGB ein.[43]

bb) Der wesentliche Ansatzpunkt für eine **Kontrolle von Preisanpassungsklauseln** im unternehmerischen Verkehr ist jedoch § 307 Abs. 1 Satz 1 BGB. Danach ist zunächst entscheidend, dass der Verkäufer deswegen an der Vereinbarung einer solchen Klausel ein be-

---

37. BGH NJW 2010, 2789, 2791; Schmidt-Räntsch, NJW 1998, 3166, 3170; Fuchs, in Ulmer/Brandner/Hensen, AGB-Recht, § 309 Nr. 1 Rdnr. 13.
38. Palandt/Grüneberg, BGB, § 309 Rdnr. 9; Erman/Roloff, BGB, § 309 Rdnr. 17.
39. Horn, WM-Beilage Nr. 1/1997 – umfassend.
40. Fuchs, in Ulmer/Brandner/Hensen, AGB-Recht, § 309 Nr. 1 Rdnr. 46; AGB-Klauselwerke/Graf von Westphalen, Preisanpassungsklausel Rdnr. 68.
41. Staudinger/Coester-Waltjen, BGB, § 309 Nr. 1, Rdnr. 20; OLG Hamm, BB 1975, 489.
42. BGHZ 94, 335, 339.
43. Wolf/Horn/Lindacher, AGBG, § 11 Nr. 1 Rdnr. 59.

2. Preisanpassungsklauseln

rechtigtes Interesse hat, weil es sich nicht nur um eine kurzfristige Austauschbeziehung, sondern um einen längerfristigen Kontrakt handelt.[44] Welche **Preisbindungsfrist** im unternehmerischen Verkehr – unter Berücksichtigung der jeweils gültigen branchenspezifischen Bedürfnisse und Gewohnheiten – sachgerecht und vertretbar ist, lässt sich nicht generell sagen; auch lassen sich irgendwelche Regelfristen – etwa von vier bis sechs Wochen – kaum mit der erforderlichen Eindeutigkeit formulieren. Denn es bedarf stets eines sachlich gerechtfertigten Grundes, um eine einseitige Preisänderung als wirksam nach § 307 Abs. 1 BGB einzuordnen.[45] Dabei sind vor allem die Art des Vertragsverhältnisses und die Vertragsdauer zu berücksichtigen.[46] Denn es kommt entscheidend darauf an, ob die jeweilige Preisentwicklung auch vorhersehbar war, so dass der Verkäufer auch in der Lage ist, sich im Rahmen seiner Preiskalkulation darauf einzurichten.[47] Trifft dies zu, dann fehlt es im Zweifel an dem erforderlichen sachlich begründeten Interesse an einer einseitigen Preisanpassung; dann überwiegt das Interesse des Käufers, die Vertragsbindung aufrechtzuerhalten. Daraus folgt: Je länger die vertragliche Bindung, desto berechtigter ist das formularmäßige Recht des Verkäufers, eine Preisanpassung zu verlangen. Bei kurzfristigen Liefergeschäften ist demzufolge eine Preisanpassungsklausel stets problematisch gemäß § 307 Abs. 1 BGB.

(cc) Bei der Beurteilung der Bindungsfrist ist auch zu berücksichtigen, ob der Kunde seinerseits die gekaufte Ware/Leistung an einen Verbraucher weitergibt und deshalb gemäß § 309 Nr. 1 BGB gebunden ist. Denn es entspricht dem Generalschema von § 307 Abs. 2 Nr. 1 BGB, die Ausstrahlungswirkungen der §§ 308, 309 BGB zu reflektieren, um auf diese Weise sicherzustellen, dass der **Kunde als Letztverteiler** nicht in die Zange genommen wird, sondern seinerseits einen „seitengleichen Regress" in all den Fällen ausüben kann, in denen er selbst gegenüber dem Verbraucher gemäß §§ 308, 309 BGB strikt gebunden, zumal die Preiserhöhung auf Umständen beruht, die er nicht selbst zu vertreten hat.[48]

dd) Preisanpassungsklauseln dürfen stets – unter Berücksichtigung der nach § 307 Abs. 1 BGB einzuhaltenden Bindungsfrist –

---

44. BGHZ 93, 252 – Veedol; AGB-Klauselwerke/Graf von Westphalen, Preisanpassungsklausel – Rdnr. 66; Fuchs, in Ulmer/Brandner/Hensen, AGB-Recht, § 309 Nr. 1 Rdnr. 47.
45. Fuchs, in Ulmer/Brandner/Hensen, AGB-Recht, § 309 Nr. 1 Rdnr. 46.
46. BGHZ 92, 200, 206 – Zündholzschachtel; BGHZ 93, 252, 256 ff. – Veedol; Palandt/Grüneberg, BGB, § 309 Rdnr. 9.
47. Im Einzelnen AGB-Klauselwerke/Graf von Westphalen – Preisanpassungsklausel n Rdnr. 66 – Rechtsprechungsnachweise.
48. Im Einzelnen auch Erman/Roloff, BGB, § 310 Rdnr. 7 f.

nur solche Kostenerhöhungen reflektieren, welche nach Ablauf einer etwa vereinbarten Bindungsfrist bis zur Auslieferung der Ware bzw. bis zur Erbringung der geschuldeten Leistung eintreten.[49] Fehlt es an einer solchen Bindungsfrist, weil die Klausel schlicht auf den Tatbestand von Preisänderungen abstellt, dann ist folgendes bei einer **Kostenelementsklausel** im Kontext von § 307 Abs. 1 BGB zu bedenken:

(aaa) Die entscheidende, bislang **höchstrichterlich noch nicht geklärte Frage** geht dahin, ob denn auch im unternehmerischen Verkehr – ähnlich wie im Verkehr mit dem Verbraucher – der Grundsatz gilt, dass die Klausel so gestaltet sein muss, dass der Verkäufer nicht in der Lage ist, einen zusätzlichen Gewinn zu erwirtschaften.[50] Verglichen mit diesem Grundsatz war die schon länger zurückliegende Rechtsprechung des BGH zur richterlichen Inhaltskontrolle von Preisanpassungsklauseln – soweit es sich um Kostenelementsklauseln gehandelt hat – relativ großzügig.[51] Für eine Parallelschaltung der richterlichen Inhaltskontrolle solcher Anpassungsklauseln zum Verbraucherverkehr spricht jedoch der Grundgedanke, der in § 1 Abs. 2 Nr. 3 PreisklauselG verankert ist. Danach geht es nämlich nur um das Recht des Verkäufers, eine Preisänderung auf Grund einer Änderung der Kosten (Selbstkosten) vorzunehmen.[52] Das bedeutet dann aber auch, dass in Bezug auf die in der Preisanpassung verankerten Kostenelemente eine Saldierung zwischen einzelnen Kostenerhöhungen und Kostensenkungen vorzunehmen ist.[53] Denn nur so kann – mathematisch bedingt – das Entstehen eines zusätzlichen Gewinns auf Grund der betreffenden Klausel vermieden werden. Folglich muss die Klausel stets auf die jeweiligen Kosten abstellen, welche im Zeitpunkt der konkreten Fertigung der jeweiligen Ware vorliegen.[54]

(bbb) **Zweifelhaft** ist daher, ob unter dieser strengen Prämisse überhaupt eine wirksame Kostelementsklausel vereinbart werden

---

49. BGHZ 92, 200, 206 – Zündhözer.
50. BGH NJW-RR 2005, 1717 – Flüssiggas I; BGH NJW 2007, 1054 – Flüssiggas II.
51. BGHZ 92, 200 – Zündhölzer; BGH NJW 1985, 853 – Veedol. Freilich kann man darüber streiten, ob es sich bei den hier beurteilten Klauseln um Kostenelementsklauseln handelt; einiges könnte dafür sprechen, sie der Kategorie der Preisvorbehaltsklausel zuzuweisen, weil eine strikte Bindung der Klausel an einzelne Kostenelemente nicht vorgesehen ist. So ist der Zündhölzer-Entscheidung schlicht von „Preisen" die Rede; in der Veedol-Entscheidung war auf die Gültigkeit der jeweiligen „Preisliste" verwiesen.
52. In der Sache auch AGB-Klauselwerke/Graf von Westphalen – Preisanpassungsklausel Rdnr. 69.
53. BGH a. a. O.
54. Graf von Westphalen a. a. O.

2. Preisanpassungsklauseln

kann, wenn und soweit nämlich **mehrere Vorprodukte/Materialien** etc. verwendet werden und an der Fertigung auch Arbeitnehmer beteiligt sind, die mehrere tariflich[55] unterschiedlichen vergüteten Lohngruppen zugeordnet werden müssen und insoweit keine gleichartigen Tarifänderungen vereinbart sind. Unter diesen Voraussetzungen spricht einiges dafür, dass Kostenelementsklauseln mathematisch – und damit auch unter Berücksichtigung des Transparenzgebots des § 307 Abs. 1 Satz 2 BGB – an ihre Grenzen stoßen. Man kann hier möglicherweise einwenden, dass hier vor allem auch die Fähigkeiten eines Verkäufers als Verwender einer Preisanpassungsklausel an ihre Grenzen stoßen, so dass dann – zur Kompensation der Rechte des Kunden – ein **Vertragslösungsrecht** vorgesehen werden muss.

(ccc) Klar ist darüber hinaus, dass es im Rahmen von § 307 Abs. 1 BGB geboten ist, dass der Verkäufer nicht nur das einseitige Recht haben darf, eine Erhöhung des Endpreises auf Grund der Klausel einzufordern. Er ist vielmehr in gleicher Weise verpflichtet, auch eine **Kostensenkung** zugunsten des Käufers in der Klausel selbst zu verankern.[56] Für diese Pflicht ist wiederum entscheidend, dass sie **zeitnah** dann zugunsten des Käufers eingreifen muss, sobald klar ist, dass sich Kostensenkungen auf den Preis auswirken. Denn jede zeitliche Verzögerung, die für das Eingreifen einer solchen Preissenkungspflicht gilt, führt dazu, dass die Klausel dem Verkäufer die Möglichkeit eröffnet, einen unzulässigen zusätzlichen Gewinn zu realisieren, was dann wiederum nach § 307 Abs. 1 BGB zu ahnden ist.

(ddd) Die hier vorgeschlagene Preisanpassungsklausel hat ihre Schwächen. Denn sie lässt – mathematisch bedingt – die Möglichkeit offen, dass der Verkäufer einen zusätzlichen Gewinn allein auf Grund des Mechanismus dieser Klausel erzielen kann. Wenn man dies als nach § 307 Abs. 1 BGB für unwirksam erklärt, dann muss man sich der Frage zuwenden, wie denn eine mathematisch korrekte Klausel aufgebaut sein sollte, welche die Möglichkeit versperrt, dass ein zusätzlicher Gewinn erwirtschaftet wird. Das kann, wenn denn überhaupt, nur auf Basis einer **individuellen Beratung** des jeweiligen Verkäufers geschehen. Denn dann müssen zwangsläufig die insoweit in Betracht zu ziehenden Kostenelemente in allen Einzelheiten – unter Beachtung der betreffenden Preiskalkulation – ermittelt werden. Dies dürfte vermutlich dazu führen, dass Preisanpassungsklauseln überhaupt nur produktspezifisch gestaltet werden müssen. Damit aber wird der Rationalisierungseffekt, der für AGB typisch ist, grundlegend in Frage gestellt. Vermutlich würden sich auch organisatorische

---

55. Graf von Westphalen – Preisanpassungsklausel Rdnr. 22 ff.
56. BGH NJW 2009, 2662, 2666 – Erdgasvertrag.

Gründe in den Weg stellen, jeweils im Einzelfall bei einer oft beträchtlich breiten Produktpalette des Verkäufers die „richtigen" AGB herauszugreifen. Nimmt man diese Schwierigkeiten Ernst, dann bleibt wohl nur der Ausweg, der auch hier im Text empfohlen wird: Man wird dem Käufer ein Vertragslösungsrecht zuweisen müssen, damit er **zeitgleich** zum Wirksamwerden der Preisanpassung den Vertrag kündigen oder von ihm zurücktreten kann.

ee) Von Preisanpassungsklauseln sind **Preisvorbehaltsklauseln** zu unterscheiden.[57] Diese setzen, wie bereits zuvor angedeutet, voraus, dass dem Verkäufer bei der Preisfestsetzung ein **Ermessen** zusteht. Eine solche Klausel liegt zum Beispiel dann vor, wenn die Klausel dahin lautet, dass der Verkäufer sich eine angemessene Erhöhung des Preises vorbehält oder auf seinen jeweils gültigen „Listenpreis" abhebt.[58] Oder es werden die dem Vertragshändler zuzuweisenden Rabatte jeweils – ohne eine Einschränkung – festgelegt.[59] Ähnlich heißt es in einer anderen Entscheidung, dass die gültigen Rabatte, Boni und Preise auf Grund von schriftlichen Mitteilungen bekannt gegeben werden.[60] Damit unterwerfen solche Klauseln den letztlich zu entrichtenden Preis dem billigen Ermessen des Verkäufers.

(aaa) Doch die Rechtsprechung des BGH ist in diesem Punkt bislang eindeutig. Solche Vorbehaltsklauseln sind nicht deshalb wirksam, weil sie dem Käufer die Chance eröffnen, dass eine **Billigkeitskontrolle** nach § 315 Abs. 3 BGB durchgeführt werden kann. Denn diese ersetzt nicht die nach § 307 Abs. 1 BGB erforderliche richterliche Inhaltskontrolle.[61] Die Voraussetzungen und die Rechtsfolgen sind in beiden Normenkomplexen nämlich völlig unterschiedlich: Hier die Grundsätze von Treu und Glauben sowie die Sanktion der Unwirksamkeit; dort im Rahmen von § 315 BGB die an der Billigkeit – und dem jeweiligen Einzelfall – ausgerichtete Kontrolle, die im Zweifel auch durch ein Urteil ersetzt werden kann.

(bbb) Soweit also ein einseitiges Änderungsrecht im Sinn des § 315 Abs. 1 BGB formularmäßig vorgesehen ist, verlangt die Rechtsprechung des BGH, dass **schwerwiegende Änderungsgründe** in der Klausel selbst genannt werden müssen, dass die Klausel darüber hinaus in ihren Voraussetzungen und Folgen die Interessen des Käufers angemessen berücksichtigen muss.[62] Es erscheint bei einem

---

57. BGH NJW 2000, 651.
58. Wolf/Horn/Lindacher, AGBG, § 11 Nr. 1 Rdnr. 61.
59. BGH NJW 1994, 1060, 1063 – Daihatsu.
60. BGH NJW 2005, 515, 516 – Kawasaki.
61. Statt aller Fuchs, in Ulmer/Brandner/Hensen, AGB-Recht, vor § 307 Rdnr. 66 f.
62. BGH NJW 2005, 515, 521 – Kawasaki; BGH NJW 1994, 1060, 1063 – Daihatsu; BGH NJW-RR 1988, 1077, 1080 – Peugeot: Änderung des Vertragsgebiets.

2. Preisanpassungsklauseln

Kaufvertrag, der ja kein Dauerschuldverhältnis darstellt, schwer vorstellbar, wie es denn gelingen könnte, eine wirksame Preisvorbehaltsklausel überhaupt zu formulieren, um also das in § 315 Abs. 1 BGB angesprochene Leistungsbestimmungsrecht des Verkäufers – unter gleichzeitiger Berücksichtigung der Interessen des Käufers – angemessen auszugestalten. Dies gilt vor allem auch auf dem Hintergrund, dass bislang keine BGH-Entscheidung bekannt geworden ist, in der ein einseitiges Bestimmungsrecht den Test des § 307 Abs. 1 BGB überstanden hat.

(ccc) Wenn man also eine Preisanpassungsklausel in einem Kaufvertrag – wegen seiner längerfristigen Bindung – für unerlässlich notwendig erachtet, weil angesichts der Preisschwankungen ein Festpreis kalkulatorisch nicht vertretbar ist, dann sollte man sich auf eine **Kostenelementsklausel** konzentrieren. Die in wirksamer Weise zu formulieren, ist ohnedies schwierig genug. Auch erscheint es wichtig darauf aufmerksam zu machen, dass es unbedingt erforderlich ist, die **weitere Entwicklung der Rechtsprechung des BGH** strikt im Auge zu behalten. Allerdings ist sie in den letzten Jahren vor allem im Bereich der Energielieferverträge in einer wahren Springflut von immer neuen Urteilen konkretisiert worden, die freilich allesamt zum Verbraucherverkehr ergangen sind. Aber sie enthalten nach der hier vertretenen Auffassung wichtige Indizien für die Grundsätze der richterlichen Inhaltskontrolle von Preisanpassungsklauseln im unternehmerischen Bereich.

c) Von großer Wichtigkeit ist die Feststellung: Soweit eine Preisanpassungsklausel nach § 307 Abs. 1 BGB unwirksam ist, scheidet die Möglichkeit, die so entstandene Lücke auf Grund einer **ergänzenden Vertragsauslegung** nach den §§ 133, 157 BGB zu füllen, nahezu immer aus. Denn die Rechtsprechung des BGH steht hier auf dem Stanpunkt, dass eine solche hypothetische Auslegung nur dann in Betracht kommen kann, wenn – gleichgültig, ob im Kontrollverfahren oder in einem Individualprozess das Vertragsgefüge einseitig zum Nachteil des Verwenders in unzumutbarer Weise verschoben worden ist,[63] so dass den beiderseitigen Interessen nicht mehr hinreichend Rechnung getragen ist.[64] Bei Energielieferungsverträgen hat der BGH in der Vergangenheit eine solche Benachteiligung nicht angenommen, soweit die Möglichkeit bestand, den Vertrag nach Ablauf von zwei Jahren oder in den Folgejahren jährlich zu kündigen. Denn eine solche Frist ist – mit der Bindung an den ursprünglichen Preis – grundsätzlich – zumutbar.[65]

---

63. BGH NJW-RR 2010, 1202, 1204; BGH NJW 2009, 578, 580.
64. BGH NJW 2009, 578, 580 m. w. N.
65. BGH NJW 2011, 1342, 1345.

d) Daraus lässt sich durchaus auch die weitreichende **Empfehlung** ableiten, dass es keinen praktischen Nutzen bringt, im Rahmen eines gewöhnlichen Kaufvertrages, dem alle Komponenten des Dauerschuldverhältnisses oder eines langfristigen Vertrages fehlen, eine Preisanpassungsklausel überhaupt zu vereinbaren. Folgt man nämlich der Prämisse, dass auch im unternehmerischen Verkehr die wesentlichen Grundsätze der richterlichen Inhaltskontrolle nach § 307 Abs. 1 Satz 1 BGB anwendbar sind, wie dies nach der dargestellten (und auch noch kurz zu apostrophierenden Judikatur zum Verbraucherverkehr) Rechtsprechung geboten ist, dann ist der Verzicht auf solche Klauseln vorgegeben. Dies gilt vor allem auch dann, wenn man bedenkt, dass in den letzten Jahren – vor allem bei Preisanpassungsklauseln in Energielieferungsverträgen (Dauerschuldverhältnissen) – eine wirksame Klausel nicht anzutreffen ist.[66] Bei kurz- und mittelfristigen Kaufverträgen sollte daher der Verwender seine Zuflucht zur Vereinbarung eines **Festpreises** nehmen.

e) Für **Verträge mit Verbrauchern** gilt – wie bereits angedeutet – der strikte Verbotstatbestand von § 309 Nr. 1 BGB. Danach sind Preiserhöhungen – gleichgültig, in welcher Form sie begründet werden – gegenüber dem Endverbraucher unwirksam, sofern die vertraglich vereinbarte Lieferzeit kürzer als vier Monate ist.[67] Auch AGB-Klauseln, die lediglich die Umsatzsteuer erhöhen, unterfallen dem Verbotstatbestand von § 309 Nr. 1 BGB.[68] Die in § 309 Nr. 1 BGB geregelte Vier-Monats-Frist rechnet ab Vertragsabschluss; falls das Vertragsangebot des Kunden erst später durch den Verkäufern/AGB-Verwender angenommen wird, kommt es nicht auf das Datum der Unterschrift, sondern – entsprechend dem Wortlaut von § 309 Nr. 1 BGB – auf den Zeitpunkt des Vertragsabschlusses an.[69]

Ausnahmen von dem Verbotstatbestand des § 309 Nr. 1 BGB gelten für **Dauerschuldverhältnisse**, wie z.B. Versicherungsverträge, Darlehens- und Kreditverträge sowie insbesondere Gebrauchsüberlassungsverträge, wie Miete oder Leasing.

aa) Bei mittelfristigen, d.h. über den Verbotstatbestand von § 309 Nr. 1 BGB zeitlich hinausreichenden Lieferverträgen besteht ein **anerkennenswertes Bedürfnis** des Verkäufers/AGB-Verwenders daran, das bei Vertragsabschluss bestehende Verhältnis von Leistung und Gegenleistung über die gesamte Vertragsdauer im Gleichgewicht zu

---

66. BGH NJW 2011, 2508; BGH NJW 2011, 50; BGH NJW 2010, 2789; BGH NJW-RR 2010, 1202; BGH NJW 2009, 2662 jeweils m.w.N.
67. Im Einzelnen Löwe/Graf von Westphalen/Trinkner, Großkommentar, Bd. II § 11 Nr. 1 Rdnrn. 4 ff.
68. BGH BB 1980, 906.
69. OLG Frankfurt, Betr. 1981, 884.

2. Preisanpassungsklauseln

halten. Dies wird durch die Vereinbarung von Kostenelements- oder Preisanpassungsklauseln erreicht.[70] Diese dienen dazu, dem Verkäuferen/AGB-Verwender das Risiko langfristiger Kalkulationen abzunehmen und ihm seine Gewinnspanne trotz nachträglicher, ihn belastender Kostensteigerungen zu sichern; unter diesen Voraussetzungen wird der Kunde davor bewahrt, dass der Verkäufer/AGB-Verwender mögliche künftige Kostenerhöhungen vorsorglich schon bei Vertragsabschluss durch Risikozuschläge aufzufangen versucht.[71]

(bb) Bei Preisanpassungsklauseln greift die BGH-Judikatur immer wieder – vor allem in den letzten Jahren – auf das Kontrollinstrument des § 307 Abs. 1 Satz 1 BGB zurück.[72] Die wesentlichen Gesichtspunkte, die zur Unwirksamkeit der Klausel führen, sind bereits zuvor dargestellt worden. Danach gilt der **Grundsatz**: Der Kunde muss bereits aus der jeweiligen Formulierung ersehen können, inwieweit Preisänderungen auf ihn zukommen, denn diese betreffen stets das ursprünglich vereinbarte Äquivalenzverhältnis von Leistung und Gegenleistung.[73] Soweit der Verwender auf Grund einer solchen Klausel Preiserhöhungen geltend machen will, ist dies nur insoweit wirksam, als der Kunde auf Grund der gleichen Klausel auch berechtigt ist, Kostensenkungen einzufordern.[74] Es kann also immer nur der jeweilige Saldo zwischen Kostenerhöhungen und Kostensenkungen für eine formularnäßige Preiserhöhung fruchtbar gemacht werden.[75] Zwangsläufig sind daher auch Kostensenkungen zugunsten des Kunden in Ansatz zu bringen; der Verwender muss eine entsprechende **Pflicht** haben.[76]

(cc) Daneben befasst sich die Rechtsprechung auch immer wieder mit dem **Transparenzgebot**. Danach ist der Verwender verpflichtet, die Preisanpassungsklausel so zu schreiben, dass der Kunde von sich aus in der Lage ist, in welchem Umfang Preiserhöhungen auf ihn zukommen und nach welchen Maßstäben diese bemessen werden.[77] Die Unwirksamkeitskontrolle gemäß § 307 Abs. 1 Satz 2 BGB wird auch immer dann bejaht, wenn die Klausel es dem Verkäufer/AGB-Verwender ermöglicht, über die Abwälzung konkreter Kostensteigerungen – etwa der Lohn- und Materialkosten – hinaus den zunächst vereinbarten Preis ohne jede Begrenzung anzuheben und so nicht

---

70. BGH NJW-RR 2005, 1717.
71. BGHZ 82, 21, 24; BGH ZIP 1989, 1196, 1197.
72. S. Fn. 66; vgl. auch BGH NJW-RR 2005, 1717, BGH NJW 2007, 1054.
73. BGH NJW 2008, 360, 363; BGH NJW-RR 2005, 1717.
74. BGH NJW-RR 2005, 1717; BGH NJW 2007, 1054.
75. BGH a. a. O.
76. BGH NJW 2010, 2793, 2797.
77. BGH NJW 2008, 360, 363.

nur eine Gewinnschmälerung zu vermeiden, sondern einen zusätzlichen Gewinn zu erzielen.[78] Die Einzelheiten der BGH-Judikatur sind hier nicht immer leicht nachvollziehbar. Doch bleibt zu unterstreichen, dass die Entscheidungen des BGH im Regelfall recht strenge Anforderungen an die Transparenz stellen.[79] Zum Beispiel reicht der Hinweis auf einen „Listenpreis" für die erforderliche Konkretisierung der Kostenfaktoren nicht aus.[80] Denn die Preisänderungsfaktoren müssen – soweit irgend möglich – konkretisiert sein.[81]

dd) Sofern Preisanpassungsklauseln wegen fehlender Transparenz an der richterlichen Inhaltskontrolle gemäß § 307 Abs. 1 Satz 2 BGB scheitern, hat dies zur Konsequenz, dass im Sinn von § 306 Abs. 2 BGB grundsätzlich die dispositiven gesetzlichen Bestimmungen fehlen, auf die – zum Zweck der Lückenfüllung – zurückgegriffen werden könnte. Dass regelmäßig auch kein Platz ist, auf das Instrumentarium der ergänzenden Vertragsauslegung im Sinn der §§ 133, 157 BGB zurückzugreifen, wurde bereits erörtert. Denn hier wäre Voraussetzung, dass als Folge der Unwirksamkeit der Preisanpassungsklausel es für den Verwender nicht zumutbar wäre, am ursprünglichen Preis auch festzuhalten (S. 81). Es bleibt daher grundsätzlich bei dem ursprünglich vereinbarten Preis.

ee) Es sei daher abschließend erneut die **Empfehlung** unterstrichen: Zweckmäßigerweise sollte bei „gewöhnlichen" Kaufverträgen auf die Vereinbarung einer Preisanpassung auch dann verzichtet werden, wenn der zeitliche Rahmen des § 309 Nr. 1 BGB mehr oder weniger erheblich überschritten worden ist. Denn die Vereinbarung einer wirksamen Klausel ist sehr problematisch. Im Textvorschlag findet sich ein entsprechender Versuch.

3. Aufrechnungs- und Zurückbehaltungsrechte

Der Kunde kann den Kaufpreis auch durch Aufrechnung[82] tilgen, sofern dieser nicht gesetzlich oder vertraglich ausgeschlossen ist.[83]

a) Ein **stillschweigender Aufrechnungsausschluss** kommt immer dann in Betracht, wenn bestimmte Kassa-Klauseln vereinbart sind, zum Beispiel „Kasse gegen Dokumente" oder „Kasse gegen Verla-

---

78. BGH ZIP 1989, 1196, 1197
79. BGH NJW-RR 2005, 1717.
80. BGH ZiP 1989, 1196, 1197.
81. BGH NJW-RR 2005, 1717; BGH NJW 1999, 1060, 1065.
82. §§ 387 ff. BGB.
83. Staudinger/Beckmann, BGB, § 433 Rdnr. 141.

3. Aufrechnungs- und Zurückbehaltungsrechte

dedokumente".[84] Das Gleiche gilt dann, wenn eine Akkreditivklausel vorgesehen ist.[85]

b) Die einfache Verwendung des Terminus „Kasse" oder „Kassa" bedeutet nicht ohne weiteres, dass damit eine Barzahlungsvereinbarung getroffen wurde,[86] so dass darin ein Ausschluss der Aufrechnung liegt.[87] Richtig erscheint folgende Bewertung: Wird eine „Kasse-Klausel" – ohne dokumentären Zusatz – also etwa in der Form „Netto-Kasse" oder „Kasse gegen Faktura" – verwendet, ist sie in der Regel – abhängig allerdings von den jeweiligen Handelsgewohnheiten und Gebräuchen – als stillschweigender Ausschluss der Aufrechnung zu werten.[88]

c) Gesetzliche **Ausnahmetatbestände**, wonach die Aufrechnung unzulässig ist, ergeben sich aus den §§ 392–395 BGB. Von praktischer Bedeutung ist in diesem Zusammenhang vor allem der Ausschlusstatbestand des § 393 BGB: Danach ist eine Aufrechung gegen eine Forderung aus einer vorsätzlich begangenen unerlaubten Handlung unzulässig; mit einer solchen Forderung kann hingegen ohne weiteres aufgerechnet werden.[89] Schadensersatzansprüche aufgrund einer vorsätzlichen Vertragsverletzung sind jedoch gegen eine Aufrechnung nicht geschützt,[90] soweit es sich nicht – bezogen etwa auf deliktsrechtliche Ansprüche – um den Fall einer Anspruchskonkurrenz handelt.[91] Ungeachtet der Tatsache, dass der Verbotstatbestand von § 393 BGB nur Fälle der Aufrechnung gegen eine Forderung aus vorsätzlich begangener unerlaubter Handlung erfasst, hat die Judikatur Aufrechnungsverbotsklauseln in Verkaufs-AGB die Wirksamkeit versagt, sofern der Verkäufer/AGB-Verwender eine vorsätzliche Vertragsverletzung begangen hatte, wobei freilich jeweils die Umstände des Einzelfalls maßgebend waren.[92] Die Berufung auf das Aufrechnungsverbot kann in diesen Fällen als treuwidrig bewertet werden; Voraussetzung ist freilich,

---

84. BGHZ 14, 61; BGHZ 22, 128, 131; BGH NJW 1976, 852.
85. BGHZ 60, 262.
86. A. M. BGH WM 1972, 1092 – Büromaschinenhandel; wie hier Liesecke, WM 1978, Beilage Nr. 3, 9.
87. Bejahend RGZ 132, 367, 368; BGH WM 1972, 1092, 1093; Schlegelberger/Hefermehl, HGB, § 346 Rdnr. 78; zweifelnd Liesecke, a. a. O.
88. Straatmann/Ulmer, Handelsrechtliche Schiedsgerichtspraxis, Bd. 2 § 5d Nr. 1; § 5f Nr. 3; § 5g Nr. 2, Nr. 3, Nr. 4, Nr. 5; vgl. auch RGRK-BGB/Weber, § 387 Rdnr. 51.
89. Palandt/Grüneberg, BGB, § 393 Rdnr. 2.
90. BGH NJW 1975, 1120.
91. BGH NJW 1967, 2013.
92. RGZ 60, 294, 296; RGZ 142, 143, 144; BGH NJW 1966, 1459; BGH Betr. 1977, 993, 994.

dass die Behauptung einer bewussten Vertragsverletzung erwiesen ist.[93]

d) Es entspricht allgemeiner Meinung, dass bei **beiderseits fälligen Gegenforderungen** die Geltendmachung eines Zurückbehaltungsrechts in Wirklichkeit als Aufrechnungserklärung zu werten ist, sofern durch Ausübung des Zurückbehaltungsrechts praktisch Tilgung der geschuldeten Leistung eintritt.[94]

e) § 309 Nr. 3 BGB verbietet im Verkehr mit dem Verbraucher AGB-Klauseln, sofern die Aufrechnungsbefugnis gemäß §§ 387ff. BGB auch für unbestrittene oder rechtskräftig festgestellte Forderungen vorgenommen wird.

aa) **Rechtskräftig festgestellt** ist eine Forderung immer dann, wenn über sie eine der materiellen Rechtskraft fähige gerichtliche Entscheidung vorliegt; sie muss in einer zur Zwangsvollstreckung geeigneten Weise rechtskräftig tituliert sein, so dass die Tatbestandsvoraussetzungen der §§ 704, 794 ZPO gegeben sind.[95] **Unbestritten** ist eine Forderung im Sinn von § 309 Nr. 3 BGB dann, wenn über ihre Berechtigung – nach Grund und Höhe – keine Meinungsverschiedenheiten bestehen.[96] Unbestritten ist aber auch dann eine Forderung, wenn lediglich unhaltbare oder unsubstantiierte Einwendungen erhoben werden.[97]

„Entscheidungsreif" ist eine Forderung dann, wenn sie ohne weitere Beweiserhebung zugesprochen werden kann.[98] Unter Berücksichtigung der BGH-Judikatur[99] wird überwiegend in der Literatur die Auffassung vertreten, dass der Verbotstatbestand von § 309 Nr. 3 BGB auch auf entscheidungsreife Gegenforderungen zu erstrecken ist.[100] Maßgebend ist letzten Endes: Eine als „entscheidungsreif" einzustufende Forderung ist deswegen in der Sache unbestritten, weil sie nicht mehr bestreitbar ist.[101] Gleiches gilt dann, wenn sich das Aufrechnungsverbot auf Forderungen bezieht, die vom Verkäuferen/AGB-Verwender „nicht anerkannt" sind. Denn „nicht anerkannte" Forderungen sind in der Sache entweder bestritten

---

93. BGH Betr. 1977, 993.
94. RGZ 83, 138, 140; RGZ 85, 108, 109; RGZ 123, 6, 8; BGH Betr. 1974, 379.
95. Schäfer, in Ulmer/Brandner/Hensen, AGB-Recht, § 309 Nr. 3 Rdnr. 3.
96. BGH NJW 1978, 2244.
97. Staudinger/Coester-Waltjen, BGB, § 309 Nr. 3 Rdnr. 5; BGH NJW 1985, 1556.
98. AGB-Klauselwerke/Graf von Westphalen – Aufrechnungsklausel Rdnr. 11.
99. BGH NJW 1960, 859; BGH NJW 1970, 383, 386; BGH BB 1977, 814.
100. Löwe/Graf von Westphalen/Trinkner, Großkommentar, Bd. II § 11 Nr. 3 Rdnr. 7; Palandt/Grüneberg, BGB, § 309 Rdnr. 17; a.M. Koch/Stübing, AGBG, § 11 Nr. 3 Rdnr. 7.
101. Schäfer, in Ulmer/Brandner/Hensen, AGB-Recht, § 309 Nr. 3 Rdnr. 4.

3. Aufrechnungs- und Zurückbehaltungsrechte

oder – wegen der Unsubstantiiertheit und Unbegründetheit der erhobenen Einwendungen – unbestritten.[102]

bb) Es ist allgemein anerkannt, dass der Verbotstatbestand von § 309 Nr. 3 BGB im **unternehmerischen Verkehr**[103] nicht unmittelbar gilt, wohl aber eine derart weitreichende Indizwirkung entfaltet, dass im Ergebnis § 307 Abs. 1 BGB immer dann eingreift, wenn sich das Aufrechnungsverbot auf rechtskräftig festgestellte, unbestrittene oder entscheidungsreife Gegenforderungen bezieht.[104] Auch die Literatur vertritt diese Ansicht.[105]

cc) Soweit in den Verkaufs-AGB – undifferenziert – ein generelles Aufrechnungsverbot enthalten ist, verstößt eine solche Klausel gegen § 307 Abs. 1 BGB und ist deshalb insgesamt unwirksam; sie kann nicht dahin ausgelegt werden, dass sie dann nur die Aufrechnung für unbestrittene, rechtskräftig festgestellte oder entscheidungsreife Forderungen verbietet. Denn dies wäre in der Sache eine unzulässige „geltungserhaltende" Reduktion.[106] Anders ist freilich zu entscheiden, wenn sich das Aufrechnungsverbot in den Verkaufs-AGB auf „bestrittene Gegenansprüche des Kunden" bezieht.[107] Eine solche Klausel erfasst auch rechtskräftig festgestellte Forderungen.[108] Mehr noch: Bezieht sich die Klausel nur auf das Verbot, mit rechtskräftig festgestellten Forderungen aufzurechnen, dann erfasst sie auch unbestrittene Forderungen.[109] Unter dieser Voraussetzung geht der BGH nunmehr[110] – im Gegensatz zur BGH-Entscheidung vom 16.10.1984[111] – davon aus, dass nicht die gesamte AGB-Klausel unwirksam ist, weil und soweit inhaltlich voneinander trennbare, einzeln aus sich heraus verständliche Regelungen vorliegen, die Gegenstand einer gesonderten Wirksamkeitsprüfung sein können, und zwar auch dann, wenn sie in einem äußeren sprachlichen Zusammenhang mit anderen, unwirksamen Regelungen stehen.[112] Daraus folgt: Wenn und soweit ein Aufrechnungsverbot an § 307 Abs. 1

---

102. BGH WM 1972, 72, 73; BGH BB 1978, 1278; BGH WM 1981, 712, 714.
103. Vgl. Palandt/Grüneberg, BGB, § 309 Rdnr. 21.
104. BGH NJW 1985, 319; BGH NJW 1985, 523, 525; BGH NJW-RR 1987, 883, 884; BGH ZIP 1989, 783, 784.
105. Löwe/Graf von Westphalen/ Trinkner, Großkommentar, Bd. II § 11 Nr. 3 Rdnr. 21; Schäfer, in Ulmer/Brandner/Hensen, AGB-Recht, § 309 Nr. 3 Rdnr. 12; Palandt/Grüneberg a. a. O.
106. BGHZ 92, 312, 316.
107. BGH ZIP 1989, 783.
108. BGH ZIP 1989, 783, 784; OLG Hamm, NJW 1983, 523, 525.
109. BGH NJW-RR 1993, 520.
110. BGH ZIP 1989, 783.
111. BGHZ 92, 312, 316.
112. BGH NJW 1982, 178, 181; BGH NJW 1982, 2311, 2312; BGH WM 1987, 1338, 1340; BGH NJW 1988, 2106, 2107; BGH ZIP 1989, 783, 784.

BGB scheitert, ist stets exakt zu prüfen, ob sich die Unwirksamkeitssanktion gemäß § 307 Abs. 1 BGB nicht auf einen trennbaren, aus sich selbst heraus auf einen verständlichen Teil der AGB-Klausel bezieht.[113]

f) Wie bereits kurz angedeutet, ist die „**Zurückbehaltung**" einer fälligen Geldforderung wegen einer ebenfalls auf Geld abzielenden Gegenforderung in Wirklichkeit nichts anderes als eine Aufrechnung.[114] Zwangsläufig führt diese Sicht dazu, § 309 Nr. 3 BGB in diesen Fällen anzuwenden.[115] Dies wirft aber auch die Frage auf, ob es nicht im Sinn von § 307 Abs. 2 Nr. 1 BGB geboten ist, im unternehmerischen Verkehr das Verbot der Zurückbehaltung – und damit im Ergebnis das Aufrechnungsverbot – auch auf solche Forderungen zu erstrecken, die sich im Sinn von § 309 Nr. 2 a und b BGB auf ein Zurückbehaltungsrecht des Kunden beziehen, soweit es auf demselben Vertragsverhältnis beruht – vorausgesetzt selbstverständlich, dass sich zwei Geldforderungen gegenüberstehen, nicht aber zum Beispiel die Forderung des Kunden auf Mangelbeseitigung. Der **BGH** hat allerdings kürzlich seine Rechtsprechung erneut bestätigt, wonach es im unternehmerischen Verkehr unbedenklich nach § 307 Abs. 2 Nr. 1 BGB ist, wenn der Verwender das Zurückbehaltungsrecht des Kunden auf die Fälle beschränkt, welche in § 309 Nr. 3 BGB genannt sind.[116] Die gegenteilige Auffassung, wie sie noch in der Vorauflage vertreten wurde,[117] wird hier nicht weiter verfolgt.

4. Zahlungsverzug

Nach der Neukonzeption des BGB regelt § 286 BGB die Voraussetzungen des Verzugs. Es ergeben sich folgende Gesichtspunkte:

a) Der Zahlungsverzug des Käufers setzt voraus, dass alle Tatbestandselemente von § 286 BGB beachtet sind.

aa) Das sctzt zunächst voraus, dass der Zahlungsanspruch des Verkäufers **fällig** und **wirksam** ist.[118] Das Bestehen einer dauernden oder aufschiebenden Einrede hindert den Eintritt des Ver-

---

113. BGH ZIP 1989, 783, 785; hierzu auch AGB-Klauselwerke/Graf von Westphalen, Salvatorische Klausel Rdnr. 6 ff.
114. RGZ 132, 305, 306; BGH NJW 1084, 128, 129; BGH ZIP 1989, 783, 784.
115. Palandt/Grüneberg, § 309 Rdnr. 20.
116. BGH NJW 2011, 514; BGH NJW 1993, 519, 520; vgl. auch Palandt/Grüneberg, BGB, § 309 Rdnr. 16; im Ergebnis auch Schäfer, in Ulmer/Brandner/Hensen, AGB-Recht, § 309 Nr. 2 Rdnr. 21.
117. Hierzu auch AGB-Klauselwerke/Graf von Westphalen – Zurückbehaltungsrecht Rdnr. 21.
118. Palandt/Grüneberg, BGB, § 286 Rdnr. 12.

4. Zahlungsverzug

zugs.[119] Das bedeutet unter dem Regime des § 433 Abs. 1 Satz 2 BGB: Wenn und soweit der Verkäufer mangelhaft geliefert hat, hat er seine aus dem Kaufvertrag resultierenden Pflichten gemäß § 433 Abs. 1 Satz 2 BGB verletzt. Folglich steht dem Kunden das Recht zu, die Einrede des nicht erfüllten Vertrages nach § 320 BGB geltend zu machen. Deutlich wird dies bereits in der Terminologie des § 439 BGB, der nämlich von einem Nacherfüllungsanspruch des Käufers handelt. Er ist eine Modifikation des ursprünglichen Erfüllungsanspruchs.[120]

bb) Demzufolge ist festzuhalten: Wenn und soweit der Verkäufer mangelhaft erfüllt hat, steht dem Kunden auf der einen Seite ein Anspruch auf Nacherfüllung nach § 439 BGB zu, auf der anderen Seite aber ist er berechtigt, die Zahlung des Kaufpreises zu verweigern, indem er die Einrede des nicht erfüllten Vertrages nach § 320 BGB erhebt. Der Umfang des dem Käufer zustehenden Rückbehaltungsrechts ergibt sich aus § 641 Abs. 3 BGB. Danach ist der Kunde berechtigt, mindestens das Dreifache des Betrages zurückzuhalten, der der Mangelhaftigkeit der Sache und damit den voraussichtlichen Mangelbeseitigungsaufwendungen des Verkäuferen entspricht.

b) Soweit ein Kaufvertrag mit einem **Verbraucher** kontrahiert ist, folgt aus § 309 Nr. 2 a BGB,[121] dass dem Käufer das aus § 433 Abs. 1 Satz 2 BGB in Verbindung mit § 320 BGB zustehende Zurückbehaltungsrecht nicht formularmäßig abgeschnitten werden darf.

c) Man kann sicherlich darüber streiten, ob es im **unternehmerischen Verkehr** wirksam ist, dem Käufer die Einrede des Zurückbehaltungsrechts nach § 320 BGB abzuschneiden. Doch der BGH hat diese Frage, wie bereits zuvor angedeutet, inzwischen im Grundsatz geklärt.[122] Danach ist es mit § 307 Abs. 2 Nr. 1 BGB vereinbar, dass sich der Verwender auch in diesem Punkt an eine Klauselgestaltung anlehnt, die in § 309 Nr. 3 BGB vorgegeben ist. Mit anderen Worten: Immer dann, wenn die Gegenforderung anerkannt, unbestritten oder rechtskräftig festgestellt ist, ist auch das Recht auf Geltendmachung eines Zurückbehaltungsrechts des Käufers ausgeschlossen.[123] Bis auf Weiteres wird man daher diese Rechtsprechung auch im Kontext sonstiger Pflichtverletzungen des Verkäufers als zutreffend einordnen müssen, weil es keinen entscheidenden Unterschied macht, auf

---

119. BGHZ 48, 249, 250; Palandt/Grüneberg, BGB, § 286 Rdnr. 12.
120. Palandt/Weidenkaff, BGB, § 439 Rdnr. 1.
121. Palandt/Grüneberg, BGB, § 309 Rdnr. 12; Schäfer, in Ulmer/Brandner/Hensen, AGB-Recht, § 309 Nr. 2 Rdnr. 8.
122. BGH NJW 2010, 1449 – gewerblicher Mietvertrag.
123. Hierzu auch Palandt/Grüneberg, BGB, § 309 Rdnr. 16.

welcher, im Gegenseitigkeitsverhältnis stehenden Pflichtverletzung das Zurückbehaltungsrecht des Käufers im Sinn von § 320 BGB begründet wird.

d) Ob die Zahlung **fällig** ist, beurteilt sich nach wie vor nach § 271 BGB. Es gilt zunächst das vertraglich Vereinbarte. Mangels einer derartigen Abrede ist auf die Regel des § 271 Abs. 1 BGB zurückzugreifen. Danach ist die Zahlung „sofort" zu bewirken.

aa) Für die Zahlungspflicht des Käufers gilt daher grundsätzlich § 286 Abs. 1 BGB. Durch eine nach der Fälligkeit der Forderung geltend gemachte **Mahnung** kommt der Käufer als Zahlungsschuldner in Verzug. Die Mahnung ist eine an den Käufer gerichtete Aufforderung, die geschuldete Zahlung zu erbringen; sie ist nicht an eine bestimmte Form gebunden, aber sie ist eine empfangsbedürftige Erklärung.[124] Sie ist nur dann als Mahnung zu klassifizieren, wenn sie eindeutig ist.[125]

bb) Soweit nach § 286 Abs. 1 BGB eine Mahnung erforderlich ist, um die Folgen eines Verzugs zu begründen, ist im Verkehr gegenüber dem **Verbraucher** § 309 Nr. 4 BGB zu beachten. Auf das Erfordernis einer Mahnung kann in AGB nicht verzichtet werden. Das ist auch im Kern im Rahmen des **unternehmerischen Verkehrs** nach § 307 Abs. 2 Nr. 1 BGB zu beachten. Daher ist stets das Erfordernis der Mahnung im Auge zu behalten.

cc) Doch ist die praktische Bedeutung dieses Erfordernisses inzwischen durch die Neuregelung des § 286 Abs. 3 BGB erheblich eingeschränkt. Danach kommt nämlich der Schuldner einer Entgeltforderung **spätestens 30 Tage** nach Fälligkeit und Zugang einer Rechnung oder gleichwertigen Zahlungsaufforderung in Verzug, sofern er nicht innerhalb dieser Frist geleistet hat. Durch diese Neuregelung ist die frühere Kontroverse um die zutreffende Interpretation von § 284 Abs. 3 BGB a. F. aus der Welt geschaffen.[126] Bei Verträgen gegenüber einem Verbraucher ist jedoch zusätzlich die Regelung von § 286 Abs. 3 Satz 2 BGB zu beachten. Ausdrücklich muss danach in der Rechnung auf die Verzugsfolgen hingewiesen werden, sofern der Verbraucher nicht innerhalb der Frist von 30 Tagen nach Fälligkeit und Erhalt der Rechnung Zahlung leistet. Dass mit dieser Vorschrift natürlich nicht der klassische Streit um den Zugang der Rechnung beigelegt ist, soll der Vollständigkeit halber erwähnt werden.[127] Denn

---

124. Palandt/Heinrichs, BGB, § 286 Rdnr. 16.
125. RGZ 93, 300, 301.
126. Brambring, DNotZ 2000, 245, 246 ff.; Palandt/Heinrichs, BGB, 60. Aufl., § 284 Rdnr. 24 m. w. N.
127. Hierzu Dedek, in: Henssler/Graf von Westphalen, Praxis der Schuldrechtsreform, § 286 Rdnr. 21.

4. Zahlungsverzug

den Zugang der Rechnung muss stets der Käufer im Sinn des § 130 BGB beweisen.

dd) Für die **Rechtzeitigkeit** der jeweils geschuldeten Zahlung ist die getroffene Vereinbarung maßgebend. Wenn jedoch keine abweichende – individualvertragliche – Abrede getroffen worden ist, dann ist nach der Rechtsprechung des **EuGH**[128] entscheidend, dass der Schuldner so rechtzeitig die jeweils geschuldeten Leistungshandlungen vornehmen msss, dass die Zahlung rechtzeitig beim Gläubiger, also: beim Verkäufer eingeht.[129] Dieses Ergebnis ist das Resultat der Auslegung der Zahlungsverzugs-Richtlinie.[130] Die früher erzielten Ergebnisse, wonach es auf die Rechtzeitigkeit der Leistungshandlungen, nicht aber auf den Leistungserfolg ankam, sind damit obsolet. Insoweit ist stets auf eine **richtlinienkonforme Auslegung** zurückzugreifen.[131] Vieles spricht daher dafür, dass die Geldschuld als **Bringschuld** einzuordnen ist, so dass auch die von einem Verbraucher zu begleichenden Geldschulden in diese – neue – Kategorie fallen.[132] Deshalb ist vor allem auch bei einer Überweisung dafür Sorge zu tragen, dass diese so rechtzeitig vogenommen wird, dass das Geld rechtzeitig auf dem Konto des Käufers eingeht.

e) Soweit eine **Skontoabrede** getroffen worden ist, sei auf die zuvor unterbreiteten Ausführungen verwiesen (S. 73 f.).

f) Die besondere Regelung der **Verzugsfolgen** in Form einer an § 309 Nr. 5 BGB ausgerichteten Schadenspauschale ist durch die Neufassung des § 288 BGB praktisch entbehrlich geworden. Danach beträgt der Verzugszins fünf Prozent über dem jeweiligen Basiszinssatz, sofern der Schuldner **Verbraucher** ist. Ist er **Unternehmer**, dann bestimmt § 288 Abs. 2 BGB, dass der Zinssatz acht Prozentpunkte über dem jeweiligen Basiszinssatz liegt. Das wirft gleichwohl die Frage auf, ob denn eine weitergehende abstrakte Schadenspauschalierung mit § 309 Nr. 5 a und b BGB überhaupt vereinbar ist, weil der hier geregelte gesetzliche Zinssatz nicht nur sehr stark gegenüber der früheren Regelung erhöht ist, sondern auch dem typischerweise eintretenden Schaden entspricht. Unter der Voraussetzung des § 288 Abs. 4 BGB kann zwar – theoretisch – durchaus ein weitergehender Schaden geltend gemacht werden. Doch wird man bedenken müssen, dass diese Bestimmung für den Einzelfall vorgesehen ist. Sie ist nur dann im Rahmen einer abstrakt-generell zu fassenden AGB-Klausel zu übernehmen, wenn dem

---

128. EuGH NJW 2008, 1835.
129. Palandt/Grüneberg, BGB, § 270 Rdnr. 4.
130. Vgl. Palandt/Grüneberg a. a. O.
131. Schulze ua., BGB, § 270 Rdnr. 6.
132. Palandt/Grüneberg, BGB, § 270 Rdnr. 5 f.

Gläubiger im Sinn des § 309 Nr. 5 a BGB der Nachweis gelingt, dass im Fall des Verzugs des Käufers grundsätzlich ihm ein höherer Schaden entsteht als in den gesetzlich geregelten Pauschalen festgeschrieben. Unter Berücksichtigung der gewöhnlichen Refinanzierung im Rahmen von Kontokorrent-Krediten dürfte dieser Nachweis kaum je zu führen sein, so dass höhere Pauschalen als in § 288 Abs. 2 BGB vorgesehen, im Zweifel immer an § 307 Abs. 2 Nr. 1 BGB scheitern, weil der Verkäufer kaum je in der Lage sein wird, den entsprechenden Nachweis im Rahmen des § 309 Nr. 5 a BGB erfolgreich zu führen.[133] Das Formular verzichtet daher auch auf entsprechende Klauselvorschläge; es bleibt bei der gesetzlichen Regelung.

§ 4
Lieferzeit

(1) Der Beginn der von uns angegebenen Lieferzeit setzt die Abklärung aller technischen Fragen voraus.

(2) Die Einhaltung unserer Lieferverpflichtung setzt weiter die rechtzeitige und ordnungsgemäße Erfüllung der Verpflichtung des Kunden voraus. Die Einrede des nicht erfüllten Vertrages bleibt vorbehalten.

(3) Kommt der Kunde in Annahmeverzug oder verletzt er schuldhaft sonstige Mitwirkungspflichten, so sind wir berechtigt, den uns insoweit entstehenden Schaden, einschließlich etwaiger Mehraufwendungen ersetzt zu verlangen. Weitergehende Ansprüche oder Rechte bleiben vorbehalten.

(4) Sofern die Voraussetzungen von Abs. (3) vorliegen, geht die Gefahr eines zufälligen Untergangs oder einer zufälligen Verschlechterung der Kaufsache in dem Zeitpunkt auf den Kunden über, in dem dieser in Annahme- oder Schuldnerverzug geraten ist.

(5) Wir haften nach den gesetzlichen Bestimmungen, soweit der zugrunde liegende Kaufvertrag ein Fixgeschäft im Sinn von § 286 Abs. 2 Nr. 4 BGB oder von § 376 HGB ist. Wir haften auch nach den gesetzlichen Bestimmungen, sofern als Folge eines von uns zu vertretenden Lieferverzugs der Kunde berechtigt

---

133. Zur Beweislast des AGB-Verwenders bei der Vereinbarung einer Schadenspauschale vgl. Palandt/Grüneberg, BGB, § 309 Rdnr. 29; vgl. auch Münch-Komm/Kieninger, BGB, § 309 Nr. 5 Rdnr. 15.

ist geltend zu machen, dass sein Interesse an der weiteren Vertragserfüllung in Fortfall geraten ist.
(6) Wir haften ferner nach den gesetzlichen Bestimmungen, sofern der Lieferverzug auf einer von uns zu vertretenden vorsätzlichen oder grob fahrlässigen Vertragsverletzung beruht; ein Verschulden unserer Vertreter oder Erfüllungsgehilfen ist uns zuzurechnen. Sofern der Lieferverzug auf einer von uns zu vertretenden grob fahrlässigen Vertragsverletzung beruht, ist unsere Schadensersatzhaftung auf den vorhersehbaren, typischerweise eintretenden Schaden begrenzt.
(7) Wir haften auch nach den gesetzlichen Bestimmungen, soweit der von uns zu vertretende Lieferverzug auf der schuldhaften Verletzung einer wesentlichen Vertragspflicht beruht; in diesem Fall ist aber die Schadensersatzhaftung auf den vorhersehbaren, typischerweise eintretenden Schaden begrenzt.
(8) Im Übrigen haften wir im Fall des Lieferverzugs für jede vollendete Woche Verzug im Rahmen einer pauschalierten Verzugsentschädigung in Höhe von 3% des Lieferwertes, maximal jedoch nicht mehr als 15% des Lieferwertes.

- **Alternativ**
Anstelle von 3%, max. 15% einsetzen: „in Höhe von maximal 5%", keine Pauschalierung pro Woche oder: „0,5% pro Woche, max. 5%".
(9) Weitere gesetzliche Ansprüche und Rechte des Kunden bleiben vorbehalten.

Erläuterungen

1. Bestimmung der Lieferzeit
2. Unmöglichkeit
3. Lieferverzug – Voraussetzungen – Folgen
4. Annahmeverzug des Gläubigers
5. Mitwirkungspflichten – Schuldnerverzug
6. Verschulden – Vertretenmüssen
7. Fixgeschäft – Interessenfortfall
8. Klauselgestaltung

1. Bestimmung der Lieferzeit

Gerade im kaufmännischen Verkehr ist es üblich, dass eine bestimmte Leistungszeit entweder ausdrücklich vereinbart wird oder sich aus den Umständen – konkludent – ableiten lässt. Denn der kaufmännische Verkehr ist vital darauf angewiesen, dass die vereinbarten Lieferzeiten exakt eingehalten werden; nur so ist die erforderliche Sicherheit im Rahmen der kaufmännischen Dispositionen zu erreichen.

a) Für die Geltung der Rechtsregel des § 271 BGB bedeutet dies: Ist eine Zeit für die Leistung weder bestimmt noch aus den Umständen zu entnehmen, so kann der Kunde die Leistung sofort verlangen; der Verkäufer ist verpflichtet, diese sofort zu bewirken. Doch ist davon auszugehen, dass diese Norm nur eine subsidiäre Regelung enthält, so dass nur dann auf sie zurückzugreifen ist, wenn die Parteien keine abweichende Abrede getroffen haben.[1] In seiner dogmatischen Perspektive regelt die Bestimmung des § 271 BGB sowohl die **Erfüllbarkeit** als auch die **Fälligkeit** der jeweils vereinbarten Leistung.[2] Dabei ist hervorzuheben, dass die einseitige Festlegung der Leistungszeit, wie sie etwa in einer Rechnung geschieht, nicht als ausreichend anzuerkennen ist, weil stets eine entsprechende Vereinbarung oder eine aus den betreffenden Umständen abzuleitende Abrede erforderlich ist.[3] Mit anderen Worten: Die wirksame Vereinbarung einer bestimmten Fälligkeit der zu erbringenden Leistung durch den Verkäufer setzt einen Konsens der Parteien voraus, der sich freilich auch aus den jeweiligen Umständen ergeben kann.[4]

b) In der Praxis unterscheiden sich Bestellung und Auftragsbestätigung häufig in der vertraglich erforderlichen Festlegung, wann der Verkäufer zu liefern hat. Lautet zum Beispiel die Bestellung auf eine bestimmte „Kalenderwoche" (KW), während der Verkäufer in der Auftragsbestätigung die Lieferzeit nur mit „ca." bestätigt, so ist für eine übereinstimmende Vereinbarung kein Platz. Es ist dann zunächst durch Auslegung gemäß §§ 133, 157 BGB zu ermitteln,[5] ob nicht eine bestimmte Leistungszeit stillschweigend vereinbart ist. Das hängt von den jeweiligen Umständen des Einzelfalls ab. In dem gebildeten Beispiel aber wird man nur schwer zu einer die Interessen beider Parteien angemessen berücksichtigende Auslegung im Sinn der §§ 133, 157 BGB gelangen können.

Vielmehr stellt sich dann die Frage, ob nicht möglicherweise **Dissens** gemäß § 154 Abs. 1 BGB vorliegt, so dass der Vertragsabschluss scheitert. Es kann aber auch in dem Beispielsfall so sein, dass die vom Verkäufer in der Auftragsbestätigung genannte – abweichende – Lieferzeit gemäß § 154 Abs. 1 BGB Vertragsbestandteil wird, wenn der Dissens wegen der Besonderheiten des Vertrages nicht als so wesentlich angesehen wird, dass der Vertragskonsens daran scheitert.[6] Das ist etwa dann zu bejahen, wenn es dem Kun-

---

1. MünchKomm/Krüger, BGB, § 271 Rdnr. 5.
2. Palandt/Grüneberg, BGB, § 271 Rdnr. 1.
3. Palandt/Grüneberg, BGB, § 271 Rdnr. 4.
4. Palandt/Grüneberg, BGB, § 271 Rdnr. 9.
5. Palandt/Grüneberg, a. a. O.
6. Eckert, in Bamberger/Roth, BGB § 154 Rdnr. 9 m. w. N.

1. Bestimmung der Lieferzeit

den nicht entscheidend auf die von ihm angegebene Lieferfrist ankommt. Doch ist der ausbleibende Widerspruch des Kunden gegen die abweichende Auftragsbestätigung insoweit nur ein Indiz, welches jedoch bei ständigen Lieferbeziehungen stärker zu gewichten ist. Dabei ist auch zu berücksichtigen, ob der Kunde – in Kenntnis des entsprechenden Inhalts der Auftragsbestätigung – die nicht rechtzeitige, d.h. nicht innerhalb der bedungenen „Kalenderwoche" (KW) erbrachte Leistung/Lieferung ohne Mahnung gemäß § 284 Abs. 1 BGB vorbehaltlos angenommen hat. Denn dieser Umstand ist im Sinn von § 242 BGB maßgebend; er ist grundsätzlich als Einverständnis des Kunden mit dem Inhalt der abweichenden Auftragsbestätigung zu werten.[7]

c) Wird die Leistungszeit durch **unbestimmte Formulierungen**, wie zum Beispiel „in Kürze" oder „möglichst bald" festgelegt, so ist die tatsächlich geschuldete Leistungszeit nach billigem Ermessen zu bestimmen.[8] Etwas anderes gilt freilich dann, wenn die Leistungszeit mit „sofort" bestimmt wird. Denn unter dieser Voraussetzung gilt § 271 Abs. 1 BGB: Es ist dann auf einen ausschließlich objektiven Maßstab abzustellen, weil der Terminus „sofort" bedeutet, dass der Verkäufer so schnell wie nach den Umständen möglich zur Leistung verpflichtet ist.[9] Damit wird ein aber rein objektiv bestimmter Maßstab in Ansatz gebracht.[10] Der Begriff „sofort" ist indessen nicht gleichzusetzen mit „unverzüglich".[11] Denn der Schuldner, der zu „unverzüglichen" Leistungen verpflichtet ist, kann eine den Umständen nach angemessene Überlegungsfrist in Anspruch nehmen; so gesehen ist die Verpflichtung zur „sofortigen" Leistung an strengeren Maßstäben zu messen.

c) Für die Bestimmung der Rechtzeitigkeit der vom Verkäufer zu erbringenden Lieferung/Leistung kommt es entscheidend darauf an, wo der **Erfüllungsort** gemäß §§ 269, 270 BGB liegt. Der Verkäufer ist als Schuldner verpflichtet, innerhalb der bedungenen Zeit alle erforderlichen Leistungshandlungen so rechtzeitig vorzunehmen, dass an dem bedungenen Leistungsort das Schuldverhältnis erlischt.[12] Geschieht dies nicht, so liegt entweder Annahmeverzug auf Seiten des Kunden gemäß §§ 293 ff. BGB oder Schuldnerverzug in der Person des Verkäufers gemäß §§ 286 ff. BGB vor. Etwas anderes gilt

---

7. Vgl. BGH LM Nr. 3 zu § 150 BGB; BGH LM Nr. 6 zu § 150 BGB.
8. Palandt/Grüneberg, BGB, § 271 Rdnr. 4.
9. Palandt/Grüneberg, BGB, § 271 Rdnr. 10.
10. MünchKomm/Krüger, BGB, § 271 Rdnr. 32.
11. Palandt/Grüneberg, BGB, § 121 Rdnr. 3.
12. Palandt/Grüneberg, BGB, § 269 Rdnr. 2; MünchKomm/Krüger, BGB, § 269 Rdnr. 2.

freilich dann, wenn und soweit Leistungshindernisse eintreten, die der Verkäufer nicht zu vertreten hat.

(aa) Wo der Leistungsort ist, entscheidet nach § 269 BGB die jeweilige **Parteivereinbarung**. Subsidiär ist entweder an die jeweiligen Umstände, insbesondere an die Natur des Schuldverhältnisses anzuknüpfen, um diese Frage zu beantworten. Wenn es sich – wie hier – um Verkaufs-AGB handelt, dann liegt es nahe, eine **Holschuld** im Sinn von § 269 BGB zu vereinbaren.[13] Daran ist auch immer anzuknüpfen, wenn keine abweichende Vereinbarung – weder ausdrücklich noch konkludent – getroffen worden ist; denn diese Rechtsfolge – Leistungsort ist der Wohnsitz des Schuldners – ergibt sich unmittelbar aus § 269 Abs. 1 BGB. Mit der Bereitstellung der Ware (§ 243 Abs. 2 BGB) hat dann der Verkäufer das Erforderliche getan, so dass es Sache des Käufers ist, die so bereit gestellte Sache auf seine Kosten und auf seine Gefahr abzuholen.

(bb) Bei einem **gegenseitigen Vertrag** – und darum handelt es sich bei einem Kaufvertrag – stellt sich immer die Frage, ob für beide Leistungen – für die Sachleistung wie für die Geldleistung – ein einheitlicher Erfüllungsort in Betracht zu ziehen ist. Das ist im Zweifel zu verneinen.[14] Allein der Umstand, dass die beiderseitigen Leistungen Zug um Zug zu erfüllen sind, kann eine einheitliche Vereinbarung für einen gemeinsamen Erfüllungsort nicht abgeleitet werden.[15]

(cc) Im kaufmännischen Verkehr ist es durchaus häufig, dass eine **Schickschuld** vereinbart wird.[16] Dies ist vor allem dann anzunehmen, wenn es sich um einen **Versendungskauf** im Sinn von § 447 BGB handelt.[17] Diese fälle sind dadurch charakterisiert, dass hier der Wohnsitz des Schuldners/Verkäufers der Leistungsort ist; doch der Erfolgsort liegt an einem anderen Ort, der nicht notwendigerweise der Wohnsitz des Gläubigers/Käufers sein muss.[18]

dd) Soweit in den **AGB ein Erfüllungsort** vereinbart wird, der sich nicht mit demjenigen deckt, der das Ergebnis einer Auslegung der getroffenen Parteiabrede ist, dann stellt sich die Frage, ob diese Klausel nicht am Vorrang der Individualabrede nach § 305b BGB scheitert, was ohne weiteres zu bejahen ist. Im Kontext von § 307 Abs. 2 Nr. 1 BGB stellt sich aber auch die weitere Frage, ob eine

---

13. MünchKomm/Krüger, BGB, § 269 Rdnr. 5.
14. Vgl. Palandt/Grüneberg, BGB, § 269 Rdnr. 15; MünchKomm/Krüger, BGB, § 269 Rdnr. 36.
15. MünchKomm/Krüger, a. a. O.
16. MünchKomm/Krüger, BGB, § 269 Rdnr. 36.
17. Vgl. Palandt/Grüneberg, BGB, § 269 Rdnr. 1.
18. MünchKomm/Krüger, BGB, § 269 Rdnr. 7.

solche – abweichende – Klausel nicht als unwirksam einzustufen ist.[19] Daher ist der praktische Nutzen einer AGB-Klausel betreffend den Erfüllungsort sehr gering. Es herrschen die durch die Individualvereinbarung begründeten Regelungen im Sinn des § 269 Abs. 1 BGB.

d) Die in Abs. 1 des **Formulars** verwendete Klausel trägt der Tatsache Rechnung, dass sich Bestellung und Auftragsbestätigung häufig im Blick auf die geforderte Lieferzeit unterscheiden. Eine einseitige Anknüpfung an den Inhalt der Auftragsbestätigung scheitert an § 307 Abs. 2 Nr. 1 BGB, soweit aufgrund der Bestellung (Angebot) ein Dissens vorliegt, weil eine AGB-Klausel nicht die Rechtsmacht hat, sich über den Dissens hinwegzusetzen.[20]

e) Soweit es jedoch nicht auf technische Abklärungen – vor Beginn der Lieferzeit – ankommt, sollte die Klausel allerdings ersatzlos gestrichen werden, weil die Festlegung der Lieferzeit dem Konsensprinzip des Individualvertrages unterliegt.

2. Unmöglichkeit

Der Tatbestand der Unmöglichkeit ist nunmehr in den §§ 275, 311a BGB abschließend geregelt.[21] Der Anspruch auf die Leistung ist immer dann gemäß § 275 Abs. 1 BGB ausgeschlossen, wenn die Erbringung der Leistung dem Schuldner oder jedermann unmöglich ist. Entscheidend ist sodann, dass auf der Schadensersatzebene auf § 311a Abs. 2 BGB abzustellen ist. Zu fragen ist im Sinn des § 311a Abs. 2 Satz 2 BGB, ob dem Schuldner das Leistungshindernis bekannt oder ob die Unkenntnis von ihm im Sinn des § 276 BGB zu vertreten ist.[22] In der Praxis haben diese Fälle – das galt in der Vergangenheit jedenfalls uneingeschränkt – keine entscheidende Bedeutung entfaltet.

Hinzuweisen ist deshalb lediglich darauf, dass nach der hier vertretenen Auffassung der Schuldner/AGB-Verwender nicht berechtigt ist, seine auf Ersatz des Schadens statt der Leistung zielende Haftung klauselmäßig abzubedingen, ohne dass dies an § 307 Abs. 2 Nr. 1 BGB scheitert. Denn dass unter diesen Voraussetzungen die Annahme einer schuldhaft verletzten wesentlichen Vertragspflicht nahe liegt, kann kaum bezweifelt werden, weil es eine radikalere

---

19. Hierzu auch Palandt/Grüneberg, BGB, § 307 Rdnr. 89.
20. AGB-Klauselwerke/Graf von Westphalen – Vertragsabschlussklauseln Rdnr. 32.
21. Hierzu im Einzelnen Huber, in: Ernst/Zimmermann, Zivilrechtswissenschaft und Schuldrechtsreform, 2001, 31, 72 ff.
22. Dedek, in: Henssler/Graf von Westphalen, Praxis der Schuldrechtsreform, § 311a Rdnr. 13 ff.

Störung des Äquivalenzverhältnisses von Leistung und Gegenleistung nicht gibt.[23] Das gilt in erster Linie für den Anspruch des Kunden nach § 311a Abs. 2 BGB auf Ersatz der Aufwendungen im Sinn des § 284 BGB, der hier wohl vor allem praktisch werden dürfte. Denn dieser zielt auf den Ersatz des negativen Interesses, schützt also die Interessen des Gläubigers, der auf die Erfüllung des dem Schuldner unmöglich gewordenen Leistungsversprechens vertraut hat.[24] Würde der AGB-Verwender diesen Anspruch abbedingen, dann würde die frustrierte Leistungserwartung des Gläubigers sanktionslos hinzunehmen sein. Dass darin eine unangemessene Benachteiligung liegt, ist evident.

3. Lieferverzug – Voraussetzungen – Folgen

Der Lieferverzug des Schuldners setzt – begrifflich gewertet – voraus, dass die Leistung noch möglich, d. h. nachholbar ist.[25] Dies unterscheidet den Verzug von der Unmöglichkeit: Dauernde Unmöglichkeit oder dauerndes Unvermögen schließen das Vorliegen des Schuldnerverzuges aus.[26] Doch die Abgrenzung, ob im Einzelfall Unmöglichkeit/Unvermögen oder Verzug vorliegt, kann Schwierigkeiten bereiten; sie ist unter Berücksichtigung des Vertragszwecks und der Belange beider Parteien nach Treu und Glauben gemäß § 242 BGB vorzunehmen. Maßgebender Zeitpunkt für die Beurteilung dieser Frage ist grundsätzlich der Eintritt des jeweiligen Leistungshindernisses.[27]

a) Vom Schuldnerverzug ist der in den §§ 293 ff. BGB besonders geregelte **Annahmeverzug** zu unterscheiden. Während der Schuldnerverzug Verletzung einer rechtlichen Verpflichtung ist, verstößt der Gläubiger durch Nichtannahme der Leistung lediglich gegen ein Gebot des eigenen Interesses, sog. Obliegenheitsverletzung.[28] Sowohl beim Kauf- als auch beim Werkvertrag ist hingegen die Abnahme der Leistung eine echte Rechtspflicht: Der Gläubiger gerät durch Nichtannahme der Leistung gleichzeitig in Annahme- und in Schuldnerverzug.[29] Die dogmatische Rechtfertigung für diese Schlussfolgerung liegt in § 433 Abs. 2 BGB. Danach ist die vom Käufer geschuldete

---

23. AGB-Klauselwerke/Graf von Westphalen – Freizeichnung Rdnr. 59 ff.
24. Palandt/Grüneberg, BGB, § 284 Rdnr. 5 m. w. N.
25. Palandt/Grüneberg, BGB, § 286 Rdnr. 2.
26. Palandt/Grüneberg, BGB, § 286 Rdnr. 12.
27. Palandt/Grüneberg, BGB, § 275 Rdnr. 12; BGH NJW 2007, 3777, 3778.
28. Palandt/Grüneberg, BGB, § 293 Rdnr. 1; MünchKomm/Ernst, BGB, § 293 Rdnr. 1.
29. Palandt/Grüneberg, BGB, § 293 Rdnr. 6.

3. Lieferverzug – Voraussetzungen – Folgen

Abnahme der Sache eine reine Tathandlung im Sinn eines Realaktes,[30] weil der Käufer verpflichtet ist, den Besitz im Sinn einer tatsächlichen Sachherrschaft an sich zu nehmen.[31] Falls ein Werkvertrag vorliegen sollte, ist die Abnahme nach § 640 BGB gleichbedeutend mit der körperlichen Entgegennahme des erstellten Werkes, verbunden mit der Anerkennung, dass es – so wie es übergeben worden ist – als den vertraglichen Pflichten entsprechend gebilligt wird.[32]

b) **Voraussetzung** des Schuldnerverzugs gemäß § 286 Abs. 1 BGB ist zunächst, dass der Anspruch des Kunden/Gläubigers vollwirksam und auch fällig sein muss.

aa) Der Leistungsanspruch des Gläubigers ist dann nicht im Sinn von § 286 Abs. 1 BGB **voll wirksam**, wenn eine dauernde oder aufschiebende Einrede besteht.[33] Schon das Bestehen einer derartigen Einrede hindert den Eintritt des Schuldnerverzugs (vgl. auch S. 88 f.). Denn unter dieser Voraussetzung ist der Anspruch nicht durchsetzbar.[34] Das Bestehen der Einrede des nicht erfüllten Vertrages im Sinn des § 320 BGB setzt indessen voraus, dass der Schuldner/Verkäufer die ihm zustehende Einrede im Prozess wirklich erhebt; unterlässt er dies, so muss er sich im Ergebnis so behandeln lassen, als sei Leistungsverzug eingetreten.[35]

In der **Praxis** ist es häufig so, dass der Schuldnerverzug daran scheitert, dass der Gläubiger seinerseits die ihm obliegenden Zahlungspflichten nicht rechtzeitig erfüllt hat. Auch für diesen Fall gilt im Rahmen des § 320 BGB der allgemeine Satz: Der Eintritt des Leistungsverzuges auf Seiten des Schuldners/Verkäufers setzt voraus, dass der Gläubiger seinerseits die ihm obliegende Gegenleistung anbietet.[36] Es reicht nicht aus, dass der Gläubiger seinerseits bereit ist, die von ihm geschuldete Leistung zu erbringen.[37]

bb) Der Eintritt des Schuldnerverzugs im Sinn von § 286 Abs. 1 BGB setzt des Weiteren voraus, dass seine Leistungspflicht im Sinn von § 271 BGB **fällig** ist. Insoweit gelten die weiter oben dargelegten Erwägungen (S. 88 f.).

cc) Schließlich liegt nur dann Verzug des Verkäufers vor, wenn die von ihm zu erbringende Leistung **nicht unmöglich**, sondern noch

---

30. Palandt/Weidenkaff, BGB, § 433 Rdnr. 44.
31. Palandt/Weidenkaff, BGB, § 433 Rdnr. 43.
32. BGH NJW 1993, 1972, 1974.
33. Palandt/Grüneberg, BGB, § 286 Rdnr. 9.
34. Palandt/Grüneberg, BGB, § 286 Rdnr. 10.
35. MünchKomm/Ernst, BGB, § 286 Rdnr. 27.
36. BGH NJW 1987, 252.
37. Staudinger/Löwisch, BGB, § 286 Rdnr. 25.

nachholbar ist.[38] Denn dieser Tatbestand ist Voraussetzung, dass überhaupt Verzug gegeben ist.

c) Als weitere Voraussetzung für den Schuldnerverzug bestimmt § 286 Abs. 1 BGB, dass der Gläubiger verpflichtet ist, den Schuldner – nach dem Eintritt der Fälligkeit – zu mahnen.[39] Die **Mahnung** ist eine an den Schuldner/Verkäufer gerichtete – unzweideutige[40] – Aufforderung des Gläubigers/Bestellers, die geschuldete Leistung zu erbringen.[41] Da die Mahnung eine empfangsbedürftige Willenserklärung ist, kommt der Schuldner/Verkäufer gemäß § 286 Abs. 1 BGB durch die Mahnung in Verzug.

d) Gemäß § 286 Abs. 2 Nr. 1 BGB ist eine Mahnung dann entbehrlich, wenn für die Leistung – durch Vertrag oder durch Gesetz – eine Zeit nach dem Kalender bestimmt ist.[42] Diese Voraussetzung ist immer dann erfüllt, wenn die Leistungszeit unmittelbar oder mittelbar durch einen bestimmten **Kalendertag** festgelegt ist.[43] Ausreichend ist also: Die Vereinbarung einer bestimmten „Kalenderwoche" (KW) oder die Angabe eines bestimmten Monats oder Tages. Ausreichend ist es nunmehr auch gemäß § 286 Abs. 2 Nr. 2 BGB, wenn das für die Leistungsbestimmung maßgebende Datum lediglich nach dem Kalender berechenbar ist, zum Beispiel, „60 Tage nach Rechnungsstellung"[44] oder „Lieferung 3 Wochen nach Abruf".[45]

e) Eine Formularklausel, die die dargestellten Voraussetzungen des Verzugs regelt, ist entbehrlich. Die Begründung liegt auf der Hand: In Verkaufs-AGB geht der Verkäufer zweckmäßigerweise davon aus, dass die Voraussetzungen des Verzugs gemäß § 286 BGB nicht geändert werden sollten, weil sie ihm günstig sind. Würde man indessen den gegenteiligen Weg einschlagen und die Voraussetzungen des Verzugs zum Vorteil des Verkäufers abändern, dann würde dies gegen § 307 Abs. 2 Nr. 1 BGB verstoßen.

aa) Wären etwa in den AGB **unbestimmte Lieferfristen** vorgesehen, dann würde vieles dafür sprechen, dass diese im Rahmen der Wertung des § 308 Nr. 1 BGB – insbesondere unter Beachtung der Grundwertung der §§ 147f. BGB – gegen § 307 Abs. 2 Nr. 1 BGB verstießen. Denn der kaufmännische Verkehr ist vital darauf ange-

---

38. BAG NJW 1986, 1831, 1832.
39. Hierzu BGH ZiP 1998, 1401.
40. BGH a.a.O.
41. Palandt/Heinrichs, § 286 Rdnr. 16.
42. Dedek, in: Henssler/Graf von Westphalen, Praxis der Schuldrechtsreform, § 286 Rdnr. 13ff.
43. BGH WM 1971, 615.
44. BGHZ 96, 313, 315.
45. Vgl. zum alten Recht ablehnend RGZ 103, 33.

3. Lieferverzug – Voraussetzungen – Folgen 101

wiesen, dass eindeutige und auch verlässliche Fristen für die Erbringung der geschuldeten Leistung/Lieferung vereinbart werden.[46] Daher wird in der Praxis auch – wie hier vorgeschlagen – stets eine **individualvertragliche Abrede** über die Lieferzeit vereinbart.[47] Denn neben dem Preis und der Produktbeschreibung ist die Vereinbarung einer Lieferzeit, welche den beiderseitigen Dispositionen entspricht, essentiell.

bb) Würde des Weiteren in den Verkaufs-AGB auf das Erfordernis einer **angemessenen Frist** im Sinn des § 308 Nr. 2 BGB verzichtet, dann wäre dies auch im kaufmännischen Verkehr mit § 307 Abs. 2 Nr. 1 BGB nicht vereinbar.[48] Gleiches gilt dann, wenn eine bestimmte, sozusagen statische Frist gesetzt wird, die in allen Fällen zugunsten des Verkäufers eingreifen soll, etwa einen Monat. Denn eine solche Frist ist unter Beachtung des Merkmals der „Angemessenheit", wie es in § 323 Abs. 1 BGB, aber auch in § 281 Abs. 1 BGB festgelegt ist, allemal mit § 307 Abs. 2 Nr. 1 BG B unvereinbar. Denn die Frist ist immer unter Berücksichtigung der Umstände des Einzelfalls so zu bemessen, dass sie dem Verkäufer eine letzte Gelegenheit zur Erbringung der geschuldeten Lieferung/Leistung gewährt.[49] Sie setzt voraus, dass der Verkäufer seine nach dem Vertrag geschuldeten Leistungshandlungen bereits mehr oder weniger abgeschlossen hat, so dass die Frist jedenfalls nicht so zu bemessen ist, dass die noch nicht begonnene Leistungshandlung erst im Rahmen der gesetzten Frist, also: nach Eintritt des Verzugs, fertig gestellt werden soll.[50]

f) Die **Rechtsfolge des Verzugs** ergibt sich aus der Regelung des § 280 Abs. 1 BGB. Denn in § 280 Abs. 2 BGB wird die Pflichtverletzung auf Grund eines Verzugs angesprochen, weil insoweit die weiteren Voraussetzungen des § 286 BGB gegeben sein müssen. Danach ist der Schuldner immer verpflichtet, im Fall einer ihm zurechenbaren – objektiven – Pflichtverletzung den aus dieser Pflichtverletzung dem Gläubiger entstehenden Schaden zu ersetzen.[51] Selbstverständlich bleibt der Nachweis fehlenden Verschuldens nach § 280 Abs. 1 Satz 2 BGB unberührt.[52]

aa) Maßstab des zu ersetzenden **Schadens** ist die §§ 249ff. BGB. Erfasst werden damit auch Schadensersatzpositionen, die dem Be-

---

46. Hierzu auch Palandt/Grüneberg, BGB, § 308 Rdnr. 10; Erman/Roloff, BGB, § 308 Rdnr. 12.
47. Hierzu auch Schmidt, in Ulmer/Brandner/Hensen, AGB-Recht, § 308 Nr. 1 Rdnr. 30.
48. Erman/Roloff, BGB, § 308 Rdnr. 16.
49. BGH NJW 1985, 320, 323.
50. Palandt/Grüneberg, BGB, § 281 Rdnr. 10.
51. Erman/Westermann, BGB, § 280 Rdnr. 20ff.
52. Hierzu im Einzelnen auch Palandt/Grüneberg, BGB, § 280 Rdnr. 40.

reich des **entgangenen Gewinns**, des Produktionsausfalls zuzurechnen ist, weil und soweit sie sich aus § 252 BGB ableiten lassen, aber auch Schäden, welche bislang als Folgeschäden umschrieben wurden. Dieser Grundtatbestand hat das frühere System der positiven Vertragsverletzung abgelöst; gleichzeitig aber ist das gesamte Leistungsstörungsrecht neu geordnet worden.[53] Daraus ergeben sich zunächst im Rahmen der Interpretation von § 280 Abs. 1 BGB zwei Konsequenzen: Anknüpfend an eine – objektive – Pflichtverletzung ist eine an den allgemeinen Restitutionsgrundsätzen der §§ 249 ff. BGB ausgerichtete Schadensersatzpflicht des Schuldners gemäß § 280 Abs. 1 BGB nur dann eingefordert, wenn und soweit der Schuldner/Verkäufer nicht im Einzelfall den Nachweis führen kann, dass er die jeweilige Pflichtverletzung im Sinne von § 276 BGB nicht zu vertreten hat. Es ergeben sich insoweit folgende Ableitungen:

bb) Grundsätzlich hat der Schuldner/Verkäufer – wie bisher auch – **Vorsatz und Fahrlässigkeit** zu vertreten.

aaa) Fahrlässig handelt – entsprechend der Legaldefinition von § 276 Abs. 1 Satz 2 BGB – derjenige, der die im Verkehr erforderliche Sorgfalt außer Acht lässt. Damit ist das das BGB – genauer gesagt: den Bereich der Leistungsstörungen – beherrschende Verschuldensprinzip angesprochen: Der Schuldner/Verkäufer haftet für Leistungsstörungen in der Regel nur dann, wenn er die Störung durch ein vorwerfbares Verhalten verursacht oder doch zumindest mitverursacht hat.[54] Ein Außerachtlassen der im Verkehr erforderlichen Sorgfalt setzt zum einen Voraussehbarkeit, zum anderen Vermeidbarkeit des rechtswidrigen Erfolges voraus.[55] Dabei gilt kein individueller, sondern ein an den allgemeinen Verkehrsbedürfnissen ausgerichteter **objektiver Sorgfaltsmaßstab**.[56] Anerkanntermaßen entspricht die nach § 276 Abs. 1 Satz 2 BGB erforderliche Sorgfalt nicht notwendigerweise der üblichen Sorgfalt.[57] Dabei spielt der Gedanke des Vertrauensschutzes eine maßgebende Rolle: Im Rechtsverkehr muss jeder Teilnehmer grundsätzlich darauf vertrauen dürfen, dass der andere Teil die für die Erfüllung seiner Pflichten erforderlichen Fähigkeiten und Kenntnisse besitzt.[58]

bbb) **Vorsatz** bedeutet: Wissen und Wollen des rechtswidrigen Erfolges.[59] Das Bewusstsein der Rechtswidrigkeit gehört zum Vor-

---

53. Im Einzelnen Palandt/Grüneberg, BGB, § 280 Rdnr. 13.
54. Palandt/Grüneberg, BGB, § 276 Rdnr. 3.
55. MünchKomm/Grundmann, BGB, § 276 Rdnr. 68 ff.; 77 ff.
56. MünchKomm/Grundmann, BGB, § 276 Rdnr. 55 ff.; Staudinger/Löwisch, BGB, § 276 Rdnr. 28.
57. BGH NJW 1965, 1075.
58. Palandt/Heinrichs, BGB, § 276 Rdnr. 15.
59. MünchKomm/Grundmann, BGB, § 276 Rdnr. 155 ff.

3. Lieferverzug – Voraussetzungen – Folgen 103

satz.[60] Demzufolge muss der handelnde Schuldner den rechtswidrig eintretenden Erfolg vorausgesehen und seinen Eintritt in seinen Willen aufgenommen haben; ob er auch den entsprechenden Erfolg gewünscht oder gar beabsichtigt hat, ist irrelevant.[61]

ccc) Von der einfachen oder gewöhnlichen Fahrlässigkeit ist die **grobe Fahrlässigkeit**[62] zu unterscheiden. Sie ist dann gegeben, wenn die im Verkehr erforderliche Sorgfalt in ungewöhnlich grobem Maß verletzt und das nicht beachtet wird, was unter den gegebenen Umständen allgemein einleuchtet, weil – anders gewendet – ganz nahe liegende Überlegungen nicht angestellt werden.[63] Mit einem Wort: Das Fehlverhalten des Schuldners/Verkäufers muss sich, um die Voraussetzungen der groben Fahrlässigkeit zu erfüllen, als „subjektiv unentschuldbares Fehlverhalten" darstellen, ohne freilich die Grenze zum (bedingten) Vorsatz – qualifiziert als Wissen und Wollen (Inkaufnehmen) des rechtswidrigen Erfolges – zu überschreiten.[64]

cc) Doch entscheidet in § 276 Abs. 1 BGB stets die Auslegung der Parteivereinbarung: Soweit ein **strengerer oder milderer Maßstab** ausdrücklich „bestimmt" ist, gilt dieser. Es ergeben sich – vorbehaltlich der nachfolgenden Ausführungen – insoweit zunächst keine nennenswerten Besonderheiten. Der Individualvertrag regiert; die Parteien sind beim Wort zu nehmen. Inhalt und Umfang der jeweiligen Haftungserweiterungen sind daher durch Auslegung nach den §§ 133, 157 BGB zu bestimmen.[65]

aaa) Als Unterfälle eines strengeren Schuldmaßstabes nennt der Gesetzgeber die Übernahme eines „**Beschaffungsrisikos**" sowie die Übernahme einer „**Garantie**". Für den Bereich von Verkaufs-AGB sind vor allem folgende Gesichtspunkte insoweit bedeutsam: Die Übernahme eines Beschaffungsrisikos begründet eine vom Verschulden losgelöste Haftung des Verkäufers. Abzuheben ist in diesem Zusammenhang auf das vom Verkäufer zu übernehmende, vom Verschulden losgelöste Risiko, die Sache – wie im Kaufvertrag versprochen – überhaupt zu beschaffen.[66] Es ergeben sich – unter der Perspektive der rechtzeitigen Lieferpflicht (Gattungs- und Stückschuld), die vornehmlich hier behandelt wird – folgende Gesichtspunkte: Maßgebend ist zunächst die Auslegung der jeweiligen Par-

---

60. BGH NJW 1965, 963; OLG Frankfurt, NJW 1971, 1614.
61. Palandt/Grüneberg, BGB, § 276 Rdnr. 10.
62. Hierzu Palandt/Grüneberg, BGB, § 277 Rdnr. 4.
63. BGHZ 10, 14, 16; BGH MDR 1977, 651; RGRK-BGB/Alff, § 277 Rdnrn. 4f.; Erman/Westermann, § 276 Rdnr. 16; Palandt/Heinrichs, § 277 Rdnr. 5.
64. BGH MDR 1977, 651.
65. Erman/Westermann, BGB, § 276 Rdnr. 17 ff.
66. Palandt/Grüneberg, BGB, § 276 Rdnr. 30.

teivereinbarung.[67] Entscheidend ist also, ob der Schuldner/Verkäufer – aus der Perspektive eines redlichen Kunden – ein Leistungsversprechen abgegeben hat, wonach er ohne Rücksicht auf Verschulden für die Erfüllung seines Lieferversprechens haftet, weil und soweit er danach ein „Beschaffungsrisiko" bezogen auf eine **Gattungsschuld** begründet hat.[68] Die darin liegende Risikoübernahme bezieht sich regelmäßig jedoch nur auf die Tatsache der **Beschaffung als solche**. Es kann aber auch sein, dass die in der Übernahme einer Beschaffenheitsgarantie liegende Risikobereitschaft sich auch auf das Datum der **Rechtzeitigkeit** der zu erbringenden Leistung bezieht.[69] Das ist eine Frage der Auslegung. Vieles spricht dabei dafür, dass aus der Sicht des Käufers die Übernahme eines Beschaffungsrisikos sowohl die Beschaffung als solche als auch die zugesagte Lieferzeit umschließt; doch notwendig ist dies nicht.

bbb) Offen ist die Antwort auf die Frage, ob sich denn eine Beschaffenheitsgarantie auch auf das Risiko der **Qualität** der zu liefernden Sache bezieht.[70] Das wird man jedenfalls dann als zutreffend einordnen müssen, wenn auch die Voraussetzungen einer Beschaffenheitsgarantie im Sinn des § 443 BGB gegeben sind. Diese setzt, wie noch zu zeigen sein wird, das Vorhandensein einer **Zusicherungserklärung** des Verkäufers voraus, die weiter reicht als die einfache Beschaffenheitsvereinbarung im Sinn von § 434 Abs. 1 Satz 1 BGB.[71] Das wird man nach der Rechtsprechung immer dann annehmen müssen, wenn der Verkäufer in vertraglich bindender Weise seine Einstandspflicht – ohne Rücksicht auf ein Verschulden – für das Vorhandensein einer bestimmten Beschaffenheit/Eigenschaft begründet hat, so dass er auch bereit ist, für alle Haftungs- und Schadensfolgen einzustehen.[72]

ccc) Dabei ist zusätzlich zu bedenken, dass der **Vorlieferant/Verkäufer nicht der Erfüllungsgehilfe** des Verkäufers im Sinn von § 278 BGB ist, also haftet der Verkäufer nicht für etwaige schuldhafte Pflichtverletzungen des Vorlieferanten. Denn die Verpflichtung des Verkäufers erschöpft sich darin, im Rahmen des § 433 Abs. 1 BGB rechtzeitig die geschuldete Sache zu übergeben und Eigentum an ihr

---

67. Erman/Westermann, BGB, § 276 Rdnr. 17 ff.; Palandt/Grüneberg, BGB, § 276 Rdnr. 30 ff.; Graf von Westphalen, in: Henssler/Graf von Westphalen, Praxis der Schuldrechtsreform, § 437 Rdnr. 20 m.w.N.
68. Im Einzelnen: Dauner-Lieb/Dötsch, DB 2001, 2535 ff.; MünchKomm/Grundmann, BGB, § 276 Rdnr. 177 ff.
69. Palandt/Grüneberg, BGB, § 276 Rdnr. 32; Erman/Westermann, BGB, § 276 Rdnr. 20 f.
70. Sehr weitgehend Graf von Westphalen, ZIP 2002, 542, 548.
71. BGH NJW 2008, 1046, 1048.
72. Vgl. Palandt/Weidenkaff, BGB, § 443 Rdnr. 10 f.

3. Lieferverzug – Voraussetzungen – Folgen

zu verschaffen.[73] Doch wird man in diesem Kontext stets zu bedenken haben, ob denn nicht die Übernahme eines Beschaffungsrisikos deswegen als Abbedingung von § 278 BGB zu verstehen ist, weil und soweit es sich um die Begründung einer vom Verschulden unabhängigen Schadensersatzhaftung handelt. So gesehen könnte abhängig von den Umständen des Einzelfalls einiges dafür sprechen, dass auf diese Weise auch eine Erweiterung des Pflichtenkreises des Verkäufers gewollt ist, so dass dieser auch für ein Verschulden des Vorlieferanten bereit ist einzustehen. Im Zweifel ist dies zu bejahen.

dd) Des Weiteren wird man im Rahmen von § 276 BGB bedenken müssen: Wenn und soweit der Verkäufer sich verpflichtet hat, eine **Stückschuld** im Rahmen einer Beschaffungsgarantie zu liefern, wird man auch in diesem Leistungsversprechen unter Beachtung des Parteiwillens die Übernahme eines – verschuldensunabhängigen – „Beschaffungsrisikos" erblicken können.[74] Zu bedenken ist hierbei insbesondere, dass auch der Hersteller/Verkäufer der Stückschuld nicht Erfüllungsgehilfe des Verkäufers im Sinne von § 278 BGB ist.[75] Doch gelten auch hier wiederum die gleichen Einschränkungen, die zuvor formuliert worden sind: Im Zweifel übernimmt der Verkäufer auch bei Übernahme einer Pflicht, eine Stückschuld zu liefern, dann das Risiko einer Pflichtverletzung des Vorlieferanten, wenn er eine vom Verschulden unabhängige Beschaffungsgarantie begründet.

g) Aus der Formulierung von § 280 Abs. 1 Satz 2 BGB folgt zwingend, dass insoweit eine **Beweislastumkehr** vorliegt. Die aus der – objektiven – Pflichtverletzung resultierende Schadensersatzhaftung trifft den Schuldner nur dann nicht, wenn er nicht den Nachweis erbringt, dass er das die Pflichtverletzung begründende Ereignis/Umstand nicht zu vertreten hat.[76] Konkret bedeutet dies: Wenn und soweit der Kunde im Rahmen von § 280 Abs. 1 BGB – wegen einer objektiven Pflichtverletzung – eine Schadensersatzhaftung gegenüber dem Verkäufer begründen will, ist er verpflichtet, den objektiven Tatbestand der Pflichtverletzung und den daraus resultierenden Schaden – einschließlich der Kausalität – im Einzelnen darzulegen und zu begründen. Denn die Beweislastumkehr im Rahmen von § 280 Abs. 1 Satz 2 BGB bezieht sich ausschließlich

---

73. BGH NJW 2008, 2837, 2840; Palandt/Grüneberg, BGB, § 278 Rdnr. 13.
74. Palandt/Grüneberg, BGB, § 276 Rdnr. 31.
75. Palandt/Grüneberg, BGB, § 278 Rdnr. 13; MünchKomm/Ernst, BGB, § 280 Rdnr. 61; BGHZ 48, 118, 123 – TREVIRA; Graf von Westphalen, in: Henssler/Graf von Westphalen, Praxis der Schuldrechtsreform, § 437 Rdnr. 23.
76. Im Einzelnen Palandt/Grüneberg, BGB, § 280 Rdnr. 34 ff.; Erman/Westerrmann, BGB, § 280 Rdnr. 27 ff.

auf den Tatbestand des in § 276 BGB geregelten Vertretenmüssens, ist also nur insoweit Sache des Schuldners/Verkäufers.

aa) Diese Konsequenz führt unmittelbar zu weiteren Gesichtspunkten: Zum einen ist es dem Verkäufer/AGB-Verwender verwehrt, in den Verkaufs-AGB eine **Verteilung der Beweislast** zu regeln, die von § 280 Abs. 1 Satz 1 und Satz 2 BGB zum Nachteil des Kunden und damit zum Vorteil des Verkäufers abweicht. Dies wäre mit § 307 Abs. 2 Nr. 1 BGB unvereinbar, weil die gesetzliche Verteilung der Darlegungs- und Beweislast gemäß § 309 Nr. 12 BGB sowie nach § 307 Abs. 2 Nr. 1 BGB zwingend zu beachten ist.[77]

bb) Daher bleibt hier nur die Möglichkeit, die Regelung von § 280 Abs. 1 BGB inhaltsgleich zu übernehmen. Doch ist bei Eintritt eines Lieferverzugs entscheidend, dass der Tatbestand der **objektiven Pflichtverletzung** im Sinn des § 280 Abs. 1 BGB in Verbindung mit Abs. 2 bereits dann vorliegt, wenn die geschuldete Lieferung tatsächlich verspätet geliefert wird, also die Fristen überschritten werden, welche im Rahmen von § 286 BGB einschlägig sind. Dann ist es eben Sache des Verkäuferen den Nachweis fehlenden Vertretenmüssens im Sinn von § 280 Abs. 2 BGB und § 280 Abs. 1 Satz 2 BGB zu führen, indem er den Nachweis erbringt, dass er die ihm nach dem Vertrag obliegenden Pflichten – trotz der eingetretenen Verzögerung – so wie geschuldet erbracht hat.

h) Im Hinblick auf die in § 280 Abs. 1 BGB resultierende Schadensersatzhaftung ist schließlich auch zu bedenken, dass es in Verkaufs-AGB nicht wirksam ist, den jeweils auf individualvertraglicher Ebene begründeten **Schuldmaßstab** gemäß § 276 BGB zugunsten des Verkäuferen/AGB-Verwenders abzuändern. Dies verstößt zum einen bereits gegen § 305 b BGB, weil es dem „Inhalt" des Schuldverhältnisses im Sinn von § 276 Abs. 1 BGB widerstreitet. Doch liegt auch ein Verstoß gegen § 307 Abs. 2 Nr. 1 BGB vor. Insoweit fällt ins Gewicht, dass der jeweilige Schuldmaßstab sich stets unmittelbar aus dem zugrundeliegenden Individualvertrag ableitet; die Grundsätze der Auslegung nach den §§ 133, 157 BGB sind insoweit zu bedenken.[78] Demzufolge ist es dem AGB-Verwender nach § 307 Abs. 2 Nr. 1 BGB untersagt, in den Verkaufs-AGB einen milderen Schuldmaßstab für sich selbst einzufordern, als durch den jeweiligen Individualvertrag begründet. Dies gilt vor allem dann, wenn auf der Ebene des Individualvertrages eine garantiemäßige Haftung im Rahmen des § 276 Abs. 1 BGB begründet worden ist, der Verkäufer/AGB-Verwender aber nur eine – gewöhn-

---

77. BGH NJW 1996, 1537, 1538 f.; Palandt/Heinrichs, BGB, § 309 Rdnr. 103.
78. Zimmer, NJW 2002, 1, 11.

3. Lieferverzug – Voraussetzungen – Folgen

liche – Haftung für Vorsatz und Fahrlässigkeit als Schuldmaßstab zugrunde legt.

i) Bevor die sich aus einem Verzug ergebenden **Rechtsfolgen** behandelt werden können, ist folgende Differenzierung angezeigt:

aa) Ist der Schuldner/Verkäufer aus einem Grund gemäß § 286 BGB in Verzug geraten, den er zu vertreten hat, dann ist der Kunde berechtigt, Schadensersatz nach § 280 Abs. 2 BGB zu verlangen (S. 119). Will jedoch der Käufer die weitergehenden Rechte – Schadensersatz statt der Leistung/Rücktritt (S. 120 ff.) – geltend machen, muss er dem Schuldner/Verkäufer eine **angemessene Frist** zur Leistung zu bestimmen.[79] Sie ist so zu bemessen, dass der Schuldner eine letzte Gelegenheit zur Vertragserfüllung erhält.[80] Die Setzung einer unangemessen kurzen Frist führt dazu, dass eine angemessene Frist in Lauf gesetzt wird.[81] Es ist also eine Frage des Einzelfalls, ob die jeweils gesetzte Frist als angemessen zu bezeichnen ist.[82]

bb) Die Fristsetzung ist gemäß § 281 Abs. 2 BGB sowie nach der Parallelvorschrift des § 323 Abs. 2 BGB **entbehrlich,** wenn der Schuldner die Leistung ernsthaft und endgültig verweigert und wenn besondere Umstände vorliegen, die unter Abwägung der beiderseitigen Interessen die sofortige Geltendmachung des Schadensersatzanspruches rechtfertigen.[83] In der Sache handelt es sich hierbei um die gleichen Gesichtspunkte, welche bislang die BGH-Judikatur zu § 326 BGB a. F. entwickelt hatte.[84]

cc) Des Weiteren ist zu bedenken, dass der Gläubiger nur dann einen Anspruch auf Geltendmachung eines Rücktrittsrechts hat, wenn gemäß §323 Abs. 5 Satz 2 BGB die Pflichtverletzung „**unerheblich**" ist. Dies wird man im Rahmen und auf Grund einer umfassenden Abwägung der beiderseitigen Interessen bejahen müssen,[85] wenn der Schuldner/Verkäufer – trotz Setzung einer angemessenen Nachfrist – nur unerheblich die Frist versäumt, die sich unter Einbeziehung der Nachfrist errechnet. Denn unter dieser Voraussetzung ist regelmäßig davon auszugehen, dass das Interesse des Gläubigers an der Lieferung nicht fortgefallen ist. Freilich entscheiden in diesem Zusammenhang stets die Umstände des Einzelfalls; generelle Aussagen verbieten sich. Dabei ist auch im Blick auf den Gesetzestext ent-

---

79. Palandt/Grüneberg, BGB, § 281 Rdnr. 10; MünchKomm/Ernst, BGB, § 281 Rdnr. 16 ff.
80. Palandt/Grüneberg, BGB, § 323 Rdnr. 14.
81. Palandt/Grüneberg, BGB, § 323 Rdnr. 14.
82. Erman/Westermann, BGB, § 323 Rdnr. 15.
83. Palandt/Grüneberg, BGB, § 281 Rdnr. 14; Dedek, in: Henssler/Graf von Westphalen, Praxis der Schuldrechtsreform, § 281 Rdnr. 30 ff.
84. Palandt/Heinrichs, 60. Aufl., BGB, § 326 Rdnr. 20 ff.
85. BGH NJW-RR 2010, 1289.

scheidend, dass die Fälle einer Schlechterfüllung – diese sind unmittelbar der Regelungstatbestand (vgl. auch § 281 Abs. 1 Satz 3 BGB) – nicht unterschiedlich gegenüber dem hier interessierenden Fall einer Nichterfüllung behandelt werden dürfen.[86]

dd) Regelmäßig erfolgt daher die Korrektur eines für den Schuldner/Verkäufer unangemessenen Ergebnisses – Forderung des Schadensersatzes statt der Leistung – auf der Ebene der **Angemessenheitskontrolle** im Hinblick auf die gemäß § 281 Abs. 1 Satz 1 BGB zu setzende Frist. Erfüllt der Verkäufer innerhalb der gesetzten – angemessenen – Frist, indem er die geschuldeten Leistungshandlungen bewirkt, dann hat die Fristsetzung ihre Funktion erfüllt. Dabei kommt es natürlich darauf an, dass die Leistung an dem jeweils vereinbarten **Erfüllungsort** erbracht wird.

ee) Zu bedenken ist des Weiteren, dass gemäß § 281 Abs. 4 BGB der Anspruch auf die Leistung immer dann **ausgeschlossen** ist, sobald der Gläubiger statt der Leistung Schadensersatz verlangt hat. Maßgebend ist also die **Erklärung** des Gläubigers,[87] nunmehr nach Ablauf der angemessenen Nachfrist nicht mehr Leistung, sondern Schadensersatz statt der Leistung zu verlangen, was aus § 281 Abs. 4 BGB folgt.[88]

k) Der Gesetzgeber hat in § 323 Abs. 1 BGB eine Vorschrift – bezogen auf das dem Gläubiger zustehende **Rücktrittsrecht** – verankert, die in ihren Voraussetzungen den Tatbestand von § 281 BGB nachgebildet ist. Dies bedeutet in der Sache: Wenn der Gläubiger den Schuldner/Verkäufer, nachdem dieser bereits in Verzug geraten ist, eine den Umständen nach angemessene Frist gesetzt hat, dann kann der Gläubiger nach Fristablauf vom Vertrag zurücktreten. Gemäß § 323 Abs. 2 BGB ist eine Fristsetzung immer dann entbehrlich, wenn der Schuldner/Verkäufer die Leistung ernsthaft und endgültig verweigert.[89] Des Weiteren ist eine Fristsetzung immer dann nach § 323 Abs. 2 Nr. 2 BGB entbehrlich, wenn ein **Fixgeschäft** zwischen den Parteien vereinbart ist (S. 118).

l) Aus § 325 BGB folgt – im Gegensatz zur bisherigen Rechtslage –, dass der Gläubiger immer berechtigt ist, den Anspruch auf Schadensersatz statt der Leistung **neben** dem **Rücktrittsrecht** geltend zu machen.

---

86. Palandt/Grüneberg, BGB, § 323 Rdnr. 32; a. M. MünchKomm/Ernst, BGB, § 323 Rdnr. 240.
87. Erman/Westermann, BGB, § 281 Rdnr. 23.
88. Dedek, in: Henssler/Graf von Westphalen, Praxis der Schuldrechtsreform, § 281 Rdnr. 25; MünchKomm/Ernst, BGB, § 281 Rdnr. 92 ff.
89. MünchKomm/Ernst, BGB, § 323 Rdnr. 46 ff., Erman/Westermann, BGB, § 323 Rdnr. 17.

3. Lieferverzug – Voraussetzungen – Folgen

aa) Das Rücktrittsrecht ist ein **Gestaltungsrecht**; es handelt sich um eine vom Gläubiger/Käufer herrührende Erklärung, welche dem Schuldner auch nach § 130 BGB zugehen muss. Die Einzelheiten ergeben sich aus § 349 BGB; sie ist bedingungsfeindlich, aber formfrei.[90] Von erheblicher praktischer Bedeutung ist, dass das einmal als Gestaltungsrecht ausgeübte Rücktrittsrecht grundsätzlich unwiderruflich ist.[91] Doch ist im Blick auf § 325 BGB eine wichtige Ausnahme gestattet. Denn nach dieser Bestimmung ist der Rücktritt mit dem Anspruch auf Geltendmachung eines Anspruchs auf Schadensersatz vereinbar; beide Rechtsbehelfe bestehen nebeneinander. Das gilt sowohl für die Geltendmachung des Verspätungsschadens im Sinn des § 280 Abs. 2 BGB als auch in Bezug auf den Schadensersatz statt der Leistung nach § 281 BGB.

bb) Auf den wirksam erklärten Rücktritt finden die Regeln der §§ 346 ff. BGB Anwendung. Das führt dazu, dass die beiderseits gewährten Leistungen einander **zurückzugewähren** sind.

aa) Des weiteren steht ihm – abhängig von seiner Interessenlage und dem danach gewählten Rücktrittsrecht – entweder der „große" oder der „kleine" Schadensersatzanspruch – zur Seite.[92] Dies bedeutet: Wenn der Schuldner/Verkäufer noch nicht geliefert hat, dann bleibt dem Gläubiger lediglich die Möglichkeit, den „großen" Schadensersatz zu reklamieren, indem er statt der Leistung Schadensersatz verlangt. Der Umfang des Schadensersatzanspruches bestimmt sich nach den §§ 249 ff. BGB; der Ersatz des entgangenen Gewinns gemäß § 252 BGB ist eingeschlossen.

bb) Wenn jedoch der Schuldner/Verkäufer bereits eine **Teillieferung** bewirkt hat,[93] dann hat der Gläubiger das Wahlrecht, ob er diese Teilleistung behält und damit den sog. „kleinen" Schadensersatzanspruch – in Form eines Differenzschadens – reklamiert. Dies ist insoweit in der Praxis von Erheblichkeit, als der Gesetzgeber in § 281 Abs. 1 Satz 2 BGB bestimmt hat: Wenn und soweit der Schuldner/Verkäufer eine Teilleistung bewirkt hat, dann kann der Gläubiger Schadensersatz statt der ganzen Leistung nur dann verlangen, wenn er an der Teilleistung kein Interesse hat.[94] Dies gilt allerdings dann nicht, wenn der Gläubiger die ihm angebotene Teil-

---

90. MünchKomm/Masuch, BGB, § 349 Rdnr. 2.
91. Palandt/Grüneberg, BGB, § 349 Rdnr. 2.
92. Hierzu Erman/Westermann, BGB, § 281 Rdnr. 35 ff.; Palandt/Grüneberg, BGB, § 281 Rdnr. 45.
93. Vgl. Palandt/Grüneberg, BGB, § 281 Rdnr. 36 ff.
94. Vgl. Dedek, in: Henssler/Graf von Westphalen, Praxis der Schuldrechtsreform, § 281 Rdnr. 29; strittig vgl. Canaris, DB 2001, 1815, 1866; Dauner-Lieb, AnwaltKomm., § 281 Rdnr. 15 – trotz Teilleistung nicht erfüllt; vgl. auch Altmeppen, DB 2001, 1821, 1822; MünchKomm/Ernst, BGB, § 323 Rdnr. 197 ff.

leistung in berechtigter Weise nach § 266 BGB zurückgewiesen hat, weil er dann in der Lage ist, wegen der Nichterfüllung Schadensersatz statt der Leistung für die gesamte Verbindlichkeit, d.h. den „großen Schadensersatz" zu fordern.[95]

4. Annahmeverzug des Gläubigers

Wie bereits kurz angedeutet, ist der Schuldnerverzug vom Annahmeverzug des Gläubigers zu unterscheiden. Annahmeverzug im Sinn der §§ 293 ff. BGB liegt dann vor, wenn die Erfüllung des Schuldverhältnisses dadurch verzögert wird, dass der Gläubiger die seinerseits erforderliche Mitwirkung, insbesondere die Annahme der Leistung unterlässt.[96] Dabei gehen die §§ 293 ff. BGB davon aus, dass der Gläubiger zur Annahme der Leistung nur berechtigt, nicht aber auch verpflichtet ist.[97] Deshalb ist der Gläubigerverzug – regelmäßig – nicht Verletzung einer Rechtspflicht, sondern lediglich Verstoß gegen eine Obliegenheit, die im eigenen Interesse des Gläubigers besteht.

a) **Unmöglichkeit** oder **Unvermögen** des Schuldners zur Leistung schließen zwangsläufig den Annahmeverzug des Gläubigers aus.[98] Die Abgrenzung, ob im Einzelfall vom Schuldner zu vertretende Unmöglichkeit/Unvermögen oder Annahmeverzug des Gläubigers vorliegt, kann Schwierigkeiten bereiten. Ob das eine oder das andere vorliegt, entscheidet sich grundsätzlich danach, ob die Leistung noch erbracht werden kann oder nicht. Der Tatbestand der Unmöglichkeit liegt jedoch nur bei allen dauernden Leistungshindernissen vor.[99] Daraus folgt: Annahmeverzug liegt vor, wenn der Gläubiger die ihm angebotene Leistung nicht annehmen will oder wenn ein sonstiges – vorübergehendes – Annahme- oder Mitwirkungshindernis auf Seiten des Gläubigers besteht.[100]

b) Die **Voraussetzungen** des Annahmeverzugs ergeben sich aus den §§ 293–299 BGB. Grundsätzlich bestimmt § 294 BGB, dass die Leistung dem Gläubiger tatsächlich so angeboten werden muss, wie sie zu bewirken ist. Der Gläubiger muss also nichts weiter tun als zugreifen und die Leistung annehmen; weitere Handlungen sind weder gefordert noch geboten.[101] Gemäß § 295 BGB reicht – ausnahmsweise – ein wörtliches Angebot des leistungsbereiten Schuld-

---

95. Palandt/Grüneberg, BGB, § 281 Rdnr. 46.
96. Palandt/Grüneberg, BGB, § 293 Rdnr. 1.
97. BGH BB 1988, 1418.
98. BGHZ 24, 91, 96.
99. MünchKomm/Ernst, BGB, § 293 Rdnr. 7 ff.
100. MünchKomm/Ernst, BGB, § 293 Rdnr. 12 ff.
101. Palandt/Grüneberg, BGB, § 294 Rdnr. 2.

ners aus, wenn der Gläubiger ihm bereits erklärt hat, dass er die Leistung nicht annehmen werde. Gleiches gilt dann, wenn Mitwirkungshandlungen des Gläubigers erforderlich sind, wie zum Beispiel bei der Abholung von Holschulden im Sinn von § 269 BGB. In diesem Zusammenhang ist insbesondere beim Kaufvertrag die Annahme der Sache gemäß § 433 Abs. 2 BGB und beim Werkvertrag die Abnahme des Werks gemäß § 640 Abs. 1 BGB zu erwähnen.

c) Wenn und soweit Mitwirkungshandlungen des Gläubigers zur Erfüllung des Schuldverhältnisses erforderlich sind, kann der Gläubiger durch Unterlassung dieser Leistungen gleichzeitig in **Annahme- und Schuldnerverzug** geraten. Soweit dies – etwa wegen Nichtabnahme der Kaufsache gemäß § 433 Abs. 2 BGB – der Fall ist, richtet sich die Schadensersatzhaftung unmittelbar nach den Regeln des Schuldnerverzugs.

d) Soweit der Gläubiger sowohl im Annahme- als auch im Schuldnerverzug – wegen einer von ihm schuldhaft verletzten Mitwirkungspflicht – sich befindet, gelten die allgemeinen Darlegungen für den Schuldnerverzug gemäß §§ 286 ff. BGB (S. 113 ff.).

aa) Wenn aber der Gläubiger lediglich in Annahmeverzug ist, so ist die rechtliche Folge: Gemäß § 304 BGB ist der Verkäufer berechtigt, Ersatz der **Mehraufwendungen** zu verlangen, die er für das erfolglose Angebot sowie für die Aufbewahrung und Erhaltung des geschuldeten Gegenstandes machen musste. Der Ersatzanspruch des Verkäufers beschränkt sich in diesen Fällen auf die objektiv erforderlichen Mehraufwendungen.[102] Insbesondere Lagerkosten und die Zahlung entsprechender Versicherungsprämien zählen zu den von § 304 BGB erfassten Mehraufwendungen.[103] Ein Entgelt für den Einsatz der eigenen Arbeitskraft steht dem Verkäufer jedoch nur dann zu, wenn die Leistung – also: Aufbewahrung und Erhaltung des geschuldeten Kaufgegenstandes – in seinen gewerblichen oder beruflichen Tätigkeitskreis fallen.[104] Dies wird man im Zweifel bei Kaufverträgen bejahen müssen, die ein Verkäufer im Rahmen seines Gewerbes abschließt.

bb) Aus § 300 BGB ergibt sich des Weiteren, dass im Annahmeverzug des Kunden der Verkäufer auf Grund einer **Haftungsminderung** nur Vorsatz und grobe Fahrlässigkeit zu vertreten hat. Aus § 300 Abs. 2 BGB folgt auch, dass die Leistungsgefahr – als Konsequenz des Annahmeverzugs des Kunden – auf den Gläubiger übergeht, sofern nur eine der Gattung nach bestimmte Sache geschuldet

---

102. Staudinger/Löwisch, BGB, § 304 Rdnr. 2.
103. Palandt/Grüneberg, BGB, § 304 Rdnr. 2.
104. Palandt/Grüneberg a. a. O.

wird. Voraussetzung ist aber insoweit, dass der Schuldner die für die Erfüllung bestimmten Sachen ausgesondert hat.[105]

e) **Das Formular** – vgl. Abs. 3 – geht davon aus, dass im Fall des Annahmeverzugs des Käufers die Mehraufwendungen gemäß § 304 BGB zu ersetzen sind. Von einer **Pauschalierung dieser Mehraufwendungen,** für die der Verbotstatbestand von § 309 Nr. 5 a BGB – sowohl im Verkehr gegenüber dem Verbraucher als auch im unternehmerischen Bereich nach § 307 Abs. 2 Nr. 1 BGB – gilt, ist jedoch bewusst Abstand genommen worden, weil es erfahrungsgemäß kaum möglich ist, sachgerechte Pauschalierungen vorzunehmen,[106] sofern die Produktpalette des Verkäufers ein gewisses Spektrum umfasst. Denn es ist ja stets eine generell-abstrakte Auslegung und eine daran anknüpfende richterliche Inhaltskontrolle nach § 307 Abs. 2 Nr. 1 BGB vorzunehmen.[107] Beispiel: Die Lagergebühren sind nämlich in hohem Maße davon abhängig, ob sie wirklich als Mehraufwendungen berechtigterweise gefordert werden können oder ob es sich um typische Sowieso-Kosten handelt, weil eben der Verkäufer Lagerräume ohnedies zur Verfügung hält. Die gleiche Erwägung gilt in der Sache für die Forderung nach Versicherungsprämien für die eingelagerten Güter.[108]

Soweit – in Abweichung von § 300 Abs. 2 BGB – auch ein Gefahrenübergang wegen des Annahmeverzugs des Gläubigers für die Fälle gefordert wird, dass es sich nicht um eine Gattungsschuld, sondern um eine Stückschuld handelt, ist eine solche Klauselgestaltung mit § 307 Abs. 2 Nr. 1 BGB vereinbar.

f) In dem **Formular** wurde auch bewusst darauf verzichtet, eine Schadenspauschalierung für den Fall vorzusehen, dass der Gläubiger seine Abnahmeverpflichtung überhaupt nicht erfüllt, so dass der Verkäufer berechtigt ist, gemäß § 281 BGB Schadensersatz statt der Leistung zu verlangen. Diese Fallkonstellation kommt im kaufmännischen Bereich nicht so häufig vor, dass eine entsprechende AGB-Klausel geboten erscheinen könnte. Im Verkehr mit dem Verbraucher mögen die Dinge anders liegen, wobei selbstverständlich branchenspezifische Besonderheiten in Betracht zu ziehen sind.

---

105. BGH WM 1975, 920.
106. AGB-Klauselwerke/Graf von Westphalen – Annahmeverzug Rdnr. 7 ff.
107. Statt aller Palandt/Grüneberg, BGB, § 307 Rdnr. 4.
108. AGB-Klauselwerke/Graf von Westphalen – Annahmeverzug Rdnr. 8 ff.

5. Mitwirkungspflichten – Schuldnerverzug

Soweit Annahmeverzug des Gläubigers – bezogen auf die Abnahmeverpflichtung gemäß §§ 433 Abs. 2, 640 Abs. 1 BGB – vorliegt, ist gleichzeitig der Tatbestand des Schuldnerverzugs deswegen erfüllt, weil dann der Gläubiger eine ihm obliegende Mitwirkungspflicht verletzt. Wie dargelegt, folgt in diesen Fällen die Schadensersatzsanktion aus § 280 Abs. 2 BGB. Notwendigerweise besteht deshalb ein Bedürfnis des AGB-Verwenders/Verkäufers, in den Verkaufs-AGB eine ausreichende Regelung auch für diese Fälle vorzusehen. Hierfür bietet sich mitunter die Vereinbarung einer Schadenspauschale an, für die jedoch gemäß § 307 Abs. 2 Nr. 1 BGB folgende Kriterien gelten:

a) Es entspricht allgemeiner Auffassung, dass der Verbotstatbestand von § 309 Nr. 5a BGB auch im Verkehr gegenüber Unternehmern gemäß § 307 Abs. 2 Nr. 1 BGB gilt.[109] Würde man anders entscheiden, wäre auch ein Verstoß gegen das schadensersatzrechtliche Bereicherungsverbot nicht zu vermeiden. Mehr noch: Die jeder Inhaltskontrolle nach § 307 Abs. 2 Nr. 1 BGB zugrunde liegende generell-abstrakte Bewertung einer Klausel darf nicht an der Tatsache vorbeisehen, dass die vereinbarte Pauschale immer dem gewöhnlichen Lauf der Dinge entsprechen muss. Ausgangspunkt für alle Schadenspauschalen ist also der typische Schaden, der – nach der Schätzung eines redlichen Beobachters – normalerweise „nach dem gewöhnlichen Lauf der Dinge" zu erwarten ist.[110]

b) Da jede Verzugspauschale – als Folge des Annahme- und Schuldnerverzugs des Kunden – unmittelbar an § 280 Abs. 2 BGB ausgerichtet sein muss, ist bei der Gestaltung unbedingt zu berücksichtigen, dass § 280 Abs. 2 BGB nur den eingetretenen Verzögerungsschaden erfasst, also zum Beispiel: Lagerkosten, Versicherungskosten, Bearbeitungskosten etc. Schadensersatzrechtlich ist hier jedoch strikt zwischen den Gemeinkosten („Sowieso-Kosten") und den durch den Verzug verursachten Kosten zu differenzieren, weil nur Letztere Gegenstand eines Schadensersatzanspruchs gemäß § 280 Abs. 2 BGB sind. Sofern verlässliche – branchenspezifische – Erhebungen fehlen, welche hier über adäquate Schadenspauschalen Aufschluss geben, sollte vorsorglich überhaupt keine Schadenspauschale für Fälle des Annahme- und Schuldnerverzugs des Kunden in den Verkaufs-AGB verankert werden oder doch nur eine sehr mo-

---

109. BGH NJW 1984, 2941; OLG Karlsruhe NJW-RR 1988, 371; Palandt/Grüneberg, BGB, § 309 Rdnr. 32; Erman/Roloff, BGB, § 309 Rdnr. 51.
110. BGH WM 1977, 55, 56; OLG Stuttgart, BB 1979, 908.

derate. Denn es ist im Rahmen von § 309 Nr. 5 a BGB – gleiches gilt für § 307 Abs. 2 Nr. 1 BGB – zu berücksichtigen, dass der Verkäufer/AGB-Verwender verpflichtet ist, den **Nachweis** zu führen, dass die von ihm festgelegte Schadenspauschale dem typischen Schadensumfang entspricht.[111] Kostenspezifisch muss also der Verkäufer/AGB-Verwender nachweisen, dass infolge des Annahme- und Schuldnerverzuges des Kunden Einzelkosten angefallen sind, die unter Berücksichtigung der in Ansatz gebrachten Schadenspauschale auf Faktoren beruhen, die üblicherweise als Schaden entstehen.[112]

c) Zusätzlich wird man Wert darauf legen müssen, dass zugunsten des Kunden der Nachweis im Sinn von § 309 Nr. 5 b BGB jedenfalls nicht verschlossen, sondern auf Grund des Inhalts der betreffenden Klausel eröffnet bleibt,[113] dass nämlich – im Einzelfall – die geltend gemachte Pauschale übersetzt, d. h. der konkret entstandene Schaden wesentlich niedriger ist.[114] Dieser Nachweis darf auch nicht konkludent ausgeschlossen werden.[115] In diesem Fall liegt auch im **unternehmerischen Verkehr** sonst ein Verstoß gegen § 307 Abs. 2 Nr. 1 BGB vor.

d) Unter Berücksichtigung der dargestellten Kriterien geht das **Formular** auch hier davon aus, dass zweckmäßigerweise gar keine Schadenspauschale vereinbart wird, weil entsprechende pauschale Nachweise nicht durchgängig erbracht werden können.

6. Vorlieferant – Erfüllungsgehilfe – Vertretenmüssen

a) Aus § 278 BGB folgt, dass der Schuldner für ein etwaiges Verschulden seiner gesetzlichen Vertreter oder seiner Erfüllungsgehilfen strikt einstandspflichtig ist. In der Praxis spielt die zutreffende Einordnung des Begriffs „Erfüllungsgehilfe" gemäß § 278 BGB eine wesentliche Rolle, wenn es darum geht, dass der Verkäufer die geschuldete Lieferung deswegen verspätet erbringt, weil der Vorlieferant ihn im Stich läßt.

---

111. Palandt/Grüneberg, BGB, § 309 Rdnr. 29; MünchKomm/Kieninger, BGB, § 309 Nr. 5 Rdnr. 15.
112. So im Ergebnis BGHZ 67, 312, 320.
113. BGH NJW 1994, 1060, 1068; Palandt/Grüneberg, BGB, § 309 Rdnr. 32.
114. BGH NJW 1994, 1060, 1067; Löwe/Graf von Westphalen/Trinkner, Großkommentar, Bd. II § 11 Nr. 5 Rdnr. 43; Palandt/Grüneberg, § 309 Rdnr. 32; Graf von Westphalen, in: Henssler/Graf von Westphalen, Praxis der Schuldrechtsreform, § 309 Rdnr. 15; a. M. Ulmer/Brandner/Hensen, AGB-Recht, § 309 Nr. 5 Rdnr. 20.
115. BGH a. a. O.; BGH NJW-RR 2003, 1056, 1059; weitergehend Graf von Westphalen, NJW 2002, 12, 20.

6. Vorlieferant – Vertretenmüssen

aa) **Erfüllungsgehilfe** ist danach jede Person, die nach den tatsächlichen Gegebenheiten des Falles mit **Wissen und Wollen des Schuldners** bei der Erfüllung einer diesem obliegenden Verbindlichkeiten tätig wird.[116] Unerheblich ist in diesem Zusammenhang, ob es sich um einen unselbständigen Erfüllungsgehilfen handelt, der den Weisungen des Schuldners unterworfen ist, oder ob der mit Wissen und Wollen des Schuldners eingeschaltete Dritte ein selbständiger Erfüllungsgehilfe ist.[117] Die Art der zwischen dem Schuldner und der von ihm eingeschalteten Hilfsperson bestehenden rechtlichen Beziehungen ist gleichgültig.[118] Auch die Hilfspersonen des Erfüllungsgehilfen werden von § 278 BGB erfasst, sofern diese nur mit Wissen und Wollen des Schuldners tätig werden.[119] Gleichgültig ist dabei auch, ob der Schuldner zu einer Kontrolle und Überwachung der von ihm eingeschalteten Erfüllungsgehilfen überhaupt in der Lage ist.[120]

bb) Notwendigerweise muss der Erfüllungsgehilfe in Erfüllung einer **Verbindlichkeit des Schuldners** tätig werden. Dies bedeutet: Die von dem Erfüllungsgehilfen verrichtete Tätigkeit muss im Bereich des vom Schuldner geschuldeten Verhaltens liegen.[121] Keine Erfüllungsgehilfenschaft im Sinn von § 278 BGB liegt deshalb vor, wenn der eingeschaltete Dritte eine eigene Verbindlichkeit erfüllt, ohne im Rahmen einer gegenüber dem Schuldner/Verkäufer bestehenden Verbindlichkeit tätig zu werden. Kein Erfüllungsgehilfe ist deshalb auch der **Substitut** gemäß § 664 Abs. 1 Satz 2 BGB.[122]

cc) Beim **Kaufvertrag** ist der Hersteller/Verkäufer des Produkts im Verhältnis zum Käufer nicht Erfüllungsgehilfe des Verkäufers, da sich dessen Pflichten nicht auf die Herstellung der Kaufsache beziehen.[123] Denn die Pflicht der Herstellung der verkauften Sache wird nicht im Rahmen des Kaufvertrages nach § 433 Abs. 1 BGB geschuldet, weil diese Pflichten sich nur auf die Besitz- und Eigentumsverschaffung erstrecken.[124] Dies gilt auch bei der Einschaltung eines Großhändlers. Entsprechendes gilt bei einem nunmehr dem Kaufrecht unterworfenen – ehemaligen – Werklieferungsvertrag

---

116. BGHZ 13, 111, 113; BGHZ 50, 32, 35; BGH NJW 1974, 692; BGH WM 1978, 1411; RGRK-BGB/Alff, § 278 Rdnrn. 11 ff.
117. BGHZ 62, 119, 124.
118. Palandt/Heinrichs, BGB, § 278 Rdnr. 7.
119. BGH VersR 1978, 39.
120. BGHZ 62, 119, 124.
121. Palandt/Grüneberg, BGB, § 278 Rdnr. 12; MünchKomm/Grundmann, BGB, § 278 Rdnr. 31.
122. Hierzu auch MünchKomm/Grundmann, BGB, § 278 Rdnr. 27.
123. BGH NJW 2008, 2837, 2840; BGH NJW 1968, 2238.
124. Kritisch MünchKomm/Grundmann, BGB, § 278 Rdnr. 31.

gemäß § 651 BGB, sofern eine vertretbare Sache geschuldet wird.[125] Ist aber der Verkäufer selbst Hersteller der Sache oder tritt er – nach außen erkennbar – als solcher auf, muss er sich notwendigerweise auch das Verschulden seiner Hilfspersonen gemäß § 278 BGB anrechnen lassen.[126] Liegt hingegen ein **Werkvertrag** im Sinn der §§ 631 ff. BGB vor, so ist der Subunternehmer notwendigerweise Erfüllungsgehilfe des Unternehmers im Sinn von § 278 BGB, weil und soweit der Unternehmer – mit Hilfe des Subunternehmers – das geschuldete Werk erstellt. Beim **Versendungskauf** folgt aus § 447 BGB, dass die zur Beförderung eingeschalteten Hilfspersonen keine Erfüllungsgehilfen des Verkäufers sind.[127] Etwas anderes gilt freilich dann, wenn der Verkäufer die Auslieferung der Sache mit eigenen Leuten übernimmt.[128]

b) Dieses Pflichtenkonzept ist jedoch auch im Bereich des Kaufvertrages nicht deckungsgleich mit den hier interessierenden Fällen, dass es sich nämlich um den Tatbestand des **Verzugs** handelt. Denn in diesen Fällen bedient sich der Verkäufer sehr wohl der Dienste des VorVerkäuferen, so dass es nicht angeht, hier die gleiche Ausnahme anzunehmen. Vielmehr haftet der Verkäufer für den vom Vorlieferanten als dem Erfüllungsgehilfen verursachten Verspätungsschaden im Sinn des § 280 Abs. 2 BGB.[129] Mithin kommt in diesen Fällen alles entscheidend darauf an, ob es dem Verkäufer gelingt, den Nachweis fehlenden Verschuldens im Sinn des § 280 Abs. 1 Satz 2 BGB zu führen.

aa) Die klassische Möglichkeit, sich als Verkäufer gegenüber diesem Risiko abzusichern, besteht darin eine „**Selbstbelieferungsklausel**" zu vereinbaren. Die den Verkäufer entlastende Version dieses Vorbehalts setzt voraus, dass er ein kongruentes Deckungsgeschäft mit gleichwertigen Sicherheiten (entsprechend den selbst mit dem Käufer vereinbarten) vorsieht und dass er dann von einem als zuverlässig eingeschätzten Vorlieferanten wider Erwarten im Stich gelassen und nicht oder nicht rechtzeitig selbst beliefert wird.[130] Die wirksame Vereinbarung des Vorbehalts der „richtigen und rechtzeitigen Selbstbelieferung" führt dazu, dass dem Verkäufer das Recht zusteht, sich einseitig vom Vertrag zu lösen, wenn und soweit er von seinem Vorlieferanten nicht oder nicht rechtzeitig beliefert wird.[131]

---

125. Palandt/Grüneberg, BGB, § 278 Rdnr. 13; BGH LM Nr. 13 zu § 463 BGB.
126. Palandt/Grüneberg, BGB, § 278 Rdnr. 13.
127. BGHZ 50, 32, 35.
128. MünchKomm/Grundmann, BGB, § 278 Rdnr. 31.
129. Palandt/Grüneberg, BGB, § 278 Rdnr. 13.
130. Vgl. BGH NJW 1995, 1959, 1960; Palandt/Weidenkaff, BGB, § 433 Rdnr. 20; MünchKomm/Gaier, BGB, § 346 Rdnr. 7.
131. BGH NJW 1995, 1959, 1960.

6. Vorlieferant – Vertretenmüssen

bb) Die Vereinbarung eines solchen Vorbehalts in den Verkaufs-AGB ist jedenfalls dann nicht wirksam, wenn diesen Einkaufs-AGB entgegenstehen, weil dann im Zweifel wegen des Dissenses dispositives Recht eingreift (S. 34 ff.). Denn es ist kaum zu erwarten, dass in Einkaufs-AGB ein entsprechender Vorbehalt zugunsten des Verkäufers vorgesehen ist, weil ja diese Klausel allein den Verkäufer begünstigt. Daher ist zu empfehlen, dass der Verkäufer eine **individualvertragliche Abrede** auf der Vorderseite seiner Auftragsbestätigung verankert, um das Risiko einer nicht rechtzeitigen Selbstbelieferung auf den Käufer zu verlagern.

cc) Fehlt es hingegen an einer solchen Abrede, dann wird man davon ausgehen müssen, dass der allgemeine Standard des § 276 Abs. 1 BGB eingreift. So gesehen wird sich der Verkäufer in zumutbarer Weise darum bemühen müssen, dass er rechtzeitig von seinem Vorlieferanten beliefert wird.[132] Welche Pflichten insoweit zu erfüllen sind, lässt sich nicht abschließend sagen. Doch wird man Wert auf die Feststellung legen müssen, dass es sich bei dem betreffenden Vorlieferanten um einen als zuverlässig einzuschätzenden Vertragspartner des Verkäufers handeln muss. Auch wird man darauf abstellen müssen, ob denn der Verkäufer seinerseits alles Erforderliche getan hat, um sich rechtzeitig bei seinem Vorlieferanten einzudecken. Im Hinblick auf die **Darlegungs- und Beweislast** bleibt es hier bei der generellen Regel des § 280 Abs. 1 Satz 2 BGB. Es ist also Sache des Käufers den Nachweis zu führen, dass der Verkäufer seine diesbezüglichen Pflichten – objektiv gewertet – verletzt hat, so dass es dann Sache des Verkäufers ist, den Nachweis fehlenden Verschuldens zu führen.[133]

c) Sollte der Verkäufer in seinen AGB die Haftung für den Vorlieferanten im Fall des Verzugs abbedingen, dann dürfte dies grundsätzlich an § 307 Abs. 2 Nr. 1 BGB scheitern. Denn die rechtzeitige Erfüllung der aus dem Kaufvertrag resultierenden Lieferpflichten ist allemal als **wesentliche Vertragspflicht** einzuordnen, so dass eine Haftungsfreizeichnung auch im Rahmen einfacher Fahrlässigkeit scheitert.[134] Diese Einordnung gilt unabhängig davon, ob es sich um eine Klausel im unternehmerischen Verkehr oder um eine solche handelt, die gegenüber einem Verbraucher verwendet worden ist. Denn diese typologische Qualifikation vollzieht auf Grund des im Kaufvertrag verankerten Äquivalenzprinzips. Daraus folgt auch: Soweit in den Verkaufs-AGB bestimmt wäre, das der Vorlieferant nicht Erfüllungsgehilfe des Verkäufers ist, mag man diese Klausel –

---

132. Palandt/Weidenkaff, BGB, § 433 Rdnr. 20.
133. Hierzu auch MünchKomm/Ernst, BGB, § 280 Rdnr. 30 ff.
134. BGH NJW 2001, 292, 295.

bezogen und begrenzt auf den Fall des Lieferverzugs – als wirksam nach § 307 Abs. 2 Nr. 1 BGB einordnen, weil sie ja insoweit nur die Rechtslage deklaratorisch widerspiegelt (§ 307 Abs. 3 BGB).

7. Fixgeschäft – Interessenfortfall

a) Notwendigerweise muss die Klauselgestaltung stets berücksichtigen, dass zwischen den Parteien ein Fixgeschäft im Sinn des § 376 HGB vereinbart sein kann.[135] Ist nämlich die Fristbestimmung für die vom Verkäufer zu erbringende Leistung derart wesentlich, dass das gesamte Geschäft mit der rechtzeitigen Lieferung steht und fällt,[136] so ist der Kunde – nach Verstreichen der fixierten Frist – berechtigt, vom Vertrag zurückzutreten; Schadensersatz statt der Leistung kann der Kunde gemäß § 376 HGB nur dann verlangen, wenn Schuldnerverzug und damit Vertretenmüssen im Sinn von § 285 BGB vorlag. Gemäß § 376 Abs. 1 Satz 2 HGB ist der **Erfüllungsanspruch** jedoch nur dann gegeben, wenn der Kunde dem Verkäufer – sofort nach Fristüberschreitung – mitteilt, dass er auf Erfüllung besteht. Dies kann auch dadurch geschehen, dass er dem Verkäufer eine Nachfrist einräumt. In diesen Fällen scheitert eine Freizeichnung oder Haftungsbegrenzung des Verkäuferen/AGB-Verwenders daran, dass die rechtzeitige Erfüllung eines Fixgeschäfts stets als wesentliche Pflicht im Sinn von § 307 Abs. 2 Nr. 2 BGB einzuordnen ist, sofern nicht das Vorrangprinzip von § 305b BGB unmittelbar zum Zuge kommt.[137] Die Haftungsbegrenzung kann freilich auf den vertragstypischen, vorhersehbaren Schaden bezogen werden.[138]

b) Nichts anderes gilt, sofern als Folge des Verzugs **Interessenfortfall** nach § 286 Abs. 2 Nr. 4 BGB oder nach § 323 Abs. 2 BGB bzw. nach § 281 Abs. 2 BGB eintritt. Auch in diesen Fällen ist eine Haftungsbegrenzung als Verkäufer/AGB-Verwendens gemäß § 307 Abs. 2 Nr. 1 BGB unwirksam, weil die Pflichtverletzung das Äquivalenzverhältnis grundlegend zerstört hat. Eine Haftungsbegrenzung auf den Ersatz des vertragstypischen, steuerbaren Schaden bleibt freilich möglich.[139]

c) Liegen die dargestellten Voraussetzungen eines Fixgeschäfts im Sinn von § 376 HGB oder auch von § 323 Abs. 2 Nr. 2 BGB vor,

---

135. AGB-Klauselwerke/Graf von Westphalen – Freizeichnungsklauseln Rdnr. 71 ff.
136. Baumbach/Hopt, HGB, § 376 Rdnr. 2; BGH NJW 1967, 414; BGH NJW-RR 1989, 1373.
137. AGB-Klauselwerke/Graf von Westphalen – Freizeichnungsklauseln Rdnr. 76.
138. BGH ZIP 1993, 46; BGH BB 1996, 654, 656.
139. BGH ZIP 1993, 46.

8. Schadensersatz des Verkäufers

dann ist es dem Verkäufer als AGB-Verwender nicht gestattet, die einschlägigen Tatbestandsvoraussetzungen oder deren Rechtsfolgen einseitig zu seinen Gunsten abzuändern. Tut er dies gleichwohl, indem er in den AGB das Fixgeschäft zu einem „normalen" **Liefergeschäft** degradiert und auch das Erfordernis einer Mahnung oder einer angemessenen Fristsetzung einfordert, um weitere Ansprüche – Schadensersatz oder Rücktritt – gegen sich gelten zu lassen, dann verstößt dies gegen § 307 Abs. 2 Nr. 1 BGB. Dies hängt auch damit zusammen, dass die Voraussetzungen eines Fixgeschäfts stets einer **individualvertraglichen Absicherung** bedürfen, dann liegt im Zweifel auch ein Verstoß gegen das Vorrangprinzip des Individualvertrages nach § 305 b BGB vor. Eine Bestätigung dieser Aussage findet sich auch darin, dass die Norm des § 309 Nr. 8 a BGB im unternehmerischen Bereich nicht wirksam abbedungen werden darf, so dass der Rücktritt allemal AGB-fest ist.[140]

8. Schadensersatz des Verkäufers

a) Soweit der Verkäufer in Lieferverzug gerät, ergibt sich aus § 280 Abs. 2 BGB, dass der Käufer dann berechtigt ist, den Verspätungsschaden, also: den **Schaden** ersetzt zu verlangen, der auf Grund der vom Verkäufer zu vertretenden Pflichtverletzung bei ihm tatsächlich entstanden ist. Hat der Käufer jedoch dem Verkäufer, nachdem er bereits in Berzug geraten war, einen angemessene Frist gesetzt und ist auch diese ungenutzt verstrichen, dann stehen dem Käufer (vgl. § 325 BGB) sowohl das Recht auf **Rücktritt** zu als auch der Anspruch auf **Schadensersatz statt der Leistung** im Sinn des § 281 BGB. Maßstab des zu ersetzenden Schadens ist in beiden Fällen die Grundnorm der §§ 249 ff. BGB.

b) Daraus ergeben sich folgende Ableitungen für die dem Käufer zustehenden Ansprüche:

aa) Der Anspruch auf **Ersatz des Verspätungsschadens** steht dem Käufer nur zu, wenn in der Person des Verkäufers auch alle Tatbestandsvoraussetzungen des § 286 BGB erfüllt sind.[141] Dieser Anspruch ist zum einen dadurch charakterisiert, dass der Käufer berechtigt bleibt, trotz Eintritt des Verzugs und ungeachtet seines Rechts, den Verspätungsschaden nach § 280 Abs. 2 BGB zu reklamieren, Erfüllung des Kaufvertrages zu begehren. Denn es handelt sich bei diesem Schadensersatzanspruch um einen Anspruch, der

---

140. Vgl. statt aller Palandt/Grüneberg, BGB, § 309 Rdnr. 59; Christensen, in Ulmer/Brandner/Hensen, AGB-Recht, § 309 Nr. 8 Rdnr. 16.
141. Hierzu Palandt/Grüneberg, BGB, § 280 Rdnr. 13.

neben der Leistung besteht.[142] Zum anderen ist dieser Schadensersatzanspruch dadurch umschrieben, dass er regelmäßig darauf gerichtet ist, dass der Käufer berechtigt ist, den durch die Verspätung entstandenen Betriebsausfall, insbesondere auch einen **entgangenen Gewinn** einzufordern.[143] Auch Folgeschäden, wie etwa die Verpflichtung gegenüber dem Abnehmer eine Vertragsstrafe zu entrichten, fallen in diese Kategorie. Entscheidend ist nämlich, dass im Rahmen der allgemeinen schadensersatzrechtlichen **Differenztheorie** im Rahmen einer Naturalrestitution der Zustand im Vermögen des Käufers herzustellen ist, der bestanden hätte, wenn der Verzug nicht eingetreten wäre. Folglich sind die beiden Vermögenslagen des Käufers – vorher und nachher – miteinander zu vergleichen.[144]

bb) Grundsätzlich ist der eingetretene Verspätungsschaden **konkret** zu ermitteln. Anstelle dieser Berechnung kann der Käufer jedoch nicht nach § 280 Abs. 2 BGB den entstandenen Schaden in **abstrakter Weise** berechnen.[145] Denn diese Möglichkeit ist dem Schadensersatzanspruch statt der Leistung vorbehalten.[146] Dies hängt damit zusammen, dass bei einer solchen Berechnung – Deckungskauf – der Erfüllungsanspruch aus dem Kaufvertrag erlischt, weil sich der Käufer ja anderweitig eindeckt, um so das Entstehen eines weiteren Schadens abzuwenden.

cc) Die umfassende Ersatzpflicht nach § 280 Abs. 2 BGB wirft im Rahmen der Gestaltung der AGB zugunsten des Verkäufers immer wieder die Frage auf, ob er denn im Rahmen von § 307 Abs. 2 Nr. 1 BGB berechtigt ist, diese Bürde einer umfassenden Schadensersatzhaftung nach § 280 Abs. 2 BGB durch AGB abzumildern. Ob und in welchen (engen) Grenzen dies möglich ist, wird an anderer Stelle weiter unten erörtert (S. 186 ff.).

dd) Wenn aber der Käufer wegen Verzugs das Recht erlangt hat, den weitergehenden **Schadensersatzanspruch statt der Leistung** zu reklamieren, dann stellen sich folgende Fragen: Zunächst ist zu unterstreichen, dass es sich bei diesem Anspruch, der auf das positive Interesse gerichtet ist, um einen Anspruch wegen Nichterfüllung handelt.[147] Die Berechnung eines solchen Schadens ist auf verschiedene Weise möglich.

aaa) Hat der Käufer noch keine Zahlung geleistet, dann kann er seinen Anspruch nach der **Differenzmethode** berechnen. Denn der

---

142. Erman/Westermann, BGB, § 280 Rdnr. 33.
143. Hierzu auch Erman/Westermann, BGB, § 280 Rdnr. 35.
144. Vgl. Palandt/Grüneberg, BGB, § 249 Rdnr. 2 ff.
145. Hierzu Palandt/Grüneberg, BGB, § 281 Rdnr. 17.
146. Erman/Westermann, BGB, § 280 Rdnr. 34.
147. Palandt/Grüneberg, BGB, § 281 Rdnr. 17.

8. Schadensersatz des Verkäufers

Schaden besteht dann in dem Unterschied zwischen dem Zustand, wie er ohne die vom Verkäufer zu erbringende Leistung besteht vergleichen mit derjenigen, wie sie bei ordnungsgemäßer Erfüllung bestanden hätte.[148] Die Verpflichtung des Käufers, seine Gegenleistung zu erbringen, entfällt. Hat jedoch der Käufer bereits einen Teil des geschuldeten Kaufpreises – Anzahlung – geleistet, dann gilt nach der Rechtsprechung die **eingeschränkte Differenztheorie**. Sie läuft im praktischen Ergebnis darauf hinaus, dass die bewirkte Anzahlung des Käufers nur eine – zu saldierende – Schadensposition darstellt, weil ein reines Abrechnungsverhältnis entsteht.[149] Dieses tritt an die Stelle des ursprünglichen Synallagmas des Kaufvertrages.

bbb) Hat hingegen der Käufer – selten – die geschuldete **Geldleistung bereits erbracht**, dann kann er ebenfalls die Gegenleistung zurückverlangen und seinen Schaden im Wege der Differenzbetrachtung – per Saldo – liquidieren.[150] Doch kann er auch auf die Zurückforderung des Geldbetrages verzichten. Dann hat er einen geldwerten Anspruch darauf, dass er so zu stellen ist, wie wenn erfüllt worden wäre, so dass er den Wert der geschuldeten Leistung des Verkäufers, einschließlich der mittlerweile als Folge des Verzugs eingetretenen Folgeschäden fordern kann.[151]

ccc) Diese Möglichkeit hängt damit zusammen, dass der eingetretene **Verzögerungsschaden** nach § 280 Abs. 2 BGB sich fortentwickelt bis dass feststeht,[152] dass der Erfüllungsanspruch untergegangen ist.[153] Der maßgebende Zeitpunkt wird hier durch § 281 Abs. 4 BGB bezeichnet: Verlangt der Käufer berechtigterweise Schadensersatz statt der Leistung dann erlischt der Erfüllungsanspruch. Bis zu diesem Zeitpunkt kann also Käufer seinen Verzögerungsschaden – vor allem auch seinen Anspruch wegen entgangenen Gewinns – konkret berechnen. Auch alle sonstigen Aufwendungen und vermögensrechtlichen Belastungen fallen in diese Kategorie und sind zu ersetzen.[154]

ddd) Die konkrete Berechnung des Schadens statt der Leistung vollzieht sich in der Praxis im Fall des Lieferverzugs in der Regel dadurch, dass der Käufer – nach Setzung einer angemessenen Frist (sofern diese nicht entbehrlich ist) – zur Minimierung des eingetre-

---

148. Palandt/Grüneberg, BGB, § 281 Rdnr. 20; Erman/Westermann, BGB, § 281 Rdnr. 24.
149. BGH NJW 2000, 778, 779.
150. Palandt/Grüneberg, BGB, § 281 Rdnr. 22.
151. BGH NJW 1983, 1605.
152. BGH NJW 1997, 1231.
153. Erman/Westermnann, BGB, § 281 Rdnr. 26.
154. Palandt/Grüneberg, BGB, § 281 Rdnr. 26.

tenen Schadens einen **konkreten Deckungskauf** vornimmt.[155] Dabei hat er – bedingt durch die Norm des § 254 BGB – die zumutbare Sorgfalt aufzuwenden, um den Schaden des Verkäufers möglichst gering zu halten.[156] Deshalb haftet der Käufer für jede Fahrlässigkeit.[157] Sofern die zu liefernde Sache einen **Marktpreis** hatte, kann sich die Berechnung des Schadens auch in der Weise gestalten, dass der Käufer die Differenz zwischen dem Kaufpreis und dem Marktwert fordert.[158]

eee) Dies bedeutet aber immer, dass der Käufer, wenn er denn im Rahmen einer konkreten Schadensberechnung gegen den Verkäufer vorgeht, gezwungen ist, den Schaden im Einzelnen auch nachzuweisen; notfalls ist er verpflichtet, seine Kalkulation offen zu legen.[159] Sofern der Käufer meint, dass das Recht der richterlichen Schadensschätzung nach § 287 ZPO ihn von diesen Lasten teilweise entbindet, sei darauf hingewiesen, dass nach feststehender Judikatur die Möglichkeit einer richterlichen Schadensschätzung davon abhängt, dass jedenfalls der Tatbestand der Pflichtverletzung nachgewiesen wird. Die weiteren Fragen der Kausalität[160] und auch die eingetretenen Schadensfolgen können dann von § 287 ZPO erfasst werden.[161] Im Wesentlichen geht es bei der Anwendung dieser Norm darum, dass die Klage nicht deswegen abgewiesen werden soll, weil es dem Käufer nicht gelingt, den vollen Beweis für den tatsächlich eingetretenen Schaden zu erbringen[162] oder wenn dies nur mit einem unverhältnismäßigem Aufwand möglich ist.[163]

fff) Es fügt sich in dieses Bild einer weiteren tendenziellen Erleichterung der Beweisführung, indem auf die Möglichkeit einer **abstrakten Berechnung des Schadens** hinzuweisen ist, sofern der Kaufvertrag zwischen **Kaufleuten** bzw. Gewerbetreibenden abgeschlossen wurde. Zugrunde liegt hier – bei Ausbleiben der Lieferung – die Vermutung, dass der Käufer als Gewerbetreibender auch in der Lage gewesen wäre, den in der betreffenden Branche üblichen Gewinn, etwa im Rahmen einer Weiterveräußerung tatsächlich auch zu erzielen.[164] Diese Möglichkeit steht dem Verbraucher nicht zur

---

155. Palandt/Grüneberg, BGB, § 281 Rdnr. 25 f.
156. BGH NJW 1997, 1231, 1232; vgl. auch grundsätzlich zum Deckungskauf BGH NJW-RR 1997, 654.
157. BGH NJW 1968, 654.
158. BGH NJW 1980, 1742, 1743.
159. Vgl. Palandt/Grüneberg, BGB, § 281 Rdnr. 30.
100. Hierzu BGH NJW 1992, 3298; vgl. auch Zöller/Greger, ZPO, § 287 Rdnr. 3.
161. BGH NJW 1987, 909, 910 – entgangener Gewinn.
162. BGH NJW 2005, 3348 – Vertragshaftung.
163. Zöller/Greger, ZPO, § 287 Rdnr. 1.
164. BGH NJW 1980, 1742, 1743.

Seite, weil in diesen Fällen für das Eingreifen einer solchen Vermutung kein Raum ist; es bleibt dann bei der Verpflichtung zur konkreten Berechnung des eingetretenen Schadens.[165]

9. Klauselgestaltung

Unter Berücksichtigung des zuvor Gesagten ergeben sich folgende Gesichtspunkte, welche für die Gestaltung der Verkaufs-AGB im Hinblick auf die Folgen des Lieferverzuges bedeutsam sind:

a) Es ist in Bestellungen absolut üblich, dass die jeweilige Lieferzeit kalendermäßig im Sinn von § 286 Abs. 2 Nr. 1 BGB bestimmt, d. h. nach dem Kalender vereinbart wird. Bestimmt wird häufig auch, dass die Lieferung „innerhalb einer bestimmten KW" (Kalenderwoche) erfolgen soll. In Betracht kommt auch, dass die kalendermäßige Bestimmung sich nach § 286 Abs. 2 Nr. 2 BGB richtet, also von einem Ereignis abhängt, das sich nach de Kalender berechnen lässt.

aa) Diese strikte Festlegung widerspricht oft – wie bereits beleuchtet – den Interessen des Verkäufers. Daher: Deckt sich die jeweilige **Auftragsbestätigung** nicht mit dieser zeitlichen Abrede der Bestellung und ist diese als Angebot nach § 145 BGB einzuordnen, dann liegt – im Umfang des Dissenses – entweder insoweit eine modifizierte Auftragsbestätigung gemäß § 150 Abs. 2 BGB vor, oder es handelt sich um eine durch Auslegung gemäß §§ 133, 157 BGB zu überwindenden Dissens im Sinn des § 154 Abs. 1 BGB, so dass dann der Vertrag gleichwohl – trotz des Dissenses in der Lieferzeit – als wirksam angesehen werden kann. Hier entscheiden die Umstände des Einzelfalls; generelle Erwägungen verbieten sich.

bb) Die **einseitige Festlegung** etwa, dass nur der Inhalt der Auftragsbestätigung – und damit auch die einseitige Bestimmung der Lieferzeit – Maß gibt, scheitert an § 307 Abs. 2 Nr. 1 BGB. Die Klausel würde auch gegen das Vorrangprinzip der Individualabrede gemäß § 305b BGB verstoßen, weil es nicht wirksam sein kann, dass eine Partei einseitig – ohne Rücksicht auf den erforderlichen Konsens – den Inhalt des Vertrages autonom festlegt.

b) Aufgrund der gesetzlichen Regelung des Schadensersatzes wegen Verzugs gemäß § 280 Abs. 2 BGB in Verbindung mit § 286 BGB ist dieser davon abhängig, dass der Verkäufer das Ausbleiben der rechtzeitigen Lieferung im Sinn von § 276 BGB zu vertreten hat. Gemäß § 280 Abs. 1 Satz 2 BGB gilt – bezogen auf den Tatbestand des Vertretenmüssens – eine Umkehr der Darlegungs- und Beweis-

---

165. Palandt/Grüneberg, BGB, § 281 Rdnr. 30.

last, so dass es immer Sache des Verkäufers ist, den Nachweis zu führen, dass er die nicht rechtzeitige Lieferung – mithin: den Eintritt des Verzugs – nicht im Sinn dieser Bestimmung zu vertreten hat.[166] So gesehen findet eine Verteilung der Darlegungs- und Beweislast nach Gefahrenbereichen statt. Davon darf in den AGB nicht abgewichen werden, weil dieser Tatbestand auch über das Verbot des § 309 Nr. 12a BGB abgesichert ist.[167] Dies gilt auch im unternehmerischen Bereich gemäß § 307 Abs. 2 Nr. 1 BGB.[168]

c) Unwirksam ist es, wenn der AGB-Verwender seine Haftung auf Ersatz des Verzugsschadens nach § 280 Abs. 2 BGB auch im Rahmen **einfacher Fahrlässigkeit gänzlich ausschließt**.[169]

aa) Dies ist für den Verkehr mit dem Endverbraucher durch die Rechtsprechung des BGH gesichert.[170] Für den unternehmerischen Verkehr ist nach § 307 Abs. 2 Nr. 1 BGB genauso zu entscheiden, weil der Anspruch auf Ersatz des Verzögerungsschadens für den Kunden entscheidende Bedeutung besitzt. Die rechtzeitige Erfüllung der übernommenen Lieferpflichten ist als „wesentliche Vertragspflicht" einzuordnen, so dass entgegenstehende Freizeichnungen an § 307 Abs. 2 Nr. 1 BGB scheitern.[171] Entscheidend ist, dass ja als Folge des Verzugs das Äquivalenzprinzip des Vertrages ohnehin schon empfindlich gestört ist, so dass eine zusätzliche Haftungsfreizeichnung darauf hinausläuft, den Käufer für diese Fälle rechtlos zu stellen.[172]

bb) Die Begrenzung der Haftung auf Ersatz des Verzugsschadens nach § 280 Abs. 2 BGB auf den Maßstab des **groben Verschuldens** (§ 309 Nr. 7b BGB) reicht nicht aus, um das Synallagma des Vertrages und damit auch das Äquivalenzverhältnis von Leistung und Gegenleistung hinreichend zu wahren. Denn die entscheidende Antwort bleibt gerade in diesen Fällen offen: Dem Käufer stehen dann für den Regelfall des Lieferverzugs keine Rechte zu. Vielmehr ist er darauf angewiesen, die weiter gehenden Rechte – Rücktritt und Schadensersatz statt der Leistung – sich dadurch zu verschaffen, dass er dem Verkäufer eine angemessene Frist setzt. Aber auch das reicht dann nicht aus, dem Käufer irgendwelche Rechte im Rahmen des § 280 Abs. 2 BGB zu sichern, sofern der Verkäufer dann innerhalb der gesetzten Frist erfüllt. Erst dann ergebnislosem Ablauf die-

---

166. Vgl. Palandt/Heinrichs, § 280 Rdnr. 12 ff.; Dedek, in: Henssler/Graf von Westphalen § 280 Rdnr. 7 ff.
167. BGH NJW 1996, 1537, 1538 f.
168. BGH a. a. O.
169. BGH NJW-RR 1989, 625, 626; MünchKomm/Basedow, § 309 Nr. 8 Rdnr. 7.
170. BGH a. a. O.
171. AGB-Klauselwerke/Graf von Westphalen – Freizeichnungsklausel Rdnr. 76 ff.
172. AGB-Klauselwerke/Graf von Westphalen – Freizeichnungsklausel Rdnr. 77, 80.

9. Klauselgestaltung

ser Fist stehen dann dem Käufer die weiter gehenden Rechte zu. Das aber ist keine angemessene Regelung.

cc) Auch ist das **Vertragslösungsrecht** – anstelle des Anspruchs auf Esratz des Verzugsschadens nach § 280 Abs. 2 BGB – regelmäßig keine ausreichende Kompensation der Rechte des Käufers. Es gelten hier die gleichen Erwägungen, die zuvor unterbreitet wurden: Der Käufer bleibt solange rechtlos, bis die Voraussetzungen – Verzug und Verstreichen der angemessenen Frist – geschaffen sind, welche ihm dann weiter gehende Rechte nach § 323 BGB gewähren.

dd) Würde man das Vertragslösungsrecht allerdings **neben dem Anspruch auf Ersatz des Verzugsschadens** nach § 280 Abs. 2 BGB dem Käufer einräumen, dann stellt sich die schwierige Frage, ob der darain liegende Ausschluss des Anspruchs auf Schadensersatz statt der Leistung im Sinn von § 281 BGB mit § 307 Abs. 2 Nr. 1 BGB vereinbar ist. Bezieht sich dann der Ausschluss des Anspruchs aus § 281 BGB auf die Fälle einfacher Fahrlässigkeit, dann ergeben sich verschiedene Gesichtspunkte, die hier nicht dargelegt werden sollen, weil sie im Bereich derf Mängelhaftung ihren Schwerpunkt besitzen. Darauf sei deshalb hier verwiesen (S. 179 ff.).

ee) Nach der hier vertretenen Auffassung besteht in diesen Fragen zwischen den Maßstäben der richterlichen Inhaltskontrolle nach § 307 Abs. 2 Nr. 1 BGB und dem Verkehr mit dem Verbraucher **kein entscheidender Unterschied**. Der Tatbestand des § 309 Nr. 8 a BGB bezieht sich ohnedies nur auf den Ausschluss des Rücktrittsrechts, welches als Folge einer dem Verkäufer zuzurechnenden Pflichtverletzung entsteht.[173] Dass aber dieser Verbotstatbestand auch im Verkehr mit dem Unternehmer nach § 307 Abs. 2 Nr. 1 BGB zu beachten ist, steht nach der Literatur fest.[174]

d) Die wohl schwierigste Frage zielt auf die Grenzen, innerhalb derer **Haftungsbegrenzungsklauseln** für den Fall des Verzugs – einfache Fahrlässigkeit vorausgesetzt – nach § 280 Abs. 2 BGB gemäß § 307 Abs. 2 Nr. 1 BGB wirksam sind. Es ergeben sich folgende Gesichtspunkte:

aa) Im Verkehr gegenüber dem **Verbraucher** dürfte es nahe liegen, die BGH-Entscheidung zu den Neuwagen-Verkaufsbedingungen auch für andere Fälle des Kaufvertrages parallel zu schalten.[175] Danach ist die Begrenzung der Haftung wegen Verzugs im Sinn des § 280 Abs. 2 BGB in Verbindung mit § 286 BGB auf einen Betrag von 5 % des Kaufpreises deswegen wirksam, weil der Käfer ja in der Lage

---

173. Palandt/Grüneberg, BGB, § 309 Rdnr. 59.
174. Christensen, in Ulmer/Brandner/Hensen, AGB-Recht, § 309 Nr. 8 Rdnr. 16; Erman/Roloff, BGB, § 309 Rdnr. 85.
175. BGH NJW 2001, 292, 295.

ist, durch Setzung einer angemessenen (auch kurzen) Frist die weitergehenden Rechte der §§ 281, 323 BGB auszulösen.[176] Dies gilt vor allem dann, wenn die Klausel einen Einmalbetrag ausweist (5% des Kaufpreises) und nicht so gestaltet ist, dass pro rata temporis ein Teilbetrag des Gesamtbetrages von maximal 5% des Kaufpreises anfällt. Denn niemand zwingt den Kunden, die gesamte Frist abzuwarten, bevor er – eine angemessene Frist setzend – vom Vertrag zurücktritt und Ersatz des Schadens statt der Leistung verlangt. In dieser Perspektive kommt es dann nicht entscheidend darauf an, ob die Pauschale – für sich allein genommen – mit § 307 Abs. 2 Nr. 1 BGB unter Beachtung der Kriterien des dispositiven Rechts im Einklang steht, was in dieser Sicht durchaus als zweifelhaft erscheinen kann, sofern man bedenkt, dass grundsätzlich wirksame Haftungsbegrenzungen auf den vorhersehbaren Schaden zu beziehen sind.[177]

bb) Doch wird man peinlich darauf achten müssen, dass – vor allem im Verkehr mit dem **Verbraucher** – das Transparenzgebot des § 307 Abs. 1 Satz 2 BGB nicht verletzt ist. Dies ist jedenfalls dann zu bejahen, wenn die Klausel wegen ihrer gestaffelten Pauschalen – pro rata temporis – den Eindruck erweckt, als müsse der Kunde zunächst abwarten, dass die Frist verstrichen ist, auf die sich der Höchstbetrag der Pauschale bezieht, bevor der die erforderlichen Fristen nach den §§ 281, 323 BGB setzen darf. Beispiel: „Der Käufer hat pro vollendete Woche Verzug nur einen Anspruch auf 0,5% des Kaupreises als zu ersetzender Verzugsschaden; maximal ist die Haftung auf 5% des Kaufpreises begrenzt". Denn eine solche Klausel lässt erkennen, dass sie auf dem Fortbestehen des Erfüllungsanspruchs basiert, also zumindest mittelbar dem Käufer weitergehende Rechte abzuschneiden scheint.

cc) Ähnliche Erwägungen gelten im Grundsatz auch im **unternehmerischen Bereich**. Auch hier wird man eine Schadenspauschale für den Fall des Lieferverzugs – etwa begrenzt auf 5% des Preises – nicht von vornherein als unangemessen gemäß § 307 Abs. 2 Nr. 1 BGB bewerten dürfen. Doch ergeben sich folgende Besonderheiten:

aaa) Gerade hier wird man zu beachten haben, dass die den Verzugsschaden nach § 280 Abs. 2 BGB abdeckende Pauschale – im Verhältnis zu dem üblicherweise als Folge des Verzugs entstehenden Schadens – nicht nur auf dem Papier steht. Denn hier sind im Rahmen der Bewertung der Unangemessenheit nach § 307 Abs. 2 Nr. 1 BGB alle Umstände des Einzelfalls zu berücksichtigen, also: die ursprünglich vereinbarte Lieferzeit, das Interesse des Käufers an der

---

176. BGH a. a. O.
177. BGH NJW 1993, 335.

rechtzeitigen Nutzung der Sache und seine Chancen, im Fall des Rücktritts und des Ersatzes des Schadens statt der Leistung – nach einer angemessenen Frist – auf dem Markt in der Tat ausreichenden Ersatz erhalten zu können. Für gewöhnlich ist einem Käufer – auch dies gilt es zu bedenken – mit einem „Anspruch" auf Ersatz des Schadens statt der Leistung im Sinn des § 281 BGB nicht immer gedient. Der Käufer will als Unternehmer am Markt teilnehmen, nicht aber Anwälte und Gerichte beschäftigen. Dieses Interesse kann der Käufer nur dann wahrnehmen, wenn er nicht durch eine unangemessene Klausel in der Durchsetzung seiner Rechte nach § 280 Abs. 2 BGB zu sehr eingeschränkt ist.

bbb) Ob unter dieser Perspektive die in der Industrie übliche Begrenzung der Haftung aus § 280 Abs. 2 BGB auf 0,5% pro vollendete Woche, maximal jedoch auf 5% des Kaufpreises mit § 307 Abs. 2 Nr. 1 BGB vereinbar ist, erscheint zweifelhaft, ist aber zunächst bis zur Vorlage eines entgegenstehenden höchstrichterlichen Urteils aus praktischen Gründen hinzunehmen. Doch sind folgende Bedenken nicht zu vernachlässigen, wenn man, was geboten ist, von einer generell-abstrakten Bewertung der Klausel auf Grund der richterlichen Inhaltskontrolle nach § 307 Abs. 2 Nr. 1 BGB – unter Berücksichtigung von § 280 Abs. 2 BGB – ausgeht: Das Lieferinteresse des Käufers und damit auch sein Interesse an einer angemessenen Kompensation des erlittenen Schadens steht keineswegs immer in unmittelbarer Relation zum Kaufpreis. Wenn die vorerwähnte Klausel verwendet wird, dann kann jedoch der Verkäufer – relativ unproblematisch – für eine Dauer von zehn Wochen in Verzug geraten, bis der Höchstbetrag erschöpft ist. Das war bei der hier diskutierten BGH-Entscheidung vom 27. 9. 2000[178] anders. Denn dort war der Käufer berechtigt, im Fall des Verzugs – ohne Rücksicht auf die Dauer des Verzugs – seinen konkret entstandenen Verzugsschaden bis zur Höhe von 5% des Kaufpreises geltend zu machen. Er war nicht an einzelne Etappen – ratierlich – gebunden. In einer solchen Ratierlichkeit könnte auch ein möglicher Verstoß gegen das Transparenzgebot liegen, wenn die Klausel nämlich den – irrigen – Eindruck erweckt, als sei der Käufer vor Ablauf der Frist von zehn Wochen (0,5% pro Woche als Pauschale) gehindert, eine zuvor ablaufende Frist zu setzen, welche dann die weiter gehenden Rechte/Ansprüche ermöglicht. Hinzu kommt ein möglicherweise schlagendes Argument: Verkaufs-AGB werden für eine große Vielzahl von Verträgen eingesetzt; die Produkte sind unterschiedlich, die Risiken sind verschieden; die Vielfalt regiert. Die in all diesen Fra-

---

178. BGH NJW 2001, 292.

gen liegende Herausforderung klauselmäßig zu bewältigen, bleibt wohl das Risiko des Mandanten, der Verkaufs-AGB entwirft.

e) Die Geltendmachung der weiteren Rechte gemäß §§ 281, 323 BGB ist zunächst entscheidend davon abhängig, dass eine **angemessene Frist** gesetzt ist. Von ihrem fruchtlosen Verstreichen hängt die Erklärung des Rücktritts gemäß § 323 Abs. 1 BGB ab, aber auch die Forderung nach Ersatz des Schadens statt der Leistung gemäß § 281 Abs. 4 BGB. Unter diesen Voraussetzungen geht der Anspruch auf Erfüllung unter.

aa) Die Setzung einer unangemessen langen oder einer nicht hinreichend bestimmten Frist ist gegenüber dem **Verbraucher** nach § 308 Nr. 2 BGB als unwirksame Klauselgestaltung abgesichert.[179] Man wird hier gut daran tun, nur die gesetzliche Formulierung von einer „angemessenen Frist" zu übernehmen. Denn es herrschen immer die besondren Umstände des Einzelfalls, welche über die Angemessenheit entscheiden. Die der AGB-Kontrolle zugrunde liegende generell-abstrakte Bewertung der Klausel verbietet daher jede starre Frist. Auch muss der Kunde in der Lage sein, Beginn und Ende der Frist selbst zu berechnen, damit das Gebot der Bestimmtheit gewahrt wird.[180]

bb) Im **unternehmerischen Verkehr** gilt gemäß § 307 Abs. 2 Nr. 1 BGB die gleiche Wertung: auf das Erfordernis der Setzung einer Frist kann nicht in der Weise verzichtet werden, dass sie unangemessen lang ausgestaltet ist.[181]

f) Zu beachten ist, dass auf der Ebene eines **Rücktritts**, wie sich aus § 323 Abs. 1 BGB ablesen lässt, ein Vertretenmüssen nicht Voraussetzung einer Haftung des Verkäuferen ist. Doch bestehen im Sinn des § 307 Abs. 2 Nr. 1 BGB keine durchgreifenden Bedenken, wenn der AGB-Verwender das Rücktrittsrecht des Käufers im Fall einer Lieferverzugs von dem Tatbestand abhängig macht, dass keine Haftung auf Ersatz des Schaden statt der Leistung – und damit auch des Rücktrittsrechts – besteht, wenn der Verkäufer in der Lage ist, den Nachweis fehlenden Verschuldens erfolgreich zu führen. Indirekt wird diese Erwägung auch durch die Norm des § 309 Nr. 8 a BGB abgestützt. Denn dieser Verbotstatbestand verbietet eine Klausel nur dann, wenn der Ausschluss des Rücktritts von einem Umstand abhängig gemacht wird, den der AGB-Verwender zu vertreten hat.[182]

---

179. Hierzu Palandt/Grüneberg, BGB, § 308 Rdnr. 12.
180. Palandt/Grüneberg, BGB, § 308 Rdnr. 13, Schmidt, in Ulmer/Brandner/Hensen, AGB-Recht, § 308 Nr. 2 Rdnr. 10.
181. Schmidt a. a. O.; Erman/Roloff, BGB, § 308 Rdnr. 16.
182. Im Einzelnen Graf von Westphalen, in: Henssler/Graf von Westphalen, Praxis der Schuldrechtsreform, § 309 Rdnr. 21 ff.

9. Klauselgestaltung

Insoweit wird man die Rechte des Käufers – Rücktritt und Ersatz des Schadens statt der Leistung – von den gleichen Voraussetzungen abhängig machen dürfen, die im Kern § 280 Abs. 1 Satz 1 und Satz 2 BGB im Auge haben.

aa) Hingegen ist es nicht wirksam, den Rücktritt nach § 323 BGB nur unter die erschwerten Voraussetzungen **groben Verschuldens** im Sinn von § 309 Nr. 7 b BGB vorzusehen.[183] Gegenüber dem Verbraucher folgt dies bereits aus § 309 Nr. 8 a BGB.

bb) Gegenüber einem **Unternehmer** ist aber genauso im Blick auf § 307 Abs. 2 Nr. 1 BGB zu entscheiden.[184] Denn würde man hier grobes Verschulden als ausreichende Voraussetzung für die Ausübung eines Rücktrittsrechts annehmen, dann wäre die Distanz zum dispositiven Recht im Sinn von § 307 Abs. 2 Nr. 1 BGB wesentlich zu groß; es läge dann mit Sicherheit eine unangemessene Benachteiligung des Kunden vor.

h) Soweit wegen eines vom Verkäufer zu vertretenden Umstandes im Sinn von § 281 Abs. 1 BGB in Verbindung mit § 280 Abs. 2 BGB der Kunde berechtigt ist, anstelle der Leistung **Schadensersatz** zu begehren, gelten die grundsätzlichen Erwägungen, die weiter unten im Zusammenhang mit **Haftungsfreizeichnungs- und Haftungsbegrenzungsklauseln** dargestellt werden (S. 179 ff.).

i) Etwaige Ansprüche wegen Verletzung der Mitwirkungspflichten des Käufers sind in dem Formular deswegen nicht berücksichtigt, weil eine sinnvolle wirksame Regelung hier nicht in Betracht kommt (S. 113). Denn etwa vereinbarte Pauschalen müssen dem konkreten Anforderungsprofil von § 304 BGB entsprechen, sofern sie darauf zielen, den Tatbestand des **Gläubigerverzugs** zu regeln, was praktisch im Blick auf eine generell-abstrakt gefasste Klausel kaum je möglich ist, ohne dass die entsprechende Klausel unter Berücksichtigung von § 309 Nr. 5 BGB an § 307 Abs. 2 Nr. 1 BGB scheitert.[185] Die Tatbestandsvariationen eines Gläubigerverzugs gemäß §§ 293 ff. BGB sind wesentlich zu vielgestaltig, um diese in abstrakt-generell formulierten AGB-Klauseln – gemessen an den Erfordernissen von § 304 BGB – in wirksamer Weise auszugestalten.[186]

---

183. Erman/Roloff, BGB, § 309 Rdnr. 85.
184. BGH NJW 2007, 3744; Palandt/Grüneberg, BGB, § 309 Rdnr. 55; Becker, in: Bamberger/Roth, BGB, § 309 Rdnr. 19; Graf von Westphalen, in: Henssler/Graf von Westphalen, Praxis der Schuldrechtsreform, § 309 Rdnr. 35.
185. Im Einzelnen: AGB-Klauselwerke/Graf von Westphalen – Annahmeverzug Rdnr. 10 ff.
186. BGH NJW-RR 1987, 311, 319; OLG Stuttgart BB 1979, 1468.

§ 5
Gefahrenübergang – Verpackungskosten

(1) Sofern sich aus der Auftragsbestätigung nichts anderes ergibt, ist Lieferung „ab Werk" vereinbart.

(2) Für die Rücknahme von Verpackungen gelten gesonderte Vereinbarungen.

(3) Sofern der Kunde es wünscht, werden wir die Lieferung durch eine Transportversicherung eindecken; die insoweit anfallenden Kosten trägt der Kunde.

- Alternativ für den Verkehr gegenüber dem Verbraucher zu beachten:
(In der Regel sind entsprechende Klauseln entbehrlich; insoweit ist vor allem noch § 479 Abs. 2 BGB zu beachten, dass im Rahmen eines Verbrauchsgüterkaufs die §§ 446, 447 BGB keine Anwendung finden).

Erläuterungen

1. Erfüllungsort
2. Gefahrenübergang
3. Versendungskauf
4. Klauselgestaltung

1. Erfüllungsort

§ 269 BGB beantwortet die Frage, wo der Schuldner/Verkäufer zu leisten hat. Der in dieser Bestimmung verwendete Begriff „Leistung" umfasst sowohl die „Leistungshandlung" als auch den „Leistungserfolg".[1] Der in § 269 BGB geregelte Leistungsort ist danach der Ort, an dem der Schuldner/Verkäufer die Leistungshandlung vornehmen muss, damit – dies ist jedenfalls die Regel – der Leistungserfolg eintritt.

a) Der Leistungsort kann durch ausdrückliche oder stillschweigende Vereinbarung der Parteien festgelegt werden. Dabei bedient sich der kaufmännische Verkehr regelmäßig verschiedener **Handelsklauseln**.

Hervorragende Bedeutung haben in diesem Zusammenhang – vor allem im internationalen Bereich – die von der Internationalen Handelskammer, Paris, herausgegebenen **Incoterms 2010** erhalten.[2] Durch diese werden Kostentragung, Pflicht zur Beibringung diverser Dokumente, einschließlich des Abschlusses von Versicherungen, von

---

1. MünchKomm/Krüger, BGB, § 269 Rdnr. 2 f.
2. Hierzu Zwilling-Pinna, BB 2010, 2980 ff.

1. Erfüllungsort

der Verpackung bis zur Rückgabe der Verpackung (national lediglich) vertraglich geregelt. Die reinen Kostentragungsklauseln ändern am Erfüllungsort oder am Gefahrübergang nichts, es sei denn, dies ist vertraglich anders vereinbart[3] oder handelsüblich.[4]

aa) Für den Verkäufer sind dabei folgende Klauseln von besonderem Interesse:[5]
- „Ab Werk" (in der Abkürzung der Incoterms 2010: EXW)[6] – gleichbedeutend mit „ab Lager", „ab Fabrik" etc. – bedeutet, dass sich die Verpflichtung des Verkäufers darin erschöpft, die Ware an dem jeweils bezeichneten Ort zur Abholung bereitzuhalten.[7] Die Kosten der Verpackung und die Prüfung der Ware[8] trägt dabei der Verkäufer; alle sonstigen Kosten gehen zu Lasten des Kunden, insbesondere Kosten und die Gefahren des Transports. Auch die Verladekosten gehen zu Lasten des Kunden.
- „fob" (in der Abkürzung der Incoterms 2010: weiterhin „fob")[9] bedeutet, dass der Verkäufer die Ware auf seine Kosten an Bord des Schiffes zu dem ernannten Bestimmungshafen verbringen und zusätzlich die Ausfuhrbewilligung oder jede andere erforderliche amtliche Ausfuhrbescheinigung dem Kunden verschaffen muss. Mit Überschreiten der Schiffsreling gehen Gefahr und Kosten auf den Kunden über; der Kunde hat demzufolge auch die Kosten und Gebühren für die Beschaffung eines Konnossements und sonstiger Dokumente zu tragen, wobei ihm der Verkäufer auf Verlangen Hilfe zu leisten hat.
- „FCA Flughafen" (in der Abkürzung der Incoterms 2010: „FAC", aber nicht nur Flughafen, sondern schlicht auch „Frachtführer": „carrier")[10] bedeutet,[11] dass der Verkäufer in diesen Fällen – mangels anderer Nachricht – den Beförderungsvertrag auf Kosten des Kunden abschließen muss, auf eigene Kosten und Gefahr die Ausfuhrbewilligung beschaffen, die Kosten und Gefahr bis zur Übergabe an den Luftfrachtführer oder eine vom Kunden benannte Person tragen muss. Der Kunde trägt die Kosten und

---

3. BGHZ 50, 32, 37.
4. Staudinger/Beckmann, BGB, § 448 Rdnr. 8.
5. Zu den Incoterms 2000 vgl. Wagner, in: Röhricht/Graf von Westphalen, HGB, § 346 Rdnr. 53 a ff.
6. Wird auf die Incoterms 2010 mit Hilfe dieser Klausel Bezug genommen, dann sollten keine weiteren Angaben gemacht werden; es gelten dann die Rechte und Pflichten entsprechend diesen Bedingungen.
7. BGH ZIP 1986, 230, 232.
8. § 448 BGB.
9. Hierzu Fn. 6.
10. Hierzu Fn. 6.
11. Wagner, a. a. O., § 346 Rdnr. 83.

Gefahren ab Übergabe an den Luftfrachtführer oder eine sonst von ihm benannte Person; er trägt auch die Beförderungskosten sowie die Kosten für die Beschaffung der erforderlichen Dokumente, wobei ihm auch in diesem Fall der VerkäuferVerkäufer Hilfe zu leisten hat.

- **„frachtfrei"** (in der Abkürzung der Incoterms 2010: „CPT" – „carrriage paid to")[12] bedeutet, hier muss der Verkäufer die Ware auf seine Kosten an den benannten Bestimmungsort bringen, während den Kunden alle Kosten ab Eintreffen der Ware an dem Bestimmungsort treffen.
- **„frei Bestimmungsort"** (in der Abkürzung der Incoterms 2010: „CIP" – „carriage insurance paid")[13] bedeutet, hier hat der Verkäufer die Kosten und die Gefahr bis zum Eintreffen der Ware am Bestimmungsort zu tragen.
- **„frei Haus"** bedeutet, hier trägt der Verkäufer Transport- und Abnahmekosten, also auch die Kosten des Einbringens der Ware in das Lager des Kunden.[14]

bb) Der Verkäufer ist stets verpflichtet, die Verpackung für den erforderlichen Transport der Ware zum Besteller so vorzunehmen, dass Schäden bei normaler Behandlung der Ware vermieden werden.[15] Dabei ist allerdings durch Auslegung zu prüfen, ob die Verpackungskosten nicht schon im Kaufpreis enthalten sind.[16]

b) In Bezug auf die **Transportkosten** gilt gemäß § 448 BGB: Die Kosten der Versendung der Ware an einen anderen Ort als den Erfüllungsort fallen dem Kunden zur Last.[17] Die Kosten der Transportversicherung fallen nicht unter § 448 BGB.[18] Dies ist nur dann anders, wenn der Abschluss einer Transportversicherung zur ordnungsgemäßen Versendung der Ware erforderlich und handelsüblich ist.

aa) Bei bestimmten **Verpackungsmaterialien** – zum Beispiel bei Paletten, Fässern oder Kisten – kann die Vereinbarung der Parteien dahin ausgelegt werden, dass der Kunde verpflichtet ist, das Verpackungsmaterial zurückzusenden, sofern – und dies ist entscheidend – das Verpackungsmaterial nicht vom Kunden im Rahmen des Kaufpreises bereits bezahlt wurde.[19]

---

12. Hierzu Fn. 6.
13. Hierzu Fn. 6.
14. Staudinger/Beckmann, BGB, § 448 Rdnr. 6.
15. BGHZ 66, 208; BGH BB 1983, 1690.
16. Staudinger/Beckmann, BGB, § 448 Rdnr. 12.
17. MünchKomm/Westermann, BGB, § 448 Rdnr. 4.
18. MünchKomm/Westermann, BGB, § 448 Rdnr. 4.
19. Staudinger/Beckmann, BGB, § 448 Rdnr. 15.

1. Erfüllungsort

bb) Unter dieser Voraussetzung ist der Kunde verpflichtet, das Verpackungsmaterial ordnungsgemäß zu verwahren und ordnungsgemäß an den Verkäufer auf eigene Kosten zurückzusenden, wobei stets die gesetzlichen Vorschriften der VerpackungsVO zu beachten sind.[20] Soweit Wiederbeschaffungsklauseln vereinbart sind, sind die Einzelheiten strittig.[21]

b) Da eine Vereinbarung über den Erfüllungsort im Sinn von § 269 BGB erforderlich ist, ist eine einseitige Erklärung des Verkäufers – nach Abschluss des Vertrages – grundsätzlich unbeachtlich; dies gilt auch bei ständiger Geschäftsverbindung.[22] Notwendigerweise gilt dies auch insoweit, als entsprechende Vermerke auf Lieferscheinen, Warenbegleitpapieren oder Rechnungen enthalten sind.[23] Denn diese folgen in der Regel dem Vertragsabschluss nach. Etwas anderes gilt selbstverständlich dann, wenn der Tatbestand eines kaufmännischen Bestätigungsschreibens gemäß § 346 HGB vorliegt und der Empfänger diesem nicht unverzüglich widersprochen hat (vgl. S. 29 ff.).

c) Der nach § 269 BGB maßgebende **Erfüllungsort** kann sich auch aus den besonderen Umständen, insbesondere aus der Natur des Schuldverhältnisses ergeben. Hier sind alle Umstände des Einzelfalls zu berücksichtigen; da jedoch im kaufmännischen Verkehr typische Handelsklauseln regelmäßig Verwendung finden, ist ein Rückgriff auf diese – lediglich subsidiär – eingreifende Auslegungsbestimmung des § 269 BGB selten: Es regiert die Parteivereinbarung. Fehlt allerdings eine solche und kommt auch die subsidiäre Auslegungsregel des § 269 BGB durch Rückgriff auf die Natur des Schuldverhältnisses nicht in Betracht, so gilt: Es ist zugunsten des Verkäufers eine Holschuld vereinbart; der Kunde ist folglich verpflichtet, die gekaufte Ware beim Verkäufer abzuholen. Maßgebend ist dabei der Wohnsitz des Verkäufers zur Zeit der Entstehung des Schuldverhältnisses oder – im kaufmännischen Verkehr – der Ort der gewerblichen Niederlassung des Verkäufers. Nur dann, wenn der Verkäufer am Leistungsort handelt, kann er den Kunden in Annahmeverzug setzen und selbst dem Schuldnerverzug entgehen.[24] Zum Annahmeverzug S. 110 ff.

---

20. AGB-Klauselwerke/Graf von Westphalen – Verpackungs- und Transportkosten Rdnr. 10 ff.
21. Vgl. Trinkner, BB 1984, 1455 f.
22. RGZ 52, 133, 135 f.; RGZ 65, 329, 331.
23. Vgl. MünchKomm/Krüger, BGB, § 269 Rdnr. 14 f.
24. MünchKomm/Krüger, BGB, § 269 Rdnr. 50.

2. Gefahrenübergang

Mit der Übergabe der verkauften Sache geht gemäß § 446 Abs. 1 BGB auch die Gefahr eines **zufälligen Untergangs oder einer zufälligen Verschlechterung** auf den Kunden über. Der Gefahrenübergang tritt also mit der Übergabe ein; Übergabe ist die Verschaffung des unmittelbaren Besitzes, d. h. der tatsächlichen Verfügungsgewalt des Kunden über die Kaufsache.[25]

a) § 446 BGB setzt den Abschluss eines wirksamen Kaufvertrages voraus.[26] Unter dieser Voraussetzung regelt § 446 BGB die **Gegenleistungsgefahr**.[27] Der Gefahrenübergang besteht dabei darin, dass Untergang oder Verschlechterung der Kaufsache die Ansprüche des Verkäufers nicht mehr berühren; vielmehr behält der Verkäufer seinen Anspruch auf den Kaufpreis. Für die Umschreibung des Begriffs „Untergang" ist in diesem Zusammenhang eine wirtschaftliche Betrachtungsweise angezeigt: Untergang ist deshalb nicht nur die körperliche Vernichtung der Kaufsache, sondern auch alle sonstigen Ereignisse, durch die dem Kunden die Nutzungsmöglichkeit an der Kaufsache verloren geht, wie zum Beispiel Beschlagnahmehandlungen.[28] „Verschlechterung" im Sinn von § 446 BGB bedeutet eine Veränderung der körperlichen Beschaffenheit der Kaufsache im Sinn einer Qualitätsminderung.[29] Erforderlich ist dabei im einen wie im anderen Fall, wie sich unmittelbar aus dem Wortlaut von § 446 Abs. 1 BGB ergibt, dass der Untergang oder die Verschlechterung der Kaufsache weder vom Verkäufer noch vom Kunden verursacht und damit von der einen oder anderen Partei zu vertreten sind. Soweit Vertretenmüssen vorliegt, gelten die allgemeinen Regeln.

b) Die Bestimmung findet bei einem **Verbrauchsgüterkauf** nach § 474 Abs. 2 BGB keine Anwendung.

3. Versendungskauf

Besondere Bedeutung hat der Versendungskauf gemäß § 447 BGB. Erforderlich ist danach, dass der Verkäufer – auf Verlangen des Kunden – die verkaufte Sache nach einem anderen Ort als dem Erfüllungsort versendet. Unter dieser Voraussetzung geht die Gefahr

---

25. BGH NJW 1983, 627.
26. MünchKomm/Westermann, BGB, § 446 Rdnr. 5.
27. Staudinger/Beckmann, BGB, § 446 Rdnr. 4.
28. RGZ 114, 405, 407 f.
29. MünchKomm/Westermann, BGB, § 446 Rdnr. 9.

3. Versendungskauf

eines zufälligen Untergangs oder einer zufälligen Verschlechterung auf den Kunden über, sobald der Verkäufer die Kaufsache dem Spediteur, dem Frachtführer oder einer sonst zur Ausführung der Versendung bestimmten Person ausgeliefert hat.

a) Der Versendungskauf gemäß § 447 BGB setzt also voraus, dass der Ort, an dem die Kaufsache zu versenden ist – Bestimmungsort genannt – vom Ort, an dem die geschuldete Leistungshandlung zu erbringen ist – Erfüllungsort – verschieden ist.[30] Sind Erfüllungsort und Bestimmungsort identisch – dies ist bei der Holschuld sowie bei der Bringschuld der Fall – so scheidet ein Versendungskauf im Sinn von § 447 BGB aus. Für dessen Bejahung ist deshalb erforderlich, dass der Kunde den Bestimmungsort angibt; die Versendung darf nicht ohne oder gegen seinen Willen erfolgen.[31]

aa) § 447 BGB erfasst lediglich die **Transportgefahr**.[32] Die h.M. beschränkt die Gefahrtragung im Rahmen von § 447 BGB auf sogenannte „typische Transportgefahren".[33] Erfasst werden damit insbesondere Ablieferungen an eine andere Person als den namentlich benannten Kunden[34] sowie Diebstahl während des Transports.[35]

bb) Wie § 446 BGB erfasst auch § 447 BGB lediglich die **Gegenleistungsgefahr**.[36] Der Kunde muss also den Kaufpreis zahlen, obwohl sich ein Ereignis verwirklicht, welches im Sinn von § 447 BGB zum Untergang oder zur Verschlechterung der Kaufsache führt. Doch Voraussetzung ist auch hier, dass der Untergang oder die Verschlechterung der Kaufsache auf einem zufälligen Ereignis beruht, dass es also weder vom Verkäufer noch vom Kunden verursacht oder zu vertreten ist.[37]

cc) Die bereits erwähnten **Handelsklauseln** beziehen sich häufig lediglich auf die Regelung des Erfüllungsorts sowie auf die Tragung der Transportkosten; sie enthalten nicht notwendigerweise eine entsprechende Regelung über den Gefahrenübergang. Die Klausel „ab Werk" erfasst jedoch – wie dargelegt – auch den Gefahrenübergang; Gleiches gilt für die Klausel „fob", nicht aber notwendigerweise für die Klausel „frei Bestimmungsort", es sei denn, in dieser Klausel re-

---

30. Staudinger/Beckmann, BGB, § 447 Rdnr. 6.
31. Staudinger/Beckmann, BGB, § 447 Rdnr. 10; MünchKomm/Westermann, BGB, § 447 Rdnr. 7.
32. MünchKomm/Westermann, BGB, § 447 Rdnr. 17 Palandt/Weidenkaff, BGB, § 447 Rdnr. 2.
33. BGH NJW 1965, 1324.
34. MünchKomm/Westermann, BGB, § 447 Rdnr. 18.
35. RGZ 96, 258 f.
36. Erman/Grunewald, BGB, § 447 Rdnr. 1.
37. Staudinger/Beckmann, BGB, § 447 Rdnr. 18.

alisiert sich das Verlangen des Kunden, die Ware vom Erfüllungsort zum Bestimmungsort versenden zu lassen.

dd) Schwierig ist die Antwort auf die häufig praktisch werdende Frage, wenn im Kaufvertrag zum einen „ab Werk" vereinbart ist, zum anderen aber der Verkäufer mit eigenen Leuten den Transport besorgt, zum Beispiel bei Einschaltung eigener LKW-Transporte.[38] Hier ist entscheidend: Sofern der Verkäufer eigene Leute einsetzt, gilt zwar grundsätzlich die Gefahrtragungsregelung des § 447 BGB; doch ist im Auge zu behalten: Soweit ein Verschulden der Leute vorliegt, deren sich der Verkäufer zur Erfüllung seiner Verbindlichkeiten im Sinn von § 278 BGB bedient, ist der dadurch verursachte Untergang oder die Verschlechterung der Kaufsache nicht mehr „zufällig" im Sinn von § 447 BGB. Vielmehr haftet der Verkäufer dem Kunden.

b) Nach § 474 Abs. 2 BGB finden die Bestimmungen der §§ 446, 447 BGB im Rahmen des **Verbrauchsgüterkaufs** keine Anwendung. Es kommt also auf die tatsächliche Übergabe – Versandhandel – an.

4. Klauselgestaltung

Alle AGB-Klauseln, die den Erfüllungsort betreffen sowie insbesondere die, welche Kosten- und Gefahrtragungsregelungen zum Gegenstand haben, sind stets deswegen dem Vorrangprinzip von § 305b BGB unterworfen, weil die Festlegung der Liefergrenzen – und damit die Festlegung des Erfüllungsorts – immer von so wesentlicher Bedeutung im kaufmännischen Verkehr sind, dass diese Fragen stets auf der Vorderseite der Auftragsbestätigung/Bestellung geregelt werden. Sie müssen sich deshalb in den Raster der Individualvereinbarung einfügen.[39]

a) Soweit dies nicht der Fall ist, ist stets § 307 Abs. 2 Nr. 1 BGB zu prüfen.[40] Dies gilt auch, soweit die Kosten einer Transportversicherung dem Kunden überwälzt werden, weil es bei einer Holschuld im Sinn von § 269 BGB sowie bei einem Versendungskauf gemäß § 447 BGB stets Sache der freien Entscheidung des Kunden sein muss, ob er das Transportrisiko versicherungsmäßig abdeckt.[41]

---

38. MünchKomm/Westermann, BGB, § 447 Rdnr. 14.
39. AGB-Klauselwerke/Graf von Westphalen – Erfüllungsortklauseln Rdnr. 8.
40. Löwe/Graf von Westphalen/Trinkner, a. a. O.
41. AGB-Klauselwerke/Graf von Westphalen – Verpackungs- und Transportkosten Rdnr. 8.

4. Klauselgestaltung

b) Notwendigerweise gilt dies dann nicht, wenn die Prämien für den Abschluss einer solchen Transportversicherung vom Verkäufer übernommen werden oder wenn es sich um eine Bringschuld handelt.

c) Welche Regelungen im Blick auf die VerpackungsVO getroffen werden, lässt sich nicht generell sagen. Die vorgeschlagene Klausel lässt alle individuellen Gestaltungsmöglichkeiten offen. In der Regel werden in der Praxis Mehrwegverpackungen verwendet, die der Spediteur dann weisungsgemäß als Leergut wieder zurücknimmt.

§ 6
Mängelhaftung

(1) Die Mängelrechte des Kunden setzen voraus, dass dieser seinen nach § 377 HGB geschuldeten Untersuchungs- und Rügeobliegenheiten ordnungsgemäß nachgekommen ist.

(2) Soweit ein Mangel der Kaufsache vorliegt, ist der Kunde nach seiner Wahl zur Nacherfüllung in Form einer Mangelbeseitigung oder zur Lieferung einer neuen mangelfreien Sache berechtigt. Im Fall der Nacherfüllung sind wir verpflichtet, alle zum Zweck der Mangelbeseitigung erforderlichen Aufwendungen, insbesondere Transport-, Wege-, Arbeits- und Materialkosten zu tragen, soweit sich diese nicht dadurch erhöhen, dass die Kaufsache nach einem anderen Ort als dem Erfüllungsort verbracht wurde.
- Alternativ zu Satz 1
Soweit ein ..., sind wir nach unserer Wahl ...
- Alternativ zu Satz 2
Im Fall der Nacherfüllung tragen wir die erforderlichen Aufwendungen nur bis zur Höhe des Kaufpreises.

(3) Schlägt die Nacherfüllung fehl, so ist der Kunde nach seiner Wahl berechtigt, Rücktritt oder Minderung zu verlangen.

(4) Wir haften nach den gesetzlichen Bestimmungen, sofern der Kunde Schadensersatzansprüche geltend macht, die auf Vorsatz oder grober Fahrlässigkeit, einschließlich von Vorsatz oder grober Fahrlässigkeit unserer Vertreter oder Erfüllungsgehilfen beruhen. Soweit uns keine vorsätzliche Vertragsverletzung angelastet wird, ist die Schadensersatzhaftung auf den vorhersehbaren, typischerweise eintretenden Schaden begrenzt.

(5) Wir haften nach den gesetzlichen Bestimmungen, sofern wir schuldhaft eine wesentliche Vertragspflicht verletzen; in diesem Fall ist aber die Schadensersatzhaftung auf den vorhersehbaren, typischerweise eintretenden Schaden begrenzt.

- Alternativ – zusätzlich:
  Eine wesentliche Vertragspflicht liegt vor, wenn sich die Pflichtverletzung auf eine Pflicht bezieht, auf deren Erfüllung der Kunde vertraut hat und auch vertrauen durfte.

(6) Soweit dem Kunden im Übrigen ein Anspruch auf Ersatz des Schadens statt der Leistung wegen einer fahrlässigen Pflichtverletzung zusteht, ist unsere Haftung auf Ersatz des vorhersehbaren, typischerweise eintretenden Schadens begrenzt.
- Alternativ:
  Keine Regelung betreffend den Ersatz des Schadens statt der Leistung, so dass dann der Ausschluss gemäß Abs. (8) unmittelbar eingreift.

(7) Die Haftung wegen schuldhafter Verletzung des Lebens, des Körpers oder der Gesundheit bleibt unberührt; dies gilt auch für die zwingende Haftung nach dem Produkthaftungsgesetz.

(8) Soweit nicht vorstehend etwas Abweichendes geregelt, ist die Haftung ausgeschlossen.

(9) Die Verjährungsfrist für Mängelansprüche beträgt 12 Monate, gerechnet ab Gefahrenübergang. Dies gilt nicht, soweit es sich um den Verkauf einer Sache handelt, die üblicherweise für ein Bauwerk verwendet wird und den jeweiligen Mangel verursacht hat.

(10) Die Verjährungsfrist im Fall eines Lieferregresses nach den §§ 478, 479 BGB bleibt unberührt; sie beträgt fünf Jahre, gerechnet ab Ablieferung der mangelhaften Sache.

Erläuterungen

1. Mängeluntersuchung – Mängelrüge
2. Klauselgestaltungen
3. Mängelansprüche – allgemein
4. Beschaffenheitsvereinbarung – subjektiver und objektiver Fehler
5. Montage – Montageanleitung
6. Falsch- und Zuweniglieferung
7. Rechtsmangel
8. Nacherfüllung – Mangelbeseitigung – Liefererregress
9. Nacherfüllung – Ersatzlieferung
10. Einrede der Unverhältnismäßigkeit der Kosten – Haftungsbegrenzung
11. Ersatzlieferung – Rückabwicklung
12. Nacherfüllung – Klauselgestaltung
13. Selbstvornahme
14. Rücktritt – Minderung
15. Schadensersatz als Folge eines Mangels – Fahrlässigkeit
16. Schadensersatz – strengere Haftung: Garantieübernahme – Beschaffenheitsgarantie
17. Mangel – Schadensersatz statt der Leistung

18. Schadensersatz – Verletzung von Nebenpflichten
19. Beweislast
20. Haftungsfreizeichnung – Mängelhaftung
21. Haftungsfreizeichnung – Verletzung von vorvertraglichen Pflichten und Nebenpflichten
22. Ersatz vergeblicher Aufwendungen
23. Haftungsbegrenzungsklauseln
24. Empfehlung
25. Rechtsmangel
26. Allgemeine Verjährung von Mängelansprüchen/Rechten
27. Allgemeine Verjährung – konkurrierende Ansprüche
28. Haltbarkeitsgarantie
29. Lieferregress

1. Mängeluntersuchung – Mängelrüge

Etwaige Mängelansprüche, die dem Kunden gegenüber dem Verkäuferen zustehen, sind im kaufmännischen Verkehr davon abhängig, dass der Kunde seinerseits die strikten Rügepflichten der § 377 HGB erfüllt.

a) Voraussetzung für das Eingreifen des § 377 HGB ist die Feststellung, dass der Kauf für beide Seiten ein **Handelsgeschäft** im Sinn der §§ 343, 344 HGB ist. Unter dieser Voraussetzung ist der Kunde verpflichtet, die Kaufsache „unverzüglich" nach der „Ablieferung" auf etwaige Mängel zu untersuchen. Unter dem Begriff der „Ablieferung" ist die einseitige Handlung des Verkäufers zu verstehen, bei der der Kunde die Möglichkeit erlangt, sich den Gewahrsam an der Kaufsache zu verschaffen.[1] Eine derartige Ablieferung der Kaufsache begründet dann für den Kunden die Obliegenheit, eine unverzügliche Untersuchung vorzunehmen.

b) In § 377 Abs. 1 HGB stellt der Gesetzgeber auf den „ordnungsgemäßen Geschäftsgang" ab; darin verwirklicht sich ein kaufmännischer Standard, der für **Inhalt und Umfang der kaufmännischen Untersuchungspflicht** Maß gibt. Bereits eine vermeidbare Nachlässigkeit und eine dadurch bedingte Verzögerung der – unverzüglich durchzuführenden – Untersuchung ist geeignet, zum Verlust des Rügerechts zu führen.[2]

aa) Stets sind jedoch die besonderen Umstände des Einzelfalls maßgebend, so zum Beispiel, ob die zu untersuchende Ware einem raschen Verderb ausgesetzt ist.[3] Denn die Art und Weise der geschuldeten Untersuchung bestimmt sich nach den damit verbundenen Kosten, dem Zeitaufwand, den vorhandenen – erforderlichen –

---

1. BGH NJW 1985, 1333, 1334; Baumbach/Hopt, HGB, § 377 Rdnr. 20.
2. RGZ 63, 256, 258; RGZ 106, 359, 360; RGRK-HGB/Brüggemann, § 377 Rdnr. 77.
3. OLG München, NJW 1955, 1560.

technischen Kenntnissen, den notwendigen Vorbereitungen, einschließlich der Zuziehung Dritter und dem Risiko etwaiger **Folgeschäden.**[4] Regelmäßig ist in diesem Zusammenhang ausreichend, wenn der Kunde **Stichproben** zieht; dabei ist allerdings Voraussetzung, dass diese in angemessener Zahl und in ausreichender Streuung – repräsentativ – durchgeführt werden.[5]

bb) **Ziel und Zweck** der Untersuchungs- und Rügeobliegenheiten ist es stets: Der Verkäufer soll nach Möglichkeit davor bewahrt werden, sich noch längere Zeit nach der Ablieferung der Kaufsache etwaigen, dann nur noch schwer feststellbaren Gewährleistungsansprüchen ausgesetzt zu sehen.[6] Dabei ist von entscheidender Bedeutung, dass der Kunde verpflichtet ist, die Untersuchung mit fachmännischer Sorgfalt durchzuführen. Besitzt er diese nicht, so ist er gehalten, einen Sachverständigen hinzuzuziehen.[7] Kann die ordnungsgemäße Beschaffenheit der Kaufsache nur dadurch festgestellt werden, dass diese teilweise verbraucht wird,[8] so erfasst eine an § 377 Abs. 1 HGB orientierte ordnungsgemäße Untersuchung auch dies.[9] Der sofortige Einbau von gelieferten Bierfilterplatten in eine Filteranlage oder die Simulation der Produktion ist allerdings nicht erforderlich, sofern eine sofortige sachkundige Untersuchung durch Augenschein ausreicht festzustellen, ob die Platten nach ihrer äußeren Beschaffenheit mängelfrei sind.[10]

c) Bei dem Tatbestandselement der „**Tunlichkeit**" in § 377 Abs. 1 HGB regieren Kriterien der Zumutbarkeit: Die wirtschaftliche Vertretbarkeit des erforderlichen Zeit- und Kostenaufwands, der Grad der zu fordernden Fachkenntnis des Kunden im Hinblick auf den besonderen Verwendungszweck der Kaufsache[11] gibt Maß. Letzten Endes ist stets Zielpunkt der nach § 377 HGB gebotenen Untersuchung, diese in einem solchen Umfang und in solcher Art vorzunehmen, wie es erforderlich ist, um das Vorhandensein von Mängeln festzustellen.[12]

d) Die Rügepflicht des § 377 Abs. 1 HGB **beginnt** in dem Zeitpunkt, in dem sich ein Mangel „gezeigt" hat, d. h., wenn er zur Ge-

---

4. Baumbach/Hopt, HGB, § 377 Rdnr. 24.
5. OLG München, NJW 1955, 1560; BGH BB 1977, 1019; Baumbach/Hopt, HGB, § 377 Rdnr. 25.
6. BGH LM Nr. 13 zu § 377 HGB; BGHZ 66, 208, 213; BGH NJW 1984, 1964, 1966.
7. BGH NJW 1975, 2011, 2012; RGRK-HGB/Brüggemann, § 377 Rdnr. 87.
8. RGZ 68, 368, 369.
9. RGRK-HGB/Brüggemann, § 377 Rdnr. 90.
10. KG NJW-RR 1986, 1162.
11. BGH NJW 1977, 1150, 1151.
12. BGH LM Nr. 13 zu § 377 HGB; BGH LM Nr. 19 zu § 377 HGB.

1. Mängeluntersuchung – Mängelrüge

wissheit des Kunden feststeht.[13] Das bedeutet gleichzeitig, dass der Mangel der Sache dem Kunden ohne Fahrlässigkeit erkennbar sein muss.[14] Mit bloßen Vermutungen braucht sich der Verkäufer nicht zufriedenzugeben, weil der Verdacht eines Mangels lediglich zu weiteren Untersuchungen verpflichtet.[15] Nur wenn der Mangel bei einer ordnungsgemäßen – und an den Kriterien der „Tunlichkeit" ausgerichteten – Untersuchung gemäß § 377 Abs. 1 HGB nicht entdeckt wurde, handelt es sich um einen „versteckten" Mangel im Sinn von § 377 Abs. 2 HGB.[16] Dieser wiederum ist unverzüglich anzuzeigen.[17]

e) Die nach § 377 HGB zu beachtende **Rügefrist** ist durch das Merkmal „unverzüglich" umschrieben. Dieses Erfordernis ist im Interesse der Schnelligkeit des Handelsverkehrs eng auszulegen.[18] Jede vermeidbare Nachlässigkeit schadet.[19] Nach Entdeckung des Mangels sind daher nur wenige Tage – maximal 3 Arbeitstage – als noch „unverzüglich" zu bewerten.

f) Die Rüge muss so **präzise** sein, dass der Verkäufer aus ihrem Text nach Art und Umfang entnehmen kann, welcher Mangel für welche konkrete Zulieferung gerügt wird.[20] Der Kunde ist nicht verpflichtet, exakt anzugeben, welche Rechte er geltend machen will, aber er muss doch erklären, dass er aus der Beanstandung Ansprüche ableitet oder sich solche vorbehält.[21]

g) Für die **Rechtzeitigkeit der Rüge** kommt es entscheidend darauf an, dass sie rechtzeitig abgesandt worden ist, was aus § 377 Abs. 4 HGB folgt. Verzögerungen gehen also zu Lasten des Kunden. Doch entbindet § 377 Abs. 4 HGB den Kunden nicht von dem Zugangserfordernis des § 130 BGB. Daher liegt die Beweislast für den Zugang der rechtzeitig abgesandten Mangelrüge beim Kunden.[22]

h) Die **rechtliche Folge** einer versäumten – rechtzeitigen – Rüge ergibt sich unmittelbar aus § 377 Abs. 2 HGB: Mangels rechtzeitiger Rüge des Mangels „gilt die Ware als genehmigt". Dies gilt auch im Rahmen von § 377 Abs. 3 HGB, sofern sich die – nicht rechtzei-

---

13. RGRK-HGB/Brüggemann, § 377 Rdnr. 105.
14. Baumbach/Hopt, HGB, § 377 Rdnr. 26.
15. BGH LM Nr. 19 zu § 377 HGB.
16. BGH LM Nr. 6 zu 377 HGB.
17. Baumbach/Hopt, HGB, § 377 Rdnr. 27.
18. Baumbach/Hopt, HGB, § 377 Rdnr. 23.
19. Baumbach/Hopt, a. a. O.
20. Baumbach/Hopt, HGB, § 377 Rdnr. 30.
21. Baumbach/Hopt, HGB, § 377 Rdnr. 30.
22. BGH NJW 1988, 1190; a. M. Baumbach/Hopt, HGB, § 377 Rdnr. 29, wonach der Kunde berechtigt sein soll, die verloren gegangene Anzeige unverzüglich nachzuholen, so dass dann insoweit wieder § 377 Abs. 4 HGB gilt.

tige – Rüge auf einen „versteckten" Mangel bezieht, d.h. auf einen solchen, der bei einer ordnungsgemäßen Wareneingangskontrolle nicht erkannt werden konnte. Demzufolge verliert der Kunde die Rechte, die er sonst wegen des Fehlers hätte, also primär die Rechte aus den §§ 437ff. BGB, sofern ein Kaufvertrag zugrunde liegt; Schadensersatzansprüche gemäß § 241 Abs. 2 BGB werden von der Genehmigungsfiktion des § 377 Abs. 2 HGB bzw. von § 377 Abs. 3 HGB insoweit erfasst, als es sich um Ansprüche handelt, die auf einem Mangel/Fehler der Sache beruhen.[23]

aa) **Nicht ausgeschlossen** gemäß § 377 Abs. 2 HGB bzw. gemäß § 377 Abs. 3 HGB sind jedoch Ansprüche des Kunden aus einer Pflichtverletzung nach § 280 Abs. 1 BGB, die sich auf das Vertragsverhältnis insgesamt auswirken.[24] Dies ist besonders dann praktisch, wenn es sich um die Verletzung einer **Nebenpflicht** gemäß § 241 Abs. 2 BGB handelt, welche die Mängelansprüche des Kunden gemäß §§ 434ff. BGB nicht betrifft.[25] Auch Ansprüche wegen **Eigentumsverletzung** gemäß § 823 Abs. 1 BGB fallen nicht in den Anwendungsbereich des § 377 HGB.[26] Dies ist z.B. auch dann zu bejahen, wenn der Verkäufer seine Nebenpflicht gemäß § 241 Abs. 2 BGB dadurch verletzt, dass er die zu versendenden Batterien falsch verpackt hat.[27] Gleiches gilt dann, wenn der Verkäufer seine Nebenpflicht verletzt, die Ware ordnungsgemäß zu verwiegen,[28] oder wenn der Verkäufer im Rahmen laufender Geschäftsbeziehungen die Ware verändert, ohne den Kunden darauf hinzuweisen und wenn die Ware dann infolge der geänderten Beschaffenheit einen Mangel aufweist.[29] In all diesen Fällen bestehen Ansprüche auf Grund einer Pflichtverletzung nach § 241 Abs. 2 BGB.

bb) Obwohl das Unterlassen der Rüge in diesen Fällen nicht nach § 377 HGB sanktioniert wird, so ist doch der **Mitverschuldenseinwand** dem Kunden gemäß § 254 BGB entgegenzuhalten. Dies setzt freilich voraus, dass die Überprüfungs- und Untersuchungspflicht dahin zu verstehen ist, dass sie gleichzeitig der Schadensabwendung dient.[30] Es erfolgt also eine Verteilung der Schadensersatzhaftung nach Mitverschuldens- und Mitverursachungsanteilen im Sinn von

---

23. BGH NJW 1996, 1537, 1538; BGH NJW 1989, 2532; Baumbach/Hopt, HGB, § 377 Rdnr. 4.
24. Baumbach/Hopt, HGB, § 377 Rdnr. 4; RGRK-HGB/Brüggemann, § 377 Rdnr. 155.
25. BGH NJW 1996, 1537, 1538.
26. BGH NJW 1988, 52, 55.
27. BGHZ 66, 208, 213.
28. BGH ZIP 1991, 1574, 1577.
29. BGH NJW 1996, 1537.
30. Hierzu BGH ZIP 1991, 1574, 1577.

2. Klauselgestaltungen

§ 254 BGB. Sobald aber der Kunde aktuelle Kenntnis von dem aufgetretenen Mangel hat, ist für den dann aus einer Pflichtverletzung nach § 241 Abs. 2 BGB resultierenden Schadensersatzanspruch § 377 Abs. 3 HGB entsprechend anzuwenden.[31]

2. Klauselgestaltungen

a) In Verkaufs-AGB ist es häufig üblich, das **Kriterium der Unverzüglichkeit** – bezogen auf die Rügepflicht des § 377 HGB – abzubedingen, indem starre Fristen vorgesehen werden, innerhalb derer der Kunde verpflichtet sein soll, einen Mangel nach Ablieferung der Kaufsache im Sinn von § 377 Abs. 1 HGB zu rügen. Angesichts der Flexibilität der Untersuchungs- und Rügeobliegenheiten des Kunden, wie sie in § 377 Abs. 1 HGB normiert sind, verstoßen jedoch starre Fristen regelmäßig gegen § 307 Abs. 2 Nr. 1 BGB, weil dadurch der Kunde unangemessen benachteiligt wird.[32] Es kann dann ja sein, dass der Verkäufer geltend macht, die (starre) Frist sei bereits abgelaufen und der Rechtsverlust eingetreten. Das gilt vor allem auch dann, wenn die kurze Frist zur Konsequenz hat, dass der gerügte Mangel als „versteckte" Mängel qualifiziert wird, obwohl er bei einer ordnungsgemäßen, an den Kriterien von § 377 Abs. 1 HGB ausgerichteten Mängeluntersuchung nicht entdeckt werden konnte.[33]

b) Dabei ist im Sinn von § 307 Abs. 2 Nr. 1 BGB entscheidend, dass eine derartige – kurze – Ausschlussfrist in der Sache bewirkt, dass der Verkäufer für „versteckte" Mängel im Sinn von § 377 Abs. 2 HGB praktisch nicht haftet. Nichts anderes gilt dann, wenn der Verlust des Rügerechts an den Tatbestand der Be- oder Weiterverarbeitung der Sache knüpft,[34] oder wenn bei verborgenen Fehlern eine Rüge nur noch dann erhoben werden kann, wenn die Fehler der Sache noch wirklich auf einem Verschulden des Verkäufers beruhen.[35]

c) Demzufolge kann eine in Verkaufs-AGB normierte Rügefrist nur dann mit § 307 Abs. 2 Nr. 1 BGB im Einklang stehen, wenn sie sich lediglich auf den Tatbestand von § 377 Abs. 1 HGB bezieht, d. h. auf solche Mängel erstreckt, die bei einer ordnungsgemäßen Mängeluntersuchung auch wirklich entdeckbar sind. Anders gewendet: Eine Rügefrist ist – auch als Ausschlussfrist – dann mit § 307 Abs. 2 Nr. 1 BGB vereinbar, wenn sie so ausgestaltet ist, dass

---

31. BGH NJW 1996, 1537.
32. BGH NJW 1992, 575; Erman/Roloff, BGB, § 309 Rdnr. 117.
33. BGH NJW-RR 1986, 52, 53.
34. BGH NJW 1996, 1537, 1538.
35. BGH NJW 1985, 3016, 3017.

in dieser Frist – bei ordnungsgemäßer und unverzüglicher Mängeluntersuchung – die Mängel auch hätten entdeckt werden können.[36]

d) Wenn im Rahmen von Verkaufs-AGB nicht nur ein einziges Produkt geliefert wird, dürfte es sich – wegen der Produktvielfalt und der unterschiedlich ausgestalteten, produktspezifischen Untersuchungs- und Rügeobliegenheiten – regelmäßig empfehlen, auf eine AGB-Klausel zu verzichten, welche die Untersuchungs- und Rügeobliegenheiten des § 377 HGB in einer dem Verkäufer vorteilhaften Weise reflektiert. Denn es ist dann nicht von vornherein auszuschließen, dass diese Regelung insgesamt gemäß § 307 Abs. 2 Nr. 1 BGB unwirksam ist, sofern sie wegen der generell-defekten Bewertung nur für ein einziges vom Verkäufer üblicherweise geliefertes Produkt unangemessen kurz ist.

aa) Erfahrungsgemäß ist bei vielen Kunden die Wareneingangskontrolle nach wie vor unzureichend ausgeprägt; sie entspricht nicht immer dem Erscheinungsbild des § 377 HGB. Gerade unter diesem Gesichtswinkel reicht es oft in der Praxis aus, wenn der Verkäufer in seinen Verkaufs-AGB überhaupt **keine abweichende Regelung** vorsieht, welche die Untersuchungs- und Rügeobliegenheiten des § 377 HGB einschränkt. Zu denken ist aber sehr wohl daran, eine pauschale Umschreibung des gesetzlichen Tatbestandes des § 377 HGB in die Verkaufs-AGB einzubauen, um auf diese Weise etwaige Gewährleistungsansprüche des Kunden leichter abwehren zu können, sofern der Kunde nicht seinerseits nachgewiesen hat, dass er die Untersuchungs- und Rügeerfordernisse des § 377 HGB ordnungsgemäß erfüllt hat.

bb) Zu berücksichtigen ist aber auch, dass es in der kaufmännischen Praxis inzwischen weithin üblich ist, die Besonderheiten einer Untersuchungs- und Rügeobliegenheit im Rahmen von **Qualitätssicherungsvereinbarungen** erfasst und speziell geregelt werden. Bei dieser Vertragsgestaltung aber ist es dann regelmäßig so, dass der Kunde als Besteller seinerseits großen Wert darauf legt, nicht dem harten Regime des § 377 HGB unterworfen zu werden. Doch die damit zusammenhängenden Fragen sind nur im Rahmen der Einkaufs-AGB zu erörtern. Sie sind dadurch charakterisiert, dass der Besteller dem Verkäufer in vielen Fällen die Pflicht zu einer **Ausgangskontrolle** auferlegt, um dann seinerseits auf die Eingangskontrolle nach § 377 HGB zu verzichten.

e) Für den Fall des **Verbrauchsgüterkaufs** enthält § 475 Abs. 1 und Abs. 2 BGB **zwingendes Recht;** eine Klauselgestaltung scheidet daher aus.

---

36. BGH BB 1984, 939.

3. Mängelansprüche – allgemein

a) Nach der Definition von § 434 Abs. 1 Satz 1 BGB haftet der Verkäufer dafür, dass die von ihm gelieferte Sache – bezogen auf den Zeitpunkt des Gefahrenübergangs – frei von **Sachmängeln** ist und damit die **vereinbarte Beschaffenheit** hat. Der gesamte Bereich des allgemeinen Leistungsstörungsrechts ist damit Teil des Kauf- und Werkvertragsrechts geworden – mit der Maßgabe, dass die Lieferung einer mangelhaften Sache bzw. die Herstellung eines fehlerhaften Werks als Tatbestand der Nicht- oder der Schlechterfüllung gemäß § 433 Abs. 1 Satz 2 BGB bzw. gemäß § 633 Abs. 1 Satz 2 BGB charakterisiert wird.

b) Darüber hinaus ist von Belang, dass nach § 434 Abs. 3 BGB ein Sachmangel auch dann vorliegt, wenn der Verkäufer eine **andere Sache** oder eine **zu geringe Menge** geliefert hat. Auch die Zuweniglieferung wird als Tatbestand der Nichterfüllung/Schlechterfüllung im Rahmen von § 434 Abs. 1 BGB behandelt. Indessen ist zu unterstreichen, dass der Tatbestand der **Zuviellieferung** nach dem Wortlaut von § 434 Abs. 1 BGB nicht erfasst wird. Es bestehen jedoch keine Bedenken dagegen, auch in diesen Fällen an die allgemeinen Tatbestände der Pflichtverletzung gemäß §§ 280 ff. BGB anzuknüpfen, wenn und soweit, was regelmäßig zu bejahen ist, eine dem Verkäufer zuzurechnende Pflichtverletzung insoweit vorliegt.[37]

4. Beschaffenheitsvereinbarung – Subjektiver und objektiver Fehler

a) § 434 Abs. 1 Satz 1 BGB hat den Tatbestand des **subjektiven Fehlerbegriffes** zum Gegenstand.[38] Es kommt mithin auf die jeweils – ausdrücklich oder stillschweigend – vereinbarte Beschaffenheit der Sache an, um zu entscheiden, ob der Verkäufer seinen Vertragspflichten nachgekommen ist, eine mangelfreie Sache nach § 433 Abs. 1 BGB zu liefern. Im Hinblick auf eben diesen Fehlerbegriff kann nahtlos an die frühere Judikatur zu § 459 Abs. 1 BGB a. F. angeknüpft werden.[39]

aa) Ob eine **Beschaffenheitsvereinbarung** vorliegt, ist stets unter Beachtung aller Umstände des Einzelfalls durch Auslegung der Par-

---

37. Graf von Westphalen, in: Henssler/Graf von Westphalen, Praxis der Schuldrechtsreform, § 434 Rdnr. 3.
38. Hierzu Palandt/Weidenkaff, BGB, § 434 Rdnr. 13 ff.; Erman/Grunewald, BGB, § 434 Rdnr. 12 ff.
39. BGHZ 1998, 202 – Typprüfung; weitere Nachweise bei Lorenz/Riehm, Lehrbuch zum neuen Schuldrecht, Rdnr. 483 ff.

teienerklärungen nach den §§ 133, 157 BGB zu beantworten.[40] So sagt die Bezeichnung eines Pkw als „Vorführwagen" nichts über das Alter des betreffenden Fahrzeugs aus.[41] Hingegen enthält die Erklärung, dass es sich um einen „Jahreswagen" handelt, für gewöhnlich eine ausdrückliche Beschaffenheitsvereinbarung.[42] Auch die Angaben des Verkäufers über die Laufleistung eines Pkw sind grundsätzlich als Beschaffenheitsvereinbarung zu werten, soweit es sich um den Verkauf zwischen Privaten handelt.[43] **Anpreisungen** sind hingegen nicht notwendigerweise als Beschaffenheitsvereinbarung zu bewerten.[44] Die der Bestellung nicht entsprechende Farbe eines Pkw ist jedoch Verletzung einer Beschaffenheitsvereinbarung.[45]

bb) **Wissenserklärungen** des Verkäufers sind nicht mit einer Beschaffenheitsvereinbarung gleichzusetzen. Diese liegen etwa dann vor, wenn beim Verkauf eines Gebrauchten der Verkäufer erklärt: „Unfallschäden lt. Vorbesitzer Nein."[46] Denn eine solche Erklärung enthält – erkennbar – kein eigenes Wissen des Verkäufers, sondern es lässt wegen des Hinweises auf den „Vorbesitzer" erkennen, woher dieses Wissen stammt. Deshalb kann der Käufer nicht erwarten, dass der Verkäufer für ein solches – fremdes – Wissen auf Grund einer eigenen Erklärung eine Einstandspflicht begründen will, für etwaige Mängel der Sache einzustehen.

cc) Abzugrenzen ist die Beschaffenheitsvereinbarung insbesondere auch gegenüber der **Beschaffenheitsgarantie** im Sinn des § 443 BGB. Die Trennlinie vollzieht sich nach folgendem Muster, wobei natürlich stets die Auslegung nach den §§ 133, 157 BGB Maß gibt: Nach der Rechtsprechung ist für die Annahme einer Beschaffenheitsgarantie nach § 443 BGB – das Gleiche gilt aber auch nach § 444 BGB und auch im Rahmen von § 276 Abs. 1 BGB – eine Eigenschaftszusicherung zu sehen.[47] Diese liegt dann vor, wenn der Verkäufer – für den Käufer erkennbar – die Bereitschaft bekundet hat, in vertraglich bindender Weise für alle Folgen einstehen zu wollen, die sich aus dem Fehlen der betreffenden Eigenschaft herleiten lassen. Wesentlich ist dabei, dass der Verkäufer eine vom Verschulden unabhängige Haftung auf Ersatz des entstehenden Schadens

---

40. BGH NJW 2010, 3710, 3712 – „Vorführwagen".
41. BGH a.a.O.
42. BGH NJW 2006, 2694 – „Jahreswagen" – Standzeit von mehr als 12 Monaten.
43. BGH NJW 2007, 1346 – „Laufleistung eines Gebrauchten".
44. BGH NJW-RR 2010, 1329, 1330f. – „Weinkorken".
45. BGH NJW-RR 2010, 1290, 1291f. – „Corvette".
46. BGH NJW 2009, NJW 2008, 1517 – Unfallschaden – unerhebliche Pflichtverletzung.
47. BGH NJW 2007, 1346, 1348.

4. Beschaffenheitsvereinbarung

übernehmen will, dass also eine **Risikoübernahme** in den Augen des Käufers gewollt ist.[48] Zu weiteren Fragen S. 208.

dd) Die nach § 434 Abs. 1 Satz 1 BGB vorgesehene Vereinbarung einer Beschaffenheit der Sache kann sowohl ausdrücklich als auch **stillschweigend** getroffen werden.[49] Eine solche – konkludent – abgeschlossene Vereinbarung setzt jedoch voraus, dass es sich nicht nur um eine einseitig gebliebene Vorstellung des Käufers handelt, sondern dass der Verkäufer diese in irgendeiner Weise zustimmend zur Kenntnis genommen hat.[50]

ee) Immer muss es sich auch unter dem Regime von § 434 Abs. 1 Satz 1 BGB um den **Fehler einer Sache** handeln, also darum, dass die betreffende Beschaffenheitsvereinbarung nicht eingehalten, sondern gebrochen worden ist. Erfasst werden von dem Begriff „Beschaffenheit" in erster Linie die körperlichen Eigenschaften einer Sache[51] sowie jeder der Sache anhaftende tatsächliche, wirtschaftliche und rechtliche Umstand, welche Gegenstand einer Beschaffenheit sind.[52] Voraussetzung ist selbstverständlich, dass diese körperlichen Eigenschaften von der vereinbarten Soll-Beschaffenheit der Sache gemäß § 434 Abs. 1 Satz 1 BGB tatsächlich (Ist-Beschaffenheit) abweichen.[53] Es kommt also ausschließlich darauf an, welche Eigenschaften/Beschaffenheit die Parteien im Hinblick auf die verkaufte Sache vereinbart haben, sei es ausdrücklich oder stillschweigend.[54] Dies alles muss Vertragsinhalt geworden und auch hinreichend bestimmt sein.[55]

ff) Eine solche Abrede kann auch durch **AGB** geschehen, sofern sie weder überraschend noch unwirksam sind. Doch wird es sich in diesen Fällen wohl regelmäßig um eine inhaltliche Leistungsbeschreibung handelt, welche nach § 307 Abs. 3 Satz 1 BGB der richterlichen Inhaltskontrolle entzogen ist.[56] Liegen jedoch im Rahmen des jeweiligen Individualvertrages die Voraussetzungen einer Eigenschaftszusicherung – mithin: die einer **Garantie** – vor, dann ist es in AGB nicht möglich, daraus lediglich die Vereinbarung einer Beschaffenheit im Sinn des § 434 Abs. 1 Satz 1 BGB zu machen. Denn das würde zum

---

48. BGH a. a. O.; BGH NJW 1998, 2207.
49. BGH NJW 2009, 2807 – „fehlende Originallackierung" – kein Sachmangel.
50. Hierzu MünchKomm/Westermann, BGB, § 434 Rdnr. 12, BGH a. a. O.
51. Palandt/Weidenkaff, BGB, § 434 Rdnr. 10; Erman/Grunewald, BGB, § 434 Rdnr. 3.
52. Palandt/Weidenkaff, BGB, § 434 Rdnr. 14.
53. BGH NJW 1970, 653.
54. Hierzu Erman/Grunewald, BGB, § 434 Rdnr. 15; Palandt/Weidenkaff, BGB, § 434 Rdnr. 17.
55. Palandt/Weidenkaff, BGB, § 434 Rdnr. 18.
56. Vgl. aber Schulte-Nölke, ZGS 2003, 184 ff.

einen dem Inhalt des Individualvertrages nach § 305 b BGB widerstreiten; zum anderen wäre eine solche Klausel nach § 307 Abs. 2 Nr. 1 BGB unwirksam, weil dem Käufer die Rechte auf Grund der verschuldensunabhängigen Garantiehaftung genommen würden. Er würde auf den allgemeinen Standard nach § 280 Abs. 1 Satz 2 BGB in Verbindung mit dem Fahrlässigkeitsvorwurf reduziert, worin eine unangemessene Benachteiligung des Käufers liegt.

b) Soweit im Einzelfall **keine** bestimmte Beschaffenheit der Sache vereinbart ist, ergibt sich aus § 434 Abs. 1 Satz 2 Nr. 1 BGB, dass dann die Sache immer dann frei von Sachmängeln ist, wenn sie sich für die **nach dem Vertrag vorausgesetzte Verwendung** eignet, oder wenn sie sich (§ 434 Abs. 1 Satz 2 Nr. 2 BGB) für die **gewöhnliche Verwendung** eignet und eine Beschaffenheit aufweist, die bei Sachen der gleichen Art üblich ist und die der Käufer nach der Art der Sache erwarten kann.[57]

aa) Die Bezugnahme auf **technische Spezifikationen, Normen, Produktbeschreibungen** etc. ist stets als ausdrückliche Beschaffenheitsvereinbarung der Sache zu qualifizieren.[58] Wenn bei einem Gebrauchtwagen Schäden duch eine Neulackierung beseitigt worden sind, dann ist damit nicht der vom Vertrag vorausgesetzte Gebrauch beeinträchtigt.[59] Das gilt auch dann, wenn der einige Jahre alte Gebrauchtwagen – ohne die Originallackierung – weiterveräußert werden soll.[60] Doch ist im Sinn von § 434 Abs. 1 Satz 2 Nr. 1 BGB zu bedenken, dass eine – vereinbarte – Beschaffenheitsvereinbarung dann regelmäßig nicht vorliegt, wenn sich die Vorstellungen der Parteien nicht auf einzelne Merkmale der Beschaffenheit der Sache richten, sondern schlicht darauf, dass die Sache für einen bestimmten Verwendungszweck – ohne detaillierte Aufzählung von einzelnen Merkmalen – tauglich und geeignet ist.[61]

bb) Damit ist jeweils die „**nach Vertrag vorausgesetzte Verwendung**" der Sache nach § 434 Abs. 1 Satz 2 Nr. 1 BGB angesprochen. Folglich ist entscheidend, dass die Parteien auch in diesem Fall den bestimmten Verwendungszweck zum Inhalt des Vertrages gemacht haben.[62] Das setzt voraus, dass der Verkäufer von eben diesem Verwendungszweck Kenntnis hatte, was nur dann grundsätzlich anzunehmen ist, wenn sich beide Parteien darauf auch verständigt haben.[63] Es

---

57. Hierzu Palandt/Weidenkaff, BGB, § 434 Rdnr. 20 ff.
58. BGH ZIP 1996, 711, 713 – Prüfgerät; BGH ZIP 1996, 279, 280 – Fertigbeton.
59. BGH NJW 2009, 2807, 2808 – „Neulackierung".
60. BGH a. a. O.
61. Reg. E. BR-Drucks. 338/01 S. 498.
62. Staudinger/Matusche-Beckmann, BGB, § 434 Rdnr. 55 f.
63. Palandt/Weidenkaff, BGB, § 434 Rdnr. 21.

ns ist.[65] Einseitige Erwartungen des Käufers bleiben auch hier außer Betracht, solange auf Grund der Umstände nicht feststeht, dass der Verkäufer sie zustimmend zur Kenntnis genommen und auch nicht beanstandet hat.[66] Notwendig ist auch hier, dass eine Diskrepanz zwischen der Soll- und der Ist-Beschaffenheit besteht, so dass sie als Folge des Mangels in ihrer Beschaffenheit zu dem vertraglich vorausgesetzten Zweck nicht bestimmungsgemäß verwendet werden kann.[67] Nach Ansicht des BGH[68] reicht hierfür die geringe Wahrscheinlichkeit, dass ein Pferd nicht als Turnierpferd eingesetzt werden kann, wenn es von der „physiologischen Norm" abweicht, solange sich diese Abweichung im Rahmen des Üblichen bewegt.

bb) **Alternativ** (vgl. „sonst") zu § 434 Abs. 1 Satz 2 Nr. 1 BGB, also ohne die ausdrücklich oder doch stillschweigende Beschaffenheitsvereinbarung regelt Nr. 2 den Fall, dass – wiederum: mangels einer Beschaffenheitsvereinbarung – das Vorliegen eines Sachmangels maßgebend auf die Eignung der Kaufsache für die „gewöhnliche Verwendung" ankommt. Damit ist der Tatbestand des **objektiven Fehlerbegriffs** angesprochen.[69] Die danach geschuldete Beschaffenheit der Kaufsache bezieht sich also stets auf die Beschaffenheit, die bei Sachen der gleichen Art **üblich** ist und die der Käufer beim Kauf der Sache erwarten kann und erwarten darf.[70] Dieses Kriterium der Üblichkeit ist objektiv zu bestimmen.[71] Entscheidende praktische Schwierigkeiten macht es in diesen Fällen, die haftungsbegründende Abweichung zwischen der Soll- und der Ist-Beschaffenheit vergleichbarer Sachen zu darzulegen und zu beweisen.[72] Denn es kommt insoweit immer darauf an, dass der jeweilige – objektive – Fehler nur aus dem Vergleich der durchschnittlichen gebräuchlichen Verwendung einer Sache dieser Art abgeleitet werden kann.[73]

---

64. Erman/Grunewald, BGB, § 434 Rdnr. 13.
65. Palandt/Weidenkaff, a. a. O.
66. BGH NJW 2009, 2807.
67. Erman/Grunewald, BGB, § 434 Rdnr. 16 ff.
68. BGH NJW 2007, 1351 – „Normpferd".
69. MücnhKomm/Westermann, BGB, § 434 Rdnr. 18.
70. Palandt/Weidenkaff, BGB, § 434 Rdnr. 25 ff.; Graf von Westphalen, in: Henssler/Graf von Westphalen, Praxis der Schuldrechtsreform, § 434 Rdnr. 27.
71. Palandt/Weidenkaff, BGB, § 434 Rdnr. 27.
72. OLG Düsseldorf, NJW 2006, 2858, 2859 – Getriebeausfall bei einem Mittelklassewagen – Vergleich mit der Konstruktion anderer Hersteller; OLG Karlsruhe NJW-RR 2008, 137 – Verzögerung in der Beschleunigung eines Geländewagens bei einer Geschwindigkeit über 140 km/h.
73. MünchKomm/Westermann, BGB, § 434 Rdnr. 18.

cc) Von gewisser praktischer Bedeutung ist es auch, die Möglichkeit einer so genannten „**negativen Beschaffenheitsvereinbarung**" ins Auge zu fassen. Es ist im Rahmen der Parteiautonomie unbedenklich, im Sinn von § 443 BGB eine Beschaffenheits- oder auch Haltbarkeitsgarantie zu vereinbaren, um auf diese Weise eine unterhalb der gesetzlichen Haftungslage bestehende vertragliche Einstandspflicht zu begründen. In gleicher Weise aber ist es unbedenklich, wenn sich Verkäufer und Käufer – bezogen auf eine bestimmte Beschaffenheit/Eigenschaft – darüber einig sind, dass sie nicht vorhanden oder doch substandardisiert sein soll.[74] Dabei ist jedoch stets eine in der Sache nicht immer leichte Abgrenzung zwischen einer solchen – negativen – Vereinbarung einerseits und einer unwirksamen Haftungsbegrenzung andererseits vorzunehmen.

dd) Soweit eine Abschwächung der getroffenen Beschaffenheitsvereinbarung in AGB geschieht, bestehen keine Bedenken: Sie sind dann entweder nach § 305c Abs. 1 BGB überraschend[75] oder sie sind nach § 307 Abs. 2 Nr. 1 BGB wegen ihres Widerspruchs zum Individualvertrag unwirksam. Die in diesen Fällen immer gebotene Abgrenzung muss aus der Persepktive des Käufers vorgenommen werden.[76] Zu fragen ist, ob die Parteien eine für den Käufer nachteilige Beschaffenheitsvereinbarung wirklich gewollt haben oder ob der Verkäufer diese negative Abgrenzung nur mit dem Ziel genutzt hat, die Rechte des Käufers im Fall eines Mangels zu begrenzen.[77] Die bisherige Rechtsprechung beschäftigt sich mit dieser Konstellation vor allem beim Kauf eines Gebrauchtwagens.[78]

ee) Eine weitere Abgrenzung ist in diesen Fällen immer im Blick auf die zwingende Norm des § 475 Abs. 1 BGB vorzunehmen. Danach kann die Haftung für einen Mangel der Sache – auch beim Verkauf einer **gebrauchten Sache** – nicht im Voraus abbedungen werden.[79] Doch geht es nicht primär um die Beschränkung der Mängelhaftung im Fall einer negativen Beschaffenheitsvereinbarung, sondern um die vertraglich zulässige Festlegung des Tatbestandes, was denn im Einzelfall als Mangel anzusehen ist, so dass dem Käufer nur insoweit Rechte zustehen.

c) Neu im Kontext der Sachmängelhaftung ist die Feststellung, dass zu der Beschaffenheit nach § 434 Abs. 1 Satz 2 Nr. 2 BGB auch

---

74. Staudinger/Matusche-Beckmann, BGB, § 434 Rdnr. 33; MünchKomm/Westermann, BGB, § 434 Rdnr. 17 a.
75. Faust, in Bamberger/Roth, BGB, § 434 Rdnr. 11.
76. Faust, in Bamberger/Roth, BGB, § 434 Rdnr. 10.
77. So mit Recht Faust a. a. O.; vgl. auch Schinkels, ZGS 2003, 310, 313.
78. OLG Oldenburg, ZGS 2004, 75 – „Bastlerauto" – kein Gewährleistungsausschluss; anders AG Marsberg, ZGS 2003, 119 – „Bastlerfahrzeug" – Kabelbrand.
79. Hierzu Müller, NJW 2003, 1975, 1976 f.

4. Beschaffenheitsvereinbarung

die Eigenschaften gehören, die der Käufer nach der **öffentlichen Äußerung des Verkäufers, des Herstellers oder seines Gehilfen** – bezogen auf bestimmte Eigenschaften der Sache – erwarten kann. Es handelt sich hierbei um die Umsetzung von Art. 2 Abs. 2 lit. d der Richtlinie über den Verbrauchsgüterkauf.[80] Im **unternehmerischen Verkehr** wird dieses Tatbestandselement gemäß § 434 Abs. 1 Satz 3 BGB regelmäßig nicht die gleiche hohe Bedeutung enthalten, wie dies im Rahmen und aufgrund eines Verbrauchsgüterkaufes nach § 474 BGB zutrifft. Doch bedeutet dies nicht, dass dieser Tatbestand nur auf den Verbrauchsgüterkauf beschränkt ist. Vielmehr hat der Gesetzgeber durch § 434 Abs. 1 Satz 3 BGB klargestellt, dass diese Norm auch im unternehmerischen Verkehr relevant wird.[81]

aa) **Öffentliche Äußerungen** des Verkäufers, die sich auf Eigenschaften der verkauften Sache beziehen, sind grundsätzlich im Blick auf die gewöhnliche Verwendung dieser Sache und die damit umschriebene Soll-Beschaffenheit im Fall einer Mangels haftungsbegründend.[82] Dies gilt auch dann, wenn diese im Einzelfall nicht unmittelbar Gegenstand des Kaufvertrages geworden sind. So gesehen werden die öffentlichen Äußerungen dem Verkäufer zugerechnet, soweit sie sich auf bestimmte Eigenschaften der Sache beziehen, die im Einzelfall jedoch nicht vorhanden sind und so eine Mangelhaftigkeit nach § 434 Abs. 1 Satz 3 BGB begründen. Es ist gleichgültig, ob solche öffentlichen Äußerungen schriftlich oder mündlich erklärt worden sind.[83] In der Sache verweist § 434 Abs. 1 Satz 3 BGB auf § 4 Abs. 1 und Abs. 2 ProdHaftG. Daraus folgt: Auch die öffentlichen Äußerungen des Quasi-Herstellers sowie die des Importeurs zählen – haftungsbegründend – zu den Tatbestandselementen, die eine Haftung des Verkäufers wegen eines etwaigen Sachmangels auslösen. Praktisch wichtig ist, dass es daher auch zu einer Haftung wegen eines Sachmangels kommen kann, soweit **Werbeerklärungen** des Herstellers in Rede stehen. Denn dies ist der klassische Fall einer öffentlichen Äußerung, sofern sie darauf gerichtet ist, Interesse für das beworbene Produkt hervorzurufen und damit einen Kaufanreiz zu schaffen.[84]

bb) Dabei kommt es hier nie darauf an, ob sie auch Vertragsinhalt geworden sind.[85] Es bedarf also keiner Beschaffenheitsverein-

---

80. Westermann, JZ 2001, 530, 533; Haas, BB 2001, 1313, 1314.
81. Im Einzelnen Palandt/Weidenkaff, BGB, § 434 Rdnr. 31 ff.; Erman/Grunewald, BGB, § 434 Rdnr. 22 ff.
82. Palandt/Weidenkaff, BGB, § 434 Rdnr. 31.
83. Palandt/Weidenkaff, BGB, § 434 Rdnr. 33.
84. Palandt/Weidenkaff, BGB, § 434 Rdnr. 35.
85. Faust, in Bamberger/Roth, BGB, § 434 Rdnr. 75.

barung. Doch muss es sich immer um solche öffentlichen Erklärungen deds Herstellers handeln, die – für den Käufer erkennbar – damit werben, dass die Produkte einen **höheren Qualitätsstandard** ausweisen als der, welcher sich bereits aus der gesetzlichen Formulierung in § 434 Abs. 1 Satz 2 Nr. 2 BGB ableiten lässt.[86] Denn sonst kann sich der Käufer in der Praxis mit den Ansprüchen zufrieden geben, die auf Grund einer Ist-Beschaffenheit entstanden sind, welche für die gewöhnliche Verwendung der Sache im Sinn des § 434 Abs. 1 Satz 2 Nr. 2 BGB nicht zutrifft. Daher hat auch das OLG München[87] zu Recht einen Anspruch auf Rücktritt gewährt, weil der Prospekt den Verbrauch eines weniger teuren Bezins vorsah als der Pkw in Wirklichkeit benötigte. Die öffentliche Äußerung des Herstellers bindet also sozusagen in Form einer „zusätzlichen Eigenschaft".[88]

cc) Haftungsbegründend sind in diesem Kontext auch entsprechende öffentliche Äußerungen oder werbemäßige Erklärungen der **Gehilfen**. Sie werden dem Verkäufer zugerechnet. Wie das Tatbestandselement des „Gehilfen" in § 434 Abs. 1 Satz 3 BGB näher zu konkretisieren ist, ist nicht leicht zu sagen.[89] Fest steht jedenfalls, dass die Rechtsfigur des Gehilfen nicht die eines Stellvertreters gemäß §§ 164 ff. BGB ist.[90] Er kann Vertreter sein, muss es aber nicht.[91] Dass der Gehilfe wiederum nicht gleichbedeutend ist mit dem Erfüllungsgehilfen gemäß § 278 BGB ist ebenfalls evident, weil es ja im Rahmen von § 434 Abs. 1 Satz 3 BGB entscheidend darum geht, eine **Wissenszurechnung** – bezogen auf öffentliche Äußerungen oder werbemäßige Erklärungen – herbeizuführen, soweit sich diese auf bestimmte Eigenschaften der Sache beziehen, die demzufolge der Käufer erwarten kann. Doch wird man insoweit dennoch auf einige Tatbestandselemente des § 278 BGB zurückgreifen müssen, um die Rechtsfigur des Gehilfen näher zu konkretisieren. Maßgebend kommt es also darauf an, dass die öffentlichen Erklärungen/werbemäßigen Erklärungen des Gehilfen nur dann, aber immer auch dann dem Verkäufer – haftungsbegründend – zuzurechnen sind, wenn der jeweilige Gehilfe diese mit Wissen und Wollen des Herstellers, Quasi-Herstellers oder Importeurs getätigt hat.[92]

---

86. Mit Recht Faust, in Bamberger/Roth, BGB, § 434 Rdnr. 76.
87. OLG München NJW-RR 2005, 494.
88. OLG München a. a. O.
89. Im Einzelnen Westermann, NJW 2002, 241, 245; Palandt/Weidenkaff, BGB, § 434 Rdnr. 36; Graf von Westphalen, in: Henssler/Graf von Westphalen, Praxis der Schuldrechtsreform, § 434 Rdnr. 36 f.
90. Palandt/Weidenkaff, § 434 Rdnr. 36; Reg. E. BR-Drucks. 338/01 S. 501.
91. Vgl. auch Faust, in Bambeger/Roth, BGB, § 434 Rdnr. 78.
92. Hierzu Faust, in: Bamberger/Roth, § 434 Rdnr. 78.

4. Beschaffenheitsvereinbarung 153

dd) § 434 Abs. 1 Satz 2 Nr. 3 BGB verlangt, dass die öffentlichen Äußerungen sich – neben der Werbung – auf **Kennzeichnungen** auf bestimmte Eigenschaften der Sache beziehen müssen. Damit sind **Prospekte, Kataloge und sonstige Warenbeschreibungen** angesprochen.[93] Doch wenn sich eine solche Kennzeichnung auf bestimmte Eigenschaften bezieht, dann spricht in der Regel sehr vieles dafür, dass diese auch unmittelbar Vertragbestandteil werden, weil der Käufer ja von ihnen vor Abschluss des Vertrages Kenntnis nehmen muss.[94] Denn es kommt ja nach § 434 Abs. 1 Satz 2 Nr. 3 BGB entscheidend darauf an, dass der Käufer infolge einer solchen Kennzeichnung das Vorhandensein der dort bezeichneten Eigenschaft auch erwarten kann.[95]

ee) Doch sind bei der Interpretation dieser Norm auch **drei Ausschlußtatbestände** zu bedenken. Die Zurechnung öffentlicher Äußerungen in der Werbung oder der Kennzeichnung zu Lasten des Verkäufers findet dann nicht statt, wenn der Verkäufer oder der Hersteller die betreffende Äußerung **nicht kannte und auch nicht kennen musste**. Positive Kenntnis schadet ebenso wie grobe Fahrlässigkeit. Dass es sich hierbei nicht nur um eine entsprechende Kenntnis der jeweiligen Organe (Geschäftsführer, Vorstände etc.) handeln muss, liegt auf der Hand. Vielmehr wird man hier im Ergebnis regelmäßig eine Wissenszurechnung nach § 166 BGB analog vornehmen müssen.[96] Dabei wird man daran festhalten müssen, dass es sich um solches Wissen handeln muss, das erfahrungsgemäß aktenmäßig bei dem betreffenden Sachbearbeiter festgehalten wird.[97] Das aber reicht aus, um eine Wissenszurechnung gemäß § 434 Abs. 1 Satz 3 BGB zu bewirken und den jeweiligen vom Verkäufer zu führenden **Entlastungsbeweis** als missglückt anzusehen.

Alternativ hat der Verkäufer die Möglichkeit, dadurch seine Haftung zu vermeiden, wenn diese im Zeitpunkt des Vertragsschlusses in gleichwertiger Weise **berichtigt** worden sind. Im Ergebnis dürfte nur dann eine – gleichwertige – Berichtigung einer öffentlichen Äußerung/werbemäßige Erklärung des Herstellers pp. vorliegen, wenn die jeweilige Berichtigung derart ist, dass die – ursprüngliche – öffentliche Äußerung/werbemäßige Erklärung nicht mehr im Bewusstsein des Käufers/Verbrauches vor Abschluss des jeweiligen Kaufvertrages vorhanden war.[98] Gleichwertig bedeutet, dass sie mit dem

---
93. Vgl. Palandt/Weidenkaff, BGB, § 434 Rdnr. 35.
94. Faust, in Bamberger/Roth, BGB, § 434 Rdnr. 80.
95. Vgl. Palandt/Weidenkaff, BGB, § 434 Rdnr. 37.
96. Vgl. Palandt/Ellenberger, BGB, § 166 Rdnr. 8.
97. BGH NJW 1996, 1206; BGH NJW 1996, 1339.
98. Vgl. Palandt/Weidenkaff, BGB, § 434 Rdnr. 39.

gleichen medialen Wirkungsgrad versehen sein muss.[99] Folglich ist der Verkäufer verpflichtet, den klassischen **Negativbeweis** zu führen, also darzulegen und zu beweisen, dass der betreffende – individuelle – Käufer aufgrund der gleichwertigen Berichtigung der fehlerhaften öffentlichen Äußerung/werbemäßige Erklärung nicht mehr damit rechnen konnte, dass bestimmte Eigenschaften der Sache vorhanden sind, die das Ergebnis der vorgeschalteten öffentlichen Äußerung/ werbemäßige Erklärung waren.[100]

Eine weitere Entlastungsmöglichkeit besteht darin, dass der Verkäufer nachweist, dass die jeweilige öffentliche Äußerung/werbemäßige Erklärung des Herstellers, Quasi-Herstellers, Importeurs oder eines Gehilfen nicht derart war, dass sie den Kaufentschluss des betreffenden – individuellen – Käufers beeinflussen konnte. Dies bedeutet in der Sache, dass der Negativbeweis im Hinblick auf die Suggestivwirkung einer Werbung geführt werden muss. Doch Werbung zielt immer auf die Beeinflussung des Käuferverhaltens; also ist im Kontext von § 434 Abs. 1 Satz 3 BGB der Gegenteilsbeweis zu führen und damit die fehlende Beeinflussung durch die jeweilige – fehlerhafte – öffentliche Äußerung/werbemäßige Erklärung nachzuweisen.[101]

5. Montage und Montageanleitung

a) Nach der Neufassung von § 434 Abs. 2 BGB ist ein Sachmangel auch dann gegeben, wenn die **vereinbarte Montage** durch den Verkäufer oder dessen Erfüllungsgehilfen unsachgemäß durchgeführt worden ist.[102] Die vereinbarte Montageleistung, die der Verkäufer oder dessen Erfüllungsgehilfen zu erbringen hat, muss in diesem Fall **Nebenpflicht** sein. Ist sie nämlich Hauptpflicht, dann ist es schwer nachvollziehbar, dass ein Montagemangel als Sachmangel des Kaufvertrages zu qualifizieren ist, ist doch die Montageleistung ihrerseits gemäß §§ 631 ff. BGB als **Werkvertrag** einzuordnen. Eine unsachgemäße Durchführung der kaufvertraglichen Montagepflicht liegt dann vor, wenn es sich um eine mangelhafte Leistung handelt; dabei kommt es entweder auf die Soll-Beschaffenheit an, wie sie durch die betreffende Vereinbarung festgelegt worden ist oder es

---

99. OLG Celle DAR 2006, 269.
100. Faust, in Bamberger/Roth, BGB, § 434 Rdnr. 87.
101. Palandt/Weidenkaff, BGB, § 434 Rdnr. 39; Faust, in: Bamberger/Roth, BGB, § 434 Rdnr. 87.
102. Palandt/Weidenkaff, BGB, § 434 Rdnr. 40 ff.; Faust, in Bamberger/Roth, BGB, § 434 Rdnr. 88 ff.; im Einzelnen auch Graf von Westphalen, in: Henssler/Graf von Westphalen, Praxis der Schuldrechtsreform, § 434 Rdnr. 47 ff.

auf den vom Vertrag vorausgesetzten Gebrauch sowie – alternativ – auf den gewöhnlichen Gebrauch der Sache abzustellen. Es ist also an die einzelnen Tatbestände des § 434 Abs. 1 Satz 1 und Satz 2 BGB anzuknüpfen, weil es sich in Abs. 3 ebenfalls um einen Sachmangel handeln muss.[103]

b) Ein Sachmangel liegt im Sinn von § 434 Abs. 3 Satz 2 BGB auch dann vor, wenn die **Montageanleitung** ihrerseits fehlerhaft war. Dies gilt freilich dann nicht, wenn die Montage ihrerseits – trotz Vorhandenseins einer fehlerhaften/mangelhaften Montageanleitung – fehlerfrei montiert wurde. Dieses Merkmal bezieht sich daher auf die jeweilige Kausalität zwischen einer fehlerhaften Anleitung und einer daraus resultierenden fehlerhaften Montage. Ist nämlich die Montage ungeachtet einer fehlerhaften Anleitung in der Tat fehlerfrei durchgeführt worden, so dass es sich in der Terminologie des Gesetzes um eine sachgemäße Montage handelt, dann bestehen naturgemäß keine Mängelansprüche des Käufers. Die Beweislast trägt der Verkäufer, wie sich aus der Gesetzesformulierung („es sei denn") ablesen lässt.[104]

c) Es ist strittig, ob eine **Bedienungsanleitung** einer Montageanleitung gleichzusetzen ist.[105] Soweit dies bejaht wird,[106] wird die analoge Anwendung damit begründet, dass es sich auch hierbei um schriftliche Aufzeichnungen handelt, welche für die Nutzung der Sache erforderlich sind, was dann aber auch auf Wartungs- und Pflegeanleitungen in gleicher Weise zutrifft. Demgegenüber wird aber mit Recht eingewandt, dass es sich bei der „Montage" um eine Anleitung handelt, welche nur für die erstmalige Nutzung der Sache notwendig ist.[107]

6. Falsch- und Zuweniglieferung

a) Ein zusätzlicher Unterfall der Mängelhaftung ergibt sich aus § 434 Abs. 3 BGB: Soweit eine **Falschlieferung** oder eine **Zuweniglieferung** vorliegt, trägt der Verkäufer die Mängelhaftung.

aa) Sofern bei einem **Stückkauf** eine andere Sache als diejenige geliefert wird, welche bestellt wurde, liegt nach der üblichen Terminologie ein Identitätsmangel vor.[108] Sofern ein **Gattungskauf** verein-

---

103. Vgl. Palandt/Weidenkaff, BGB, § 434 Rdnr. 45.
104. Palandt/Weidenkaff, BGB, § 434 Rdnr. 51.
105. Zum Meinungsstand Faust, in Bamberger/Roth, BGB, § 434 Rdnr. 96.
106. Erman/Grunewald, BGB, § 434 Rdnr. 58.
107. Faust, in Bamberger/Roth, BGB, § 434 Rdnr. 96; Palandt/Weidenkaff, BGB, § 434 Rdnr. 48.
108. Palandt/Weidenkaff, BGB, § 434 Rdnr. 52 a.

bart ist,[109] ist von einem Qualitätsmangel die Rede. Schon nach der früheren Rechtsprechung vollzog sich die insoweit stets vorzunehmende Abgrenzung nach dem jeweils vereinbarten Vertragszweck, der dem Verkäufer jedenfalls erkennbar und damit auch bekannt sein musste.[110] Hinzu kommen muss, dass der Verkäufer mit Erfüllungswillen geliefert hat, indem er die zu geringe Menge oder die falsche Ware an den Käufer übergeben, sie ihm also abgeliefert hat, weil erst dann die vom Verkäufer geschuldete Übergabepflicht erfüllt ist.[111]

bb) Sind hingegen nur **Teile** einer Gesamtlieferung erfüllt, dann ist § 434 Abs. 3 BGB deswegen nicht anwendbar, weil es insoweit an dem erforderlichen Erfüllungswillen des Verkäufers – bezogen auf die Gesamtheit der Lieferung – fehlt.[112] Dann liegt eine nach § 266 BGB zu beurteilende Teillieferung vor, so dass dem Käufer in Bezug auf die fehlende Menge keine Ansprüche wegen eines Mangels, sondern wegen ausbleibender Erfüllung zustehen.

b) Nicht anwendbar ist die Rechtsregel des § 434 Abs. 3 BGB, wenn es sich um eine **Zuviellieferung** handelt. Dann vollzieht sich die Rückabwicklung von Seiten des Verkäufers über die Schiene des Bereicherungsrechts der §§ 812 ff. BGB.[113] Das mag im Ergebnis – vor allem im Vergleich zur Zuweniglieferung – ungereimt erscheinen, entspricht aber dem eindeutigen Willen des Gesetzgebers.[114]

7. Rechtsmangel

a) Wie bereits zuvor angedeutet, liegt ein Mangel im Sinne von § 434 BGB auch dann vor, wenn gemäß § 435 BGB ein **Rechtsmangel** gegeben ist. Denn die Rechtsfolgen sind nach § 453 BGB in beiden Fällen die gleichen. Daraus ergibt sich: § 435 BGB umschreibt das Vorliegen eines Rechtsmangels in der Weise, dass ein Dritter in Bezug auf die Sache keine oder nur die im Kaufvertrag übernommenen Rechte gegen den Käufer geltend machen kann.[115]

b) Damit steht gleichzeitig fest, dass die bisherige – garantiemäßige – Haftung für Rechtsmängel nach § 437 BGB a.F. fortgefallen ist,

---

109. Hierzu Erman/Grunewald, BGB, § 434 Rdnr. 59 f.
110. BGH NJW 1997, 1914, 1915.
111. Erman/Grunewald, BGB, § 434 Rdnr. 60.
112. Palandt/Weidenkaff, BGB, § 434 Rdnr. 53 b.
113. Lettl, JuS 2002, 866, 870.
114. Vgl. Schmidt-Räntsch/Maifeld/Meier-Göring/Röcken, Das neue Schuldrecht, Berlin 2002, S. 453 f.
115. Palandt/Weidenkaff, BGB, § 435 Rdnr. 5 ff.; Faust, in: Bamberger/Roth, BGB, § 435 Rdnr. 13 ff.; Graf von Westphalen, in: Henssler/Graf von Westphalen, Praxis der Schuldrechtsreform, § 435 Rdnr. 4 ff.

8. Nacherfüllung – Mangelbeseitigung

da nunmehr die Rechtsmängelhaftung gemäß § 453 BGB i. V. m. § 434 BGB der kurzen Verjährung des § 438 Abs. 1 Nr. 3 BGB – zwei Jahre, gerechnet ab Lieferung der Sache – unterworfen ist, ist es in Verkaufs-AGB im Gegensatz zu Einkaufs-AGB nicht notwendig,[116] den Tatbestand der Rechtsmängelhaftung gesondert zu erfassen. Denn die relativ kurze Verjährungsfrist von zwei Jahren reicht aus, die Interessen des AGB-Verwenders/Verkäufers hinreichend zu schützen. Zu bedenken ist in diesem Zusammenhang auch, dass die bisherige, ein Einzelfall durchaus schwierige und strittige Abgrenzung zwischen Sach- und Rechtsmangel (S. 202) entfallen ist.

8. Nacherfüllung – Mangelbeseitigung

Das Leistungsstörungsrecht ist ausweislich § 433 Abs. 1 Satz 2 BGB Teil der Mängelhaftung, wie sie in § 437 BGB im Einzelnen normiert ist. Nach dieser Vorschrift bestimmt sich der Inhalt der dem Käufer/Kunden zustehenden Ansprüche und Rechte:

a) Soweit ein Mangel nach § 434 Abs. 1 Satz 1 BGB oder gemäß § 434 Abs. 1 Satz 2 oder Satz 3 BGB vorliegt, bestimmt § 437 Nr. 1 BGB, dass dem Käufer primär ein Anspruch auf **Nacherfüllung** zusteht; dieser ist in § 439 BGB geregelt. Danach hat nach § 439 Abs. 1 BGB der Käufer das **Wahlrecht**, ob er im Falle eines Mangels Nacherfüllung in Form einer Mangelbeseitigung oder Nacherfüllung in Form der Lieferung einer neuen – mangelfreien – Sache verlangt. Insoweit ergeben sich gemäß § 439 BGB folgende Einzelheiten:

aa) Verlangt der Käufer **Mangelbeseitigung**, so bestimmt § 439 Abs. 2 BGB, dass der Käufer zunächst dem Verkäufer die Gelegenheit einräumen muss, sich durch eine Untersuchung der Sache davon zu überzeugen, ob die Rüge berechtigt ist.[117]

aaa) Von Wichtigkeit ist in diesem Zusammenhang, dass der BGH[118] eine **Obliegenheit des Käufers** formuliert, so dass dieser gezwungen ist, dem Verkäufer die Gelegenheit einzuräumen, die Sache in Bezug auf die Berechtigung der gerügten Mängel zu untersuchen. Dies gilt unabhängig davon, ob der Käufer sein Begehren auf Nacherfüllung als Forderung nach Mangelbeseitigung oder als Anspruch auf Ersatzlieferung geltend macht. Diese Obliegenheit trifft vor allem den Verbraucher, weil der Käufer, wenn der Kauf für beide Teile ein Handelskauf ist, der strikten Rügepflicht des § 377 HGB unter-

---

116. BGH NJW 2006, 47.
117. BGH NJW 2010, 1148.
118. BGH NJW 2010, 1448.

worfen ist (S. 139). Erfüllt also der Käufer diese – allgemeine – Obliegenheit nicht, dem Verkäufer die Untersuchung der als mangelhaft gerügten Sache zu gestatten, so ist der Verkäufer nicht verpflichtet, sich auf eine Nacherfüllung einzulassen. Dann ist auch der Nacherfüllungsanspruch noch nicht fällig.

bbb) Deshalb hat der BGH auch entschieden, dass der Verkäufer einen **Schadensersatzanspruch** gegenüber dem Käufer hat, wenn dieser ein unberechtigtes Verlangen auf Nacherfüllung stellt.[119] In diesen Fällen resultiert die Ersatzpflicht aus §§ 241 Abs. 2, 280 Abs. 1 BGB. Sie bezieht sich auf vergeblich vom Verkäufer aufgewandten Kosten.

ccc) Das Verlangen nach Nacherfüllung unterliegt als solches keiner Fristsetzung.[120] Doch ist eine solche Setzung einer den Umständen nach **angemessenen Frist** Voraussetzung dafür, dass der Käufer berechtigt ist, nach § 437 Nr. 2 und Nr. 3 BGB vorzugehen, indem er Minderung oder Rücktritt oder auch Schadensersatz statt der Leistung nach § 281 BGB geltend macht.

b) Nach dem allgemeinen Grundsatz, wie er in § 439 Abs. 2 BGB formuliert ist, hat der Verkäufer – im Fall einer berechtigten Mängelrüge – die zum Zweck der Nacherfüllung erforderlichen Aufwendungen, insbesondere **Transport-, Wege-, Arbeits- und Materialkosten** zu tragen. Erfasst werden also alle die Aufwendungen (§ 256 BGB), welche der Verkäufer deswegen aufbringen musste, um eine vertragsgemäße Lieferung – trotz des aufgetretenen Mangels – zu gewährleisten.[121] Dabei kommt es natürlich auf den jeweiligen Erfüllungsort an, an dem die Nacherfüllung zu bewirken ist. Nach der Rechtsprechung des BGH entscheidet sich dies nach der allgemeinen Regel des § 269 BGB.[122] Bei einer **Holschuld** sind also die Transport- und Wegekosten nahezu Null, während dies bei Vereinbarung einer **Bringschuld** durchaus anders ist. Dabei kommt es entsprechend der Regel des § 269 BGB auch auf die besonderen Umstände des Falles an. Handelt es sich um ein Geschäft des täglichen Lebens, wird man im Zweifel am Wohnsitz des Verkäufers auch den Erfüllungsort für die Nacherfüllung ansiedeln müssen.[123] Bei Kauf eines Pkw wird man wegen der besonderen Diagnose- und Reparaturaufwendungen im Zweifel die Werkstatt des Händlers/Verkäufers zum Erfüllungsort für die Nacherfüllung bestimmen.[124]

---

119. BGH NJW 2008, 1147.
120. Palandt/Weidenkaff, BGB, § 439 Rdnr. 7.
121. Vgl. Palandt/Weidenkaff, BGB, § 439 Rdnr. 10f.
122. BGH NJW 2011, 2278; Erman/Grunewald, BGB, § 439 Rdnr. 5.
123. BGH NJW 2011, 2278, 2281.
124. BGH a. a. O.

8. Nacherfüllung – Mangelbeseitigung 159

Anders ist es auf Grund der jeweiligen Umstände aber immer dann, wenn Aus- und Einbaukosten am Bestimmungsort der Sache anfallen. Hier wird man auf diesen Ort abstellen müssen.[125]

b) Im Hinblick auf den Umfang der nach § 439 Abs. 2 BGB zu ersetzenden Aufwendungen, welche zum Zweck der Nacherfüllung anfallen, wird man stets ein Element der **Kausalität** einfordern, weil der Erfüllungserfolg geschuldet ist. Welche Aufwendungen unter den Tatbestand der Nacherfüllung und damit auch der **Unentgeltlichkeit** fallen, ist im Einzelnen nachzuzeichnen. Die Aufwendungen für die **Fehlersuche**[126] und die für die Einschaltung eines Sachverständigen, um die Fehlerursache zu ermitteln,[127] fallen in diese Kategorie, die ja mit dem Wort „insbesondere" als offener Tatbestand – beispielhaft – umschrieben ist.

c) Die Aufwendungen für den **Ausbau** der mangelhaften Sache oder eines mangelhaften Teils der Sache fallen nach Auffassung des BGH[128] nicht in den Anwendungsbereich des § 439 Abs. 2 BGB, sondern sind ausschließlich dem Bereich des Schadensersatzes nach § 437 Nr. 3 BGG in Verbindung mit § 280 BGB zuzuweisen.[129] Indessen hat der **EuGH** für den Bereich des **Verbrauchsgüterkaufs** entschieden, dass der Verkäufer verpflichtet ist, unentgeltlich für den Käufer die Kosten/Aufwendungen zu tragen, welche im Zusammenhang mit dem Aus- und dem Einbau einer mangelhaften Sache anfallen.[130] Sie sind also nicht dem Bereich des Schadensersatzes zuzurechnen, weil es insoweit auch nicht – abweichend von der Auffassung des BGH[131] – auf den jeweiligen Erfüllungsort für die ursprüngliche Schlechtlieferung ankommt.

aa) Zur Konsequenz hat diese Entscheidung des EuGH, dass in Bezug auf die Frage, wie denn dieses Urteil im deutschen Recht – angesichts entgegenstehender Rechtsprechung und auch imperfekter Normen – umzusetzen ist, an eine **richtlinienkonforme Auslegung** zu denken ist.[132] Diese ist zweckmäßigerweise im Kontext von § 439 Abs. 1 BGB anzusetzen.[133] Folglich gehört der unentgeltliche Ersatz

---

125. BGH a. a. O.
126. BGH NJW 1991, 1604 – unternehmerischer Verkehr.
127. BGH NJW-RR 1999, 813.
128. BGH NJW 2009, 1660 – Fliesen; vgl. auch BGH NJW 2008, 2837 – Parkettstäbe.
129. A. M. Palandt/Weidenkaff, BGB, § 439 Rdnr. 11; Schneider/Katerndahl, NJW 2007, 2215; Faust, JuS 2009, 470.
130. EuGH NJW 2011, 2269.
131. BGH NJW 2008, 2837 – Parkettstäbe; vgl. auch Thürmann, NJW 2006, 3457.
132. Hierzu im Einzelnen BGH NJW 2008, 1433 / Quelle; BGH NJW 2009, 427 – Quelle.
133. Lorenz, NJW 2011, 2241, 2243.

der Aus- und Einbaukosten zum Leistungsprogramm des Verkäufers und ist Teil der geschuldeten Mangelfreiheit. Dabei macht es keinen entscheidenden Unterschied, ob diese Kosten bei einer **Mangelbeseitigung** oder im Zusammenhang mit einer **Ersatzlieferung** anfallen. Denn der Kontext von Art. 3 Abs. 2 und 3 der Verbrauchsgüterkauf-Richtlinie[134] legt diese Schlussfolgerung nahe. Denn in beiden Fällen liegt eine „Vertragswidrigkeit" vor.

bb) Es ist nicht angezeigt, das Ergebnis dieser Rechtsprechung auch auf den Bereich des **unternehmerischen Verkehrs** zu übertragen.[135] Denn soweit reicht die Kompetenz des EuGH nicht. Daher ist hier das Instrument der „gespaltenen" Auslegung zu bemühen: Sie besagt, dass im Verkehr zwischen Unternehmer/Verbraucher die Entscheidung des EuGH den Gesetzgeber bindet, so dass es in Bezug auf die Interpretation von § 439 BGB aus praktischen Gründen bei der Rechtsprechung des BGH verbleibt.[136] Es kommt also immer entscheidend darauf an zu bestimmen, wo denn der Erfüllungsort für die ursprüngliche Lieferung liegt (S. 158). Er bestimmt sich nach den Grundregeln des § 269 BGB,[137] Denn der so ermittelte Ort gilt auch für den Bereich der **Nacherfüllung**.[138] Wenn also der Verkäufer lediglich auf Grund der Kaufvertrages verpflichtet war, die Sache zu liefern, ohne sie zu montieren (Einbau), dann sind die Aus- und Einbaukosten Sache des Schadensersatzanspruchs des Käufers, der nur aus dem Zusammenhang von § 437 Nr. 3 BGB mit § 280 Abs. 1 Satz 2 BGB abgeleitet werden kann. Es handelt sich also um einen vom **Verschulden** abhängigen Anspruch, der auch wiederum voraussetzt, dass der Verkäufer in Bezug auf die Mangelhaftigkeit eine Pflicht verletzt haben muss, was – wie bereits gezeigt – deswegen abzulehnen ist, weil der Vorlieferant des Verkäufers in aller Regel nicht der Erfüllungsgehilfe des Verkäufers nach § 278 BGB ist (S. 104). Wenn aber der Verkäufer die Mangelhaftigkeit der Sache nicht im Sinn einer Pflichtverletzung nach § 433 Abs. 1 Satz 2 BGB wegen eines nicht zu widerlegenden Vorwurfs der Fahrlässigkeit nach § 280 Abs. 1 Satz 2 BGB zu vertreten hat, dann sind die Aus- und Einbaukosten vom Verkäufer nicht geschuldet, sondern sie sind vom Käufer zu tragen.

cc) Stellt man mit dem BGH[139] darauf ab, dass der Erfüllungsort im Sinn des § 269 BGB – vor allem auch unter Beachtung der jewei-

---

134. ABl. Nr. L 171 S. 12.
135. A. M. Faust, JuS 2011, 744, 748 unter Hinweis auf einen fehlenden Willen des Gesetzgebers, bei Umsetzung der Richtlinie zwischen dem Bereich des Verbrauchers und dem des Unternehmers differenzieren zu wollen.
136. In der Sache auch Lorenz, NJW 2011, 2241, 2243.
137. BGH NJW 2008, 2837 – Parkettstäbe.
138. BGH NJW 2011, 2278.
139. BGH a. a. O.

ligen Umstände – bestimmt wird, dann ist auch die Frage von daher zu beantworten, ob denn der Verkäufer verpflichtet ist, die Kosten für den Aus- und Einbau zu tragen, wenn die Nacherfüllung sich lediglich auf einen **mangelhaften Teil der gelieferten Sache** bezieht. Denn dann liegt es nahe, dass diese Arbeiten nur am jeweiligen Bestimmungsort durchgeführt werden können, so dass diese Sicht dann auch die entsprechende Nacherfüllungspflicht des Verkäufers im Sinn des § 439 Abs. 2 BGB beherrscht. Diese Erwägung gilt keineswegs nur im Rahmen des Verbrauchsgüterkaufs, sondern auch **im unternehmerischen Verkehr**.

d) Offen ist schließlich noch die Antwort auf die Frage, ob sich denn der Verkäufer auch an den **erhöhten Transportkosten** beteiligen muss, die deswegen entstehen, weil die Sache – bestimmungsgemäß oder entsprechende der getroffenen Abrede – nach der Ablieferung am Erfüllungsort an einen anderen Ort verbracht worden ist. Paradebeispiel im Kontext des § 476 a Satz 2 BGB a. F.: das gekaufte Fahrzeug bleibt in der Sahara wegen eines Mangels liegen und muss von dort zur nächsten Kfz-Werkstatt gebracht, d.h. abgeschleppt werden. Diese erhöhten Aufwendung wird man nach § 439 Abs. 2 BGB stets dem Verkäufer zuweisen müssen, weil ja die Nacherfüllung gerade auch in diesem Fall nur in der Kfz-Werkstatt durchgeführt werden kann und die gesamte Nacherfüllung für den Käufer unentgeltlich geschuldet wird.[140]

e) Soweit **Schäden an der Sache selbst** auftreten, welche als Folge des Mangels sich einstellen, dann stellt sich regelmäßig die Frage, ob denn insoweit die Rechtsfigur des „weiterfressenden" Schadens eingreift, so dass dem Käufer auch **Ansprüche aus § 823 Abs. 1 BGB** zur Seite stehen. Dies aber ist zu verneinen, soweit es sich darum handelt, dass der Käufer seine Ansprüche nur im Rahmen des Äquivalenzinteresses geltend macht und ein Schaden im Rahmen des Integritätsinteresses nicht eingetreten ist. Auf die Einzelheiten wird an anderer Stelle eingegangen, so dass hier ein entsprechender Verweis ausreicht (S. 225 f.).

9. Nacherfüllung – Ersatzlieferung

a) Dem Käufer steht im Rahmen von § 439 Abs. 1 BGB das **Wahlrecht** zu: Er kann alternativ anstelle der Mangelbeseitigung im Rahmen der Nacherfüllung auch eine **Ersatzlieferung** verlangen. Dieses Wahlrecht kann der Käufer in der Weise ausüben, dass er

---

140. Hierzu auch Lorenz, NJW 2009, 1633, 1635; Palandt/Weidenkaff, BGB, § 439 Rdnr. 3 a.

sein entsprechendes Verlangen an den Verkäufer richtet. Ist dieses zugegangen (§ 130 BGB), dann hat der Käufer sein Wahlrecht ausgeübt; der Verkäufer ist dann entsprechend verpflichtet.[141]

aa) Grundsätzlich ist eine Ersatzlieferung nur bei mangelhafter Lieferung einer **Gattungssache** in Betracht zu ziehen. Denn nach § 243 BGB ist danach stets eine Sache von mittlerer Art und Güte zu liefern, so dass das Interesse des Käufers stets auch durch eine entsprechende Ersatzlieferung im Sinn von § 439 Abs. 1 BGB zufrieden gestellt wird.

bb) Aber auch dann, wenn zwischen den Parteien eine **Stückschuld** vereinbart worden ist, kommt nicht schon aus diesem Grund der Tatbestand der Unmöglichkeit ins Spiel, wenn der Käufer wegen eines Mangels Nacherfüllung in Form einer Ersatzlieferung fordert.[142] Vielmehr kommt es nach den Vorstellungen der Parteien entscheidend darauf an, ob sie die mangelhafte Kaufsache durch eine gleichwertige und gleichartige im Fall des Mangels als ersetzbar angesehen haben, was etwa im Fall des Kaufs eines Gebrauchtwagens immer eine wichtige Rolle spielt.[143] Folglich kommt es maßgebend darauf an, ob das Erfüllungsinteresse des Käufers durch eine Nachlieferung befriedigt werden kann.[144]

b) Soweit bei einer **Ersatzlieferung Aus- und Einbaukosten** anfallen, gelten hier die gleichen Erwägungen, die weiter oben im Einzelnen dargelegt wurden. Auch in diesem Bereich ist also festzuhalten, dass nach der hier vertretenen Auffassung diese Aufwendungen im Rahmen einer richtlinienkonformen Auslegung des § 439 Abs. 2 BGB vom Verkäufer zu tragen sind (S. 159). Handelt es sich um den Ersatz dieser Aufwendungen/Kosten im Rahmen eines zwischen zwei Unternehmern abgeschlossenen Kaufvertrages, dann ist die Übernahme dieser Aufwendungen/Kosten davon abhängig, wo denn der Erfüllungsort für das Verlangen nach Nacherfüllung liegt.[145]

c) Soweit eine Vertragsgestaltung im Rahmen des **Lieferregresses** nach den §§ 478, 479 BGB in Rede steht, sei auf die gesonderten Ausführungen an anderer Stelle verwiesen (S. 209 ff.). Nach der hier vertretenen Auffassung ist es praktisch so gut wie ausgeschlossen, in hinreichend rechtssicherer Fassung eine von den zwingenden Bestimmungen dieser Normen abweichende Klauselgestaltung zu vereinbaren, weil die gesetzlich vorgesehenen Gestaltungsspielräume nahezu nicht vorhanden sind. Soweit danach gemäß § 478 Abs. 4

---

141. Hierzu Palandt/Weidenkaff, BGB, § 439 Rdnr. 6.
142. BGH NJW 2006, 2839.
143. BGH a. a. O.
144. Vgl. auch Palandt/Weidenkaff, BGB, § 439 Rdnr. 15.
145. BGH NJW 2011, 2278.

BGB abweichende Regelung in Form eines „gleichwertigen Ausgleichs" vorgesehen werden soll, gilt in der Sache letztlich auch nichts anderes, zumal hier verlässliche und belastbare Ergebnisse der Judikatur noch nicht vorliegen.

10. Einrede der Unverhältnismäßigkeit der Kosten

a) Soweit dem Verkäufer nach § 439 Abs. 3 BGB das Recht zusteht, die vom Käufer im Einzelfall gewählte Art der Nacherfüllung wegen der damit verbundenen „unverhältnismäßigen Kosten" zu verweigern, können hier nur ganz kurz gehaltene Ausführungen unterbreitet werden. Denn diese Fallgestaltung hat auf die AGB-rechtliche Frage praktisch keine Auswirkung, weil sie in ganz entscheidendem Maß von den Umständen des Einzelfalls und den dadurch ausgelösten „unverhältnismäßigen Kosten" abhängt. Angesichts der immer bei Abfassung von AGB-Klauseln zu beachtenden generell-abstrakten Wertung erschließt sich diese Feststellung von selbst.

b) Das in § 439 Abs. 3 BGB verankerte Recht gewährt dem Verkäufer eine **Einrede**, die dieser geltend machen kann, aber nicht muss.[146] In Bezug auf die Frage, unter welchen Voraussetzungen eine **absolute Unverhältnismäßigkeit** der Kosten der Nacherfüllung vorliegt, hat der BGH die Auffassung vertreten, dies sei dann der Fall, wenn die Kosten der Lieferung – € 1200,00 – den Kosten der Mangelbeseitigung/Neulieferung in Höhe von € 3300,00 gegenüberstehen, weil damit die Wertgrenze von 150 % überschritten sei.[147]

c) Doch hat der **EuGH**[148] das in § 439 Abs. 3 Satz 3 BGB verankerte „**Totalverweigerungsrecht**" als Verstoß gegen die Vorgaben der Verbrauchsgüterkauf-Richtlinie verworfen.[149] Eine richtlinienkonforme Auslegung scheidet hier aus. Denn es fehlt an einer geeigneten Norm, welche der entsprechenden Interpretation zugänglich wäre.[150] Daher ist es auch entbehrlich, diese Frage im Zusammenhang mit primär AGB-rechtlichen Erwägungen weiter zu verfolgen.

---

146. BGH NJW 2006, 1195.
147. BGH NJW 2009, 1660, 1662 – Fliesen.
148. EuGH NJW 2011, 2269.
149. Hierzu Lorenz, NJW 2011, 2241, 2243.
150. BGH NJW 2009, 427 – Quelle.

11. Ersatzlieferung – Rückabwicklung

a) § 439 Abs. 4 BGB bestimmt, dass im Fall einer Ersatzlieferung der Verkäufer berechtigt ist, die Rückgewähr der mangelhaften Sache nach den Vorschriften über den Rücktritt zu verlangen. Voraussetzung für ein solches Begehren ist natürlich der Befund, dass die neu gelieferte Sache ihrerseits mangelfrei ist.[151] Denn nur dann liegt der Tatbestand der Nacherfüllung tatsächlich vor.

b) Für den Verkehr mit dem **Verbraucher** stellt jedoch der neu eingefügte § 474 Abs. 2 Satz 1 BGB klar, dass die Norm des § 434 Abs. 4 BGB im Blick auf die dann eingreifenden Vorschriften über den Rücktritt und damit auch die Erstattung der Nutzungen, die der Käufer beim Gebrauch der mangelhaften Sache tatsächlich gezogen hat, nicht zum Zuge gelangt. Zugrunde liegt hier eine Entscheidung des EuGH.[152] Danach ist die Erstattung von Wert- oder Nutzungsersatz mit den Vorgaben der Verbrauchsgüterkauf-Richtlinie nicht vereinbar. Die Rückgewähr der mangelhaften Sache erfolgt ohne dass ein Gegenanspruch des Verkäufers besteht.

c) Für Verkaufs-AGB, die zwischen **Unternehmern** vereinbart werden, bleibt es aber bei der allgemeinen Regel des § 434 Abs. 4 BGB. Der Ort der Rückgewähr ist dabei der Ort, an dem sich die Sache vertragsgemäß befindet.[153] Wenn und soweit jedoch eine entsprechende Vereinbarung nach § 269 BGB zwischen den Parteien getroffen worden ist, wird man im Zweifel den für die Erfüllung als maßgebend bezeichneten Ort auch für die Erfüllung der Rückgewährsverpflichtungen maßgebend sein lassen dürfen.[154] Soweit danach Transportkosten anfallen, sind diese im Rahmen von § 439 Abs. 2 BGB in der Regel vom Verkäufer zu tragen.[155]

12. Nacherfüllung – Klauselgestaltung

a) Gegenüber dem **Verbraucher** stellt die zwingende Regelung von § 475 Abs. 1 BGB sicher, dass es dem AGB-Verwender/Verkäufer nicht an die Hand gegeben ist, eine wie auch immer geartete abweichende Vertragsgestaltung gegenüber dem Anspruch auf Nacherfüllung nach § 439 Abs. 1 und Abs. 2 BGB zu vereinbaren. Sowohl im

---

151. Palandt/Weidenkaff, BGB, § 439 Rdnr. 24.
152. EuGH 2008, 1433 – Quelle; BGH NJW 2006, 3200 – Vorlagebeschluss.
153. BGH NJW 2011, 2278 – Maßgeblichkeit von § 269 BGB.
154. Palandt/Grüneberg, BGB, § 269 Rdnr. 16.
155. Palandt/Weidenkaff, BGB, § 439 Rdnr. 26.

12. Nacherfüllung – Klauselgestaltung

Blick auf das allein dem Käufer zustehende **Wahlrecht** des § 439 Abs. 1 BGB als auch in Bezug auf den Inhalt des Anspruchs auf Mangelbeseitigung und Ersatzlieferung gilt zwingendes Recht. Dies gilt freilich im Kontext von § 475 Abs. 1 BGB nur, sofern es sich um eine Vereinbarung handelt, welche „vor Mitteilung des Mangels" getroffen worden ist. Diese Voraussetzung trifft aber immer dann zum, wenn es sich um die Vereinbarung von AGB im Rahmen eines Kaufvertrages handelt. Denn diese werden ja nach § 305 Abs. 2 BGB in den betreffenden Kaufvertrag einbezogen; sie werden dann Inhalt des Vertrages und sind auch im Sinn des § 475 Abs. 1 BGB vor Mitteilung des jeweiligen Mangels akkordiert.

Es ist daher ganz und gar überflüssig und auch nicht in irgendeiner Weise indiziert, dass in diesem Bereich eigene AGB-Klauseln verwendet werden. Wenn sie nicht bereits an der Hürde des § 475 Abs. 1 BGB scheitern, dann besteht allemal die Gefahr, dass das Transparenzgebot nach § 307 Abs. 1 Satz 2 BGB verletzt ist. Denn es fällt keineswegs leicht, diese einschlägigen Normen mit eigenen, verständlichen Worten widerzugeben, so dass der Käufer – ohne Einholung von Rechtsrat – in der Lage ist, seine Rechte selbständig geltend zu machen.[156] Dies gilt vor allem unter Beachtung der neuen Entscheidung des **EuGH**,[157] die kaum so in Worte zu fassen ist, dass sie ein Laie verstehen kann.

b) Im **unternehmerischen Verkehr** ist es im Rahmen von § 309 Nr. 8 b cc BGB – vor allem auch wiederum unter dem Eindruck der Entscheidung des EuGH[158] – offen, wie denn die Wertung nach § 307 Abs. 2 Nr. 1 BGB zu gestalten ist. Der BGH geht sehr weit und bejaht die grundsätzliche Unwirksamkeit einer abweichenden AGB-Klausel, weil er von der Leitbildfunktion des § 476a BGB ausgeht, was jetzt der Regel des § 439 Abs. 2 BGB entspricht.[159] Dem ist, wie andernorts dargelegt, zu folgen.[160] Doch bereitet es keine Schwierigkeiten im Sinn von § 307 Abs. 2 Nr. 1 BGB, wenn im unternehmerischen Bereich das **Wahlrecht** des § 439 Abs. 1 BGB nicht dem Käufer, sondern – auch wegen der größeren Sachnähe – dem Verkäufer selbst an die Hand gegeben wird.

aa) Doch ist es nicht nach § 307 Abs. 2 Nr. 1 BGB zu beanstanden, wenn – wie bisher – nur die Aufwendungen vom Verkäufer im Rahmen der Nacherfüllung getragen werden, die sich nicht in dem früheren Ausnahmebereich des § 476a Satz 2 BGB a.F. bewe-

---

156. Hierzu Palandt/Grüneberg, BGB, § 307 Rdnr. 21 – Transparenzgebot.
157. EuGH NJW 2011, 2269.
158. EuGH a.a.O.
159. BGH NJW 1996, 389, 390.
160. AGB-Klauselwerke/Graf von Westphalen – Mangebeseitigung Rdnr. 35 ff.

gen. Danach sind die Aufwendungen nicht vom Verkäufer im Rahmen der Nacherfüllung geschuldet, die sich deswegen ergeben, weil der Käufer nach der Übergabe der verkauften Sache diese **an einen anderen Ort als den Erfüllungsort** verbringt. Doch soll dies wiederum dann nicht gelten, wenn dieses Verbringen zum bestimmungsgemäßen Gebrauch der Sache – etwa: bei einem Pkw – gehört. Das Abstellen auf den Erfüllungsort bezeichnet nämlich im Sinn des § 269 BGB[161] regelmäßig auch die individualvertraglich einzuhaltende Grenze, so dass eine darüber hinaus anfallende Kostenlast nicht mehr dem Verkäufer aufzuerlegen ist. Umgekehrt gesprochen: Es ist in AGB nicht zu beanstanden, wenn der Verkäufer diese weiter gehenden Kosten im Fall der Nacherfüllung ausschließt.[162]

bb) Die grundsätzliche Bedeutung der in § 439 Abs. 2 BGB geregelten Aufwendungen sowie die Norm des § 309 Nr. 8b cc BGB wird man gemäß § 307 Abs. 2 Nr. 1 BGB allerdings auch insoweit übernehmen müssen,[163] als der neuralgische Bereich der **Aus- und Einbaukosten** in Rede steht. Auch hier wird man darauf abzustellen haben, ob es sich in der Sache um Aufwendungen im Rahmen des § 439 Abs. 2 BGB oder um einen Schadensersatzanspruch des Käufers gegenüber dem Verkäufer nach § 280 Abs. 1 BGB handelt. Denn die Rechtsfolge ist jeweils eine andere: Trifft ersteres zu, dann sprechen die besseren Argumente im Kontext des § 307 Abs. 2 Nr. 1 BGB dafür, dass es dem AGB-Verwender nicht gestattet ist, sich von der primären Erfüllungspflicht dadurch freizuzeichnen, dass wesentliche Teilbereiche im Rahmen der Nacherfüllung ausgeschaltet werden. Denn dadurch wird das Äquivalenzverhältnis von Leistung und Gegenleistung empfindlich gestört.

cc) Ordnet man aber – wie bei für den unternehmerischen Bereich geschehen (S. 160) – den Ersatz dieser Aufwendungen dem Bereich des **Schadensersatzes** nach § 280 Abs. 1 BGB zu, dann kommt es darauf an, ob denn der Verkäufer insoweit überhaupt eine Pflicht fahrlässig, d.h. schuldhaft verletzt hat: Soweit der Verkäufer reiner Händler ist, steht jedenfalls nach der Rechtsprechung des BGH fest, dass dieser nicht für eine mangelhafte Lieferung durch seinen Vorlieferanten haftet. Denn dieser ist nicht sein Erfüllungsgehilfe nach § 278 BGB.[164] Dann aber kommt es auf das Bestehen einer Frei-

---

161. BGH NJW 2011, 2278.
162. BGH NJW 1991, 1604.
163. AGB-Klauselwerke/Graf von Westphalen – Mangelbeseitigung – Rdnr. 35 f.; Christensen, in Ulmer/Brandner/Hensen, AGB-Recht, § 309 Nr. 8 Rdnr. 80; einschränkend Erman/Roloff, BGB, § 309 Rdnr. 108.
164. BGH NJW 2008, 2837 – Parkettstäbe.

zeichnung gar nicht an, weil mangels Pflichtverletzung eine Haftung auf Ersatz des Schadens nicht anzuerkennen ist.

c) Hat aber der Verkäufer – gleichgültig, ob der Käufer Verbraucher oder Unternehmer ist – seine gegenüber dem Vorlieferanten bestehende **Untersuchungspflicht** nach § 241 Abs. 2 BGB schuldhaft verletzt, dann sprechen die besseren Argumente dafür, dass der dann entstehende Anspruch auf Schadensersatz gegenüber dem Käufer nicht wirksam abbedungen werden kann, weil dieser Anspruch im Kontext der Produkthaftpflicht-Versicherung als gedeckt anzusehen ist.[165] Denn es entspricht einem allgemeinen Gebot der Gerechtigkeit, dass es angemessener ist, den Käufer jedenfalls dann nicht mit seinem Schaden allein zu lassen, wenn es dem Verkäufer üblicherweise und auch typischerweise möglich und auch zumutbar ist, sich gegen das Schadensrisiko zu versichern.[166]

d) Es bestehen keine Bedenken bestehen, in Verkaufs-AGB den Tatbestand des § 439 Abs. 3 BGB – Verweigerung der Nacherfüllung wegen unverhältnismäßiger Kosten – wortgetreu zu bezeichnen, um auf diese Weise – gesetzlich – den Umfang der Nacherfüllungsaufwendungen zu begrenzen. Damit ist freilich wenig gewonnen. Sind nämlich die Mangelbeseitigungsaufwendungen im Sinne von § 439 Abs. 3 BGB in der Tat so **unverhältnismäßig hoch**, dass diese in keinem vernünftigen Verhältnis zum Wert der Sache im mangelfreien Zustand, der Bedeutung des Mangels und der Frage, ob nicht der Verkäufer dann zweckmäßigerweise auf die Lieferung einer neuen – mangelfreien – Sache ausweichen kann, dann steht dem Verkäufer das Recht der Leistungsverweigerung zu.[167] E ist gleichgültig, wie der Verkäufer diese Einrede gegenüber dem Käufer geltend macht, solange es eine erkennbare Willenserklärung ist, die dem Käufer auch zugeht.[168]

e) Geht man von der Maßgeblichkeit der Regelung des § 439 Abs. 2 BGB als Leitbild nach § 307 Abs. 2 Nr. 1 BGB aus, dann stellt sich gleichwohl im unternehmerischen Verkehr die Frage, ob denn der Verwender berechtigt ist, die Gesamtkosten der Nacherfüllung – vor allem im Blick auf die Aus- und Einbaukosten – summenmäßig – etwa: auf die Höhe des Kaufpreises – zu **begrenzen**. Das erscheint zweifelhaft.

aa) Berücksichtigt man nämlich, dass es dem Verwender ohne weiteres – und dies: regeltypisch – möglich ist, diese Aufwendungen

---

165. Hierzu AGB-Klauselwerke/Graf von Westphalen – Mangelbeseitigung Rdnr. 39 f.
166. BGH NJW 2002, 673, 675; hierzu auch AGB-Klauselwerke/Graf von Westphalen – Freizeichnungsklausel Rdnr. 95 ff.
167. Palandt/Weidenkaff, BGB, § 439 Rdnr. 16; hierzu auch EuGH a. a. O.
168. BGH NJW 2006, 1195.

durch Abschluss der **Produkthaftpflicht-Versicherung** abzudecken,[169] dann spricht einiges dafür, dass darin eine unangemessene Benachteiligung des Käufers liegt. Denn wenn der Verkäufer als Versicherungsnehmer für das Bestehen einer Versicherungsdeckung eine Prämie entrichtet, dann ist es adäquat, wenn dann auch der Versicherer eintritt und sich nicht auf eine Freizeichnungs- oder Begrenzungsklausel beruft, weil diese dann nur den Versicherer, nicht aber den Verkäufer entlastet. Zudem entspricht es der Rechtsprechung des BGH, in dem Bestehen einer Versicherungsdeckung ein wichtiges Indiz dafür zu sehen, dass eine gegenläufige Klausel nicht nach § 307 Abs. 1 Satz 1 BGB anzuerkennen ist.[170]

bb) Wenn man jedoch – aus welchen Gründen immer – eine solche Begrenzungsklausel als wirksam ansieht, dann muss allemal sicher gestellt werden, dass sie nicht in der Sperre des **Lieferregresses** nach den §§ 478, 479 BGB scheitert. Denn dann muss ja gewährleistet werden, dass es sich im Sinn von § 478 Abs. 4 BGB um einen „gleichwertigen Ausgleich" handelt, der Käufer also genauso gestellt bleibt wie er stände, wenn § 439 Abs. 2 BGB nicht beschränkt worden wäre.

f) Liefert der Verkäufer zum Zweck der Nacherfüllung eine mangelfreie Sache im Sinn von § 439 Abs. 1 BGB, dann bestimmt § 439 Abs. 4 BGB, dass dann der Käufer verlangen kann, dass ihm die mangelhafte Sache nach Maßgabe der §§ 346 ff. BGB zurückgewährt wird. In der Sache bedeutet dies, dass insoweit ein Rücktritt zwischen Verkäufer und Käufer stattfindet.[171] In der Sache ist diese Bestimmung nach § 474 Abs. 2 Satz 1 BGB im **Verbraucherverkehr** zwingend: Ein Anspruch auf Wertersatz steht dem Verkäufer im Rahmen der Rückabwicklung nicht zu. Im **unternehmerischen Bereich** spricht vieles dafür, dass man anders entscheiden kann: Es bleibt nicht bei der gesetzlichen Bestimmung von § 434 Abs. 4 BGB, sondern es steht dem Verwender auch frei, diese Vorschrift im Rahmen einer transparenten Vertragsgestaltung zu übernehmen, ohne dass dies nach § 307 Abs. 2 Nr. 1 BGB zu beanstanden wäre.

---

169. AGB-Klauselwerke/Graf von Westphalen – Mangelbeseitigung Rdnr. 39.
170. BGH NJW 2002, 673, 675.
171. Hierzu Palandt/Weidenkaff, § 439 Rdnr. 25; MünchKomm/Westermann, § 439 Rdnr. 17; Fest, NJW 2005, 2959 ff.; Rott, BB 2004, 2478 ff.; Gsell, NJW 2003, 1969 ff.

13. Selbstvornahme

a) Im Gegensatz zum Werkvertragsrecht (§ 637 BGB) enthält das Kaufrecht keine Bestimmung, welche das Recht des Käufers zur Selbstvornahme der Nacherfüllung regelt. Setzt danach der Käufer/Besteller dem Unternehmer eine den Umständen nach angemessene Frist, um den gerügten Mangel zu beseitigen, dann kann er – nach ergebnislosem Ablauf dieser Frist – die Mangelbeseitigung selbst durchführen und Ersatz der entstandenen Aufwendungen fordern. Nach Abs. 3 BGB ist der Käufer/Besteller in diesen Fällen auch berechtigt, einen entsprechenden **Vorschuss** zu fordern. Zweck dieser Regelung ist es, dem Käufer/Besteller die Möglichkeit zur Nacherfüllung zu gewähren, ohne dass er verpflichtet wäre, hierfür auch eigene Mittel einzusetzen.[172]

b) Es spricht nichts dagegen, eine entsprechende vertragliche Regelung auch für den Bereich des Kaufrechts vorzusehen. Doch sind zwei wichtige **Einschränkungen** zu machen:

aa) Wenn der Käufer sich dazu entschließt, die Selbstvornahme der Nacherfüllung auch dann durchzuführen, wenn die Voraussetzungen des § 637 BGB nicht gegeben sind, dann steht nach der Rechtsprechung des BGH fest, dass dann dem Käufer keinerlei Rechte oder Ansprüche auf Erstattung der Aufwendungen/Kosten zustehen.[173]

bb) Eine **AGB-Klausel** muss daher, auch wenn sie im Kaufrecht eingesetzt wird, diesen Zusammenhang berücksichtigen. Dies ist durch die Norm des § 307 Abs. 2 Nr. 1 BGB geboten, und zwar sowohl auf der Ebene der Tatbestandsvoraussetzungen als auch der der Rechtsfolgen, falls die Klausel den Ersatz von Aufwendungen vorsieht, ohne dass die Voraussetzungen von Fristsetzung und Verzug gegeben sind.

cc) Soweit im Übrigen eine solche Fallgestaltung in der Praxis vorliegt, bezieht sich in der Regel auf Regelungen in den **Einkaufs-AGB**. Dann wird oft bestimmt, dass der Besteller berechtigt ist, eine Selbstvornahme gerade auch in den Fällen vorzunehmen, in denen ein „dringender Fall" vorliegt oder auch die „Betriebsbereitschaft gefährdet" ist. Das ist, auch wenn dies hier nicht näher auszuführen ist, mit § 307 Abs. 2 Nr. 1 BGB regelmäßig nicht vereinbar.[174]

---

172. BGH NJW 2010, 1192, 1193.
173. BGH NJW 2005, 1348; BGH NJW 2006, 988, 989.
174. BGH NJW 2006, 47.

14. Rücktritt – Minderung

a) Die Rechte des Käufers bei Mängeln beziehen sich auch gemäß § 437 Nr. 2 BGB auf das Recht, vom Vertrag **zurückzutreten**. Dabei ist entscheidend, dass dem Käufer dieses weitergehende nach § 437 Br. 2 BGB erst dann zusteht, wenn er dem Verkäufer zuvor ergebnislos eine angemessene Frist gesetzt hat, die geschuldete Nacherfüllung zu bewirken. Welche Dauer der Frist angemessen ist, beurteilt sich hier nach den gleichen Kriterien, die zuvor im Fall des Lieferverzugs des Verkäufers dargestellt worden sind (S. 107). Doch ist auch darauf aufmerksam zu machen, dass der jeweilige Mangel bei der Setzung einer angemessenen Frist zu bezeichnen ist, weil ja die Fristsetzung nur im Blick auf einen bestimmten Mangel eingreift.[175]

aa) Das **Rücktrittsrecht** steht dem Käufer immer dann zu, wenn die verkaufte Sache mangelhaft und wenn – diese Voraussetzung darf nicht übersehen werden – die jeweilige Pflichtverletzung des Verkäufers, welche in der Lieferung einer mangelhaften Sache liegt, **erheblich** war. Ob dies der Fall ist, entscheidet sich im Zeitpunkt der Erklärung des Rücktritts.[176] Grundsätzlich ist ein jeder Mangel als erheblich einzustufen.[177] So ist beim Kauf eines Pkw die falsche Farbe ein erheblicher Mangel im Sinn einer Pflichtverletzung.[178] Um festzustellen, ob in der Tat eine Pflichtverletzung erheblich ist und den Käufer berechtigt, vom Kaufvertrag zurückzutreten, bedarf es stets einer **umfassenden Interessenabwägung**.[179]

bb) Die Ausübung des Rücktrittsrechts als eines Gestaltungsrechts erfordert die Abgabe einer empfangsbedürftigen Willenserklärung an die Adresse des Verkäufers.[180] Die Ausübung des Rücktrittsrechts ist zudem nach § 325 BGB auch neben der Geltendmachung eines **Anspruchs auf Schadensersatz** nach § 437 Nr. 3 BGB möglich. Doch ist immer im Auge zu behalten, dass mit Ausübung des Rücktrittsrechts der Erfüllungsanspruch des Käufers untergeht.

cc) Darüber hinaus bestimmt § 437 Nr. 2 BGB, dass das Rücktrittsrecht dem Käufer auch dann zusteht, wenn und soweit die Voraussetzungen von § 326 Abs. 5 BGB erfüllt sind. Dies bedeutet: Wenn der Verkäufer nach § 275 Abs. 1 bis 3 BGB wegen **Unmög-**

---

175. Palandt/Weidenkaff, BGB, § 437 Rdnr. 24.
176. BGH NJW 2009, 508.
177. Palandt/Weidenkaff, BGB, § 437 Rdnr. 23.
178. BGH NJW-RR 2010, 1289.
179. BGH NJW-RR 2010, 1289, 1291; OLG Düsseldorf NJW-RR 2008, 1230, 1231.
180. Palandt/Weidenkaff, BGB, § 437 Rdnr. 25.

14. Rücktritt – Minderung

lichkeit/Unvermögen nicht zu leisten braucht, dann kann der Gläubiger vom Vertrag zurücktreten.[181]

b) Die Ausübung des Rechts auf **Minderung** nach § 437 Nr. 2 BGB setzt ebenfalls eine Fristsetzung voraus, so dass sich hier insoweit weitere Ausführungen erübrigen.

aa) Auch die Ausübung des Minderungsrechts ist Ausübung eines Gestaltungsrechts.[182]

bb) Die **Berechnung der Minderung** vollzieht sich nach der in § 441 BGB niedergelegten Berechnungsformel.[183] Grob gesprochen ist der Minderungsbetrag die Differenz zwischen dem Wert der mangelhaften Sache zu dem Wert der mangelfreien Sache.[184] Doch vollzieht sich die nach dem Gesetz vorgeschriebene Berechnung danach, dass der vom Käufer entrichtete Kaufpreis in dem Verhältnis herabzusetzen ist, in welchem zum Zeitpunkt des Vertragsabschlusses der Wert der Kaufsache im mangelfreien Zustand zu dem wirklichen Wert gestanden hätte.[185] Ist eine solche Berechnung jedoch nicht möglich, dann kann der Käufer – trotz Erklärung der Minderung – Schadensersatz nach § 437 Nr. 3 BGB in Verbindung mit § 281 BGB fordern.[186]

c) § 440 BGB die Voraussetzungen erfasst die Voraussetzungen, bei deren Vorliegen von einem „**Fehlschlagen der Nacherfüllung**" auszugehen ist.[187] Dies trifft dann zu, wenn sich die die Nacherfüllung als unmöglich erweist oder misslingt.[188] Das Gleiche gilt, wenn der Verkäufer die Durchführung der Nacherfüllung/Mangelbeseitigung verweigert,[189] sich die Nacherfüllung/Mangelbeseitigung als unzulänglich erweist oder schuldhaft verzögert wird.[190] Darüber hinaus bestimmt § 440 Satz 1 BGB, dass Gleiches auch dann gilt, wenn die dem Käufer/Kunde zustehende Art der Nacherfüllung **unzumutbar** ist.[191]

aa) Liegen diese Fälle eines „Fehlschlagens" der Nacherfüllung/ Mangelbeseitigung vor, dann ist der Käufer – entgegen der gewöhnlichen Regel – nicht verpflichtet, vor Ausübung des Rücktrittsrechts

---

181. Hierzu Faust, in: Bamberger/Roth, BGB, § 440 Rdnr. 18 ff.
182. Palandt/Weidenkaff, BGB, § 437 Rdnr. 29.
183. Hierzu Erman/Grunewald, BGB, § 441 Rdnr. 4 ff.
184. Palandt/Weidenkaff, BGB, § 441 Rdnr. 15.
185. Vgl. Erman/Grunewald, BGB, § 441 Rdnr. 4.
186. BGH NJW 2011, 1217.
187. Vgl. BGH NJW 1994, 1004, 1005.
188. BGH NJW 1994, 1004, 1005; BGH BB 1979, 804.
189. BGH BB 1975, 1507.
190. BGH NJW 1994, 1004, 1005; BGHZ 37, 94, 98.
191. Hierzu Palandt/Weidenkaff, BGB, § 440 Rdnr. 8; Faust, in: Bamberger/Roth, BGB, § 440 Rdnr. 18 ff.

eine angemessene Frist zu setzen. Darüber hinaus bestimmt § 440 Satz 1 BGB, dass auch dann keine **Fristsetzung** gemäß § 323 Abs. 3 BGB erforderlich ist, soweit der Verkäufer die Nacherfüllung ernsthaft und endgültig verweigert oder er die innerhalb der gesetzlichen Frist geschuldete Nacherfüllung nicht erbringt und der Käufer den Fortbestand seines Leistungsinteresses an die Rechtzeitigkeit der Leistung gebunden hat.[192] Gleiches gilt nach § 323 Abs. 2 Nr. 3 BGB dann, wenn besondere Umstände vorliegen, die unter Abwägung der beiderseitigen Interessen den sofortigen Rücktritt rechtfertigen.[193]

bb) Von praktischer Bedeutung ist auch der Tatbestand von § 440 Satz 2 BGB. Danach gilt eine Nachbesserung – nach dem erfolglosen zweiten Versuch – als **fehlgeschlagen**, so dass der Käufer vom Vertrag zurücktreten kann, ohne dass es einer Fristsetzung im Sinn von § 323 Abs. 1 BGB bedarf. Doch enthält § 440 Satz 2 BGB gleichzeitig eine beträchtliche **Einschränkung**: Aus der Art der Sache, der Art des Mangels oder den sonstigen Umständen darf sich – bezogen auf den jeweiligen Einzelfall – nichts anderes ergeben.[194]

cc) Die **Beweislast** für das Vorliegen der Voraussetzungen eines „Fehlschlagens der Nacherfüllung" trägt auch im Verkehr mit dem Verbraucher der Käufer.[195] Es geht daher zu Lasten des Käufers, wenn nach zweimaliger Nachbesserung es ungeklärt bleibt, ob das erneute Auftreten des Mangels darauf zurückzuführen ist, dass die Nachbesserung nicht erfolgreich war oder ob Umstände hierfür maßgebend waren, die im Herrschaftsbereich des Käufers selbst lagen.[196]

d) Immer wieder kommt es in der Praxis vor, dass aus Anlass der Nacherfüllung der Verkäufer einen Schaden an der Kaufsache selbst verursacht. Dann entsteht zugunsten des Käufers ein aus § 241 Abs. 2 BGB in Verbindung mit § 280 Abs. 1 BGB abzuleitender **Schadensersatzanspruch**.[197] Für dessen Grenzen im Sinn des § 307 BGB, die bei Abfassung einer entsprechenden Klausel zu beachten sind, vgl. S. 186 ff.

e) Die **Rechtsfolge** des „Fehlschlagens der Nacherfüllung" folgt unmittelbar aus § 440 BGB. Danach steht dem Käufer **kumulativ**

---

192. Faust, in: Bamberger/Roth, BGB, § 440 Rdnr. 28 ff.; Muthers, in: Henssler/Graf von Westphalen, Praxis der Schuldrechtsreform, § 323 Rdnr. 6 ff.
193. Muthers, in: Henssler/Graf von Westphalen, Praxis der Schuldrechtsreform, § 323 Rdnr. 15.
194. Im Einzelnen Palandt/Weidenkaff, BGB, § 440 Rdnr. 7; Graf von Westphalen, in: Henssler/Graf von Westphalen, Praxis der Schuldrechtsreform, § 440 Rdnr. 23 ff.
195. BGH NJW 2011, 1664.
196. BGH NJW 2009, 1341.
197. OLG Saarbrücken NJW 2007, 3503.

14. Rücktritt – Minderung 173

das Recht auf Schadensersatz und das Recht auf Rücktritt zu. Soweit Fragen des Rücktritts in Rede stehen, sei auf die vorstehenden Ausführungen verwiesen (S. 170); Fragen des Schadensersatzes werden weiter unten behandelt (S. 179).

f) In Bezug auf die **Klauselgestaltung** beim „Fehlschlagen der Nacherfüllung" ist folgendes im Auge zu behalten:

aa) Im Verkehr gegenüber dem **Verbraucher** wird man bedenken müssen, dass die Norm des § 309 Nr. 8 b bb BGB sowie insbesondere auch die des § 440 BGB im Rahmen der zwingenden Regelung des § 475 Abs. 1 BGB erwähnt wird. Die Rechte auf Rücktritt und Minderung sind daher zwingender Natur. Das spricht schon im Ansatz gegen eine eigenständige Klausel. Dies gilt vor allem, wenn man auch bedenkt, dass § 309 Nr. 8 b bb BGB zwingend vorschreibt, dass dem Käufer diese weitergehenden Rechte „ausdrücklich" vorzubehalten sind.[198] Entscheidet man anders, wird man aber auch das **Transparenzgebot** des § 307 Abs. 1 Satz 2 BGB zu beachten haben. Nach der andernorts im Einzelnen begründeten Meinung wird man diesen Verbotstatbestand dann zur Anwendung berufen müssen, wenn der Verkäufer die Merkmale des § 440 Satz 2 BGB in die Klausel übernimmt,[199] weil der rechtlich nicht vorgebildete Durchschnittskunde – ohne Einholung von Rechtsrat – nicht in der Lage sein wird, den Inhalt und die wirtschaftliche Bedeutung der Klausel zutreffend zu erfassen.

Soweit die sich aus dem „Fehlschlagen der Nacherfüllung" ergebenden **Rechtsfolgen** – Rücktritt/Schadensersatz – betroffen sind, folgt aus § 309 Nr. 8 b bb BGB zwingend, dass das **Rücktrittsrecht** in diesen Fällen nicht abbedungen werden darf. Im Blick auf die Begrenzungen des Anspruchs auf Ersatz des Schadens sei auf die weiter unten zu findenden Ausführungen verwiesen (S. 179).

bb) Im **unternehmerischen Verkehr** dürfte es regelmäßig nicht nach § 307 Abs. 1 Satz 2 BGB zu beanstanden sein, wenn der Verkäufer in den Verkaufs-AGB den Tatbestand des „Fehlschlagens" der Nacherfüllung als pauschalen Begriff aufgreift, ohne die Einzelheiten des § 440 Satz 1 und Satz 2 BGB zu reflektieren. Es bleibt bei den Ergebnissen der bisherigen Rechtsprechung: Entweder ist der Verkäufer gehalten, alle Fälle des „Fehlschlagens" der Nacherfüllung in der Klausel zu verankern, also mindestens die Tatbestände, welche die bisherige Rechtsprechung unter diesen Tatbestand gefasst hat,[200] einschließlich der Fälle, die jetzt auch noch zusätzlich in § 440 Satz 1 BGB vorgesehen sind, nämlich: die Ver-

---
198. Palandt/Grüneberg, BGB, § 309 Nr. 8 Rdnr. 70.
199. AGB-Klauselwerke/Graf von Westphalen – Mangelbeseitigung Rdnr. 63 ff.
200. BGH NJW 1994, 1004, 1005.

weigerung beider Arten der Nacherfüllung und die fehlende Zumutbarkeit. Oder es reicht eben aus, nur – ganz pauschal – von einem „Fehlschlagen" der Nacherfüllung in der Klausel zu sprechen.

aaa) In Bezug auf die durch das „Fehlschlagen der Nacherfüllung" ausgelösten **Rechtsfolgen** ist zunächst zu unterstreichen, dass das Verbot des § 309 Nr. 8 b bb BGB auch nach § 307 Abs. 2 Nr. 1 BGB im unternehmerischen Verkehr zwingend zu beachten ist.[201] Der **Rücktritt** ist also in diesen Fällen unabdingbar.[202] Auch reicht es nicht aus, dass der Verkäufer nach seiner Wahl darüber befindet, ob der Käufer beim Fehlschlagen der Nacherfüllung zum Rücktritt oder zur Minderung berechtigt ist, weil dieses **Wahlrecht** genuin dem Käufer zusteht.[203] Es ist auch nicht mit § 307 Abs. 2 Nr. 1 BGB vereinbar, wenn der Verkäufer nur das Minderungsrecht im Fall des „Fehlschlagens der Nacherfüllung" gewährt.[204] Denn das Vertragslösungsrecht ist stets erforderlich, um dem Käufer nicht rechtlos zu stellen. Denn im Fall der Minderung kann sich der Käufer nicht von der Kaufsache befreien, er muss sie behalten.

bbb) Die entscheidende weitere Frage im Sinn von § 307 Abs. 2 Nr. 1 und Nr. 2 BGB ist jedoch, ob der Verkäufer in diesen Fällen abschließend auf ein Rücktrittsrecht Bezug nehmen und den Anspruch auf **Ersatz des Schadens statt der Leistung** ausschließen kann. Davon soll später erst die Rede sein (S. 179 ff.).

15. Schadensersatz als Folge eines Mangels – Fahrlässigkeit

a) Von ganz außerordentlich hoher praktischer Bedeutung ist der Befund, dass gemäß § 437 Nr. 3 BGB – Mangelhaftigkeit der Sache vorausgesetzt – der Käufer das Recht hat, **Schadensersatz** nach § 280 BGB oder auch – Fristsetzung vorausgesetzt – Schadensersatz statt der Leistung gemäß § 281 BGB zu verlangen. In diesem Zusammenhang sind folgende Einzelheiten von praktisch hoher Bedeutung:

aa) Wenn der Verkäufer mangelhaft liefert, verletzt er den Kaufvertrag gemäß § 433 Abs. 1 Satz 2 BGB. Darin liegt grundsätzlich eine – objektive – Pflichtverletzung im Sinn von § 280 Abs. 1 Satz 1 BGB. Der danach zu ersetzende Schaden richtet sich nach der all-

---

201. BGH NJW 1994, 1004, 1005; statt aller Palandt/Weidenkaff, BGB, § 309 Rdnr. 71.
202. Christensen, in Ulmer/Brandner/Hensen, AGB-Recht, § 309 Nr. 8 Rdnr. 70.
203. Christensen, a. a. O.
204. BGH BB 1981, 815, 816; AGB-Klauselwerke/Graf von Westphalen – Mangelbeseitigung Rdnr. 76.

gemeinen Bestimmung der §§ 249 ff. BGB. Nach der zutreffenden Auffassung des BGH kann der Käufer, sofern er am Kaufvertrag – trotz des Mangels – festhält, den aus der Mangelhaftigkeit resultierenden Ausfallschaden ersetzt verlangen.[205] Damit ist der Nutzungsausfall ebenso erfasst wie auch der Betriebsaufallschaden in Form des **entgangenen Gewinns** gemäß § 252 BGB. Diesen Schadensersatz kann der Käufer auch dann geltend machen, wenn kein Verzug mit der Mangelbeseitigung vorliegt.[206] Es liegt auf der Hand, dass darin ein sehr erhebliches Risiko für den Verkäufer liegt. Denn allein die Tatsache, dass der Verkäufer mangelhaft geliefert und damit eine objektive Pflichtverletzung begangen hat, reicht aus, § 280 Abs. 1 Satz 1 BGB als Anspruchsgrundlage in Verbindung mit § 437 Nr. 3 BGB in Stellung zu bringen.[207]

bb) Im Hinblick auf den aus der Pflichtverletzung resultierenden **Schaden** kommt es daher regelmäßig im Rahmen von § 280 Abs. 1 Satz 2 BGB maßgebend darauf an, ob der Verkäufer die Pflichtverletzung – Lieferung einer mangelhaften Sache – nach § 276 BGB zu vertreten hat.[208] Wie bereits weiter oben (S. 114 ff.) gezeigt, ist der Vorlieferant nicht als Erfüllungsgehilfe des Verkäufers im Blick auf die Lieferung einer mangelfreien Sache anzusehen,[209] weil sich die Pflichten des Verkäufers nicht den Vorlieferanten in dieses Pflichtenkonzept einbeziehen.[210] Ob das Gegenteil zutrifft, ist von den Umständen des Falles, insbesondere davon abhängig, ob der Verkäufer eine **Untersuchungspflicht** nach § 241 Abs. 2 BGB bei Anlieferung der Sache wahrzunehmen hatte und diese Pflicht schuldhaft verletzt hat. Damit ist zunächst nur soviel gesagt, dass der Verkäufer im Rahmen von § 437 Nr. 3 BGB verpflichtet ist, den Nachweis zu führen, dass er das jeweilige schadenstiftende Ereignis – Mangelhaftigkeit der Lieferung – gemäß § 276 BGB nicht zu vertreten hat.[211]

b) Es ist kaum sehr viel damit gewonnen, wenn man im Rahmen des § 437 Nr. 3 BGB die früher verwendete Terminologie von einem Mangel- und einem davon zu unterscheidenden Mangelfolgescha-

---

205. BGH NJW 2009, 2674; hierzu auch Dauner-Lieb/Khan, FS für Graf von Westphalen, 2010, S. 55, 56 ff. – auch zur Frage der Wirksamkeit einer entsprechenden Haftungsfreizeichnung.
206. Faust, in Bamberger/Roth, BGB, § 437 Rdnr. 67; Erman/Westermann, BGB, § 280 Rdnr. 11 a; 12; MünchKomm/Westermann, BGB, § 437 Rdnr. 33.
207. A. M. Palandt/Weidenkaff, BGB, § 437 Rdnr. 34.
208. BGH NJW 2009, 2674, 2676.
209. BGH a. a. O.
210. BGH NJW 2008, 2837, 2840 – Parkettstäbe.
211. Im Einzelnen Dedek, in: Henssler/Graf von Westphalen, Praxis der Schuldrechtsreform, § 276 Rdnr. 5 ff.

den aufgreift.[212] Denn entscheidend ist allein der Befund, ob eine objektive Pflichtverletzung wegen der Mangelhaftigkeit der gelieferten Sache vorliegt, was ja stets vom Käufer zu beweisen ist, und ob dann – abseits der Feststellung, dass der Vorlieferant kein Erfüllungsgehilfe des Verkäufers nach § 278 BGB ist – der Verkäufer eine Pflichtverletzung auch schuldhaft im Sinn des § 280 Abs. 1 Satz 2 BGB zu vertreten hat. Den insoweit erforderlichen Beweis des Gegenteils hat der Verkäufer zu erbringen. Steht aber der Tatbestand der Pflichtverletzung fest und kann sich der Verkäufer nicht entlasten, dann richten sich die Folgen eines Schadensersatzanspruchs nach den §§ 249 ff. BGB. Der korrekte Maßstab liegt also für die Bemessung des vom Verkäufer verursachten Schadens allein in der Anwendung dieser Norm, einschließlich des § 252 BGB, soweit der Ersatz des entgangenen Gewinns in Rede steht.

16. Schadensersatz – strengere Haftung: Garantieübernahme – Beschaffenheitsgarantie

a) Ob der Verkäufer im Rahmen von § 276 BGB nur Vorsatz oder Fahrlässigkeit zu vertreten hat, hängt zunächst entscheidend davon ab, ib eine entsprechende Vereinbarung zwischen den Parteien akkordiert worden ist. Ist diese nicht festzustellen, dann ist auf den Inhalt des **Schuldverhältnisses** abzustellen. Es ist insoweit jeweils durch Auslegung nach den §§ 133, 157 BGB zu ermitteln, ob der Verkäufer – abhängig von den Umständen des Einzelfalls – nicht eine strengere Haftung übernommen hat.[213]

aa) Von praktisch hoher Bedeutung ist in diesem Zusammenhang, dass immer dann von einer strengeren, **verschuldensunabhängigen** Haftung auszugehen ist, sofern der Verkäufer eine „Garantie" für **die Beschaffenheit** einer Sache gemäß § 443 BGB gewährt hat.[214] In der Sache handelt es sich hierbei um den Tatbestand der Eigenschaftszusicherung.[215] Diese liegt nach Auffassung des BGH immer dann vor, wenn der Verkäufer – oberhalb einer einfachen Beschaffenheitsvereinbarung nach § 434 Abs. 1 Satz 1 BGB – in vertragsmäßig bindender Form die Gewähr für das Vorhandensein und das Vorhandenbleiben einer Eigenschaft (Haltbarkeitsgarantie) über-

---

212. So aber Palandt/Weidenkaff, BGB, § 437 Rdnr. 33 f.; weithin ohne diese Unterscheidung Erman/Grunewald, BGB, § 437 Rdnr. 19.
213. Palandt/Grüneberg, BGB, § 276 Rdnr. 29 ff.; Erman/Westermann, BGB, § 276 Rdnr. 20 ff.
214. Palandt/Weidenkaff, BGB, § 443 Rdnr. 3 ff.; BGH ZIP 2007, 583.
215. BGH NJW 2007, 1346, 1348.

nommen hat, so dass daraus sich die Bereitschaft ableitet, dass der Verkäufer auch bereit ist, für alle Folgen des Fehlens einer solchen Eigenschaft im Rahmen einer Schadensersatzhaftung einzustehen.[216] Eine solche Zusicherungsklärung des Verkäufers setzt erfordert also die gleichen Voraussetzungen, wie dies nach früherem Recht im Rahmen von § 459 Abs. 2 BGB a. F. der Fall war. Seit der bekannten Kleber-Entscheidung des BGH[217] war auch danach zu differenzieren, ob der Verkäufer/Schuldner im Rahmen einer Zusicherung lediglich das Risiko der Vertragsgemäßheit der jeweiligen Lieferung/Leistung – bezogen auf eine bestimmte Eigenschaft – übernommen hat, oder ob er weitergehend auch bereit war, für alle Schadensfolgen/Folgeschäden einzustehen, die sich aus dem Fehlen der zugesicherten Eigenschaft ergeben konnten.

Anders gewendet: In Abgrenzung zu § 434 Abs. 1 BGB ist bei einer Eigenschaftszusicherung gemäß § 276 Abs. 1 BGB immer gemäß §§ 133, 157 BGB zunächst festzustellen, ob überhaupt eine solche Eigenschaftszusicherung in Form einer verschuldensunabhängigen Garantie (§ 443 BGB) vorliegt, nicht aber lediglich eine Beschaffenheitsvereinbarung gemäß § 434 Abs. 1 BGB. So ist etwa die Angabe der Laufleistung eines gebrauchten Pkw im Zweifel keine Garantie, sondern eine Beschaffenheitsvereinbarung.[218] Ähnlich liegen die Dinge beim privaten Verkauf eines Gebrauchten als „fahrbereit".[219] Denn die typische Interessenlage der Parteien bei Abschluss eines solchen Vertrages verbietet die Annahme einer weiter gehenden Haftungsvereinbarung. Auch die Objektbeschreibung im Rahmen eines Auktionskatalogs fällt nicht unter die Kategorie einer Garantie.[220]

bb) Liegen indessen die Voraussetzungen einer Beschaffenheitsgarantie zu, dann ist zu fragen, welchen Inhalt und welche Reichweite die jeweils vom Verkäufer/Schuldner abgegebene Zusicherungserklärung – bezogen auf das Risiko der **Vertragsgemäßheit (Mangelschaden)** oder geht sie aus der Sicht des Käufers bewertet darüber hinaus und bezieht sich auch darauf, dass die **Übernahme des Risikos Mangelfolgeschäden** zum Gegenstand hat.[221] Diese Auslegung ist von hoher praktischer Bedeutung, weil dies für den Umfang der nach § 444 BGB wirksamen Haftungsbegrenzung von entscheidendem Belang ist (vgl. „soweit"). Denn soweit sich die in der Garantieerklärung des Verkäufers liegende Risikoübernahme reicht, schei-

---

216. Triebel/Hölzle, BB 2002, 521, 530.
217. BGHZ 50, 200, 204 ff.
218. BGH NJW 2007, 1346, 1348.
219. OLG Hamm NJW-RR 2009, 1718.
220. OLG Brandenburg NJW-RR 2010, 1169.
221. Palandt/Grüneberg, BGB, § 276 Rdnr. 29; BGH a. a. O.

tern alle Haftungsbegrenzungen.[222] Das gilt sowohl auf der Ebene des Individualvertrages als auch bei der Verwendung von AGB. (S. 186).

cc) Von Bedeutung ist im Rahmen der Interpretation von § 276 BGB des Weiteren, dass sich aus den **Umständen** des Vertrages jeweils ergeben kann, ob und inwieweit der Verkäufer/Schuldner auch **stillschweigend** bereit ist, eine garantiemäßige, d. h. verschuldensunabhängige Einstandspflicht zu begründen.[223] Das wird nicht oft zutreffen, denn das auf diese Weise begründete Haftungsrisiko ist für den Verkäufer – gerade auch im Blick auf den Verbotstatbestand von § 444 BGB – sehr erheblich. Doch diese Möglichkeit stets im Auge zu behalten, weil es die Parteien in der Hand haben, den Maßstab des Verschuldens für die Erfüllung des von ihnen begründeten Vertrages selbst festzulegen.

dd) Bei Vereinbarung einer „Garantie" ist auch immer zwischen einer **selbständigen und einer unselbständigen Garantie** zu unterscheiden ist.[224] Eine unselbständige Garantie ist dann anzunehmen, wenn die gesetzliche Haftung des § 437 BGB erweitert wird.[225] Hingegen liegt dann eine selbständige Garantie vor, wenn der Garant für einen Erfolg einstehen will, der – verschuldensunabhängig – über den eigentlichen Gewährleistungszweck hinausreicht.[226] Falls der garantierte Erfolg ausbleibt, dann haftet der Garant.[227] Anders gewendet und für den gewöhnlichen Fall eines unselbständigen Garantieversprechens gilt: Es kommt darauf an, ob die Auslegung der jeweiligen Erklärungen bzw. des Verhaltens des Verkäufers den Schluss rechtfertigt, dass der Verkäufer bereit war, ohne Rücksicht auf Verschulden auf Schadensersatz zu haften, wenn und soweit die von ihm gelieferte Sache mangelhaft war oder der zugesagte Leistungserfolg nicht eingetreten ist.

b) Handelt es sich um ein Garantieversprechen, welches im Rahmen eines **Verbrauchsgüterkaufs** abgegeben worden ist, dann ist nicht die zwingende Norm des § 475 Abs. 1 BGB zu beachten. Vielmehr ist auch die Bestimmung von § 477 BGB ins Auge zu fassen, so dass der Verkäufer verpflichtet ist, die dort vorgesehenen Besonderheiten bei Abfassung einer solchen Garantie zu berücksichtigen. Das bedeutet u. a. einen in **Textform** abgefassten Hinweis

---

222. Erman/Grunewald, BGB, § 444 Rdnr. 2 f.
223. BGH NJW 2007, 1346, 1348; vgl. auch Palandt/Grüneberg, BGB, § 276 Rdnr. 27 ff.
224. Im Einzelnen Faust, in: Bamberger/Roth, BGB, § 443 Rdnr. 12 ff.
225. Palandt/Weidenkaff, BGB, § 443 Rdnr. 4.
226. Hierzu Erman/Grunewald, BGB, § 443 Rdnr. 9; Palandt/Weidenkaff, a. a. O.
227. BGH NJW 1999, 1542, 1544.

(§ 477 Abs. 2 BGB) darauf, dass die gesetzlichen Rechte nicht durch die Garantie eingeschränkt werden[228] sowie darauf, dass alle wesentlichen Angaben in der Garantieurkunde enthalten sind, um den Käufer in den Stand zu setzen, die Ansprüche aus der Garantie auch geltend zu machen.[229] Werden die in dieser Norm aufgestellten Regeln nicht beachtet, dann ist die vom Verkäufer gewährte Garantie nicht unwirksam, sondern bleibt gemäß § 477 Abs. 3 BGB gleichwohl wirksam.[230]

17. Mangel – Schadensersatz statt der Leistung

a) Weitergehend weist § 437 Nr. 3 BGB auf, dass der Käufer einer mangelhaften Sache auch berechtigt ist, gemäß § 281 BGB **Ersatz des Schadens statt der Leistung** zu verlangen.

aa) Dieser Anspruch setzt voraus, dass drei Tatbestandselemente erfüllt sind. Zunächst ist zu bedenken, dass der Käufer – bezogen auf den ihm zustehenden Nacherfüllungsanspruch gemäß § 439 BGB – berechtigt, aber auch verpflichtet ist, dem Verkäufer/Schuldner eine den Umständen nach angemessene Frist zu setzen, innerhalb derer er die Nacherfüllung zu bewirken hat, sei es durch Mangelbeseitigung, sei es durch Lieferung einer neuen Sache. Es besteht also das Recht zur zweiten Andienung.

bb) Wenn diese – angemessene – Frist erfolglos verstrichen ist, dann kann der Gläubiger **unter den Voraussetzungen des § 280 Abs. 1 BGB** Schadensersatz statt der Leistung verlangen. Dies wiederum bedeutet: Der Verkäufer/Schuldner muss die ihm gemäß § 280 Abs. 1 Satz 1 BGB obliegende – objektive – Pflicht verletzt haben, weil der Mangel der Sache nachgewiesen ist. Trifft dies zu, ist zu fragen, ob der Verkäufer/Schuldner auch gemäß § 280 Abs. 1 Satz 2 BGB die jeweilige Pflichtverletzung im Sinn einer Fahrlässigkeit nach § 276 BGB zu vertreten hat.[231] Die hierzu erforderlichen Anmerkungen – Vorlieferant ist nicht Erfüllungsgehilfe des Verkäufers – sind bereits weiter oben unterbreitet worden; darauf wird verwiesen (S. 114 ff.).

cc) Des Weiteren ist zu unterstreichen, dass dieser Schadensersatzanspruch statt der Leistung den Käufer nur dann im Rahmen einer Mängelhaftung zusteht, wenn die dem Verkäufer/Schuldner

---

228. Palandt/Weidenkaff, BGB, § 477 Rdnr. 8 f.
229. Faust, in Bamberger/Roth, BGB, § 477 Rdnr. 4 ff.
230. Faust, in Bamberger/Roth, BGB, § 477 Rdnr. 11 f.
231. Im Einzelnen Palandt/Grüneberg, § 281 Rdnr. 16; Dedek, in: Henssler/Graf von Westphalen, Praxis der Schuldrechtsreform, § 281 Rdnr. 20.

insoweit anzulastende Pflichtverletzung nicht „**unerheblich**" im Sinn von § 281 Abs. 1 Satz 3 BGB ist.[232] Ob diese Voraussetzungen vorliegen, kann nur unter besonderer Berücksichtigung der Umstände des Einzelfalls ermittelt werden.[233] Dabei ist davon auszugehen, dass ein Mangel in der Regel als erhebliche Pflichtverletzung zu bewerten ist. Denn der Tatbestand der „unerheblichen" Pflichtverletzung ist im Regelfall dann zu bejahen, wenn etwa das Verhalten des Käufers als interessewidrig zu qualifizieren ist.[234]

b) Die **Berechnung** des Anspruchs auf Schadensersatz statt der Leistung im Sinn von § 281 BGB vollzieht sich auf verschiedene Weise:

aa) Der Käufer kann im Fall eines Mangels – nach Setzung einer angemessenen Frist – den Schaden in der Weise ermitteln, dass er die mangelhafte Sache behält und den verbleibenden Differenzschaden reklamiert.[235] In der Sache bedeutet dies, dass damit der „**kleine Schadensersatzanspruch**" geltend gemacht wird.[236] Daher kann der Käufer in diesem Fall immer die Mangelbeseitigungsaufwendungen im Sinn eines „kleinen Schadensersatzanspruchs" reklamieren.[237] So gesehen geht es um den Ausgleich der mangelfreien zu der mangelbehafteten Sache.[238] Denn der Käufer behält die mangelhafte Sache und liquidiert im Übrigen den ihm entstandenen Nichterfüllungsschaden.[239]

bb) Alternativ hierzu kann der Käufer aber auch den so genannten „**großen Schadensersatzanspruch**" geltend machen.[240] Geht der Käufer diesen Weg, dann stellt er die mangelhafte Sache dem Verkäufer zur Verfügung und liquidiert dann den gesamten Nichterfüllungsschaden.[241] Problematisch ist in diesen Fällen, ob der Käufer auch verpflichtet ist, den Rücktritt zu erklären, oder ob es ausreicht, wenn er den Schadensersatzanspruch geltend macht.[242]

cc) Wählt der Käufer wegen der Mangelhaftigkeit der gekauften Sache den „großen Schadensersatzanspruch", dann kann er den Nichterfüllungsschaden wiederum auf unterschiedliche Weise ermit-

---

232. Hierzu Erman/Westermnan, BGB, § 281 Rdnr. 8f.; Schmidt-Räntsch, Das Neue Schuldrecht, Rdnr. 345f.; Dedek, a.a.O., Rdnr. 51f.
233. Schmidt-Räntsch, a.a.O.
234. Vgl. Zimmer, NJW 2002, 1, 9.
235. BGH NJW 1989, 2534, 2535; BGH NJW 1986, 920, 921.
236. Hierzu auch BGH NJW 2008, 436, 437.
237. BGH NJW 2004, 2526, 2528.
238. BGH NJW 1998, 2905.
239. Erman/Westermann, BGB, § 281 Rdnr. 29.
240. Hierzu Palandt/Grüneberg, BGB, § 281 Rdnr. 46.
241. BGH NJW 2006, 2912; BGH NJW 2006, 2254.
242. Hierzu MünchKomm/Ernst, BGB, § 282 Rdnr. 156.

17. Mangel – Schadensersatz statt der Leistung

teln.[243] Der Käufer hat nämlich, wenn er die Sache nicht behalten will, die Möglichkeit, den entstandenen Schaden konkret oder auch abstrakt zu berechnen.[244] Die Einzelheiten einer solchen Schadensberechnung sind bereits in anderem Zusammenhang dargestellt worden, so dass darauf verwiesen werden kann (S. 119 ff.). Grundsätzlich ist auch im Kontext von § 281 BGB verpflichtet, den Nichterfüllungsschaden **konkret** zu berechnen; im Bestreitensfall ist er des Weiteren verpflichtet, seine Kalkulation offen zu legen.[245] Das wird häufig dazu führen, dass der Käufer sich stattdessen dazu entschließt, den entstandenen Nichterfüllungsschaden abstrakt zu berechnen, was – wenn es sich denn um Kaufleute handelt – dazu führt, dass das Gericht davon ausgehen kann, dass der Käufer auch einen angemessenen Gewinn – etwa durch eine Weiterveräußerung der Sache – erwirtschaftet hätte.[246]

dd) Ist hingegen im Sinn des § 281 Abs. 1 Satz 3 die dem Verkäufer anzulastende **Pflichtverletzung nicht erheblich**, dann kann der Käufer auch in diesen Fällen nach einer nicht ganz unbestrittenen Meinung jedenfalls Nacherfüllung und Minderung, aber auch den „kleinen" Schadensersatzanspruch geltend machen.[247] Das führt dann dazu, dass der Käufer die Sache behalten muss, aber den Minderwert als Schadensersatz reklamieren kann, einschließlich des entgangenen Gewinns.[248] Wegen der parallelen Bestimmung in § 323 Abs. 5 Satz 2 BGB ist bei einer nicht erheblichen Pflichtverletzung auch der Rücktritt des Käufers ausgeschlossen, so dass der „große Schadensersatzanspruch" dem Käufer hier nicht zur Verfügung steht.[249]

b) Nach § 281 Abs. 4 BGB ist der Anspruch auf die Leistung **ausgeschlossen**, sobald der Käufer statt der Leistung Schadensersatz verlangt hat.[250] Konkret bedeutet dies, dass unter diesen Voraussetzungen der Erfüllungsanspruch untergegangen ist. Einer Ablehnungsandrohung bedarf es – im Gegensatz zur früheren Rechtslage – nicht mehr.

---

243. Erman/Westermann, BGB, § 281 Rdnr. 32.
244. Erman/Westermann a. a. O.
245. Hierzu auch Palandt/Grüneberg, BGB, § 281 Rdnr. 30.
246. BGH NJW 1974, 895.
247. Hierzu Palandt/Grüneberg, BGB, § 281 Rdnr. 47; MünchKomm/Ernst, BGB, § 281 Rdnr. 147 f.; a. M. Erman/Westermann, BGB, § 281 Rdnr. 9.
248. Hierzu Palandt/Grüneberg, BGB, § 281 Rdnr. 45.
249. Palandt/Grüneberg, BGB, § 281 Rdnr. 47.
250. Im Einzelnen Dedek, in: Henssler/Graf von Westphalen, Praxis der Schuldrechtsreform, § 281 Rdnr. 48.

18. Schadensersatz – Verletzung von Nebenpflichten

Die Möglichkeiten, die dazu führen, dass Nebenpflichten des Verkäufers entstehen, die im Fall ihrer schuldhaften Verletzung entweder nach § 311 Abs. 2 BGB oder nach § 241 Abs. 2 BGB Ansprüche auf Ersatz des Schadens nach § 280 Abs. 1 BGB auslösen, sind mannigfaltig. Es kann nicht Aufgabe dieser Abhandlung sein, ein auch nur halbwegs umfassendes Bild dieser Pflichten an Hand der Ergebnisse der Rechtsprechung darzulegen, weil der wesentliche Akzent der hier anzustellenden Erörterungen den Fragenkomplex der AGB betrifft. Das aber bedeutet gleichzeitig, dass sich in diesen Fällen immer die Frage aufdrängt, ob es denn dem Verkäufer gestattet ist, die sich dann aus § 280 Abs. 1 BGB ergebende Haftung auf Ersatz des Schadens wirksam auszuschließen. Dieser Komplex wird weiter unten behandelt (S. 186 ff.). Jetzt soll – des besseren und einfacheren Verständnisses wegen – der Versuch unternommen werden, einige wichtige Grundlinien aufzuzeigen, welche die vom Verkäufer zu erfüllenden Nebenpflichten bei Abschluss eines Kaufvertrages wegen ihres **Kohärenzverhältnisses nur Mängelhaftung** betreffen.

a) Im Vordergrund steht die Verpflichtung des Verkäufers, seinen Kunden **aufzuklären**, ihn zu **beraten** und ihn auch vor solchen Risiken zu **warnen**, die ihm nicht bekannt sind.

aa) Das Konkurrenzverhältnis zwischen einer Haftung wegen Verschuldens bei Vertragsabschluss gemäß § 311 Abs. 2 BGB und einer Hafung wegen Verletzung einer Nebenpflicht nach § 241 Abs. 2 BGB in Relation zur Mängelhaftung ist zunächst kurz zu umreißen. Die Mängelhaftung dominiert, soweit sich die fehlende Beratung oder Aufklärung auf eine Beschaffenheit der verkauften Sache bezieht. Dann sind keine Ansprüche aus § 311 Abs. 2 BGB in Betracht zu ziehen. Denn die §§ 434 ff. BGB enthalten insoweit eine abschließende Regelung.[251] Das wird zwar von einem Teil der Literatur anders gesehen,[252] doch ist aus praktischen Gründen hier dem BGH zu folgen.[253] Diese Einordnung wird man auch dann so vornehmen müssen, wenn es sich um eine Beschaffenheitsgarantie nach § 443 BGB handelt, weil die Begriffe Eigenschaft[254] und Beschaffenheit austauschbar sind.

---

251. BGH NJW 2009, 2120, 2121.
252. Faust, in Bamberger/Roth, BGB, § 437 Rdnr. 190; MünchKomm/Emmerich, BGB, § 311 Rdnr. 143.
253. Palandt/Grüneberg, BGB, § 311 Rdnr. 14.
254. BGH NJW 2007, 1346, 1348; BGH NJW-RR 2010, 1329 – „Weinkorken".

18. Schadensersatz – Verletzung von Nebenpflichten

bb) Soweit demgegenüber die Verletzung einer Nebenpflicht nach § 241 Abs. 2 BGB in Rede steht, ist anerkannt, dass bis zum Zeitpunkt des Gefahrenübergangs auf die allgemeinen Vorschriften der §§ 241 Abs. 2, 280 Abs. 1 BGB zurückgegriffen werden kann, dass aber nach diesem Zeitpunkt die Bestimmungen der Mängelhaftung gelten, weil ja die Regel des § 437 Nr. 3 BGB auf den Anspruch auf Ersatz des Schadens verweist.[255] Davon abgesehen stellt sich auch hier die Frage, ob denn der Verkäufer nicht zusätzliche Nebenpflichten zu erfüllen hat, wie etwa die Pflicht, die Ware – außerhalb des § 377 HGB – zu **untersuchen**, ob sie denn mangelfrei oder mangelhaft ist. Eine solche Pflicht wird von der Judiktaur freilich in der Regel abgelehnt.[256]

b) Nach der Rechtsprechung des BGH[257] besteht eine **Aufklärungspflicht** des Verkäufers, wenn Umstände vorliegen, welche geeignet sind, die Erreichung des Vertragszwecks zu vereiteln, vorausgesetzt, eine solche Aufklärung ist nach der Verkehrsauffassung zu erwarten.[258] Das aber trifft in der Regel nur dann zu, wenn diese Umstände – für den Verkäufer erkennbar – dem Käufer nicht bekannt sind[259] und dieser sie auch nicht kennen kann.[260] Schwieriger ist die Antwort auf die Frage, wann denn der Verkäufer zur **Beratung** seines Kunden verpflichtet ist. In diesen Fällen ist es häufig so, dass die Frage zu beantworten ist, ob denn nicht ein stillschweigender Beratungsvertrag zwischen den Parteien zustande gekommen ist. Das wird man regelmäßig dann annehmen müssen, wenn die Beratung für den Kunden von Bedeutung ist und der Verkäufer dies auch erkannt hat oder doch erkennen konnte, vorausgesetzt, der Verkäufer ist in diesem Bereich besonders sachkundig oder hat ein eigenes wirtschaftliches Interesse an dem Beratungsergebnis.[261] Dabei ist es im Rahmen eines Kaufvertrages für gewöhnlich so, dass die Parteien entgegengesetzte Interessen wahrnehmen, so dass aus diesem Grund eine rechtliche selbständig verpflichtende Beratung die Ausnahme ist.

c) Die Schadensersatzsanktion des § 280 Abs. 1 BGB bezieht sich darauf, dass der Verkäufer verpflichtet ist, dem Kunden alle Nachteile zu ersetzen, die aus der Pflichtverletzung resultieren.[262] Ist eine Pflicht zur **Beratung, Aufklärung oder Warnung** verletzt wor-

---

255. Palandt/Grüneberg, BGB, § 280 Rdnr. 17.
256. BGH NJW 2008, 2837, 2839 – „Parkettstäbe"; LG Duisburg ZGS 2011, 430, 432; hierzu auch Lange ZGS 2011, 393 ff.
257. BGH NJW 2006, 3139, 3141.
258. BGH NJW 1979, 2243; BGH a. a. O.
259. BGH NJW 2006, 3139, 3141.
260. Palandt/Weidenkaff, BGB, § 433 Rdnr. 23.
261. BGH NJW-RR 1992, 1011.
262. Palandt/Grüneberg, BGB, § 280 Rdnr. 32.

den, dann besteht die Sanktion des § 280 Abs. 1 BGB darin, den Käufer als Gläubiger so zu stellen, wie er stände, wenn er die ihm nachteiligen Dispositionen nicht getroffen, den betreffenden Vertrag eben nicht abgeschlossen hätte.[263] In diesen Fällen kann der Käufer als Gläubiger zwischen einem „kleinen" und einem „großen" Schadensersatz wählen (S. 180 f.). Das heißt: Er kann frei darüber befinden, ob er die ihm nachteilige Sache behält („kleiner" Schaden) und den Differenzschaden geltend macht oder ob er die Sache zurückgibt und die Vermögensnachteile kompensiert, was dann dem „großen Schadensersatz" entspricht.

d) Eine der zentralen Fallgestaltungen des § 241 Abs. 2 BGB ist darin zu sehen, dass der Verkäufer die ihm obliegenden **Schutzpflichten** verletzt. Nach der Umschreibung dieser Pflichten in § 241 Abs. 2 BGB zielen diese darauf ab, die Rechtsgüter, Rechte und Interessen des Käufers zu schützen, also den Eintritt von Verletzungen dieser Güter zu verhindern, soweit dies erforderlich und auch (§ 276 BGB) zumutbar ist. Soweit hier die Rechtsgüter des Käufers in Rede stehen, decken sich diese Schutzpflichten mit den in § 823 Abs. 1 BGB verankerten Verkehrssicherungspflichten.[264] Es besteht Anspruchskonkurrenz. So gesehen ist entscheidend, dass das Schutzkonzept des § 241 Abs. 2 BGB auch den Bereich des Vermögens umfasst, der ja in § 823 Abs. 1 BGB nicht als geschützt erfasst ist. Der Gesetzgeber hat dies mit dem Begriff des „Interesses" gekennzeichnet.[265]

e) Ein praktisch wichtiger Fall ist auch, dass die Mangelbeseitigung oder auch die Ersatzlieferung im Rahmen des § 439 Abs. 1 BGB verzögert werden. Dann entsteht auf Grund einer solchen Pflichtverletzung nur dann ein Anspruch auf Ersatz des Schadens, wenn gleichzeitig auch die Voraussetzungen eines **Verzugs** gegeben sind. Das bedeutet, dass die Bestimmung von § 286 BGB erfüllt ist. Regelmäßig geschieht dies in der Weise, dass der Käufer dem Verkäufer eine angemessene Frist setzt, innerhalb derer der aufgetretene Mangel zu beseitigen ist. Das setzt nach § 286 BGB voraus, dass der Käufer den Verkäufer mit Fristsetzung gemahnt hat. Auf die weiter oben zu findenden Ausführungen sei verwiesen (S. 100 f.).

19. Beweislast

a) Im Verkehr mit dem **Verbraucher** gilt in diesem Kontext die zwingende Bestimmung des § 476 BGB. Danach gilt eine Beweis-

---

263. BGH NJW-RR 2004, 1668; BGH NJW-RR 2009, 603.
264. Palandt/Grüneberg, BGB, § 280 Rdnr. 28.
265. Vgl. Palandt/Grüneberg, BGB, § 241 Rdnr. 7.

19. Beweislast

vermutung für das Vorliegen eines Mangels im Zeitpunkt des Gefahrenübergangs, sofern sich der Mangel innerhalb einer Frist von sechs Monaten nach Gefahrenübergang zeigt.

aa) Nach der Rechtsprechung des BGH enthält die Norm des § 476 BGB **keine Umkehr der Beweislast**.[266] Vielmehr bezieht sich die in dieser Bestimmung enthaltene Vermutung lediglich auf die Zeitachse, weil eben das Vorhandensein eines Mangels schon im Zeitpunkt des Gefahrenübergangs vermutet wird.[267] Sofern der Verkäufer das Vorliegen eines Mangels **bestreitet**, ist der Käufer verpflichtet, das Bestehen eines vom Unternehmer zu vertretenden Mangels nachzuweisen.[268] Denn die Vermutung gilt dann nicht, ob der aufgetretene Schaden durch einen Mangel (im Zeitpunkt des Gefahrenübergangs) oder durch eine dem Käufer zurechenbare Verhaltensweise[269] oder schlicht durch Verschleiß aufgetreten ist.[270] Kommen aber als Ursache für den aufgetretenen Schaden sowohl ein möglicher Mangel als auch ein Verhalten des Käufers gleichermaßen in Betracht, dann ist Raum für die Anwendung von § 476 BGB.[271]

bb) Nach § 476 – zweiter Halbsatz – BGB kommt die Vermutung dann nicht zum Zug, wenn sie mit der Art des Mangels oder mit der Art der Sache nicht zu vereinbaren ist.[272] Letzteres kann dann gegeben sein, wenn es sich um eine gebrauchte Sache[273] handelt, weil hier der Grad der jeweiligen Abnutzung zu beachten ist oder auch darum, dass leicht verderbliche Ware geliefert werden soll.[274] Was die Art des Mangels insoweit angeht, werden hier immer wieder Fälle des Tierkaufs berichtet,[275] was hier jedoch nicht weiter zu vertiefen ist.

b) Im Verkehr mit dem **Unternehmer** gilt die Sondernorm des § 476 BGB nicht. Hier bleibt es vielmehr bei der Grundregel des § 363 BGB: Wenn und soweit der Käufer die gelieferte Sache angenommen hat, ist es seine Sache, das Vorliegen eines Mangels im Sinn der §§ 434 ff. BGB nachzuweisen.[276]

---

266. BGH NJW 2007, 2621, 2622.
267. BGH NJW 2006, 434, 435 f.
268. Palandt/Weidenkaff, BGB, § 476 Rdnr. 5.
269. BGH NJW 2004, 2299.
270. BGH NJW 2006, 434.
271. BGH NJW 2007, 2621.
272. Palandt/Weidenkaff, BGB, § 476 Rdnr. 9 ff.
273. OLG Köln NJW-RR 2004, 268.
274. MünchKomm/Lorenz, BGB, § 476 Rdnr. 16.
275. BGH NJW 2006, 2250 – Kauf eines Pferdes – Sommerekzem.
276. BGH NJW 2006, 434; Palandt/Weidenkaff, BGB, § 434 Rdnr. 59; Erman/Grunewald, BGB, § 434 Rdnr. 70.

c) Eine Änderung oder Verschiebung der Darlegungs- und Beweislast auf Grund von **AGB-Klauseln** scheitert im Verkehr mit dem Verbraucher am Verbotstatbestand des § 309 Nr. 12 BGB.[277] Soweit eine solche Klausel im Verkehr mit einem **Unternehmer** verwendet werden sollte, greift nach allgemeiner Ansicht dieser Verbotstatbestand indirekt ein, so dass § 307 Abs. 2 Nr. 1 BGB zum Zuge kommt.[278] Die Rechtsprechung des BGH stützt diese Antwort, weil die Verbotsnorm auch in Einkaufs-AGB zu beachten ist.[279]

d) Es ist daher **nicht angezeigt**, formularmäßig irgendeine Klausel zu verwenden, welche – gleichgültig, an welcher Stelle sie niedergeschrieben wird, die Darlegungs- und Beweislast des Verkäufers zum Nachteil des Käufers verschiebt. Daher werden solche Klauseln auch hier nicht vorgeschlagen.

20. Haftungsfreizeichnung – Mängelhaftung

a) Die wesentlichen Fragen nach dem „Wert" von Verkaufs-AGB entscheiden sich an der Stelle, ob denn die Haftungsfreizeichnung oder die Haftungsbegrenzung – gerade im unternehmerischen Verkehr – geeignet ist, eine wirksame Begrenzung der kommerziellen und technischen Risiken des Verkäufers zu gewährleisten. Das ist jedenfalls dann schon im Ausgangspunkt nicht der Fall, wenn – was sehr häufig ist – eine **Kollision zwischen den Verkaufs- und den Einkaufs-AGB** eintritt (S. 34 ff.). Unter dieser Perspektive ist nämlich nach der hier vertretenen Auffassung regelmäßig davon auszugehen, dass ein Dissens vorliegt, so dass dann dispositives Recht eingreift. Selbst dann, wenn der Käufer in seinen Einkaufs-AGB keine ausdrückliche Haftungsregelung vorsieht, ist im Zweifel dieses „Schweigen" dahin zu verstehen, dass damit die gesetzlichen Bestimmungen zur Anwendung berufen sind. Diese aber kollidieren dann mit entgegenstehenden Begrenzungsklauseln. Diese Feststellung gilt unabhängig davon, ob die betreffende Klausel in den Verkaufs-AGB wirksam oder nach § 307 BGB unwirksam ist.

b) Liegen die Voraussetzungen einer **Beschaffenheitsgarantie** im Sinn von § 443 BGB vor, dann ist die hier zu erörternde Frage nach den Wirksamkeitsgrenzen von Haftungsbegrenzungsklauseln bereits durch die in diesen Fällen immer anwendbare Norm des § 475 Abs. 1 BGB und für den unternehmerischen Verkehr durch § 444

---

277. Hierzu Palandt/Grüneberg, BGB, § 309 Rdnr. 106 f.
278. Habersack, in Ulmer/Brandner/Hensen, AGB-Recht, § 309 Nr. 12 Rdnr. 26; Palandt/Grüneberg, BGB, § 309 Rdnr. 110.
279. BGH NJW 2006, 47, 49.

20. Haftungsfreizeichnung – Mängelhaftung

BGB abschließend beantwortet. Das bedeutet: Soweit die in der Beschaffenheitsgarantie verankerte Risikoübernahme reicht (S. 176 ff.), scheitert eine Haftungsbegrenzung. Denn diese Folgerung ist durch die Verwendung des Wortes „soweit" in § 444 BGB indiziert.[280] Dabei macht es keinen Unterschied, ob es sich um einen Individualabrede oder um eine AGB handelt. Dieser Ansatz ist für die erforderliche Risikobeurteilung einer Garantie/Zusicherung[281] von ganz entscheidender Bedeutung. Es sollte alles vermieden werden, eine solche Garantie/Zusicherung ohne dringende Not überhaupt abzugeben.

Diese Schlussfolgerung wird man auch bei der Vereinbarung einer Beschaffenheitsgarantie gegenüber einem **Verbraucher** deswegen als richtig ansehen müssen, weil § 475 Abs. 3 BGB im Blick auf Schadensersatzansprüche zwar die zwingende Anwendung von Abs. 1 und 2 nicht vorschreibt, aber im Rahmen des einsetzenden Anspruchs auf Ersatz des Schadens dann an § 444 BGB unmittelbar anknüpft.

c) Die mit Abstand schwierigste Frage bei der Abfassung von Verkaufs-AGB is im Detail die Wirksamkeitsgrenzen von Haftungsfreizeichnungs- oder Haftungsbegrenzungsklauseln aufzuzeigen.[282] Es ergeben sich folgende Gesichtspunkte:

aa) Klar ist, dass der Tatbestand des § 309 Nr. 7a BGB zu beachten ist. Soweit also **Körper- oder Gesundheitsschäden** in Rede stehen, **versagt** – schuldhafte Pflichtverletzung vorausgesetzt – **jede Freizeichnung** oder Begrenzung der Haftung auf Schadensersatz. Dabei ist zu beachten, dass im Rahmen der gebotenen generell-abstrakten Bewertung von AGB-Klauseln es praktisch nie ausgeschlossen werden kann, dass eine Pflichtverletzung begangen wird, welche einen Körper- oder Gesundheitsschaden zur Folge hat.[283] Daher ist es grundsätzlich geboten, den Verbotstatbestand des § 309 Nr. 7a BGB in jedem Vertrag ausdrücklich vorzusehen. § 309 Nr. 7a BGB gilt auch unabhängig von dem jeweiligen Grad des Verschuldens, also insbesondere auch im Rahmen einfacher Fahrlässigkeit nach § 276 BGB.

bb) In der Regel läuft das Freizeichnungsverbot des § 309 Nr. 7a BGB parallel mit dem Freizeichnungsverbot der §§ 1, 14 ProdHaftG, was freilich einen **Produktfehler** im Sinn von § 3 ProdHaftG voraussetzt. Offen ist die Frage, ob der Hersteller eines fehlerhaften

---

280. Palandt/Weidenkaff, BGB, § 444 Rdnr. 12.
281. BGH NJW 2007, 1346, 1348; Graf von Westphalen BB 2005, 1,3.
282. Hierzu Graf von Westphalen, BB 2002, 209 ff.; umfassend auch Koch, WM 2002, 2173, 2178 ff.
283. Vgl. auch Palandt/Grüneberg, BGB, § 309 Rdnr. 40.

Produkts im Sinn von § 1 Abs. 1 ProdHaftG als AGB-Verwender auf eine Klausel nach § 309 Nr. 7a BGB verzichten kann, wenn er die Klarstellung im Blick auf den Verbotstatbestand des § 14 ProdHaftG in seine Klauselwerk übernimmt. Dies ist kaum zu bejahen, weil so der irrige Eindruck erweckt werden könnte, als sei auch außerhalb des § 14 ProdHaftG die Schadensersatzhaftung wegen eines Körper- oder Gesundheitsschadens ausgeschlossen. Das aber ist mit dem Transparenzgebot des § 307 Abs. 1 Satz 2 BGB nicht vereinbar; denn dieses ist auch dadurch charakterisiert, dass es eine unangemessene Benachteiligung des Kunden darstellt, wenn der Verwender bei der Abfassung seiner AGB das Täuschungsverbot nicht hinreichend beachtet.[284] Also ist im Zweifel von einer doppelten Regelung, bezogen auf § 14 ProdHaftG und § 309 Nr. 7a BGB auszugehen.

cc) Soweit der Verbotstatbestand des § 309 Nr. 7a BGB angesichts der vom AGB-Verwender angebotenen Lieferungen und Leistungen zu erwarten ist, stellt sich für den **unternehmerischen Bereich** die Frage, ob dieser Verbotstatbestand nach § 307 Abs. 1 BGB zu beachten ist.[285] Dies kann man im Grundsatz uneingeschränkt bejahen.[286] Denn der Schutz der Rechtsgüter Leib, Leben und Gesundheit wiegt so schwer, dass der Geschädigte unangemessen im Sinn von § 307 Abs. 1 BGB benachteiligt würde, wenn man die Freizeichnung auch im Rahmen einfacher Fahrlässigkeit für wirksam ansehen würde. Dabei spielt auch die Erwägung eine wichtige Rolle,[287] dass der AGB-Verwender ohne weiteres in der Lage ist, sich gegen diese Haftungsrisiken durch Abschluss einer adäquaten Haftpflichtversicherung abzusichern.[288] Im Übrigen bleibt zu bedenken, dass im unternehmerischen Verkehr regelmäßig keine vertraglichen Beziehungen zwischen dem Schädiger und dem Geschädigten in seiner Funktion als Verbraucher nach § 13 BGB bestehen, weil und soweit der AGB-Verwender eine juristische Person des privaten Rechts ist, nicht aber Einzelperson, wie etwa ein Kaufmann nach § 1 HGB.

c) Die Beachtung des Verbotstatbestandes von § 309 Nr. 7b BGB im Verkehr mit dem **Verbraucher** ist inzwischen Standard.

aa) Die Voraussetzungen von **Vorsatz** und **grober Fahrlässigkeit** sind bereits weiter oben erörtert worden; darauf wird verwiesen

---

284. Palandt/Grüneberg, BGB, § 307 Rdnr. 26.
285. Bejahend Christensen, in Ulmer/Brandner/Hensen, AGB-Recht, § 309 Nr. 7 Rdnr. 46.
286. AGB-Klauselwerke/Graf von Westphalen – Freizeichnung Rdnr. 30.
287. Vgl. BGH ZIP 2002, 220, 222f.
288. So auch Koch WM 2002, 2173, 2182.

20. Haftungsfreizeichnung – Mängelhaftung

(S. 102). Soweit auch in § 309 Nr. 7b BGB der Begriff des **Erfüllungsgehilfen** verwendet wird, ist ebenfalls an frühere Erörterungen anzuknüpfen (S. 114ff.). Abzugrenzen bleibt indessen – gerade im Rahmen dieses Verbotstatbestandes – der Tatbestand eines Erfüllungsgehilfen von dem der **Substitution**.[289] Dieser Begriff ist in § 664 Abs. 1 Satz 2 BGB näher umschrieben. Er setzt – vor allem im Bereich des Auftragsrechts – voraus, dass der Auftragnehmer – zumindest mit stillschweigender Zustimmung des Auftraggebers – die Ausführung des Auftrags einem Dritten in eigener Verantwortung übertragen hat.[290] Diese Konstellation kommt im Rahmen des hier vornehmlich zu behandelnden Kaufvertrages praktisch nicht vor.

bb) Das Verbot des § 309 Nr. 7b BGB gilt für alle Formen einer Begrenzung der Haftung. Erfasst werden jedoch in erster Linie summenmäßige Beschränkungen der sich aus der jeweiligen Pflichtverletzung ergebenden Haftung, so dass der Umfang des Schadensersatz entgegen dem Gebot der §§ 249ff. BGB eingeschränkt ist.[291] Dies trifft für Freizeichnungen ebenso uneingeschränkt zu wie für wie auch immer gestaltete Haftungsbegrenzungen. Es empfiehlt sich daher nicht, überhaupt den Versuch zu unternehmen, im Rahmen des Verbots von § 309 Nr. 7b BGB eine Klausel zu formulieren. Zu bedenken bleibt auch, dass der Tatbestand von § 309 Nr. 7b BGB auch dann verletzt ist, wenn der Verwender den Versuch unternimmt, auf andere Weise die gesetzliche Haftung im Fall einer vorsätzlichen oder grob fahrlässigen Pflichtverletzung zu begrenzen, etwa durch eine **Verkürzung der Verjährungsfristen**.[292] Das gleiche gilt dann, wenn der Verwender **Ausschlussfristen** in seinen AGB bemüht.[293] Dieser Ansatz setzt jedoch voraus, dass die betreffende Frist so kurz bemessen ist, dass sie ihrerseits an § 307 BGB scheitert.[294]

d) Nach der bekannten „Gleichschritt"-Rechtsprechung des BGH steht fest, dass der Tatbestand des § 309 Nr. 7b BGB auch uneingeschränkt nach § 307 Abs. 1 BGB im **unternehmerischen Verkehr** zu berücksichtigen ist.[295] Der Vorwurf groben Verschuldens wiegt so

---

289. Hierzu auch Erman/Roloff, BGB, § 309 Rdnr. 65; Palandt/Grüneberg, BGB, § 309 Rdnr. 44.
290. Vgl. Palandt/Sprau, BGB, § 664 Rdnr. 2.
291. BGH NJW 1987, 2820.
292. BGH NJW 2009, 1486.
293. Hierzu auch AGB-Klauselwerke/Graf von Westphalen – Ausschlussfrist Rdnr. 5.
294. Vgl. auch Palandt/Grüneberg, BGB, § 309 Rdnr. 45.
295. BGH NJW 2007, 3774; Christensen, in Ulmer/Brandner/Hensen, AGB-Recht, § 309 Nr. 7 Rdnr. 43; Palandt/Grüneberg, BGB, § 309 Rdnr. 55; hierzu auch AGB-Klauselwerke/Graf von Westphalen – Freizeichnungsklausel Rdnr. 34; Erman/Roloff § 309 Rdnr. 76; Staudinger/Coester-Waltjen § 309 Nr. 7 Rdnr. 42.

schwer, dass eine wirksame Freizeichnung zu einer unangemessenen Benachteiligung der Rechte des Geschädigten im Sinn von § 307 Abs. 1 Satz 1 BGB führt. Dabei spielt es keine entscheidende Rolle, auf welcher Ebene sich der Vorwurf groben Verschuldens niederschlägt, ob nur bei den leitenden Angestellten des AGB-Verwenders oder ganz allgemein innerhalb der Sphäre des AGB-Verwenders. Denn wenn sich eine Pflichtverletzung ereignet, der der Vorwurf grober Fahrlässigkeit oder gar vorsätzlichen Verhaltens mit Recht gemacht werden kann, dann liegt insoweit regelmäßig auch – bezogen auf die Leitungsebene – der Vorwurf der schuldhaften Verletzung einer Organisationspflicht zugrunde.

e) In der Rechtsprechung des BGH ist seit langem anerkannt,[296] dass bei der **schuldhaften Verletzung einer wesentlichen Vertragspflicht**[297] eine Freizeichnung an § 307 Abs. 2 Nr. 2 BGB scheitert.[298] In ziemlich gleichmäßiger Wortfolge hat der BGH diesen Verbotstatbestand dahin im Sinn von § 307 Abs. 2 Nr. 2 BGB umschrieben, dass eine Freizeichnungsklausel nicht die Pflichten eines Vertrages so einschränken darf, dass dadurch der Vertragszweck von vornherein gefährdet wird und solche Pflichten verletzt werden, auf deren Einhaltung der Kunde regelmäßig auch vertraut.[299]

aa) Anders gewendet: Die Freizeichnung für die Haftung bei einfacher Fahrlässigkeit darf nicht dazu führen, dass eine **Aushöhlung von vertragswesentlichen Rechten oder Pflichten** stattfindet, weil dem Kunden auf Grund einer als wirksam gedachten Freizeichnungsklausel solche Recht genommen oder eingeschränkt werden, die ihm der Vertrag nach seinem Inhalt und Zweck gerade gewährt.[300] Im Sinn von § 307 Abs. 2 Nr. 2 BGB kommt es also immer darauf an zu prüfen, ob die schuldhafte Verletzung der Pflicht angesichts der verbalen Wirksamkeit der Freizeichnung dazu führt, die **Erreichung des Vertragszwecks** zu gefährden.[301] Die so bezeichneten Wirksamkeitsgrenzen einer Freizeichnungsklausel haben gleichermaßen im Verkehr gegenüber dem Verbraucher[302] als auch im

---

296. Rechtsprechungsnachweise in AGB-Klauselwerke/Graf von Westphalen – Freizeichnungsklausel Rdnr. 36 bei Fn. 147.
297. Hierzu im Einzelnen AGB-Klauselwerke/Graf von Westphalen – Freizeichnungsklauseln Rdnr. 36 ff.
298. BGH NJW-RR 1996, 783, 787 – VDMA; BGH NJW-RR 1998, 1426, 1427 – Bremer Lagerhaus; BGH ZIP 2000, 1392 – Immobilienberatung; BGH ZIP 2002, 220 – Feuchtigkeitsschaden; BGH NJW 2002, 749 – Bauingenieur; BGH NJW-RR 2006, 267 – ADSp (1008).
299. BGH NJW 2002, 749 – Bauingenieur.
300. BGH ZIP 2005, 1785, 1797 – Honda.
301. BGH ZIP 1988, 515, 518 – Werftarbeiten I.
302. BGH ZIP 2002, 220 – Feuchtigkeitsschaden.

20. Haftungsfreizeichnung – Mängelhaftung

unternehmerischen Verkehr Bedeutung.[303] Denn im Rahmen des Pflichtenkonzepts, auf das sich die jeweilige Freizeichnungsklausel bezieht, kann und darf nicht unterschieden werden.

bb) Schwierig ist die Antwort auf die Frage, ob es dem AGB-Verwender in seiner Funktion als Verkäufer gestattet ist, die Haftung auf **Ersatz des Schadens statt der Leistung** im Rahmen der **Mängelhaftung** nach § 437 Nr. 3 BGB wirksam freizuzeichnen, ohne am § 307 Abs. 2 Nr. 1 oder Nr. 2 BGB zu scheitern.[304] Bei der zu findenden Antwort – die Rechtsprechung hat diese wichtige Frage bislang nicht geklärt – ist zunächst im Auge zu behalten, dass das Äquivalenzverhältnis von Leistung und Gegenleistung auf der Erfüllungsebene aus dem Gleichgewicht gebracht ist, wenn der Gläubiger als Folge eines vom Verkäufer/Schuldner nach § 437 Nr. 3 BGB zu vertretenden Mangels gemäß § 281 Abs. 4 BGB Schadensersatz verlangt.[305] Denn dann ist sein Anspruch auf Leistung/Erfüllung untergegangen. Voraussetzung für diesen Schadensersatzanspruch ist zudem, dass die dem Schuldner/Verkäufer anzulastende Pflichtverletzung im Sinn von § 281 Abs. 1 Satz 3 BGB nicht „unerheblich" ist. Das wird bei einem vom Käufer mit Recht gerügten Fehler der Kaufsache anzunehmen sein. Doch ist dies dann nach der Literatur nicht der Fall, wenn der Aufwand zur Beseitigung des Mangels weniger als 10 % des Kaufpreises ausmacht.[306] Ob dem zu folgen ist, muss offen bleiben.

cc) Man kann nun trefflich darüber streiten, ob diese nicht „unerhebliche" Pflichtverletzung des Schuldners immer auch mit der schuldhaften Verletzung einer wesentlichen Vertragspflicht im Sinn der Judikatur zu § 307 Abs. 2 Nr. 2 BGB gleichzusetzen ist. Das kann man jedenfalls auf der Ebene bejahen, dass der Anspruch auf Ersatz des Schadens statt der Leistung immer eine ganz erhebliche Beeinträchtigung, wenn nicht sogar Vereitelung des Vertragszwecks im Sinn dieser Bestimmung einschließt.[307] Doch entscheidend fällt in dieser Sicht ins Gewicht, dass die Erfüllungsebene – nach Setzung einer angemessenen Frist gemäß § 281 Abs. 4 BGB gescheitert ist. Hinzu tritt die Erwägung, dass eine solche Pflichtverletzung im Sinn des § 433 Abs. 1 Satz 2 BGB immer die Erfüllung der vom Verkäu-

---

303. BGH ZIP 2002, 224 – Ingenieurvertrag; BGH NJW-RR 1996, 783 – VDMA.
304. Hierzu AGB-Klauselwerke/Graf von Westphalen – Freizeichnungsklausel Rdnr. 59 ff.
305. Hierzu auch Christensen, in Ulmer/Brandner/Hensen, AGB-Recht, § 309 Nr. 7 Rdnr. 37.
306. Palandt/Grüneberg, BGB, § 281 Rdnr. 47.
307. BGH NJW 2002, 749, 750 – Bauingenieur.

fer geschuldeten **Hauptpflicht** betrifft, nämlich: eine mangelfreie Sache zu liefern.[308]

dd) Diese Rechtsfolge – Schadensersatz nach den §§ 281 ff. BGB – kann nach der andernorts im Einzelnen begründeten Auffassung auch nicht dadurch wirksam vermieden werden, dass der AGB-Verwender/Verkäufer dem Käufer anstelle des Anspruchs auf Ersatz des Schadens statt der Leistung im Sinn des § 281 BGB ein abschließendes Recht auf **Rücktritt** einräumt.[309]

aaa) Diese Fragestellung hat durch die grundlegende Entscheidung des BGH,[310] dass der Käufer nämlich auch im Rahmen eines Mangels nach § 437 Nr. 3 BGB berechtigt ist, einen Schadensersatzanspruch nach § 280 Abs. 1 BGB – auch bezogen auf **Ersatz des entgangenen Gewinns** – einiges von ihrer praktischen Bedeutung verloren.[311] Denn wenn dieser Anspruch neben dem Anspruch auf Rücktritt nach § 437 Nr. 2 BGB bestehen bleibt, dann kommt es entscheidend darauf an, dass dieser Schadensersatzanspruch wirksam abbedungen werden kann. Das aber ist im Zusammenhang mit der Erörterung von Freizeichnungsklauseln im Fall des Verzugs nach § 280 Abs. 2 BGB bereits bejaht worden.[312]

bbb) Darüber hinaus hat die Antwort auf diese Frage praktische Bedeutung im Zusammenhang mit dem Verbotstatbestand des „**Fehlschlagens**" der Nacherfüllung gemäß § 440 BGB. Man könnte meinen, dass der in § 309 Nr. 8 b bb BGB niedergelegte Tatbestand des „Fehlschlagens" der Nacherfüllung mit seinem zwingenden Verweis auf ein dem Käufer zustehendes Rücktritts- und Minderungsrecht die gesuchte Antwort bereit hält.[313] Doch eine solche, auf den Rücktritt bezogene Argumentation ist im Rahmen von § 307 Abs. 2 Nr. 1 BGB kaum zu rechtfertigen, weil sie die Neuregelung von § 325 BGB nicht in den Blick nimmt. Danach kann nämlich der Käufer/Gläubiger immer neben dem Anspruch auf Rücktritt unter den Voraussetzungen des § 281 Abs. 1 BGB Schadensersatz statt der Leistung verlangen, was auch durch § 440 BGB

---

308. Hierzu auch Staudinger/Coester-Waltjen, BGB, § 307 Rdnr. 456; MünchKomm/Kieninger, BGB, § 309 Nr. 7 Rdnr. 29; Christensen, in Ulmer/Brandner/Hensen, AGB-Recht, § 309 Nr. 7 Rdnr. 38; Koch WM 2002, 2173, 2179; AGB-Klauselwerke/Graf von Westphalen – Freizeichnungsklausel Rdnr. 60; einschränkend Fuchs, in Ulmer/Brandner/Hensen, AGB-Recht, § 307 Rdnr. 287 ff.; a. M. Erman/Roloff, BGB, § 309 Rdnr. 74.
309. A. M. Erman/Roloff, BGB, § 309 Rdnr. 74, 77; AGB-Klauselwerke/Graf von Westphalen – Freizeichnungsklausel Rdnr. 59 ff.
310. BGH NJW 2009, 2074; vgl. Palandt/Weidenkaff, BGB, § 437 Rdnr. 36.
311. Vgl. auch Dauner-Lieb/Khan, FS für Graf von Westphalen, Köln 2010, S. 55 ff., die für die Wirksamkeit eines Ausschlusses dieses Anspruchs fechten.
312. BGH NJW 2001, 292, 295.
313. BGH NJW 1994, 1004, 1005.

20. Haftungsfreizeichnung – Mängelhaftung

im Blick auf die für das „Fehlschlagen" der Nacherfüllung vorgesehenen Rechtsfolgen so abgesichert ist. Also kann der Gläubiger immer unter den Voraussetzungen des § 281 Abs. 1 BGB den „großen" oder den „kleinen" Schadensersatzanspruch fordern, also entweder den Rücktritt und den Schadensersatz vollziehen oder die – mangelhafte – Sache behalten und den „Differenzschaden" geltend machen (S. 119 ff.).

ccc) Es ist also – per Saldo – eine **nicht hinzunehmende Verkürzung der Rechte des Gläubigers/Käufers** und damit eine erheblich ins Gewicht fallende unangemessene Benachteiligung,[314] würde man ihn bei Vorliegen der Voraussetzungen der §§ 281, 440 BGB abschließend auf ein nach § 323 BGB in Verbindung mit § 437 Nr. 2 BGB bestehendes Rücktrittsrecht verweisen und damit im Rahmen einer schuldhaften Verletzung einer „wesentlichen" Vertragspflicht im Sinn des § 307 Abs. 2 Nr. 2 BGB zulassen, dass der AGB-Verwender/Verkäufer den gegen ihn gerichteten Anspruch auf Ersatz des Schadens statt der Leistung wirksam abbedingt.[315]

ee) Es macht bei Vorliegen einer als „wesentlich" einzuordnenden Vertragspflicht im Sinn des § 307 Abs. 2 Nr. 2 BGB keinen entscheidenden Unterschied, ob die jeweilige Haftungsfreizeichnungsklausel gegenüber einem **Verbraucher** oder gegenüber einem **Unternehmer** verwendet worden ist.[316] Denn das ins Auge gefasste Pflichtenkonzept ist dann – vor allem auch bei **Lieferung einer mangelhaften Sache** – durch den Verkäufer so schwerwiegend beeinträchtigt, dass der Vertragszweck nicht mehr erreicht werden kann. Dieser aber besteht in der Lieferung einer mangelfreien Sache oder doch wenigstens darin, den Mangel innerhalb einer den Umständen nach angemessenen Frist im Sinn des § 439 Abs. 1 und Abs. 2 BGB durch Nacherfüllung zu beseitigen.

ff) Von Wichtigkeit ist, dass der BGH in einer recht spektakulären Entscheidung[317] entschieden hat, dass die Verwendung des Begriffs „Kardinalpflicht" im unternehmerischen Bereich gegen das Transparenzgebot des § 307 Abs. 1 Satz 2 BGB verstößt.[318] Denn es handelt sich, so der BGH, um einen Terminus, mit dem der Unternehmer schon deswegen keine konkreten Vorstellungen verbindet, weil

---

314. Im Einzelnen AGB-Klauselwerke/Graf von Westphalen – Freizeichnungsklausel Rdnr. 59 ff.
315. Vgl. BGH NJW 2002, 749 – Bauingenieur.
316. Vgl. auch AGB-Klauselwerke/Graf von Westphalen – Freizeichnungsklausel Rdnr. 66 f.
317. BGH NJW-RR 2005, 1496, 1505 – Honda.
318. Kritisch hierzu Kappus NJW 2006, 46.

er nicht im Gesetz erscheint.[319] Das OLG Celle[320] hat indessen die Ansicht vertreten, dass die gleiche Intransparenz auch dem Begriff der „wesentlichen" Vertragspflicht zuzuweisen sei, weil auch dieser Terminus nicht im Gesetz näher erläutert wird. Zu Recht weist daher auch *Grüneberg* darauf hin, dass die begrifflichen Inhalte in beiden Fällen „wenig kalkulierbar" seien.[321] Doch auch eine Umschreibung des begrifflichen Inhalts einer „wesentlichen" Vertragspflicht, so wie sie vom BGH immer verwendet wird,[322] führt in der Sache wenig weiter. Denn danach liegt eine solche Pflicht immer dann vor, wenn „die formularmäßige Freizeichnung dem Käufer solche Rechte wegnimmt oder einschränkt, die ihm der Vertrag nach seinem Inhalt und Zweck gerade gewährt".[323] Auch darf, wie dear BGH des Weiteren erklärt, eine „Haftungsfreizeichnung nicht dazu führen, dass der Klauselverwender von Verpflichtungen befreit wird, deren Erfüllung die ordnungsgemäße Durchführung des Vertrages erst ermöglicht und auf deren Einhaltung der Vertragspartner regelmäßig vertraut und auch vertrauen darf". Selbst wenn man also diese – abstrakten – Umschreibungen einer „wesentlichen" Vertragspflicht in die AGB übernehmen würde, ist damit weder für den Verbraucher noch für den Unternehmer ein ausreichendes Maß an Bestimmtheit und Verlässlichkeit erreicht. Daher spricht einiges dafür, es bei der Verwendung des Begriffs „wesentliche" Vertragspflicht zu belassen, weil nämlich eine andere Texttierung dem Verwender schlicht nicht möglich ist.[324]

gg) Doch bleibt erneut zu betonen, dass die **Rechtsprechung** zwar seit langem in einer Unzahl von Entscheidungen die Rechtsfigur der „wesentlichen" Vertragspflicht entwickelt hat. Aber sie hatte bislang keine Gelegenheit, die Frage zu vertiefen, ob denn die **Lieferung einer mangelhaften Sache** in diese Kategorie fällt, so dass eine Freizeichnung gegenüber dem Anspruch auf Ersatz des Schadens statt der Leistung im Sinn der §§ 437 Nr. 3, 281 BGB wirksam vorgenommen werden kann.[325] Allerdings ist hinzusetzen, dass der BGH vor längerer Zeit bereits entschieden hat, dass der Anspruch auf den Verzugsschaden nach § 280 Abs. 2 BGB in die Kategorie der „wesentli-

---

319. Kritisch auch AGB-Klauselwerke/Graf von Westphalen – Freizeichnung Rdnr. 14f.
320. OLG Celle BB 2009, 129.
321. Palandt/Grüneberg, BGB, § 309 Rdnr. 48.
322. Hierzu BGH NJW-RR 2005, 1496, 1505 – Honda.
323. BGH a. a. O.
324. Hierzu AGB-Klauselwerke/Graf von Westphalen – Freizeichnung – Rdnr. 26.
325. Wie hier auch Christensen, in Ulmer/Brandner/Hensen, AGB-Recht, § 309 Nr. 7 Rdnr. 38; teilweise abweichend freilich Fuchs, in Ulmer/Brandner/Hensen, AGB-Recht, § 307 Rdnr. 287ff.

chen" Vertragspflicht fällt und daher nicht wirksam freigezeichnet werden kann.[326] Wenn aber nach der Ansicht des BGH diese Rechtsfolge schon für den einfachen Verspätungsschaden gilt, dann muss sie erst recht für den Anspruch auf Ersatz des Schadens statt der Leistung gelten, weil dann ja der Erfüllungsanspruch nach § 281 Abs. 4 BGB untergegangen ist. Die Beeinträchtigung der Rechte des Käufers ist also in diesem Fall ungleich gravierender als dann, wenn er wegen eines vom Verkäufer zu vertretenden Verzugs den Verspätungsschaden neben der Erfüllung wählt.

21. Haftungsfreizeichnung – Verletzung von vorvertraglichen Pflichten oder Nebenpflichten

a) Liegen die Voraussetzungen einer Schadensersatzhaftung des Verkäufers nach § 311 Abs. 2 BGB wegen **Verschuldens bei Vertragsabschluss** vor, dann stellt sich die Frage, ob es mit § 307 Abs. 2 Nr. 1 BGB vereinbar ist, dass der Verwender die daraus resultierende Haftung – Fahrlässigkeit vorausgesetzt – ausschließt.[327]

aa) Hier wird man sicherlich davon ausgehen müssen, dass die dann schuldhaft verletzten Aufklärungs- und Beratungspflichten deswegen als „wesentliche" Pflichte einzuordnen sind, weil ihre Erfüllung erst die Voraussetzung dafür schafft, dass der Käufer einen Vertrag abschließt, der nicht auf einer grundlegenden Verletzung des dem Verkäufer entgegengebrachten Vertrauens beruht. Dieser in § 311 Abs. 2 BGB verankerte Vertrauensschutz[328] deckt sich in der Sache mit dem Vertrauen, auf dessen Erfüllung der Kunde auch im Konzept der „wesentlichen" Vertragspflicht[329] aufgebaut wird.[330] Daher spricht alles dafür, dass der Verkäufer nicht berechtigt ist, die Haftung aus § 311 Abs. 2 BGB wirksam abzubedingen.

bb) Hinzu kommt eine weitere – praktische – Schwierigkeit: Es ist in der Regel so, dass die nach § 3112 Abs. 2 BGB relevante Pflichtverletzung zu einem Zeitpunkt stattfindet, in dem die **erforderliche Einbeziehung** der Verkaufs-AGB weder nach § 305 Abs. 2 BGB noch im unternehmerischen Bereich nach den §§ 145 ff. BGB bereits wirksam erfolgt ist. Denn danach ist es ja notwendig, dass die Ein-

---

326. BGH NJW 2001, 292, 295.
327. Hierzu im Einzelen AGB-Klauselwerke/Graf von Westphalen – Freizeichnung Rdnr. 88 ff.
328. Vgl. auch Palandt/Grüneberg, BGB, § 311 Rdnr. 11.
329. Hierzu auch BGH NJW-RR 2005, 1496, 1503 – Honda.
330. Einschränkend Christensen, in Ulmer/Brandner/Hensen, AGB-Recht, § 309 Nr. 7 Rdnr. 37.

beziehung der AGB „bei" Abschluss des Vertrages erfolgt. Im Übrigen aber ist im Kontext von § 309 Nr. 7a BGB darauf aufmerksam zu machen, dass bei einer schuldhaften Verletzung von Leib, Körper oder Gesundheit des Kunden ohnedies diese Sperre gilt und das Wirksamwerden einer Freizeichnung ausschließt.[331]

b) Liegen indessen die Haftungsvoraussetzungen nach den §§ 241 Abs. 2, 280 Abs. 1 BGB wegen der **schuldhaften Verletzung von Nebenpflichten** vor, dann stellen sich verschiedene Fragen, welche bei der erforderlichen Inhaltskontrolle von Freizeichnungsklauseln zu beachten sind:

aa) Als erstes stellt sich die Frage, ob im Fall der schuldhaften Verletzung einer Nebenpflicht nicht auch die Voraussetzungen einer in Bezug auf die Erreichung des Vertragszwecks **„wesentliche" Pflicht** vorliegen können. Zwar ist ohne Anfrage einzuräumen, dass dieses Konzept im Kern darauf zielt, die im Gegenseitigkeitsverhältnis stehenden Hauptpflichten zu erfassen.[332] Doch ist diese Rechtsfigur nicht auf diesen Bereich beschränkt. Vielmehr kann auch die Verletzung von Nebenpflichten als so wesentlich verstanden werden, dass sie – im Fall ihrer sanktionslosen Verletzung – geeignet sind, die Erreichung des Vertragszwecks nach § 307 Abs. 2 Nr. 2 BGB zu gefährden.[333] Ob dies der Fall ist, ist stets eine Wertungsfrage. So kann durchaus die Verletzung wichtiger Schutz- und Obhutspflichten im Sinn des § 241 Abs. 2 BGB – etwa auch die schuldhafte Verletzung einer nach den Umständen gebotenen Untersuchungs- und Prüfpflicht – dazu führen, dass dann wegen des Nichtentdeckens eines nicht unerheblichen Mangels der Kaufsache die Erereichung des Vertragszwecks im Sinn des § 307 Abs. 2 Nr. 2 BGB gefährdet ist. Dabei kommt es keineswegs darauf an, dass aktuell und konkret der betreffende Vertragszweck gefährdet ist, weil es auch Basis einer abstrakt-generellen Bewertung stets ausreicht, dass eine Gefährdung dieses Zwecks – allgemein verstanden – vorliegt.[334]

bb) Aber selbst wenn man diese Frage im Einzelfall verneint, dann stellt sich die weitere Frage, die im Rahmen der richterlichen Inhaltskontrolle an den **allgemeinen Tatbestand** einer unangemessenen Benachteiligung gemäß § 307 Abs. 1 Satz 1 BGB anknüpft. Denn es ist von der Rechtsprechung anerkannt, dass bei der Beurteilung der Wirksamkeit einer Freizeichnung die Frage eine entscheidende Rolle spielt, ob denn der Verwender in der Lage gewesen wäre, sich gegen das entsprechende Haftungsrisiko zu gängigen

---

331. AGB-Klauselwerke/Graf von Westphalen – Freizeichnung Rdnr. 89.
332. BGH NJW 2002, 673, 675.
333. Palandt/Grüneberg, BGB, § 307 Rdnr. 35.
334. Hierzu auch Palandt/Grüneberg, BGB, § 307 Rdnr. 36.

21. Haftungsfreizeichnung

Prämien abzusichern.³³⁵ Dieser Ansatz wird auch in der Literatur als richtig angesehen.³³⁶

aaa) Soweit sich die Schädigung auf die Verletzung von **Leib, Leben oder Gesundheit** im Sinn des Verbotstatbestandes von § 309 Nr. 7a BGB bezieht, kommt es jedoch auf das Bestehen einer Haftpflichtversicherung überhaupt nicht entscheidend an, weil jede Freizeichnung schon an dieser Norm scheitert.

bbb) Das Schwergewicht der hier anzustellenden Erwägungen liegt daher bei den Fällen, in denen eine **Sachbeschädigung** in Form einer Eigentumsverletzung nach §§ 241 Abs. 2, 823 Abs. 1 BGB vorliegt.³³⁷ Festzuhalten ist, dass genau dieser Ansatz auch von der BGH-Judikatur für wichtig erachtet wird, um eine Freizeichnung scheitern zu lassen.³³⁸ Dafür spricht auch eine Abwägung der beiderseitigen Interessen, welche ja im Kontext von § 307 Abs. 1 Satz 1 BGB immer erforderlich ist, um im Ergebnis festzustellen, dass eine unangemessene Benachteiligung des Kunden gegeben ist.³³⁹ Denn wenn der Verwender – in seiner Position als Verkäufer – die Rechtsgüter des Käufers schuldhaft verletzt, dann ist es gerechter, den Verkäufer dann für diesen Schaden einstehen zu lassen, weil er im Rahmen der üblicherweise vorhandenen **Haftpflichtversicherung** (Produkthaftpflicht-Versicherung) gedeckt ist als den Käufer wegen der Wirksamkeit der Freizeichnung mit dem erlittenen Schaden allein zu lassen.³⁴⁰ Auf diese Weise tritt eine rechtspolitisch gewünschte **Kollektivierung des Individualschadens** ein, weil ja der Verwender als Schädiger in der Lage ist, die Prämie für die Versicherung als Gemeinkosten auf den Preis des Produkts aufzuschlagen, so dass die Gemeinschaft der Käufer dann das Risiko des Individualschadens trägt.³⁴¹

ccc) Soweit der Kunde als Geschädigter üblicherweise über eine **Sachversicherung** verfügt, wird man dies im Rahmen einer Freizeichnungsklausel mit der Maßgabe berücksichtigen dürfen, als es um Ansprüche wegen der schuldhaften Verletzung einer „wesentli-

---

335. BGH NJW 2002, 673, 675.
336. Im Einzelnen AGB-Klauselwerke/Graf von Westphalen – Freizeichnung Rdnr. 95 ff.; Palandt/Grüneberg, BGB, § 307 Rdnr. 19.
337. Hierzu AGB-Klauselwerke/Graf von Westphalen – Freizeichnung Rdnr. 101 ff.
338. BGH a.a.O. – Mietvertrag; BGH ZIP 1988, 515, 518 – Werftarbeiten I; BGH NJW-RR 1989, 953, 955 – Werftarbeiten II; BGH BB 1980, 1011, 1013 – Chemisch Reinigung.
339. BGH NJW 2001, 3406, 3407; BGH NJW 2000, 1110, 1112.
340. Für eine verstärkte Berücksichtigung des Versicherungsschutzes im unternehmerischen Verkehr auch Christensen, in Ulmer/Brandner/Hensen, AGB-Recht, § 309 Nr. 7 Rdnr. 44.
341. Im Einzelnen auch AGB-Klauselwerke/Graf von Westphalen – Freizeichnung Rdnr. 96 f.

chen" Pflicht gemäß § 307 Abs. 2 Nr. 2 BGB geht.[342] Die gleiche Erwägung wird man aber auch dann für zutreffend ansehen dürfen, falls es sich um einen Schadensersatzanspruch statt der Leistung im Sinn der §§ 281 ff. BGB handelt. Denn die in diesen Fällen angesprochene Sachversicherung ist unabhängig vom Inhalt der jeweils mit einfacher Fahrlässigkeit verletzten Pflicht. Nichts spricht dagegen, die gleiche Erwägung auch dann eingreifen zu lassen, wenn der Verwender im Rahmen einer Pflichtverletzung nach § 241 Abs. 2 BGB seine Haftung wegen des Bestehens einer Sachversicherung freizeichnet und den Geschädigten dann auf einen Deckungsanspruch/Ersatzanspruch gegenüber der Versicherung verweist.[343]

ddd) Soweit ein Sachschaden als versichert angesehen werden kann, stellt sich abseits der Deckung durch eine Haftpflichtversicherung die weitere Frage, ob denn auch der **Vermögensfolgeschaden** – vor allem ein etwa eingetretener entgangener Gewinn – von der Versicherung erfasst wird. Ist dies der Fall, dann gelten im Rahmen von § 307 Abs. 1 Satz 1 BGB die gleichen Erwägungen wie zuvor. Trifft dies aber nicht zu, dann stellt sich die Frage, ob die betreffende Klausel hinreichend konkret und spezifiziert diesen Tatbestand im Sinn des **Transparenzgebots** nach § 307 Abs. 1 Satz 2 BGB adressiert. Ist nämlich der Anspruch auf Ersatz des entgangenen Gewinns generell ausgeschlossen, dann ist dies schon dann zu verwerfen, weil ja der Vorbehalt der schuldhaften Verletzung einer „wesentlichen" Pflicht nicht hinreichend im Sinn des § 307 Abs. 2 Nr. 2 BGB beachtet ist. Dann kommt es auf die hier zu suchende Antwort nicht mehr an, weil ja Klauseln stets generell-abstrakt der richterlichen Inhaltskontrolle unterworfen werden.

eee) Handelt es sich jedoch um einen primären Vermögensschaden – etwa im Rahmen der Mängelhaftung nach § 437 Nr. 3 BGB, die ja auch den Anspruch auf **Ersatz des entgangenen Gewinns** einschließt[344] – dann wird man im Rahmen von § 307 Abs. 1 Satz 1 BGB auch die Frage stellen müssen, ob darin nicht eine unangemessene Benachteiligung des Kunden liegt.[345] Nähert man sich diesem Gedanken, dann wird man auf zwei weitere Gesichtspunkte abstellen müssen: Zum einen darf in diesem Fall keine schuldhafte Verletzung einer „wesentlichen" Pflicht im Sinn von § 307 Abs. 2 Nr. 2 BGB vorliegen. Zum anderen muss auch eine generell-abstrakte Bewertung einer solchen Freizeichnung ungeachtet der Höhe des tatsächlich entstandenen Schadens zu dem Ergebnis führen, dass

---

342. BGH ZIP 2002, 220, 222 f.
343. AGB-Klauselwerke/Graf von Westphalen – Freizeichnung – Rdnr. 99 ff.
344. BGH NJW 2009, 2674.
345. Hierzu AGB-Klauselwerke/Graf von Westphalen – Freizeichnung Rdnr. 107.

22. Ersatz vergeblicher Aufwendungen

§ 307 Abs. 1 Satz 1 BGB nicht verletzt ist. Ob gegenüber dem Verbraucher eine Schwelle von € 50,00 und für den Unternehmer eine solche von € 500,00 noch hinnehmbar ist,[346] muss bis zum Vorliegen belastbarer Entscheidungen offen bleiben.

c) Die **Rechtsfolge** eines Verstoßes gegen die hier umschriebenen Grundsätze der richterlichen Inhaltskontrolle führt auch bei einer Haftungsfreizeichnungsklausel nicht dazu, dass eine geltungserhaltende Reduktion vorgenommen wird.[347] Auch eine ergänzende Vertragsauslegung nach den §§ 133, 157 BGB findet nicht statt, weil die Lückenfüllung über die Anwendung des dispositiven Rechts vorgenommen wird.[348] Die Konsequenz ist deshalb nach § 306 Abs. 2 BGB vorgegeben: Anstelle der unwirksamen Freizeichnung gilt dispositives Recht.

22. Ersatz vergeblicher Aufwendungen

Die klauselmäßige Regelung des Anspruchs auf Ersatz vergeblicher Aufwendungen nach § 284 BGB ist problematisch.

a) **Voraussetzung** für diesen Anspruch ist, dass der Käufer einen Anspruch auf Schadensersatz statt der Leistung hat. Daher müssen alle Bedingungen dieses Anspruchs uneingeschränkt vorliegen.[349] Nach Ansicht des BGH[350] hat der Käufer einen Anspruch auf Ersatz der vergeblichen Aufwendungen, wenn er wegen des Mangels die Sache zurückgibt oder sie nicht bestimmungsgemäß nutzen kann, so dass dann die getätigten Aufwendungen frustriert sind. Nach dem Inhalt der Norm muss der Käufer die betreffenden Aufwendungen im Vertrauen auf den Erhalt der Leistung – und damit auch einer mangelfreien Sache – gemacht haben.[351]

b) Die nach § 284 BGB vom Verkäufer zu **ersetzenden Aufwendungen** umfassen – vgl. § 256 BGB – nicht das negative Interesse, weil dieses der Kategorie des Schadens nach § 249 BGB zuzurechnen ist.[352] Deshalb scheidet auch ein Anspruch auf Ersatz des entgangenen Gewinns nach § 252 BGB aus.[353] Vielmehr sind Gegenstand von Aufwendungen immer nur freiwillige Vermögens-

---

346. Graf von Westphalen a. a. O.
347. BGH NJW-RR 1998, 1426, 1427 – Bremer Lagerhaus; BGH NJW 1996, 654, 656 – VDMA.
348. Christensen, in Ulmer/Brandner/Hensen, AGB-Recht, § 309 Nr. 7 Rdnr. 40.
349. BGH NJW 2008, 2837, 2840; Palandt/Grüneberg, BGB, § 284 Rdnr. 4.
350. BGH NJW 2005, 2848.
351. Palandt/Grüneberg, BGB, § 284 Rdnr. 6.
352. Erman/Westermann, BGB, § 284 Rdnr. 8.
353. Palandt/Grüneberg, BGB, § 284 Rdnr. 8.

opfer,[354] die der Käufer gemacht hat und billigerweise auch machen durfte – ein Kriterium, welches sich nach § 254 BGB bestimmt.[355]

c) Geht man daher von diesen Merkmalen aus, dann spricht sehr vieles dafür, dass im Blick auf die Wirksamkeitsgrenzen von Haftungsfreizeichnungs- und Haftungsbegrenzungsklauseln die gleichen Kriterien eingreifen, die zuvor dargestellt worden sind. Denn da § 284 BGB verlangt, dass die Voraussetzungen eines Anspruchs nach § 281 BGB (Fristsetzung und nicht unerhebliche Pflichtverletzung) vorliegen, dann ist das **Äquivalenzverhältnis** von Leistung und Gegenleistung schon restlos gestört, so dass das Wahlrecht des Käufers frustriert würde, würde man zulassen, dass der Verkäufer in seinen AGB diesen Anspruch abbedingen dürfte.[356] Daher verstoßen diese Klauseln gegen § 307 Abs. 2 Nr. 1 BGB und sind unwirksam.

d) Dabei kommt im Blick auf den Standort einer solchen Klausel auch § 305c Abs. 2 BGB zum Zug. Wohl keiner erwartet den Ausschluss von „Aufwendungen" nach § 284 BGB unter der Rubrik „Schadensersatz". Das ist intransparent im Sinn von § 307 Abs. 1 Satz 2 BGB. Daher sprechen die besseren Argumente dafür, eine den Tatbestand des § 284 BGB ansprechende Klausel separat – etwa, wie hier geschehen – im Rahmen der **„Gesamthaftung"** zu regeln. Nicht spricht dagegen, eine eigenständige Klausel zu schreiben. Doch inhaltlich sind die Wirksamkeitsgrenzen nach der hier vertretenen Meinung die gleichen, die für § 281 BGB Maß geben, so dass eine eigenständige Klausel dies alles nochmals wiederholen müsste.

23. Haftungsbegrenzungsklauseln

a) Soweit eine **Beschaffenheitsgarantie** nach den §§ 443, 444 BGB dem Käufer gewährt wurde, ergibt sich die Haftungsbegrenzung au dem Inhalt der jeweiligen individualvertraglichen Haftungs- und Risikozusage.[357] Klauselmäßig ist dieses Risiko nicht anderweitig zu begrenzen, was sich aus dem Vorrangprinzip des Individualvertrages nach § 305b BGB ableitet.

b) Gegenüber einem **Verbraucher** scheitert im Rahmen von § 309 Nr. 7 a und b BGB jede Begrenzung der Haftung. Soweit die schuldhafte Verletzung einer „wesentlichen" Vertragspflicht in Rede steht, belegt die ständige Rechtsprechung des BGH,[358] dass nur eine

---

354. Erman/Westermann, BGB, § 284 Rdnr. 6.
355. Palandt/Grüneberg, BGB, § 284 Rdnr. 6.
356. Hierzu AGB-Klauselwerke/Graf von Westphalen – Freizeichnung Rdnr. 69 f.
357. BGH NJW 2007, 1346, 1348.
358. BGH NJW 1993, 335.

solche Haftungsbegrenzung als wirksam nach § 307 Abs. 2 Nr. 2 BGB anzuerkennen ist, welche sich auf den typischerweise eintretenden, vorhersehbaren Schaden bezieht. In der Realität bedeutet dies, dass damit die Grenze des § 249 BGB bezeichnet ist, weil zwischen den Begrenzungen der Haftung auf Grund der adäquaten Kausalität und der Begrenzung auf Grund der objektiven Vorhersehbarkeit kein substantieller Unterschied auszumachen ist.[359] Indessen sind Exzessrisiken damit wirksam abbedungen.[360]

b) Im Verkehr mit dem **Unternehmer** gelten im Grunde genommen die gleichen Wirksamkeitsgrenzen für eine Haftungsbegrenzungsklausel.[361] Das wird auch in der Literatur so gesehen.[362]

c) Für die **Rechtsfolge** gelten die gleichen Erwägungen, welche im Blick auf die Anwendung von § 306 Abs. 2 BGB – es gilt anstelle der unwirksamen Klausel dispositives Gesetzesrecht – zuvor formuliert worden sind.

24. Empfehlung

Gerade weil die Rechtsprechung sich auf der dargestellten Linie – vor allem auch im unternehmerischen Bereich – entwickelt hat,[363] ergibt sich daraus ganz zwangsläufig die dringende Empfehlung, etwaige Risiken kommerzieller und vor allem auch technischer Art nicht ohne Not vorformulierten AGB-Klauseln anzuvertrauen. Denn diese erweisen sich in diesem entscheidenden Punkt weithin als **nutzlos**.[364] Ob der Gesetzgeber bereit ist, diese Entwicklung, die ja schon fast fünfzig Jahre zurückreicht,[365] ist zweifelhaft. Daher bleibt nur die Möglichkeit, die im Grunde genommen eine Notwendigkeit ist, die problematischen Haftungsrisiken unbedingt einer **individualvertraglichen Regelung** im Sinn von § 305 Abs. 1 Satz 3 BGB zuzuführen. Dies ist vor allem auch unter der Perspektive der zwingenden Regel des § 444 BGB – Beschaffenheitsgarantie/Zusicherung – geboten.[366]

---

359. AGB-Klauselwerke/Graf von Westphalen – Freizeichnung Rdnr. 117.
360. BGH NJW 2002, 292, 295.
361. BGH NJW 1993, 335; BGH ZIP 1994, 461, 465 – Daihatsu.
362. Palandt/Grüneberg, BGB, § 309 Rdnr. 56; Graf von Westphalen a. a. O.
363. Vgl. Christensen, in Ulmer/Brandner/Hensen, AGB-Recht, § 309 Nr. 7 Rdnr. 40 bezeichnet die Formulierung von wirksamen Freizeichnungsklauseln als „ohnehin problematisch".
364. Hierzu bereits sehr früh Graf von Westphalen, FS für Trinkner, Heidelberg 1996, S. 441 ff.
365. Nachweise bei Graf von Westphalen BB 2011, 195 ff.
366. Hierzu Graf von Westphalen KWZA 2011.

25. Rechtsmangel

Von entscheidender Bedeutung ist, dass die Schuldrechtsreform die Rechtsmängelhaftung den gleichen Regeln unterworfen hat, wie sie für die Sachmängelhaftung zuvor dargestellt worden sind (§ 453 BGB). Danach finden die Vorschriften über den Kauf von Sachen auf den Kauf von Rechten und sonstigen Gegenständen **entsprechende Anwendung**.

a) Nach § 435 BGB ist eine Sache frei von Rechtsmängeln, wenn Dritte in Bezug auf die Sache keine oder nur die im Kaufvertrag übernommenen Rechte gegen den Käufer geltend machen können. Trifft dies nicht zu, weil im Sinne von § 435 BGB ein Dritter in Bezug auf die Sache Rechte gegenüber dem Käufer geltend macht, richten sich die **Rechtsfolgen** nach § 437 BGB; auf die zuvor unterbreitete Ausführung kann daher Bezug genommen werden (S. 145 ff.).

b) Von besonderer praktischer Bedeutung für die Abfassung von Verkaufs-AGB ist die Erkenntnis, dass auch bei Rechtsmängeln die **Verjährungsfrist** des § 438 Abs. 1 Nr. 3 BGB eingreift, soweit ein Rechtsmangel vorliegt. Dies bedeutet konkret: Nach Ablieferung der Sache gilt lediglich eine Rechtsmängelhaftung des Verkäufers für einen Zeitraum von zwei Jahren. Dies erweist sich in der Praxis als wesentlich zu kurz, doch ist eine Sonderregelung in den Verkaufs-AGB in diesem Punkt im Gegensatz zur Einkaufs-AGB nicht angezeigt.

26. Allgemeine Verjährung von Mängelansprüchen/Rechten

Im Zusammenhang mit der kaufrechtlichen Verjährungsfrist des § 438 BGB ergeben sich folgende Ansatzpunkte, die bei der Abfassung ein Verkaufs-AGB strikt im Auge zu behalten sind:

a) Die gewöhnliche Verjährungsfrist für einen Sach- und Rechtsmangel beträgt gemäß § 438 Abs. 1 Nr. 3 BGB zwei Jahre. Sie beginnt mit der **Ablieferung** der Sache.[367] Dieser Zeitpunkt ist identisch mit demjenigen, der sich aus § 377 Abs. 1 HGB ergibt; entscheidend kommt es also darauf an, zu welchem Zeitpunkt der Käufer den tatsächlichen Besitz über die Kaufsache erlangt hat.[368]

---

[367] Im Einzelnen Palandt/Weidenkaff, BGB, § 438 Rdnr. 15; Graf von Westphalen, in: Henssler/Graf von Westphalen, Praxis der Schuldrechtsreform, § 438 Rdnr. 27.

[368] BGH NJW 1985, 1333, 1334.

b) Nachhaltig ist zu bedenken, dass die Verjährungsfrist des § 438 Abs. 1 BGB nur für die in § 437 Nr. 1 und Nr. 3 bezeichneten **Ansprüche** – also: für den Anspruch auf Nacherfüllung sowie für etwaige Ansprüche auf Schadensersatz gilt. Es verjähren also nur diese Ansprüche in der Frist von zwei Jahren gemäß § 438 Abs. 1 Nr. 3 BGB. **Ausgenommen** von der Verjährungsregel nach § 438 Abs. 1 BGB ist der Tatbestand des § 437 Nr. 2 BGB: Wenn also der Käufer sich wegen eines Mangels – freilich: erst nach Fristsetzung – entschließt, sein Rücktritts- oder Minderungsrecht auszuüben, dann gilt die Verjährungsfrist des § 218 BGB. Denn es handelt sich hierbei nicht um einen Anspruch, sondern um die Ausübung eines dem Käufer zustehenden **Gestaltungsrechts**.[369] Doch ist der Verkäufer in diesen Fällen nicht schutzlos; vielmehr greift § 218 BGB ein, wie sich aus der Verweisung in § 438 Abs. 4 BGB ablesen lässt. Nach dieser Vorschrift ist der Rücktritt wegen nicht vertragsgemäß erbrachter – insbesondere: wegen mangelhaft erbrachter – Lieferung/Leistung unwirksam, wenn der Anspruch auf die Leistung oder der Anspruch auf Nacherfüllung verjährt ist und der Verkäufer/Schuldner sich hierauf beruft. Unter dieser Voraussetzung bestimmt dann § 218 Abs. 1 BGB, dass der Käufer trotz der Unwirksamkeit des Rücktritts die Zahlung des Kaufpreises verweigern kann.[370]

c) Von gewisser praktischer Bedeutung ist auch die Bestimmung von § 438 Abs. 1 Nr. 2 BGB, weil dort für Kaufverträge eine **fünfjährige** Verjährungsfrist geregelt ist.

aa) Sofern die Mängelansprüche gemäß § 437 Nr. 1 und Nr. 3 BGB wegen eines Mangels geltend gemacht werden der bei einem **Bauwerk** entstanden ist, geht die fünfjährige Verjährungsfrist in ihr Recht. Voraussetzung ist insoweit, dass der auf den Erwerb eines Bauwerkes gerichtete Vertrag als **Kaufvertrag** zu qualifizieren ist.[371] In der Sache ist damit ein Gleichlauf mit der Frist des § 634a Abs. 1 Nr. 2 BGB herbeigeführt.[372] Der Begriff des Bauwerks ist in beiden Fällen gleich zu umschreiben.[373] Damit wird nicht nur die Neuerrichtung, sondern auch Neuerungs- oder Umbauarbeiten an einem bereits errichteten Bauwerk erfasst, wenn sie für Konstruktion, Bestand, Erhaltung oder Benutzbarkeit des Gebäudes von wesentlicher

---

369. Im Einzelnen Schmidt-Räntsch, Das neue Schuldrecht, Rdnr. 773.
370. Bereska, in: Henssler/Graf von Westphalen, Praxis der Schuldrechtsreform, § 218 Rdnr. 5 ff.
371. Palandt/Weidenkaff, BGB, § 438 Rdnr. 9; a. M. wohl Erman/Grunewald, BGB, § 438 Rdnr. 7 f.
372. Erman/Grunewald, BGB, § 438 Rdnr. 9.
373. Reg. E. BR-Drucks. 338/01 S. 533.

Bedeutung sind und wenn die eingebauten Teile mit dem Gebäude fest verbunden sind.[374]

bb) Von ähnlicher Bedeutung ist sodann der Tatbestand von § 438 Abs. 1 Nr. 2 b BGB. Danach gilt die fünfjährige Verjährungsfrist auch bei einer Sache, die entsprechend ihrer **üblichen Verwendung** für ein Bauwerk tatsächlich verwendet wird und dessen Mangelhaftigkeit verursacht.[375] Hierzu zählen Baumaterialien aller Art. Diese Norm ist im Übrigen zum einen durch eine abstrakt-generelle Regelung, zum anderen durch eine konkrete Bezugnahme charakterisiert, was in der Praxis schwierige Umsetzungsfragen nach sich zieht. Stellt man darauf ab, dass es entscheidend darauf ankommt, ob ein Baumaterial die Mangelhaftigkeit des Bauwerkes tatsächlich verursacht hat, dann ist die fünfjährige Verjährungsfrist nur unter dieser Voraussetzung eingefordert, weil dessen Schadensursächlichkeit das entscheidende Faktum ist. Demgegenüber aber ist anders zu argumentieren, wenn man darauf abhebt, dass die fünfjährige Verjährungsfrist immer dann eingreift, wenn die Lieferung einer Sache in Rede steht, die entsprechend ihrer üblichen Verwendungsweise für ein Bauwerk tatsächlich verwendet wird.[376] Davon ist in praktischer Sicht auszugehen.[377] Deshalb kommt es nicht darauf an, ob der Verkäufer tatsächlich Kenntnis davon hatte, dass die von ihm gelieferte Sache für ein Bauwerk verwendet wird, weil es lediglich auf die „übliche" Verwendung ankommt.[378] Dass im Übrigen ein Kausalzusammenhang zwischen der eingebauten/verwendeten Sache einerseits und dem entstandenen Mangel andererseits bestehen muss, ist bereits das Ergebnis einer Wortinterpretation der Norm.[379]

27. Allgemeine Verjährung – konkurrierende Ansprüche

a) **Nicht erfasst** werden von der Verjährungsfrist des § 438 BGB alle die Ansprüche, die nicht unmittelbar auf einem **Mangel** beruhen.[380] Wenn also der Käufer Ansprüche wegen einer Pflichtverletzung nach § 241 Abs. 2 BGB geltend macht, dann gilt insoweit die regelmäßige Verjährung der §§ 195, 199 BGB; nichts anderes gilt

---

374. Vgl. Palandt/Weidenkaff, a. a. O.
375. Hierzu Erman/Grunewald, BGB, § 438 Rdnr. 10.
376. Vgl. Schmidt-Räntsch, Das neue Schuldrecht, Rdnr. 823 ff.
377. Erman/Grunewald, BGB, § 438 Rdnr. 10; Palandt/Weidenkaff, BGB, § 438 Rdnr. 10.
378. Schmidt-Räntsch, a. a. O., Rdnr. 827.
379. Erman/Grunewald, BGB, § 438 Rdnr. 12.
380. Im Einzelnen Graf von Westphalen, in: Henssler/Graf von Westphalen, § 438 Rdnr. 13 ff.

27. Allgemeine Verjährung – konkurrierende Ansprüche

dann, wenn Ansprüche wegen Verschuldens bei Vertragsabschluss gemäß § 311 Abs. 2 BGB reklamiert werden.[381] Hinzuweisen ist aber auch darauf, dass auch **deliktische Ansprüche** nicht der Verjährungsfrist des § 438 Abs. 1 BGB unterworfen sind, sondern der allgemeinen Verjährungsfrist der §§ 195, 199 BGB. Dies ist insbesondere immer dann im Auge zu behalten, wenn die Rechtsfigur des „**weiterfressenden**" Schadens ins Spiel gebracht wird.[382] Voraussetzung ist hier, dass es sich um solche Schadensersatzansprüche handelt, die das **Eigentum** des Käufers – außerhalb des Äquivalenzinteresses – verletzt, mithin: Das Integritätsinteresse des Käufers beschädigt haben.[383] Dies ist immer dann, aber auch nur dann zu bejahen, wenn der Eigentumsschaden – nach Gefahrübergang – nicht mit dem Mangel der Sache identisch ist, sondern als – weitergehende – Eigentumsbeschädigungen zu begreifen ist.

b) Im Blick auf die **AGB-rechtliche Vertragsgestaltung** ist hier folgendes anzumerken:

aa) Im Verkehr mit dem **Verbraucher** ist klar, dass die zwingende Norm des § 475 Abs. 2 BGB festlegt, dass für den Kauf neuer Sachen eine Verjährungsfrist unterhalb der Schwelle von zwei Jahren nicht zulässig ist.[384] Immer kommt es jedoch darauf an, dass es sich um das Verbot einer Vereinbarung handelt, welche **vor Mitteilung eines Mangels** getroffen wurde. Das Verbot ist umfassend zu verstehen, so dass eine jede Änderung der Frist, ihres Beginns wie ihrer Dauer erfasst wird.[385] Ein Rückgriff auf die allgemeine Verbotsnorm des § 309 Nr. 8 b ff. BGB ist im Anwendungsbereich von § 475 Abs. 2 BGB nicht geboten.

bb) Eine ausdrückliche Ausnahme von der zwingenden Frist von zwei Jahren besteht dann, wenn es sich um eine **gebrauchte Sache** handelt. Das ist in erster Linie beim Tierkauf[386] und beim Kauf eines gebrauchten Pkw relevant. Unter diesen Voraussetzungen ist die zwingende Verjährungsfrist ein Jahr.

c) Wird der Kaufvertrag mit einem **Unternehmer** abgeschlossen, stellt sich unter Berücksichtigung von § 438 Abs. 1 BGB die Frage, ob denn eine Verkürzung dieser Frist an § 307 Abs. 2 Nr. 1 BGB scheitert.

---

381. Graf von Westphalen, in: Henssler/Graf von Westphalen, § 438 Rdnr. 14.
382. Hierzu Schollmeyer NJOZ 2009, 2729 ff.; Foerste, in FS für Graf von Westphalen, Köln 2010, S. 161 ff. m. w. N.
383. BGH BB 1977, 162 – Schwimmschalter; BGH VersR 2001, 402, 403 – Hausmüll; BGH NJW 2005, 1423 – Geschossdecke.
384. Erman/Grunewald, BGB, § 475 Rdnr. 11.
385. Erman/Grunewald a. a. O.
386. BGH NJW 2007, 674 – Hengstfohlen: keine gebrauchte Sache.

aa) Außerhalb der zwingenden Vorschriften über den Lieferregress, die gesondert dargestellt werden (S. 209 ff.), ist beim Kauf einer beweglichen Sache die Mindestverjährungsfrist von **einem Jahr**, gerechnet ab Übergabe, in der Literatur anerkannt.[387] Die Rechtsprechung erweist sich in diesem Punkt allerdings als streng.[388] Dies gilt besonders, wenn man bedenkt, dass nach der Judikatur die fünfjährige Frist des § 634a BGB als nicht abdingbar bezeichnet wurde.[389] Doch ist zu bedenken, dass im Kaufrecht vor der Modernisierung des Schuldrechts die sehr kurzer Frist des § 477 BGB a.F. von sechs Monaten galt, so dass es nicht unbedingt als unangemessene anzusehen ist, wenn – wie hier vorgeschlagen – eine Frist von einem Jahr beim Kauf beweglicher Sachen vorgesehen wird.[390]

bb) Sehr schwierig ist die Antwort auf die Frage, ob diese einjährige Frist auch dann mit § 307 Abs. 2 Nr. 1 BGB vereinbar ist, wenn es sich um solche Ansprüche handelt, für die der Gesetzgeber ausdrücklich eine Verjährung von **fünf Jahren** nach § 438 Abs. 1 Nr. 3 BGB vorgesehen hat. Das dürfte jedoch kaum vorstellbar sein, zumal die Rechtsprechung des BGH bereits in der Vergangenheit auch im unternehmerischen Bereich ausdrücklich eine Verkürzung der Frist von fünf Jahren (§ 638 BGB a.F.) als mit § 307 Abs. 2 Nr. 1 BGB abgelehnt hat.[391] Daher ist es im Anwendungsbereich von § 438 Abs. 1 Nr. 3 BGB geboten, einen entsprechenden Vorbehalt bei der Klauselgestaltung für Verjährungsfristen vorzusehen. Dies gilt nur dann nicht, wenn es praktisch auszuschließen ist, dass die jeweilige Sache ihrer „üblichen Verwendungsweise" entsprechend für ein Bauwerk eingesetzt wird.

d) Soweit **Verjährungsfristen** in Rede stehen, die nicht an § 438 BGB, sondern an den §§ 195, 199 BGB auszurichten sind (insbesondere wegen **Verschulden bei Vertragsabschluss, Verletzung von Nebenpflichten oder wegen deliktischer Ansprüche**), stellt sich die Frage, ob es sich hierbei als sinnvoll und notwendig erweist, eine vom dispositiven Recht abweichende – wirksame Klausel – zu vereinbaren.

aa) In Betracht kommen zunächst Ansprüche wegen der Verletzung einer Pflicht im Sinn des § 241 Abs. 2 BGB.[392] Es muss sich dabei um solche Pflichten handeln, die sich aus dem Schuldverhält-

---

387. Hierzu AGB-Klauselwerke/Graf von Westphalen – Verjährungsklausel – Rdnr. 18; Christensen, in Ulmer/Brandner/Hensen, AGB-Recht, § 309 Nr. 8 Rdnr. 106; Palandt/Grüneberg, BGB, § 309 Rdnr. 84.
388. BGH NJW 1993, 2054 – Reifenhersteller.
389. BGH NJW 1984, 1750.
390. MünchKomm/Kieninger, BGB, § 309 Nr. 8 Rdnr. 77; einschränkend Erman/Roloff, § 309 Rdnr. 123.
391. BGH NJW 1984, 1750; BGH NJW 1993, 2054.
392. Palandt/Weidenkaff, BGB, § 438 Rdnr. 3.

nis ergeben und der Sicherung der Rechtsgüter, der Rechte und der Interessen des Kunden dienen. Die Abgrenzung der Schutzpflichten zu den leistungsbezogenen Nebenpflichten im Sinn von § 241 Abs. 1 BGB kann im Einzelfall schwierig sein, ist jedoch mit Blick auf die Verjährung irrelevant, weil beide Tatbestände dazu führen, dass die Frist der §§ 195, 199 BGB zur Anwendung berufen ist. Im Übrigen vollzieht sich die Trennlinie gegenüber den Nebenpflichten entlang den Vorgaben des § 434 Abs. 1 Satz 1 und Satz 2 BGB. Soweit die jeweilige Beschaffenheitsvereinbarung reicht, ist für § 241 Abs. 2 BGB kein Platz; es regiert dann das Mängelrecht der §§ 434 ff. BGB.[393] In Bezug auf die leistungsbezogenen Pflichten nach § 241 Abs. 1 BGB ist von entscheidender Bedeutung, dass es sich nicht um Haupt-, sondern um Nebenpflichten handelt.

bb) Des Weiteren sind solche Pflichten zu bedenken, die im Rahmen des **Verschuldens bei Vertragsabschluss** nach § 311 Abs. 2 BGB eine Rolle spielen.[394] Soweit die Beschaffenheitsvereinbarung reicht, regiert § 438 Abs. 1 Nr. 3 BGB; alle übrigen Erklärungen des Verkäuferen im Rahmen des Kaufvertrages werden dem Konzept des § 311 Abs. 2 BGB zugeordnet.

cc) Schließlich bleibt es auch unter dem Regime der §§ 434 ff. BGB bei der bisherigen Rechtsprechung zur Figur des „**weiterfressenden Schadens**" nach § 823 Abs. 1 BGB, so dass die entsprechenden Verjährungsregeln der §§ 195, 199 BGB greifen.[395] Es gelten die gleichen Gesichtspunkte der Anspruchskonkurrenz wie bisher auch.[396] Entscheidend ist, ob zwischen dem Mangel der Sache und dem weitergehenden Schaden „Stoffgleichheit" besteht.[397] Das ist immer dann zu bejahen, wenn sich der Mangel mit dem Schaden deckt, weil keine weitergehende Verletzung des Rechtsguts Eigentum auf Grund des Mangels eingetreten ist.

dd) In all diesen Fällen ergibt sich die Verjährung nach den §§ 195, 199 BGB. Sie anzutasten ist nicht ohne Risiko im Sinn des § 307 Abs. 2 Nr. 1 BGB.[398] Dabei ist zu bedenken, dass diese Fristen das bisherige Konzept des § 852 BGB a. F. übernommen haben. Das Formular verzichtet auf eine entsprechende Klausel; es bleibt daher bei den gesetzlichen Bestimmungen. Dabei ist auch im Rahmen von

---

393. Hierzu Palandt/Weidenkaff, BGB, § 433 Rdnr. 22 ff.
394. Graf von Westphalen, in: Henssler/Graf von Westphalen, Praxis der Schuldrechtsreform, § 434 Rdnr. 68 ff.
395. Graf von Westphalen, a. a. O., § 434 Rdnr. 98.
396. BGH VersR 2001, 402, 403 – Asche.
397. Produkthaftungshandbuch/Foerste § 21 Rdnr. 21 ff.
398. Palandt/Grüneberg, BGB, § 307 Rdnr. 155 – auf das Leitbild der Verjährungsregel darstellend; vgl. aber auch AGB-Klauselwerke/Graf von Westphalen – Verjährungsklausel Rdnr. 17 ff.

§ 307 Abs. 1 BGB zu bedenken, dass der Verkäufer/AGB-Verwender ohne weiteres in diesen Fällen in der Lage ist, das Risiko eines etwaigen **Sachschadens** durch eine Haftpflichtversicherung abzudecken, ohne dass die Verjährung verkürzt werden muss. Das ist im Rahmen von § 241 Abs. 2 BGB ebenso bedeutsam wie bei deliktischen Ansprüchen. Es ist aber generell eine unangemessene Benachteiligung des geschädigten Bestellers, wenn seine gesetzlichen Rechte verkürzt werden, obwohl der AGB-Verwender in der Lage ist, eine ausreichende Kompensation des entstandenen Schadens auf Basis einer Haftpflichtversicherung zu gewährleisten, die ja ohnedies gesetzliche Ansprüche auf Ersatz von Sachschäden absichert.

28. Haltbarkeitsgarantie

a) Wenn sich die Garantie für die Beschaffenheit einer Sache auch auf eine gewisse **Dauer** bezieht, dann handelt es sich nach § 443 Abs. 1 BGB um eine sog. **Haltbarkeitsgarantie**.[399] Sie enthält die Aussage des Verkäufers oder die des Garanten, dass die verkaufte Sache für die in der Garantie genannte Zeitdauer die Beschaffenheit behält, die ihr zugesagt ist. Damit ist für die Praxis eine scharfe Unterscheidung zur Verjährungsfrist notwendig. Auch hier ist der Garantiegeber frei, welche Rechte er dem Begünstigten im Garantiefall einräumt. Entscheidend ist hier stets, dass die sich aus der Garantie ergebenden Rechte des Käufers als Garantienehmer unabhängig von den gesetzlichen Mängelrechten des § 437 BGB sind. Beide Ansprüche bestehen daher nebeneinander.

b) Unter dieser Voraussetzung bestimmt dann § 443 Abs. 2 BGB, dass eine **Fehlervermutung** gilt: Soweit nämlich während der Dauer der Haltbarkeitsgarantie ein Mangel auftritt, dann wird vermutet, dass auf diese Weise die in der Garantie begründeten Rechte zugunsten des Käufers bestehen.[400] Damit ist bereits die Verteilung der **Darlegungs- und Beweislast** thematisiert. Alle während der Dauer der Garantie auftretenden Mängel lösen die in der Garantie bezeichneten Ansprüche aus, weil der Käufer während der Garantiezeit den ungestörten Sachgebrauch erhalten soll und erhält.[401] Ausgenommen sind selbstverständlich solche Mängel oder Schäden, die zwar während der Dauer der Haltbarkeitsgarantie auftreten, aber

---

399. Im Einzelnen Palandt/Weidenkaff, BGB, § 443 Rdnr. 11; Graf von Westphalen, in: Henssler/Graf von Westphalen, Praxis der Schuldrechtsreform, § 443 Rdnr. 45 ff.
400. Palandt/Weidenkaff, BGB, § 443 Rdnr. 25.
401. Vgl. BGH NJW 1996, 516, 517.

auf unsachgemäße, der vertraglichen Bestimmung zuwiderlaufende Benutzung der Kaufsache zurückzuführen sind.[402] Dies gilt ohne Rücksicht darauf, ob ein derartiger Vorbehalt in den Bedingungen auch seinen Niederschlag gefunden hat.[403] Folglich muss der Begünstigte nachweisen, dass der Garantiefall während der Garantiezeit eingetreten ist, während es dann Sache des Garantiegebers ist, die gesetzliche Vermutung zu widerlegen.[404]

c) Eine **richterliche Inhaltskontrolle** von Garantieklauseln scheidet unter dem Gesichtswinkel des § 307 Abs. 3 Satz 1 BGB deswegen aus,[405] weil es sich um freiwillige Leistungen des Verkäufers/Garanten handelt, die an keinem gesetzlichen Leitbild festmachen, sondern in dem Grundsatz der Parteiautonomie ihre Rechtfertigung erfahren. Dass wird in § 443 BGB auch deutlich betont, dass nämlich dem Käufer stets die aus der Garantie – im „Garantiefall" – zugesagten Ansprüche unbeschadet der Ansprüche bestehen, welche sich aus den gesetzlichen Regeln über die Mängelhaftung ableiten.[406] Freilich entbindet dies den Verkäufer bei Abgabe einer Garantie nicht, die in § 477 BGB im Einzelnen bezeichneten Voraussetzungen zu erfüllen, welche der Beachtung des dort nieder gelegten **Transparenzgebots** entsprechen.[407]

29. Liefererregress

Der Grundgedanke des in den §§ 478, 479 BGB im Wesentlichen zwingend geregelten Liefererregress bezieht sich auf die entscheidende Frage: Der Letztverteiler/Einzelhändler soll nicht allein die Nachteile eines verbesserten Verbraucherschutzes im Rahmen eines Verbrauchsgüterkaufs tragen, sondern er soll vor allem berechtigt sein, diese Nachteile, welche vor allem im Rahmen der Nacherfüllung anfallen (§ 478 Abs. 2 BGB), auf den denjenigen abzuwälzen, der letzten Endes als Hersteller/Verkäufer einer neu hergestellten Sache ihren Fehler/Mangel zu vertreten hat.[408] Darüber hinaus erhält der Letztverteiler auch ein Rückgaberecht gegenüber seinem Lieferanten, wie sich aus § 478 Abs. 1 BGB ablesen lässt. Dabei macht es für die Anwendbarkeit der §§ 478, 479 BGB keinen Un-

---

402. Vgl. Staudinger/Matusche-Beckmann, BGB, § 443 Rdnr. 23.
403. BGH WM 1996, 1911, 1913 f.
404. Palandt/Weidenkaff, BGB, § 443 Rdnr. 25; vgl. auch Erman/Grunewald, BGB, § 443 Rdnr. 17.
405. BGH ZIP 2011, 1719.
406. Hierzu AGB-Klauselwerke/Graf von Westphalen – Garantieklausel Rdnr. 15.
407. Vgl. Palandt/Weidenkaff, BGB, § 477 Rdnr. 5 ff.
408. Vgl. Schmidt-Räntsch, Das neue Schuldrecht, Rdnr. 949.

terschied, ob der mit dem Verbraucher abgeschlossene Kaufvertrag nach § 433 BGB oder nach § 651 BGB einzuordnen ist.[409] Aus dem eindeutigen Wortlaut von § 475 Abs. 1 BGB folgt, dass die weithin zwingenden Vorschriften des Lieferregresses auf den Verkauf einer gebrauchten Sache keine Anwendung finden.[410]

a) **Voraussetzung** für diesen Liefererregress im Sinn der §§ 478, 479 BGB ist, dass gemäß § 474 BGB ein **Verbrauchsgüterkauf** vorliegt. Doch muss die betreffende Sache gemäß § 478 Abs. 1 BGB als „neu hergestellt" einzustufen sein und als solche in der gesamten Lieferkette durchgereicht werden.[411] Sie darf also zwischenzeitlich nicht verändert werden; trifft dies zu, ist die Anwendbarkeit der §§ 478, 479 BGB ausgeschlossen.[412] Ferner muss es sich nach § 474 Abs. 1 BGB um eine neue **bewegliche Sache** handeln. Trifft dies zu, dann sind gemäß § 475 BGB weitgehend zwingende Regeln zu beachten. Denn gemäß § 475 Abs. 1 BGB darf sich der Unternehmer auf eine vor Mitteilung eines Mangels getroffene Vereinbarung nicht berufen, welche zum **Nachteil des Verbrauchers** von den §§ 433 bis 435, 437, 439 bis 443 BGB reicht.[413]

aa) Demzufolge knüpft § 478 Abs. 1 BGB an den Tatbestand an, dass der Unternehmer die verkaufte neu hergestellte Sache als **Folge ihrer Mangelhaftigkeit** zurücknehmen musste oder der Verbraucher aus diesem Grund den Kaufpreis gemindert hat. Liegen diese Voraussetzungen vor, weil der Verbraucher sich gegenüber dem Letztverteiler/Verkäufer mit dem Recht auf Rücktritt oder Minderung im Sinn des § 437 Nr. 2 BGB durchgesetzt hat,[414] dann ist der entsprechende Regress des Händlers/Letztverteilers gegenüber dem Unternehmer/Verkäufer nicht daran gebunden, dass nach § 437 Nr. 2 BGB – vor Ausübung dieses Rücktritts- oder Minderungsrechts – eine **Fristsetzung** erforderlich wäre.[415]

bb) Da § 478 Abs. 1 BGB darauf abhebt, dass der Letztverteiler/Verkäufer die an den Verbraucher gelieferte Sache wegen eines Mangels zurücknehmen „musste", stellt sich die Frage, ob dies auch dann zutrifft, wenn der Verbraucher den „**großen**" **Schadensersatzanspruch** nach § 437 Nr. 3 BGB wegen eines Mangels reklamiert.

---

409. Palandt/Weidenkaff, BGB, § 478 Rdnr. 1.
410. Vgl. auch Faust, in Bamberger/Roth, BGB, § 478 Rdnr. 7.
411. MünchKomm/Lorenz, BGB, § 478 Rdnr. 8; Faust, in Bamberger/Roth, BGB, § 478 Rdnr. 9.
412. Matusche-Beckmann, BB 2002, 2561, 2565 f.
413. Palandt/Weidenkaff, BGB, § 475 Rdnr. 3 f.; Staudinger/Matusche-Beckmann, BGB, § 475 Rdnr. 32; Schmidt-Räntsch, Das neue Schuldrecht, Rdnr. 925 ff.
414. Erman/Grunewald, BGB, § 478 Rdnr. 4 f.
415. Faust, in Bamberger/Roth, BGB, § 478 Rdnr. 1; Palandt/Weidenkaff, BGB, § 478 Rdnr. 10 f.

29. Liefererregress

Denn auch dann liegt eine Rücknahme vor.[416] Gleiches gilt aber auch dann, wenn der Verbraucher nach § 439 Abs. 1 BGB im Rahmen der Nacherfüllung eine **Ersatzlieferung** fordert.[417] Den Tatbestand der Minderung in § 478 Abs. 1 BGB wird man daher auch auf die Fälle ausdehnen müssen, in denen der Verbraucher wegen eines Mangels den „**kleinen Schadensersatzanspruch**" nach § 439 Nr. 3 BGB reklamiert,[418] weil sich die Geltendmachung dieses Rechtsbehelfs kommerziell wie eine Minderung auswirkt; denn der Verbraucher/Käufer behält die mangelhafte Sache und macht den Differenzschaden geltend.

cc) Gerade wegen dieser weitreichenden Rechtsfolgen ist es in der Praxis keineswegs immer sicher oder von vornherein bestimmt, ob denn die Bestimmungen der §§ 478, 479 BGB anwendbar sind. Denn dies setzt ja voraus, dass in der gesamten Lieferkette schon beim Inverkehrbringen der neu hergestellten Sache klar ist, dass es sich letztlich um einen Verbrauchsgüterkauf nach § 474 BGB handelt.[419] Doch diese Unsicherheit ist hinzunehmen. Denn es geht um die – ex post – sicherzustellende Regressmöglichkeit im Rahmen der Lieferkette, die den Schutz des Letztverteilers als Verkäufer im Auge hat. Stehen dann dem Regress nach § 478 BGB anderslautende AGB entgegen – gleichgültig, ob es sich um Einkaufs- oder um Verkaufs-AGB handelt –, dann ergibt sich die **zwingende Rechtsfolge** aus § 478 Abs. 4 BGB. Diese kann nur dadurch abgemildert werden, dass dem Rückgriffsgläubiger – das ist zunächst einmal der Letztverteiler – ein „gleichwertiger Ausgleich" (S. 213) eingeräumt worden ist.

dd) Von praktischer Bedeutung ist insbesondere, dass § 478 Abs. 2 BGB bestimmt: Der Händler/Letztverteiler ist berechtigt, vom Unternehmer/Verkäufer einer neu hergestellten Sache im Fall einer vom Verbraucher mit Recht reklamierten Mangelhaftigkeit nach § 439 Abs. 1 BGB **Ersatz der Aufwendungen** zu verlangen, die er im Verhältnis zum Verbraucher nach § 439 Abs. 2 BGB zu tragen hatte.[420] Notwendigerweise schließt dies ein, dass der Letztverteiler/Verkäufer verpflichtet war, die Mangelbeseitigung nach § 439 BGB wegen eines Fehlers der Sache durchzuführen oder auch bei einem Dritten durchführen zu lassen. Die von § 478 Abs. 2 BGB angesprochenen Aufwendungen sind – vgl. § 256 BGB – freiwllige Vermögensopfer, weil ja der Letztverteiler/Verkäufer in seinem Verhältnis zum Liefe-

---

416. Faust, in Bamberger/Roth, BGB, § 478 Rdnr. 17.
417. Palandt/Weidenkaff, BGB, § 478 Rdnr. 10.
418. Erman/Grunewald, BGB, § 478 Rdnr. 6.
419. Faust, in Bambeger/Roth, BGB, § 478 Rdnr. 5.
420. Im Einzelnen Matusche-Beckmann, BB 2002, 2561 ff.; Palandt/Weidenkaff, BGB, § 478 Rdnr. 12 ff.; Malutzsch, JuS 2002, 1171 ff.

ranten nicht zur Tragung dieser Aufwendungen verpflichtet ist.[421] Es ist umstritten, ob der Letztverteiler/Verkäufer auch berechtigt ist, eine angemessene Vergütung (**Handlingkosten** im Rahmen der Schadensbearbeitung) für die von ihm durchgeführte Nacherfüllung zu fordern.[422] Dieser Streit erstreckt sich auch auf die weitere Frage, ob denn der Letztverteiler/Verkäufer auch berechtigt ist, die insoweit bei der Nacherfüllung angefallen **Gemeinkosten** ersetzt zu verlangen.[423] Hier aber fehlt es im Zweifel immer an der Kausalität, weil diese Aufwendungen/Kosten ja auch dann anfallen und vom Letztverteiler/Verkäufer zu tragen sind, wenn er keine Nacherfüllungsleistungen gegenüber dem Verbraucher erbringt.[424] Die Erstattung eines entsprechenden anteiligen **Gewinns** ist indessen über § 478 Abs. 2 BGB im Zusammenhang mit einer Nacherfüllung nicht zu fordern, weil dieser Anspruch der Kategorie des Schadens nach den §§ 249 BGB – vgl. § 252 BGB – zuzuordnen ist.[425] Hinzu kommt die Erwägung, dass ja nach § 478 Abs. 4 Satz 2 BGB Schadensersatzansprüche von der Regelung des Lieferregresses – entsprechend der parallelen Regel des § 475 Abs. 3 BGB – ausgeschlossen und nur den Schranken des § 307 BGB unterworfen sind (S. 174 ff.).

ee) Doch ist weitere Voraussetzung, dass der vom Verbraucher geltend gemachte Mangel bereits in dem **Zeitpunkt** vorhanden war, in welchem die **Gefahr** auf den Letztverteiler/Verkäufer übergegangen war. Mit anderen Worten: Es ist von einer **Identität des Mangels** auszugehen.[426] Doch ist in diesem Kontext stets § 478 Abs. 3 BGB zu beachten. § 476 BGB findet nämlich in diesen Fällen mit der Maßgabe Anwendung, dass die Frist von sechs Monaten, innerhalb derer die dort geregelte Beweisvermutung eingreift, erst mit der Übergabe der Gefahr auf den Verbraucher beginnt.[427] Zeigt sich also innerhalb von sechs Monaten seit Gefahrenübergang ein Mangel, so wird **vermutet**, dass die Sache bereits bei Gefahrenübergang mangelhaft war. Dies gilt nur dann nicht, wenn diese Vermutung mit der Art der Sache oder des Mangels **unvereinbar** war (S. 184).[428]

---

421. Faust, in Bamberger/Roth, BGB, § 478 Rdnr. 24.
422. Hierzu Erman/Grunewald, BGB, § 478 Rdnr. 14 m. w. N.; Faust a. a. O.
423. Verneinend Erman/Grunewald a. a. O.; Palandt/Weidenkaff, BGB, § 478 Rdnr. 13; bejahend Faust a. a. O.
424. Böhle NJW 2003, 3680, 3681; auf die fehlende Berechenbarkeit abstellend Grunewald a. a. O.
425. So auch Grunewald a. a. O.
426. Palandt/Weidenkaff, BGB, § 478 Rdnr. 18; Schmidt-Räntsch, Das neue Schuldrecht, Rdnr. 959.
427. Palandt/Weidenkaff, BGB, § 478 Rdnr. 16.
428. Vgl. BGH NJW 2006, 2250 – Tierkauf; BGH NJW 2005, 3490; BGH NJW 2006, 1195 – jeweils Schäden an gebrauchten PKW; im Einzelnen Palandt/

29. Liefererregress

b) Im Zentrum des Liefererregresses steht jedoch der **zwingende Tatbestand** von § 478 Abs. 4 BGB. Der Liefererregress kann eben nur dann erfolgreich – im Rahmen der gesamten „Lieferkette" – durchgeführt werden, wenn auch die kaufvertraglichen Beziehungen zwischen den beteiligten Unternehmern diesen zwingenden Regeln unterworfen sind. Dies ergibt sich aus § 478 Abs. 4 BGB mit der Maßgabe, dass die §§ 433 bis 435, 437, 439 bis 443 BGB insoweit zwingendes Recht sind, als eine abweichende Vereinbarung vor Mitteilung des betreffenden Mangels in Rede stehst. Zwingendes Recht sind aber auch die Regeln des § 478 Abs. 1 bis Abs. 3 sowie § 479 BGB, von denen noch die Rede sein wird (S. 216). Konkret bedeutet dies mithin: Die Sachmängelhaftung nach § 437 BGB ist in diesem Verhältnis zwingendes Recht; dies umfasst den Nacherfüllungsanspruch gemäß § 439 BGB, und zwar in seiner Ausgestaltung als Anspruch auf kostenlose Mangelbeseitigung sowie – nach Wahl des Käufers – auch den Anspruch auf Lieferung einer neuen Sache. Erfasst wird aber auch das Minderungsrecht, einschließlich des aus § 437 Nr. 2 BGB – nach Fristsetzung – eingreifende Rücktrittsrecht.

aa) Die wohl praktisch sehr bedeutsame und deswegen ser schwierige Frage zielt darauf ab, was unter einem „**gleichwertigen Ausgleich**" zu verstehen ist, falls eine abweichende Vereinbarung gegenüber den zuvor erwähnten zwingenden Regelungen getroffen worden ist.[429] Das setzt voraus, dass der Unternehmer dafür Sorge trägt, dem **Rücktrittsgläubiger** einen „gleichwertigen Ausgleich" zu gewähren.[430] Der Gesetzgeber betont in diesem Zusammenhang,[431] er habe davon absehen wollen, die Regressregeln zwingend auszugestalten, weil vertragliche Vereinbarungen weiterhin möglich bleiben sollten, so dass auf diese Weise den Besonderheiten der jeweiligen Situation angemessen Rechnung getragen wird. Zutreffend erscheint es, diesen Begriff dahin auszulegen, dass – auf kommerzieller Basis gewertet – dem Rückgriffsgläubiger im Vergleich zur Gesetzeslage kein Nachteil entstehen darf. Es ist auf die wirtschaftliche Vergleichbarkeit abzustellen.[432] Dabei ist im Auge zu behalten, dass der Nacherfüllungsanspruch gemäß § 439 Abs. 2 BGB dahin zielt, dass der Verkäufer mit allen Aufwendungen belastet wird, die zum Zweck der Mangelbeseitigung erforderlich werden.[433] So gese-

---

Weidenkaff, BGB, § 476 Rdnr. 9 ff.; Lorenz/Riehm, Lehrbuch zum neuen Schuldrecht, Rdnr. 587; Staudinger/Matusche-Beckmann, § 476 Rdnr. 28 ff.
429. Hierzu Staudinger/Matusche-Beckmann, BGB, § 478 Rdnr. 106 ff.
430. Hierzu Palandt/Weidenkaff, BGB, § 478 Rdnr. 20 ff.
431. Reg. E. BR-Drucks. 338/01 S. 587.
432. Staudinger/Matusche-Beckmann, BGB, § 478 Rdnr. 114 ff.
433. Im Einzelnen Graf von Westphalen, in: Henssler/Graf von Westphalen, § 439 Rdnr. 10 ff.

hen kann der Verkäufer sich gegenüber dem Unternehmer verpflichten, diesen von allen Aufwendungen freizustellen, die im Verhältnis zum anspruchsberechtigten Verbraucher wegen eines Mangels entstehen.[434] Zu bedenken ist aber auch, dass auch die Ausübung eines Minderungs- und Rücktrittsrechts für den Rückgriffsgläubiger kommerzielle Nachteile beinhaltet. Demzufolge kann überhaupt nur dann von einem gleichwertigen Ausgleich im Sinn von § 478 Abs. 4 BGB die Rede sein, wenn – im tatsächlichen Ergebnis, wie immer es im Detail verursacht sein mag – der Rückgriffsgläubiger im Vergleich zur Gesetzeslage keine Nachteile erleidet.

bb) In der **Literatur** werden insoweit als geeignete Modelle vorgeschlagen: Rabattsysteme, Preisnachlässe, Stundungen oder auch pauschale Vergütungssysteme, wie sie vor allem im Bereich von Vertragshändlerverträgen üblich sind.[435] Doch wird auch mit guten Gründen der Auffassung vertreten, das ein solcher „gleichwertiger Ausgleich" für Rücktritt und Minderung in der Praxis kaum zu finden sein dürfte.[436] Dabei fällt vor allem ein Gesichtspunkt ins Gewicht: AGB-Klauseln müssen stets generell-abstrakt formuliert werden; es gilt das Prinzip der kundenfeindlichsten Auslegung.[437] Bezogen auf die Berechnung eines „gleichwertigen Ausgleichs" bedeutet dies daher, dass der pessimale Fall zugrunde zu legen ist. Auch für diesen muss die verabredete Regelung einen „gleichwertigen Ausgleich" sicherstellen. Das aber sind die Fälle, in denen wegen eines Serienfehlers eine **Rückrufaktion** erforderlich wird.[438] Folglich müssen alle Mangelbeseitigungsaufwendungen, die in diesem Zusammenhang – im Rahmen einer Serie zurückgerufener Produkte – fällig werden, dem Rückgriffsgläubiger auf Grund eines pauschalen Abrechnungssystems erstattet werden.[439] Die einen „gleichwertigen Ausgleich" herstellende und absichernde Klausel muss also erkennbar so gestaltet sein, dass sie den Rückgriffsgläubiger in jedem Fall genauso absichert, wie er abgesichert wäre, wenn die gesetzlichen Merkmale des § 478 Abs. 2 BGB erfüllt sind. Mit Recht wird daher

---

434. Faust, in Bamberger/Roth, BGB, § 478 Rdnr. 27.
435. Hierzu Staudinger/Matusche-Beckmann, BGB, § 478 Rdnr. 115 ff.; Palandt/Weidenkaff, BGB, § 478 Rdnr. 22; Faust, in: Bamberger/Roth, BGB, § 478 Rdnr. 27.
436. MünchKomm/Lorenz, BGB, § 478 Rdnr. 45; a. M. Matthes NJW 2002, 2505, 2509 f.
437. BGH NJW 2008, 2172.
438. Hierzu BGH NJW 2009, 1080 – Pflegebetten.
439. Graf von Westphalen, in: Henssler/Graf von Westphalen, § 478 Rdnr. 27 ff.; a. M. Palandt/Weidenkaff, BGB, § 478 Rdnr. 13; Das neue Schuldrecht/Haas, § 5 Rdnr. 491; kritisch zur Konzeption Lorenz/Riehm, Lehrbuch zum neuen Schuldrecht, Rdnr. 596; Ernst/Hell, ZIP 2001, 1389, 1401 f.

auch verlangt, dass eine Mangelstatistik entwickelt wird.[440] Doch mit gleichem Recht wird auch geltend gemacht, dass eine solche Vereinbarung praktisch nicht möglich ist.[441]

cc) Verzichtet etwa der Verkäufer im Blick auf § 478 Abs. 4 BGB auf allfällige Preiserhöhungen, dann ist dies sicherlich nicht geeignet, diesen Tatbestand – bezogen auf das zwingende Erfordernis eines „gleichwertigen Ausgleichs" – zu erfüllen. Denn Preiserhöhungen bzw. Preissenkungen haben regelmäßig in ihrer wirtschaftlichen Bedeutung und in ihren Auswirkungen für den Unternehmer nichts gemein mit dem Umfang von Mangelbeseitigungsaufwendungen und den sonstigen Aufwendungen im Kontext von § 478 Abs. 4 Satz 1 BGB anfallen und von ihm zu tragen sind, zumal dann, wenn man – wie hier – notwendigerweise davon ausgeht, dass eine generell-abstrakte Betrachtungsweise wegen des AGB-Charakters der betreffenden Klausel angezeigt ist.

dd) Daraus wird erkennbar, dass es – unter Beachtung der hier vertretenen Meinung – wenn denn überhaupt, so doch nur **sehr schwer möglich** sein wird, in wirksamer Weise einen „gleichwertigen Ausgleich" in kommerziell umfassender und transparenter Weise zu vereinbaren.[442] Jede nicht den vollen „gleichwertigen Ausgleich" zugunsten des Rückgriffsgläubigers gewährleistende Regelung ist aber nach § 478 BGB in Verbindung mit § 307 Abs. 2 Nr. 1 BGB zu beanstanden. Denn es kommt gerade bei einer solchen pauschalierenden Abrede im Sinn des § 478 Abs. 4 BGB immer auf die Abdeckung der entstandenen Aufwendungen des Letztverteilers/Verkäufers gegenüber dem konkreten Verbraucher im Einzelfall an.[443] Gleichzeitig ist damit gesagt, dass diese Regelung nicht als Tummelplatz für die Phantasie von Kaufleuten dienen kann, durch wie auch immer geartete kommerzielle Abreden einen „gleichwertigen Ausgleich" vorzuspiegeln, der in Wirklichkeit bei der gebotenen kundenfeindlichsten Auslegung keiner ist und daher den Rückgriffsgläubiger entgegen der gesetzlichen Wertung benachteiligt.

c) **Ausgenommen** von den zwingenden Regeln des § 478 Abs. 4 Satz 1 BGB sind allerdings etwaige **Schadensersatzansprüche**, die gemäß § 437 Nr. 3 BGB in Verbindung mit den §§ 280 ff. BGB anfallen. Für diese gilt lediglich die Beschränkung, die sich – ganz allgemein – aus § 307 Abs. 2 Nr. 1 und Nr. 2 BGB ableitet. Auch wenn es bei der Abfassung von Verkaufs-AGB auf diesen Tatbestand nicht ankommt, so soll doch soviel festgehalten werden: Die Wirksam-

---

440. Ayad, DB 2001, 2703.
441. MünchKomm/Lorenz a. a. O.
442. MünchKomm/Lorenz, BGB, § 478 Rdnr. 25.
443. Erman/Grunewald, BGB, § 478 Rdnr. 18.

keitsgrenzen von Haftungsfreizeichnungs- und Haftungsbegrenzungsklauseln sind unter dem Regime von § 307 Abs. 2 Nr. 1 und § 307 Abs. 2 Nr. 2 BGB sehr nahe an das dispositive Recht angenähert worden. Auf die früher unterbreiteten Ausführungen sei verwiesen (S. 174 ff.).

d) Bei der Abfassung von Verkaufs-AGB ist es des Weiteren von Wichtigkeit im Auge zu behalten, dass § 478 Abs. 5 BGB anordnet, dass der Liefererregress die gesamte „Lieferkette" beherrscht, also auch im Verhältnis der übrigen Käufer zu ihren jeweiligen Verkäufer in entsprechender Weise gilt. Voraussetzung ist lediglich, dass der Schuldner **Unternehmer** im Sinne von § 14 BGB ist.

aa) Der BGH hat entschieden, dass etwaige „Liefererregresse" lediglich bis zum Hersteller der neuen beweglichen Sache im Sinn von § 474 BGB reichen.[444] Sie erfassen also nicht den Regress gegenüber seinem **Vorlieferanten des Herstellers**. Die gegenteilige Ansicht der Vorauflage wird aufgegeben.

bb) Für den Regress des Herstellers einer neuen beweglichen Sache gegenüber seinem Vorlieferanten verbleibt es daher bei der allgemeinen Regel.[445] Es gilt die Verjährungsfrist des § 438 Abs. 1 Nr. 3 BGB, welche auch durch AGB-Klauseln nach der hier vertretenen Auffassung auf die Dauer eines Jahres im unternehmerischen Verkehr reduziert werden kann. In Einkaufs-AGB ist demgegenüber eine Frist von drei Jahren, jeweils gerechnet ab Gefahrenübergang nicht zu beanstanden.[446]

e) Problematisch ist des Weiteren die Festlegung der Grenze, innerhalb derer die Regressansprüche **verjähren**. § 479 Abs. 1 BGB bestimmt insoweit, dass eine Frist von **zwei Jahren** im Hinblick auf die Mangelbeseitigungsaufwendungen des § 478 Abs. 2 BGB gelten; sie beginnen mit Ablieferung der Sache.

aa) Doch bestimmt § 479 Abs. 2 BGB, dass die in den §§ 437 Nr. 1 und Nr. 3 und § 478 Abs. 2 BGB bestimmten Ansprüche des Unternehmers gegen seinen **Verkäufern** (Vorlieferanten) frühestens zwei Monate nach dem Zeitpunkt verjähren, in dem der Letztverteiler/Verkäufer die Ansprüche des Verbrauchers erfüllt. Es handelt sich hierbei um eine Ablaufhemmung.[447] Dieser Zeitpunkt ist in Verkaufs-AGB schwer zu erfassen; die einzige Möglichkeit besteht darin, den Gesetzestext zu wiederholen. Das aber bringt nicht viel. Doch wird man hier regelmäßig darauf insistieren dürfen, dass nach

---

444. BGH I NJW 2006, 47
445. So Erman/Grunewald, BGB, § 478 Rdnr. 10; Staudinger/Matusche-Beckmann, BGB, § 478 Rdnr. 163.
446. BGH a. a. O.
447. Palandt/Weidenkaff, BGB, § 479 Rdnr. 5.

29. Liefererregress

§ 479 Abs. 2 Satz 2 BGB diese Ablaufhemmung spätestens **fünf Jahre** nach dem Zeitpunkt eintritt, in dem der Verkäufer die Sache dem Unternehmer **abgeliefert** hat. Es handelt sich hierbei um eine Spätestfrist.

bb) Von den bereits dargestellten praktischen Schwierigkeiten abgesehen scheint es im Blick auf die Verjährung des **Lieferregresses** gemäß § 479 BGB nicht sinnvoll zu sein, Klauseln zu formulieren, die von den Vorgaben des Gesetzes abweichen. Das hängt damit zusammen, dass es in der Regresskette formularmäßig kaum machbar erscheint, auf die zweimonatige Ablaufhemmung des § 479 Abs. 2 Satz 1 BGB abzustellen. Denn dieser Zeitpunkt ist nur für den Letztverteiler maßgebend, nicht aber innerhalb der weiteren Kette, wie sie durch § 479 Abs. 3 BGB abgesichert ist. Daher kann es sinnvoll sein, die in Abs. (10) vorgeschlagene Klausel auf eben diesen Tatbestand des § 479 Abs. 2 Satz 1 BGB zu beziehen, soweit der Käufer als letztverteilender Händler gegenüber dem Verbraucher auftritt. Dann könnte es im letzten Halbsatz von Abs. (10) heißen:

"Die Verjährungsfrist ... unberührt; sie läuft spätestens zwei Monate nach dem Zeitpunkt ab, in welchem der Kunde die Ansprüche des Verbrauchers erfüllt hat."

cc) In allen anderen Fällen macht es innerhalb der Regresskette des § 479 Abs. 3 BGB wenig Sinn eine andere Klausel zu verwenden als die, welche in Abs. (10) hier vorgeschlagen worden ist. Dabei wird man auch bedenken müssen, dass aus § 478 Abs. 4 BGB folgt, dass die Regel des § 479 BGB zwingendes Recht enthält, soweit es sich um eine AGB-Klausel oder um eine individualvertragliche Abrede handelt, die vor Mitteilung über den Mangel zwischen den Parteien getroffen worden ist.

dd) Will man dem nicht folgen, kann es sich anbieten, im unternehmerischen Bereich eine **Ausschlussfrist** zu vereinbaren, die an den Tatbestand des § 199 BGB anknüpft, also kenntnisabhängig ausgestaltet ist. Unter Abwägung aller Interessen wird man daher eine Frist von 18 Monaten noch als angemessen und vertretbar im Sinn des § 307 Abs. 1 BGB bewerten müssen.[252]

ee) Eine solche Klausel wäre dann zweckmäßigerweise im Rahmen der **Gesamthaftung** als § 10 Abs. 2 – neu – einzusetzen:

"(2) Für die Verjährung aller Ansprüche, die nicht der Verjährung wegen eines Mangels der Sache unterliegen, gilt eine Ausschlussfrist von 18 Monaten. Sie beginnt ab Kenntnis des Schadens und der Person des Schädigers."

---

252. Vgl. AGB-Klauselwerke/Graf von Westphalen – Ausschlussfristen Rdnr. 13.

§ 7
Gesamthaftung

(1) Eine weitergehende Haftung auf Schadensersatz als in § 6 vorgesehen, ist – ohne Rücksicht auf die Rechtsnatur des geltend gemachten Anspruchs – ausgeschlossen. Dies gilt insbesondere für Schadensersatzansprüche aus Verschulden bei Vertragsabschluss, wegen sonstiger Pflichtverletzungen oder wegen deliktischer Ansprüche auf Ersatz von Sachschäden gemäß § 823 BGB.

(2) Die Begrenzung nach Abs. (1) gilt auch, soweit der Kunde anstelle eines Anspruchs auf Ersatz des Schadens statt der Leistung Ersatz nutzloser Aufwendungen verlangt.

(3) Soweit die Schadensersatzhaftung uns gegenüber ausgeschlossen oder eingeschränkt ist, gilt dies auch im Hinblick auf die persönliche Schadensersatzhaftung unserer Angestellten, Arbeitnehmer, Mitarbeiter, Vertreter und Erfüllungsgehilfen.

Erläuterungen

1. Auslegungskriterien – Unklarheitenregel
2. Eindeutigkeitsgebot
3. Personalhaftung
4. Produkthaftungsgesetz – Produzentenhaftung
5. Verbraucher-AGB

1. Auslegungskriterien – Unklarheitenregel

a) Man kann sicherlich darüber streiten, an welchem Ort der Darstellung die Fragen erörtert werden sollen, welche sich auf die Ergebnisse der Rechtsprechung zu § 305c Abs. 2 BGB beziehen. Denn es handelt sich um ein allgemeines Problem. Doch hat die zu findende Antwort vor allem dann praktische Bedeutung, wenn es darum geht, die Reichweite von Haftungsfreizeichnungs- und Haftungsbegrenzungsklauseln näher zu bestimmen. Folgt man allerdings der hier vertretenen Ansicht zu den Wirksamkeitsgrenzen dieser Klauseln im Sinn § 307 BGB, dann könnte man – fast ein wenig zynisch formulieren – dass es ohnedies ohne Belang ist, ob überhaupt solche Klauseln in die Verkaufs-AGB aufgenommen werden. Denn ihr praktischer Nutzen ist sehr gering: Nur dann, wenn es sich um die schuldhafte (fahrlässige) Verletzung einer nicht als „wesentlich" einzuordnenden Vertragspflicht handelt und als Folge hiervon lediglich ein mäßiger, geringer Vermögensschaden eingetreten ist, greift die betreffende Klausel. Das ist nicht eben sehr viel.

1. Auslegungskriterien – Unklarheitenregel

Fragen, die dann an die Auslegung solcher Klauseln und an die Bestimmung von Voraussetzung und Inhalt der Unklarheitenregel anbinden, sind dann auch nicht solche, die im Fokus praktischen Interesses stehen.

b) Da AGB-Klauseln für eine Vielzahl von Anwendungsfällen vorformulierte Klauseln im Sinn von § 305 Abs. 1 BGB darstellen, ist für ihre Auslegung nicht der Wille der jeweiligen Parteien des Individualvertrages entscheidend, sondern es findet eine objektiv-generelle Auslegung nach den Regeln der §§ 133, 157 BGB statt,[1] welche die besonderen Umstände des Einzelfalls außer Betracht lässt.[2]

aa) Nach der **Standardformel der BGH-Rechtsprechung** vollzieht sich die jeweils gebotene Auslegung danach, wie ihr Wortlaut von verständigen und redlichen Vertragspartnern – unter Abwägung der Interessen der regelmäßig beteiligten Verkehrskreise – verstanden wird.[3] Also kommt es zum einen auf den Wortlaut der AGB-Klauseln an;[4] zum anderen entscheidet jedoch eine – von den konkreten Umständen des Geschäfts – absehende Auslegung,[5] die auf das gewöhnliche Verständnis der beteiligten Verkehrskreise abhebt.[6] Neben dem Wortlaut hat auch die systematische Stellung der AGB-Klausel wesentliche Bedeutung.[7]

bb) Sofern ein **Verbraucher** an dem betreffenden Rechtsgeschäft beteiligt ist, wird die Rechtsfigur des verständigen Vertragspartners dahin ergänzt, dass es sich um die eines „rechtlich nicht vorgebildeten Durchschnittskunden" ergänzt.[8] Das bedeutet jedenfalls, dass juristische Fachbegriffe in den AGB tunlichst zu vermeiden sind, etwa die (veralteten) Termini der „Wandlung" oder der „Minderung".[9]

c) Im Zusammenhang mit **Haftungsfreizeichnungs- und Haftungsbegrenzungsklauseln** ist hat die Unklarheitenregel gemäß § 305c Abs. 2 BGB eine gewisse praktische Bedeutung erlangt.[10]

---

1. Im Einzelnen Ulmer/Schäfer, in Ulmer/Brandner/Hensen, AGB-Recht, § 305c Rdnr. 67 ff.
2. BGHZ 17, 1, 3; BGHZ 62, 251, 254; BGH WM 1985, 1228, 1229.
3. BGH NJW 2011, 2640; BGH NJW 2011, 1801, 1803 jeweils m. w. N.
4. BGHZ 7, 365, 368.
5. Zu den Merkmalen der objektiven Auslegung vgl. Ulmer/Schäfer, in Ulmer/Brandner/Hensen, AGB-Recht, § 305c Rdnr. 73 ff.
6. BGHZ 60, 174; 177; BGHZ 84, 268, 272 f.
7. BGH NJW 1977, 379, 381; BGH NJW 1985, 320, 324; BGH ZIP 1992, 934, 936.
8. BGH NJW 2011, 2640.
9. BGH NJW 1982, 331, 333; zu weiteren Konstellationen bei Kaufverträgen vgl. Ulmer/Schäfer, in Ulmer/Brandner/Hensen, AGB-Recht, § 305c Rdnr. 94 b.
10. BGH ZIP 1992, 934, 936.

aa) Ihre Anwendung setzt stets voraus, dass bei der zunächst gebotenen objektiven Auslegung der betreffenden AGB-Klausel Zweifel verbleiben und eine Mehrdeutigkeit festgestellt werden kann.[11] Voraussetzung gemäß § 305c Abs. 2 BGB ist also, dass – nach Ausschöpfung der in Betracht kommenden Auslegungsmethoden – ein nicht behebbarer Zweifel verbleibt, so dass mindestens **zwei Auslegungen** der betreffenden Klausel rechtlich vertretbar sind. Dabei kommen natürlich – trotz der gebotenen objektiven Auslegung – nur solche in Betracht, die nicht nur theoretisch denkbar, praktisch aber nicht realistisch sind.[12] Diese Eingrenzung ist stets zu beachten.

bb) Da die Auslegung im Ergebnis immer zu Lasten des Verwenders sich vollzieht, hat sich das Stichwort von der „**kundenfeindlichsten**" **Auslegung** inzwischen fest etabliert.[13] Sie wird auch mitunter als „kundenfreundlichste" Auslegung verstanden.[14] Ein sachlicher Unterschied besteht nicht,[15] weil der Zielpunkt dieser Auslegung bei erwiesener Mehrdeutigkeit immer dahin geht, die Variante dann als die eigentlich „gewollte" anzusehen, welche dazu führt, dass die betreffende Klausel als unwirksam behandelt wird. Sie ist dann dem Kunden besonders günstig und dem Verwender besonders nachteilig. Diese Auslegungsmethode gilt sowohl im Rahmen eines Verfahrens nach den Bestimmungen des UKlaG[16] als auch im Individualverfahren.[17] Dabei ist hervorzuheben, dass dieser Grundsatz nicht nur dann eingreift, wenn bei Auslegungsvarianten dazu führen, die Klausel als unwirksam zu qualifizieren, sondern auch dann, wenn nur die eine Alternative die Wirksamkeit der Klausel aufrechterhält.[18]

cc) Führt jedoch die auf einer Mehrdeutigkeit der Klausel beruhende Auslegung dazu, dass die Klausel in beiden Varianten als **wirksam** angesehen wird, dann ist die Klauselalternative zugrunde zu legen, welche dem Kunden am günstigsten ist.[19] Es besteht also dann kein Anlass, den Grundsatz der „kundenfeindlichsten" Auslegung näher ins Spiel zu bringen.[20]

---

11. BGH NJW 1982, 2662, 2663; BGH WM 1986, 387, 388.
12. BGH NJW 2010, 2041, 2043; BGH NJW 2009, 2671, 2673; BGH NJW 2003, 294.
13. BGH NJW 2010, 2041, 2043; BGH NJW 2008, 2172; hierzu auch Palandt/Grüneberg, BGB, § 305c Rdnr. 18.
14. Ulmer/Schäfer, in Ulmer/Brandner/Hensen, AGB-Recht, § 305c Rdnr. 90.
15. BGH NJW 2010, 2141, 2143; Palandt/Grüneberg a. a. O.
16. BGH NJW 2003, 1237, 1238.
17. BGH NJW 2008, 2172.
18. BGH NJW 2008, 2172.
19. BGH NJW 2008, 2172, 2173.
20. Palandt/Grüneberg, BGB, § 305c Rdnr. 18.

b) Eine **ergänzende Vertragsauslegung** kommt als Ersatz für eine unwirksame Klausel im Kontext des § 306 Abs. 2 BGB dann in Betracht, wenn als Folge der Unwirksamkeit der betreffenden Klausel kein dispositives Ersatzrecht zur Verfügung steht.[21] Soweit eine Haftungsfreizeichnungs- oder Haftungsbegrenzungsklausel als unwirksam eingestuft wird, steht indessen dispositives Recht zur Anwendung bereit. Demzufolge ist auch festzuhalten, dass eine ergänzende Vertragsauslegung nach den §§ 133, 157 BGB im Rahmen eines Kaufvertrages – und darum geht es hier – praktisch kaum vorstellbar ist. Denn Gesetzesrecht ist in vielfältiger Weise vorhanden, welches dann geeignet ist, die entstandene Lücke nach § 306 Abs. 2 BGB zu füllen. Daher ist diese Frage nicht weiter zu vertiefen. Doch bleibt abschließend zu erwähnen, dass die ergänzende Auslegung sich entsprechend der objektiv ausgerichteten Zielvorgabe der Auslegung und auch der richterlichen Inhaltskontrolle nach den §§ 307 ff. BGB[22] wiederum nach **objektiven Merkmalen** vollzieht. Doch kommt nach der neueren Rechtsprechung eine solche lückenfüllende Auslegung nur dann in Betracht, wenn die entstandene Lücke derart ist, dass das Ergebnis nicht mehr den beiderseitigen Interessen in vertretbarer Weise gerecht wird und so das Vertragsgefüge einseitig zu Gunsten des Kunden verschiebt.[23]

2. Eindeutigkeitsgebot

Da Haftungsfreizeichnungs- und Haftungsbegrenzungsklauseln Abweichungen vom dispositiven Recht zum Nachteil des Kunden enthalten, muss die dadurch verursachte Risikoverlagerung für den Durchschnittskunden, der typischerweise an Rechtsgeschäften der betreffenden Art beteiligt ist, in den betreffenden AGB eindeutig und verständlich gefasst sein.[24] Mit anderen Worten: Umfang und Inhalt der Haftung bzw. der Haftungsfreizeichnung des Verkäufers/AGB-Verwenders müssen transparent im Sinn von § 307 Abs. 1 Satz 2 BGB in Bezug auf die jeweiligen Haftungsvoraussetzungen und die entsprechenden Haftungsfolgen textiert sein.[25]

a) Erfasst bereits die **sprachlich-gegenständliche Fassung** der Haftungsfreizeichnungs- oder Haftungsbegrenzungsklausel die Anspruchsgrundlage des aktuell geltend gemachten Schaden überhaupt

---

21. BGH NJW 2010, 993, 997; BGH NJW 2009, 2662, 2666.
22. Palandt/Grüneberg, BGB, § 307 Rdnr. 4.
23. BGH NJW 2010, 993, 997 m. w. N.
24. BGH BB 1978, 827; BGH BB 1979, 243.
25. BGH NJW-RR 1996, 783, 789.

nicht, so fehlt es bereits an einer vertraglichen Klausel. Es gilt dann unmittelbar dispositives Recht. Dies belegen folgende Beispiele: Ein Gewährleistungsausschluss für Material- und Bearbeitungsfehler erfasst nicht Konstruktionsfehler.[26] Der Ausschluss von Schadensersatzansprüchen unter der Rubrik „Beanstandungen" ist keine Haftungsfreizeichnung für Schadensersatzansprüche, die aus fehlerhafter Beratung hergeleitet werden.[27] Wird die Schadensersatzhaftung auf den „Ersatz des unmittelbaren Schadens am Bauwerk" beschränkt, so bezieht sich diese Klausel nicht auf Koordinationsfehler des Architekten.[28] Bei einer individualvertraglichen Zusage, dass der Gebrauchtwagen „in einwandfreiem technischen Zustand übergeben" wird, bezieht sich die Klausel, dass „ein Schadensersatz nicht besteht", nicht auf diesen Anspruch; Gleiches gilt für die Klausel: „gebraucht, wie besichtigt, unter Ausschluss jeder Gewährleistung".[29]

b) Notwendigerweise unterliegt in einem zweiten Auslegungsschritt der Wortlaut einer jeden Haftungsfreizeichnungs- oder Haftungbegrenzungsklausel der juristischen Wertung im Hinblick auf den geltend gemachten Anspruch.[30] Denn nur so ist die **vom dispositiven Recht abweichende Risikoverlagerung** angemessen zu berücksichtigen, was eine klare Formulierung voraussetzt.[31] So gesehen ist ein Haftungsausschluss für „Mangelfolgeschäden" nicht gleichbedeutend mit einer Freizeichnung für die Haftung wegen entgangenen Gewinns und sonstiger Mangelschäden.[32] In gleicher Weise ist der Haftungsausschluss für „mittelbare und unmittelbare Schäden" – im Rahmen der Gewährleistung – nicht geeignet, solche Schäden zu erfassen, die erst aus der schuldhaften Verletzung der Nacherfüllungspflicht resultieren.[33]

c) In einem dritten Auslegungsschritt kommt der **systematischen Stellung der jeweiligen Haftungsfreizeichnungs- oder Haftungsbegrenzungsklausel** entscheidende Bedeutung zu. Fehlt sie, dann bestehen auch Ansatzpunkte dafür, die betreffende Klausel nicht nur als intransparent, sondern auch als überraschend nach § 305c Abs. 1 BGB zu bewerten. Ein gewährleistungsspezifischer Haftungsausschlusstatbestand unter der Rubrik „Haftung für Mängel der Lieferung" erfasst nicht etwaige Ansprüche aus der Produzenten-

---

26. OLG Celle, BB 1970, 513.
27. BGHZ 47, 312, 316f.
28. BGH BB 1977, 516.
29. BGH BB 1979, 243.
30. AGB-Klauselwerke/Graf von Westphalen – Freizeichnungsklausel Rdnr. 15 ff.
31. BGH BB 1979, 698.
32. BGH BB 1972, 382.
33. BGH Betr. 1975, 2426.

2. Eindeutigkeitsgebot

haftung gemäß § 823 Abs. 1 BGB.[34] Das Gleiche gilt dann, wenn und soweit die Haftungsfreizeichnungsklausel nicht unmissverständlich klarstellt, dass sie sich auch auf Ansprüche aus Delikt bezieht.[35] Eindeutig und klar und der systematischen Stellung entsprechend ist allerdings eine Haftungsfreizeichnungsklausel, wonach „Schadensersatzansprüche des Kunden aus positiver Forderungsverletzung, aus der Verletzung von Pflichten bei den Vertragsverhandlungen und aus unerlaubter Handlung" ausgeschlossen werden.[36] Gleiches gilt dann, wenn sich die Haftungsfreizeichnungs- oder Haftungsbegrenzungsklausel – außerhalb der Gewährleistungsregelung – unter der Rubrik „Haftung" befindet.[37] Gerade unter diesem Betracht haben Überschriften in den AGB-Klauseln weitreichende Bedeutung.[38]

d) Im Verkehr mit dem **Verbraucher** wird man die dargestellten Gesichtspunkte durchaus noch strenger ins Spiel bringen müssen, weil der Kunde ja „rechtlich nicht vorgebildet"[39] anwenden. Insbesondere sind, wie bereits gesagt, juristische Termini zu vermeiden, weil diese dem rechtlich nicht vorgebildeten Durchschnittskunden nicht ausreichend erkennbar sind.[40] Die im **Formular** textierte Haftungsfreizeichnungs- und Haftungsbegrenzungsklausel trägt diesem Erfordernis Rechnung.

e) Im **unternehmerischen Bereich** gelten naturgemäß engere Grenzen. Hier kann es ausreichend sein, wenn eine eindeutige Haftungsfreizeichnungsklausel – an systematisch richtiger Stelle[41] – sich auf den „Ersatz von Schäden irgendwelcher Art" bezieht.[42] Insbesondere ist es ausreichend, wenn die Haftungsfreizeichnungs- oder Haftungsbegrenzungsklauseln dezidiert von Schadensersatzansprüchen des Kunden aus der Verletzung einer Nebenpflicht, aus der Verletzung von Pflichten bei den Vertragsverhandlungen und aus unerlaubter Handlung spricht.[43] Es ist auch ausreichend, wenn klargestellt wird, dass „Schadensersatz auch aus außervertraglicher Haftung nicht geleistet wird."[44] Um das auch im unternehmerischen

---

34. BGH BB 1977, 162; BGH ZIP 1993, 934, 936.
35. BGH BB 1979, 243; BGH ZIP 1993, 934, 936.
36. BGH ZIP 1985, 687, 689.
37. BGH BB 1979, 698; BGH ZIP 1993, 934, 936.
38. BGH BB 1979, 698; BGH ZIP 1985, 687.
39. BGH NJW 2010, 2141, 2143.
40. Produkthaftungshandbuch/Graf von Westphalen, 2. Aufl., München 1997, § 9 Rdnr. 10 m. w. N.; Rdnrn. 12 ff.
41. BGH BB 1977, 162.
42. BGH NJW 1979, 2148.
43. Vgl. BGH ZIP 1985, 687, 689.
44. BGH NJW 1979, 2148, 2149.

Verkehr nicht völlig zu vernachlässigende Gebot der Transparenz[45] zu erfüllen, ist es deshalb zweckmäßig, eine Haftungsfreizeichnungs- oder Haftungsbegrenzungsklausel allumfassend zu formulieren.[46] Die im **Formular** vorgeschlagene Textierung trägt diesem Erfordernis Rechnung.

f) Wie bereits zuvor angesprochen, können durchaus Bedenken im Blick auf die Begrenzung der Haftung wegen **Verschuldens bei Vertragsabschluss** bestehen, als in der vorgeschlagenen Klausel diese Ansprüche erwähnt werden. Denn hier könnte es zweifelhaft sein, ob diese Klausel wirksam nach § 305 Abs. 2 BGB oder nach den §§ 145 ff. BGB einbezogen worden ist. Denn in diesen Fällen ereignet sich die Pflichtverletzung regelmäßig in einem vorvertraglichen Zeitpunkt, in dem die AGB noch nicht Vertragsbestandteil waren. Trifft dies zu, dann geht die Klausel ins Leere.

3. Personalhaftung

Bei der Textierung von Haftungsfreizeichnungs- und Haftungsbegrenzungsklauseln ist stets im Auge zu behalten, dass unter der Perspektive der Produzentenhaftung gemäß § 823 Abs. 1 BGB auch die Mitarbeiter, Angestellten, Arbeitnehmer des betreffenden Unternehmens persönlich zur Verantwortlichkeit gezogen werden können.[47] Diese Haftungsfigur ist freilich nur auf leitende Mitarbeiter beschränkt, soweit eine aus § 823 Abs. 1 BGB abzuleitende Umkehr der Beweislast in Rede steht.[48] Die strafrechtliche Verantwortlichkeit der Geschäftsführung im Fall von Körper- oder Gesundheitsschäden (einschließlich der Todesfolge) steht ebenfalls fest.[49]

a) Wenn in den Verkaufs-AGB im Blick auf diese Verantwortlichkeit Dritter keine vertragliche Regelung vorgesehen ist, dann stellt sich die Frage, ob denn eine interessengerechte Haftungsfreizeichnungs- und Haftungsbegrenzungsklauseln im Wege der Auslegung auch auf die persönliche Haftung der Mitarbeiter, Angestellten etc.

---

45. BGH NJW-RR 1996, 783, 789.
46. AGB-Klauselwerke/Graf von Westphalen – Freizeichnungsklauseln, Rdnr. 55 ff. betreffend die einzelnen Pflichtverletzungen und den sich jeweils ergebenden Deckungsschutz der Versicherung, sei es als Sach- oder als Haftpflichtversicherung (Rdnr. 95 ff.).
47. BGH NJW 2000, 953; BGH NJW-RR 2001, 1721; BGH NJW 1975, 1827, 1828; BGH NJW 1987, 372, 374; Produkthaftungshandbuch/Foerste, 2. Aufl. München 2007, § 25 Rdnr. 200 ff.
48. Grundlegend BGH ZIP 1992, 410, 413 – Repräsentant des Unternehmens; BGH BB 1975, 1031; BGH NJW 1968, 247, 249; Produkthaftungshandbuch/Foerste, 2. Aufl., München 2007, § 25 Rdnr. 209 ff.
49. BGH NJW 1990, 2560; hierzu auch Schmidt-Salzer, NJW 1990, 2966 ff.

4. Haftung nach dem Produkthaftungsgesetz

erstreckt werden können.[50] Dies erscheint fraglich. Denn die BGH-Entscheidungen, welche zu diesem Problemkreis ergangen sind,[51] stehen erkennbar unter dem Diktat fallspezifischer Auslegung.

b) Es besteht also allemal ein Bedürfnis für eine derartige vertragliche Regelung, was sich vor allem im Blick auf die **persönliche Haftung der Manager** empfiehlt.[52] Daher wird hier auch ein entsprechender Vorschlag unterbreitet.[53] Jedenfalls kann auf diese Weise sichergestellt werden, dass die persönliche Haftung der Mitarbeiter nicht weitergeht als die des Unternehmens. Damit ist freilich noch nicht gewährleistet, dass der persönlich auf Schadensersatz aus § 823 BGB in Anspruch genommene Mitarbeiter nicht das Insolvenzrisiko des Unternehmens tragen muss,[54] sofern die Deckungssumme der Haftpflichtversicherung nicht ausreicht oder sonstige Ausschlußtatbestände eingreifen.

4. Haftung nach dem Produkthaftungsgesetz – Produzentenhaftung

Im Rahmen des seit dem 1. 1. 1990 geltenden Produkthaftungsgesetzes[55] ist dem zwingenden Verbotstatbestand von § 14 ProdHaftG Rechnung zu tragen: Im Anwendungsbereich von § 1 ProdHaftG ist die Haftung gegenüber dem Anspruchsadressaten des § 4 ProdHaftG – Hersteller, Quasi-Hersteller,[56] Importeur sowie Teilhersteller – nicht abdingbar, und zwar weder durch einen Individualvertrag noch durch AGB-Klauseln. Das Gleiche gilt unter den einschränkenden Voraussetzungen von § 4 Abs. 3 ProdHaftG auch für den Händler/Verkäufer.[57] Daraus folgt zwingend: Soweit Ansprüche des Kunden geltend gemacht werden können, für die die Tatbestandsvoraussetzungen von §§ 1 Abs. 1, 4 ProdHaftG gelten, muss sichergestellt werden, dass auf jegliche Haftungsfreizeichnungs- oder Haftungbegrenzungsklausel verzichtet wird. Sie ist schlicht nichtig.

---

50. BGH NJW 1962, 388; BGH WM 1977, 785, 786; BGH ZIP 1985, 687, 689.
51. Vgl. Blaurock, ZHR 146 (1982) 238, 246f.; Schmidt-Salzer, Produkthaftung, Bd. 2 Rz. 3. 522ff.
52. Hierzu im Einzelnen Harbarth, in Krieger/Schneider, Handbuch Managerhaftung, Köln 2007, S. 597ff.
53. Vgl. Produkthaftungshandbuch/Graf von Westphalen, 2. Aufl., München 1999, § 16 Rdnrn. 5ff.
54. Vgl. aber BGH BB 1975, 1031 m. Anm. Schmidt-Salzer und Graf von Westphalen.
55. BT-Drucks. 11/2447; BT-Drucks. 11/5520; BT-Drucks. 11/5594; BR-Drucks. 636/89; BGBl. I 2198ff. 1989.
56. BGH NJW 2005, 2695 – Grillanzünder.
57. Vgl. EuGH NJW 2006, 825 – O'Byrne ./. Sanofi Pasteur.

a) Die zwingende Haftung gilt gemäß § 1 Abs. 1 Satz 2 ProdHaftG nicht für Sachschäden, die unmittelbar an dem fehlerhaften Produkt selbst auftreten. Soweit dies der Fall ist, verbleibt es – unter Berücksichtigung der Tatbestandsvoraussetzungen von § 823 Abs. 1 BGB – bei der bisherigen BGH-Judikatur.[58] Der Schaden an der Sache selbst ist dann der Mängelhaftung der §§ 434 ff. BGB zuzuweisen, sofern zwischen dem Mangelunwert einerseits und dem Sachschaden andererseits „Stoffgleichheit" besteht.[59] Dies ist dann zu bejahen, wenn sich bei wirtschaftlicher Betrachtungsweise der Mangelunwert mit dem Sachschaden deckt.[60] Soweit dies nicht der Fall ist, wird die Eigentumsbeschädigung – außerhalb des fehlerhaften Produktteils – über § 823 Abs. 1 BGB ersetzt.[61]

Inwieweit die Haftung in AGB in diesen Fällen wirksam ausgeschlossen werden kann, ist zum einen nach der hier vertretenen Auffassung davon abhängig, ob der eingetretene Schaden auf der Verletzung einer „wesentlichen" Vertragspflicht im Sinn von § 307 Abs. 2 Nr. 2 BGB gehört. Dies ist im Zweifel zu bejahen.[62] Denn aus § 241 Abs. 2 BGB ist abzuleiten, dass der Schuldner verpflichtet ist, auf Grund der aus dem Schuldverhältnis herrührenden Pflichten auf die **Rechtsgüter** des Gläubigers– und damit: auch Dritter – Rücksicht zu nehmen. Zum anderen ist auf das übliche Bestehen eines Versicherungsschutzes im Rahmen einer Haftpflicht- bzw. einer Produkthaftpflicht-Versicherung abzustellen, so dass eine Begrenzungsklausel an § 307 Abs. 1 Satz 1 BGB wegen der darin liegenden unangemessenen Benachteiligung des Geschädigten scheitert.[63]

b) § 1 Abs. 1 Satz 2 ProdHaftG erfasst indessen nur solche Sachschäden, die – außerhalb des fehlerhaften Produkts – eine „andere Sache" betreffen, die „ihrer Art nach gewöhnlich für den privaten Ge- oder Verbrauch bestimmt und hierzu von dem Geschädigten hauptsächlich verwendet worden ist". Ob dies der Fall ist, entscheidet sich aufgrund natürlicher Betrachtungsweise; die Grenzziehung im Einzelfall kann schwierig sein: Jedenfalls sind alle die Sachschäden aus der strikten Haftung von § 1 Abs. 1 Satz 2 ProdHaftG ausgenommen, welche gewerblich oder beruflich benutzte Sachen be-

---

58. BGH BB 1977, 162; BGH NJW 1978, 2241; BGH NJW 1983, 810; BGH NJW 1983, 812; BGH NJW 1985, 2420; Fn. 38.
59. BGH NJW 1983, 810; BGH NJW 1985, 2420; BGH VersR 2001, 402, 403; Produkthaftungshandbuch/Foerste, 2. Auflage, München 1999, § 21 Rdnrn. 21 ff.
60. BGH ZIP 1992, 485; BGH ZIP 1992, 704; Graf von Westphalen, ZIP 1992, 532 ff.; BGH NJW 1994, 517, 518; BGH NJW 1996, 2507, 2508; BGH MDR 1998, 842.
61. BGH BB 1977, 162; BGH NJW 1978, 2241.
62. Offen gelassen in BGH ZIP 1993, 934, 936.
63. BGH NJW 2002, 673, 675.

5. Verbraucher-AGB

treffen. Insoweit gilt gemäß § 15 Abs. 2 ProdHaftG, dass der Geschädigte nur einen Anspruch gemäß §§ 823 ff. BGB hat. Auch hier wird man im Zweifel davon ausgehen müssen, dass die Haftungsfreizeichnung entweder am § 307 Abs. 2 Nr. 2 BGB oder – wegen des bestehenden Haftpflichtversicherungsschutzes des AGB-Anwenders – am § 307 Abs. 1 BGB scheitert (S. 174 ff.).

5. Verbraucher-AGB

Nur Übernahme von Abs. 1 und Abs. 2. Doch in Abs. 1 sollte anstelle des Begriffs „deliktische" Ansprüche auf Ansprüche „aus unerlaubter Handlung" abgestellt werden, weil der juristische Terminus für einen Laien nicht unbedingt verständlich ist (§ 307 Abs. 1 Satz 2 BGB).

§ 8
Eigentumsvorbehaltssicherung

(1) Wir behalten uns das Eigentum an der Kaufsache bis zum Eingang aller Zahlungen aus dem Liefervertrag vor. Bei vertragswidrigem Verhalten des Kunden, insbesondere bei Zahlungsverzug, sind wir berechtigt, die Kaufsache zurückzunehmen. In der Zurücknahme der Kaufsache durch uns liegt ein Rücktritt vom Vertrag. Wir sind nach Rücknahme der Kaufsache zu deren Verwertung befugt, der Verwertungserlös ist auf die Verbindlichkeiten des Kunden – abzüglich angemessener Verwertungskosten – anzurechnen.
• Alternativ zu Satz 1: (erweiterter Eigentumsvorbehalt)
Wir behalten uns das Eigentum an der Kaufsache bis zum Eingang aller Zahlungen aus der Geschäftsverbindung mit dem Kunden vor.
• Alternativ zu Satz 1: (eingeschränkt erweiterter Eigentumsvorbehalt)
Wir behalten uns das Eigentum an der Kaufsache bis zum Eingang aller bereits im Zeitpunkt dieses Vertragsabschlusses entstandenen Forderungen, einschließlich aller Forderungen aus Anschlussaufträgen Nachbestellungen, Ersatzteilbestellungen vor.
• Alternativ zu Satz 1: (Kontokorrentvorbehalt)
Wir behalten uns das Eigentum an der Kaufsache bis zum Eingang aller Zahlungen aus dem bestehenden Kontokorrentverhältnis (Geschäftsverbindung) mit dem Kunden vor; der Vorbehalt bezieht sich auf den anerkannten Saldo.

- Alternativ zu Satz 1: (Scheck-Wechsel-Verfahren)
Wir behalten uns das Eigentum an der Kaufsache bis zum Eingang aller Zahlungen aus der Geschäftsverbindung mit dem Kunden vor. Soweit wir mit dem Kunden Bezahlung der Kaufpreisschuld aufgrund des Scheck-Wechsel-Verfahrens vereinbaren, erstreckt sich der Vorbehalt auch auf die Einlösung des von uns akzeptierten Wechsels durch den Kunden und erlischt nicht durch Gutschrift des erhaltenen Schecks bei uns.

(2) Der Kunde ist verpflichtet, die Kaufsache pfleglich zu behandeln; insbesondere ist er verpflichtet, diese auf eigene Kosten gegen Feuer-, Wasser- und Diebstahlsschäden ausreichend zum Neuwert zu versichern. Sofern Wartungs- und Inspektionsarbeiten erforderlich sind, muss der Kunde diese auf eigene Kosten rechtzeitig durchführen.

(3) Bei Pfändungen oder sonstigen Eingriffen Dritter hat uns der Kunde unverzüglich schriftlich zu benachrichtigen, damit wir Klage gemäß § 771 ZPO erheben können. Soweit der Dritte nicht in der Lage ist, uns die gerichtlichen und außergerichtlichen Kosten einer Klage gemäß § 771 ZPO zu erstatten, haftet der Kunde für den uns entstandenen Ausfall.

(4) Der Kunde ist berechtigt, die Kaufsache im ordentlichen Geschäftsgang weiter zu verkaufen; er tritt uns jedoch bereits jetzt alle Forderungen in Höhe des Faktura-Endbetrages (einschließlich MWSt) unserer Forderung ab, die ihm aus der Weiterveräußerung gegen seine Abnehmer oder Dritte erwachsen, und zwar unabhängig davon, ob die Kaufsache ohne oder nach Verarbeitung weiter verkauft worden ist. Zur Einziehung dieser Forderung bleibt der Kunde auch nach der Abtretung ermächtigt. Unsere Befugnis, die Forderung selbst einzuziehen, bleibt hiervon unberührt. Wir verpflichten uns jedoch, die Forderung nicht einzuziehen, solange der Kunde seinen Zahlungsverpflichtungen aus den vereinnahmten Erlösen nachkommt, nicht in Zahlungsverzug gerät und insbesondere kein Antrag auf Eröffnung eines Vergleichs- oder Insolvenzverfahrens gestellt ist oder Zahlungseinstellung vorliegt. Ist aber dies der Fall, so können wir verlangen, dass der Kunde uns die abgetretenen Forderungen und deren Schuldner bekannt gibt, alle zum Einzug erforderlichen Angaben macht, die dazugehörigen Unterlagen aushändigt und den Schuldnern (Dritten) die Abtretung mitteilt.

- Alternativ zu Satz 1 als Zusatz:
Falls zwischen Kunde und Abnehmer ein Kontokorrentverhältnis nach § 355 HGB besteht, dann folgende Klausel: „Der Kunde ... verkauft worden ist. Die uns vom Kunden im Voraus abgetretene Forderung bezieht sich auch auf den anerkannten

Saldo sowie im Fall der Insolvenz des Abnehmers auf den dann vorhandenen ‚kausalen' Saldo."

(5) Die Verarbeitung oder Umbildung der Kaufsache durch den Kunden wird stets für uns vorgenommen. Wird die Kaufsache mit anderen, uns nicht gehörenden Gegenständen verarbeitet, so erwerben wir das Miteigentum an der neuen Sache im Verhältnis des Wertes der Kaufsache (Fakturaendbetrag, einschließlich MWSt) zu den anderen verarbeiteten Gegenständen zur Zeit der Verarbeitung. Für die durch Verarbeitung entstehende Sache gilt im Übrigen das Gleiche wie für die unter Vorbehalt gelieferte Kaufsache.

(6) Wird die Kaufsache mit anderen, uns nicht gehörenden Gegenständen untrennbar vermischt, so erwerben wir das Miteigentum an der neuen Sache im Verhältnis des Wertes der Kaufsache (Fakturaendbetrag, einschließlich MWSt) zu den anderen vermischten Gegenständen zum Zeitpunkt der Vermischung. Erfolgt die Vermischung in der Weise, dass die Sache des Kunden als Hauptsache anzusehen ist, so gilt als vereinbart, dass der Kunde uns anteilmäßig Miteigentum überträgt. Der Kunde verwahrt das so entstandene Alleineigentum oder Miteigentum für uns.

(7) Der Kunde tritt uns auch die Forderungen zur Sicherung unserer Forderungen gegen ihn ab, die durch die Verbindung der Kaufsache mit einem Grundstück gegen einen Dritten erwachsen.

(8) Wir verpflichten uns, die uns zustehenden Sicherheiten auf Verlangen des Kunden insoweit freizugeben, als der realisierbare Wert unserer Sicherheiten die zu sichernden Forderungen um mehr als 10% übersteigt; die Auswahl der freizugebenden Sicherheiten obliegt uns.

Erläuterungen

1. Vereinbarung eines Eigentumsvorbehalts
2. Unter Vorbehalt stehende Kaufsache
3. Entstehen eines Besitzmittlungsverhältnisses
4. Rücktritt bei Zahlungsverzug des Kunden
5. Zahlung des Preises – Erlöschen des Eigentumsvorbehalts
6. Klauselgestaltungen für sonstige Pflichten
7. Vorausabtretung – Verlängerter Eigentumsvorbehalt
8. Gestattung der Weiterveräußerung der Kaufsache
9. Einziehungsermächtigung
10. Erlösabführungspflicht
11. Weiterverarbeitungsbefugnis
12. Verbindung – Vermischung
13. Freigabeverpflichtung

1. Vereinbarung eines Eigentumsvorbehalts

Die Vereinbarung eines Eigentumsvorbehalts muss Inhalt des Kaufvertrages sein. Ein genereller Handelsbrauch im Sinn von § 346 HGB, wonach der Eigentumsvorbehalt im Zweifel als vereinbart gelten soll, ist nicht anzuerkennen.[1] Neben der langjährigen Übung setzt nämlich das Entstehen eines Handelsbrauchs voraus, dass sich der Kunde damit durchgängig einverstanden erklärt.[2] In einzelnen Industriezweigen kann es durchaus so sein, dass der einfache Eigentumsvorbehalt als Handelsbrauch gemäß § 346 HGB qualifiziert wird, zum Beispiel im Buchhandel.[3] Im Übrigen aber ist äußerste Zurückhaltung bei der Annahme eines Handelsbrauchs angezeigt,[4] weil die Branchenüblichkeit eines Eigentumsvorbehalts keineswegs gleichzusetzen ist mit der Bejahung eines entsprechenden Handelsbrauchs gemäß § 346 HGB.

a) Unter dem Begriff eines „verlängerten" Eigentumsvorbehalts fasst man im Allgemeinen sowohl den Fall der Veräußerung als auch den der Verarbeitung zusammen, weil und soweit die als Sicherheit dienende Kaufsache von Anfang an zur Verarbeitung oder zur Veräußerung beim Kunden bestimmt war.[5] Anstelle des Liefergegenstandes, d.h. der Vorbehaltsware tritt dann das Surrogat, das der Vorbehaltskäufer/Kunden in Form einer neuen Sache, einer Forderung oder des Erlöses aus der Weiterveräußerung der Vorbehaltsware anstelle des ursprünglichen Kaufgegenstandes erlangt.[6]

Diese Gestaltung ist in Abs. (3)–Abs. (5) angesprochen.

b) Als „erweiterter" Eigentumsvorbehalt werden alle die Klauseln verstanden, in denen kein Kontokorrentverhältnis im Sinn von § 355 HGB zwischen Vorbehaltsverkäufer und Vorbehaltskäufer/Kunden besteht.[7] Dabei sind Gestaltungsmöglichkeiten denkbar:
– Vorbehalt des Eigentums bis zum Eingang aller bereits entstandenen, wenn auch noch nicht fällig gewordenen Forderungen des Verkäufers;
– Vorbehalt des Eigentums bis zum Eingang aller Zahlungen aus der Geschäftsverbindung zum Besteller;

---

1. Serick, Eigentumsvorbehalt und Sicherungsübertragung, Bd. I, 1962, S. 87; Thamm, Der Eigentumsvorbehalt im deutschen Recht, 4. Aufl., S. 13.
2. Graf Lambsdorff, Handbuch des Eigentumsvorbehalts, Rdnr. 45 m. w. N.
3. Graf Lambsdorff, a. a. O., Rdnr. 51.
4. Staudinger/Beckmann, BGB, § 449 Rdnr. 16.
5. Serick, Bd. IV S. 9.
6. Graf Lambsdorff, Rdnr. 287.
7. Graf Lambsdorff/Hübner, Eigentumsvorbehalt und AGB-Gesetz, Rdnr. 56.

1. Vereinbarung eines Eigentumsvorbehalts

– Vorbehalt des Eigentums auch an allen künftig zu liefernden Sachen bis zur Bezahlung aller bestehenden sowie aller noch entstehenden, künftigen Forderungen.[8]

Die ersten beiden Varianten des erweiterten Eigentumsvorbehalts sind in der Alternative zu Abs. (1) angesprochen.

c) Die Vereinbarung eines einfachen Eigentumsvorbehalts wird im Fall der **Kollision von Einkaufs- und Verkaufs-AGB** nicht verhindert (S. 38 ff.), weil der Verkäufer auf seine einen Eigentumsvorbehalt enthaltenden AGB, der Kunde aber auf seine entgegenstehenden Einkaufs-AGB verweist.[9] Denn die Vereinbarung eines – einfachen – Eigentumsvorbehalts ist nach der BGH-Judikatur gleichwohl möglich, sofern in der Auftragsbestätigung des Verkäufers deutlich auf die beabsichtigte Eigentumsvorbehaltssicherung hingewiesen wird.[10] Unter dieser Voraussetzung hat der Kunde, was ausreichend ist, Kenntnis von den einen Eigentumsvorbehalt enthaltenden Verkaufs-AGB oder ihm ist diese Kenntnis doch zumindest zumutbar.[11] Unabhängig von der schuldrechtlichen Vereinbarung will der Verkäufer nur gegen Zahlung des Kaufpreises, d.h. bedingtes Eigentum übertragen.

aa) Ist hingegen die Eigentumsvorbehaltsklausel lediglich auf der **Rechnung oder auf dem Lieferschein** vermerkt, so ist dies zunächst unerheblich, da verspätet. Doch es stellt sich regelmäßig die Frage, ob darin nicht die wirksame Vereinbarung eines – nachträglichen – Eigentumsvorbehalts liegt: Der schuldrechtliche Vertrag ist bedingungslos abgeschlossen worden, während der Übereignungsvertrag im Sinn der §§ 929 ff. BGB unter der Bedingung des einfachen Eigentumsvorbehalts – für den Kunden bei Entgegennahme der Lieferung erkennbar – steht.[12] Für die Bejahung eines solchen – nachträglichen – Eigentumsvorbehalts ist freilich ein strenger Maßstab anzulegen.[13] Da nämlich das Verpflichtungsgeschäft auf eine bedingungslose Übereignung gerichtet ist, das sachenrechtliche Erfüllungsgeschäft dann aber – aufgrund der auf dem Lieferschein vermerkten Eigentumsvorbehaltsklausel – auf eine bedingte Übereignung zielt,[14] liegt

---

8. Vgl. Graf Lambsdorff, Rdnr. 248.
9. A. M. noch Graf von Westphalen, ZIP 1987, 1361 ff.
10. BGH BB 1989, 1996.
11. BGH NJW 1982, 1749; BGH NJW 1985, 1838; BGH WM 1986, 1081, 1082; BGH WM 1988, 740; BGH BB 1989, 1996; hierzu auch de Lousanoff, NJW 1982, 1727 ff.; Ulmer/Schmidt, JuS 1984, 18 ff.
12. BGH NJW 1979, 213, 214; BGH NJW 1979, 2199, 2200; BGH NJW 1982, 1449; BGH NJW 1982, 1751; BGH NJW 1985, 1838; BGH WM 1986, 1081, 1082.
13. BGH NJW 1979, 2199, 2200.
14. BGH NJW 1979, 213, 214.

darin – streng genommen – eine Vertragsverletzung. Doch wird diese dadurch „geheilt", dass durch eine beim Kunden „zuständige" Person mit dieser Abänderung des Vertrages „einverstanden" erklärt. Auf weitere Einzelheiten kann in diesem Zusammenhang nicht eingegangen werden;[15] Verschiedenes wurde bereits zuvor im Zusammenhang mit der wirksamen Einbeziehung von AGB-Klauseln erörtert (S. 21 ff.). Aus praktischen Gründen ist deshalb darauf Wert zu legen, dass Eigentumsvorbehaltsklauseln deutlich auf der Auftragsbestätigung vermerkt werden; entsprechende Hinweise in Rechnungen oder Lieferscheinen sind lediglich „zweite Wahl".

bb) Hat jedoch der Verkäufer einen **verlängerten Eigentumsvorbehalt** in seinem AGB vorgesehen, so ist beim **Kollisionsfall** mit widerstreitenden Einkaufs-AGB stets zu prüfen, ob der Kunde – jedenfalls dann, wenn er eine Abwehrklauseln in seinen Einkaufs-AGB zugrunde gelegt hat – auch mit der Geltung eines verlängerten Eigentumsvorbehalts in den Verkaufs-AGB einverstanden war.[16] Dies ist regelmäßig zu verneinen.[17] Von ganz entscheidender Bedeutung ist dabei: Soweit der Kunde – wegen der von ihm eingeführten Abwehrklausel in seinen Einkaufs-AGB – gleichwohl die ihm gelieferte Kaufsache weiter veräußert, vollzieht sich dies nicht im „ordnungsgemäßen" Geschäftsverkehr,[18] weil der Verkäufer dann nicht die Sicherheit erlangt, von deren Erhalt er seine Einwilligung zur Weiterveräußerung abhängig gemacht hat.[19] Deshalb steht dem Verkäufer im Fall der Insolvenz des Kunden ein Recht auf Aussonderung gemäß § 47 InsO[20] zu. Doch bleibt auch hier stets zu prüfen, ob nicht eine stillschweigende Vereinbarung eines verlängerten Eigentumsvorbehalts vorliegt.[21] Die Grenzen sind freilich eng. Scheitert der verlängerte Eigentumsvorbehalt und wird er wegen der widerstreitenden AGB nicht Vertragsinhalt, dann ist stets zu prüfen, ob der Verkäufer nicht nur bedingtes Eigentum verschaffen will.[22]

cc) Die gleichen Gesichtspunkte im Hinblick auf die wirksame Einbeziehung gelten im **Kollisionsfall** auch dann, wenn nicht nur

---

15. Graf von Westphalen, ZIP 1987, 1361 ff.; Graf Lambsdorff, ZIP 1987, 1370 ff. m. w. N.
16. BGH NJW 1985, 1838, 1839; BGH WM 1986, 643; BGH WM 1990, 1671, 1672.
17. BGH NJW 1985, 1838, 1839; BGH WM 1989, 1342, 1343; BGH WM 1990, 1671, 1672; abweichend auf Grund der auszulegenden Parteiabrede OLG Düsseldorf NJW-RR 1997, 946.
18. BGH WM 1986, 1081.
10. BGH WM 1986, 1081; BGHZ 30, 176, 181; hierzu auch Graf Lambsdorff, ZIP 1987, 1370, 1371 f.
20. Hierzu Haarmeyer/Wutzke/Förster, Handbuch der InsO/EG InsO, Rdnr. 5/249 ff.
21. OLG Stuttgart ZIP 1981, 176, 178; OLG Düsseldorf a. a. O.
22. OLG Düsseldorf NJW-RR 1997, 946, 948.

1. Vereinbarung eines Eigentumsvorbehalts

ein **verlängerter**, sondern auch ein **erweiterter Eigentumsvorbehalt** vorgesehen ist.[23]

d) Gegen die **Wirksamkeit einer verlängerten Eigentumsvorbehaltsklausel** bestehen im kaufmännischen Verkehr weder gemäß § 305c BGB noch gemäß § 307 BGB Bedenken.[24]

aa) Gegen den **erweiterten Eigentumsvorbehalt** werden hingegen Bedenken geltend gemacht: Im Verkehr gegenüber dem **Verbraucher** sind erweiterte Eigentumsvorbehaltsklauseln grundsätzlich nach § 307 Abs. 2 Nr. 1 BGB zu beanstanden.[25]

bb) Im **kaufmännischen Bereich** gilt freilich etwas anderes; hier sind Klauseln des erweiterten Eigentumsvorbehalts – jedenfalls in dem hier vorgeschlagenen Rahmen – nach § 307 Abs. 1 BGB nicht zu beanstanden.[26] Von der Textierung einer Konzernvorbehaltsklausel wird Abstand genommen, weil ihre Wirksamkeit zu dubios ist.[27]

cc) Dabei kommt es für die Wirksamkeit einer verlängerten und auch einer erweiterten Eigentumsvorbehaltsklausel nicht mehr entscheidend darauf an, dass eine ausreichende **Freigabeklausel** verankert ist, um dem Risiko einer nach § 307 Abs. 1 BGB zu beurteilenden Übersicherung vorzubeugen.[28] Denn diese folgt aus dem allgemeinen Grundsatz des in § 242 BGB verankerten Treuhandverhältnisses.[29] Dies gilt auch dann, wenn der erweiterte Eigentumsvorbehalt mit einer Verlängerungsklausel – dies entspricht üblicher Praxis – kombiniert ist;[30] z.B. die Sicherung erstreckt sich dann auf alle Forderungen, die zwischen Verkäufer und Kunde – resultierend aus der Geschäftsverbindung – bislang entstanden sind. Der Verkäufer braucht es nicht hinzunehmen, dass die von ihm gelieferte Warenkreditsicherheit für die Bedürfnisse anderer Kreditgeber (Banken) eingesetzt wird. Dieses Ergebnis ist auch unabhängig davon, ob ein Kontokorrent-Verhältnis im Sinn von § 355 HGB zwischen den Parteien – aufgrund ausdrücklicher oder stillschwei-

---

23. Palandt/Grüneberg, BGB, § 305 Rdnr. 56.
24. Graf Lambsdorff/Hübner, Eigentumsvorbehalt und AGB-Gesetz, Rdnrn. 121 ff.
25. OLG Frankfurt BB 1980, 1489; LG Berlin AGBE II § 9 Nr. 21; LG Braunschweig ZIP 1981, 876; LG Hamburg AGBE IV § 9 Nr. 29; LG Dortmund AGBE IV § 9 Nr. 30; AGB-Klauselwerke/Graf von Westphalen – Eigentumsvorbehaltsklauseln Rdnr. 65; Graf Lambsdorff/Hübner, Eigentumsvorbehalt und AGB-Gesetz, Rdnr. 90.
26. BGH ZIP 1993, 105; AGB-Klauselwerke/Graf von Westphalen – Eigentumsvorbehaltsklauseln Rdnrn. 71 ff.
27. Graf von Westphalen, Betr. 1977, 1637, 1639.
28. BGH NJW 1987, 487, 488; BGH ZIP 1993, 105.
29. Grundlegend BGH NJW 1998, 671 – Entscheidung des Großen Zivilsenats.
30. Abweichend noch BGH NJW 1985, 1836; BGH NJW 1987, 487, 488 – überholt durch die Entscheidung des BGH NJW 1998, 671 ff.

gender Vereinbarung – praktiziert wird.³¹ Freilich ist in diesem Fall Gegenstand der Sicherung – im Gegensatz zu den Klauseln des erweiterten Eigentumsvorbehalts – nicht die jeweilige noch ausstehende Geldforderung, sondern die Saldoforderung des Vorbehaltsverkäufers: Dies sollte in der AGB-Klausel klar zum Ausdruck gebracht werden, weil die kontokorrentpflichtigen Forderungen weder selbständig geltend gemacht, noch selbständig getilgt werden können;³² sie sind deshalb auch nicht im Voraus abtretbar.³³ Voraussetzung für das wirksame Entstehen einer derartigen Saldoforderung ist überdies, dass der Vorbehaltskäufer/Besteller diese anerkannt hat.

Die entsprechende Alternative im **Formular** zu Abs. (1) berücksichtigt diese Voraussetzungen.

e) Für den Verkehr mit dem **Verbraucher** sollte es bei der Vereinbarung eines **einfachen Eigentumsvorbehalts** bleiben.

2. Unter Vorbehalt stehende Kaufsache

a) Gegenstand einer Eigentumsvorbehaltssicherung gemäß § 449 BGB kann nur eine **bewegliche Sache** sein.³⁴ Unter dieser Voraussetzung macht es keinen Unterschied, ob sich die Vereinbarung eines Eigentumsvorbehalts auf verbrauchbare Sachen im Sinn von § 92 BGB³⁵ oder auf vertretbare oder nicht vertretbare Sachen im Sinn von § 91 BGB bezieht.³⁶ Indessen ergibt sich eine Einschränkung aus den §§ 93, 94 BGB: Wenn eine Sache **wesentlicher Bestandteil** einer anderen Sache ist, so ist die Vereinbarung eines Eigentumsvorbehalts deswegen ausgeschlossen, weil die sachenrechtliche Zuordnung nicht der Parteiautonomie unterliegt.³⁷ Abzustellen ist dabei darauf, ob die Teile nach ihrer Trennung wirtschaftlich wertlos werden – unter dieser Voraussetzung handelt es sich um einen wesentlichen Bestandteil –, oder ob sie weiterhin brauchbar bleiben, wobei es unerheblich ist, ob die Gesamtsache durch die Ablösung des Teils in ihrem Wesen verändert wird.³⁸

b) Anders als wesentliche Bestandteile im Sinn der §§ 93, 94 BGB kann **Zubehör** gemäß §§ 97, 98 BGB Gegenstand eines eigenständi-

---

31. BGHZ 26, 185, 187 ff.; BGH BB 1978, 18.
32. BGH BB 1970, 1192; BGH BB 1979, 443.
33. BGH BB 1979, 443, 444.
34. Serick, Bd. I, 98 f.
35. Graf Lambsdorff, a. a. O. Rdnr. 82.
36. Serick, Bd. I, 99.
37. Zu Einzelfällen Erman/Michalski, BGB, § 93 Rdnr. 6 ff.
38. BGHZ 18, 226, 229.

gen Eigentumsvorbehalts sein.[39] Ob die Veräußerung einer Sache unter Eigentumsvorbehalt deren Zubehör erfasst, bestimmt sich durch Auslegung zu ermitteln und im Zweifel zu bejahen.[40] Aus der Feststellung, dass ein Eigentumsvorbehalt nur an beweglichen Sachen zulässig ist, folgt: Wird eine Sachgesamtheit veräußert – zum Beispiel ein Warenlager oder das Inventar eines Geschäfts –, so muss grundsätzlich jede einzelne Sache, welche zur Sachgesamtheit zählt, dem Käufer unter Eigentumsvorbehalt veräußert werden.[41] Vereinbaren aber Verkäufer und Kunde, dass eine Sachgesamtheit unter Eigentumsvorbehalt zu einem Gesamtpreis veräußert werden soll, so ist der Eigentumsvorbehalt regelmäßig auf jede einzelne Sache zu beziehen – vorausgesetzt, diese sind hinreichend gekennzeichnet.[42]

3. Entstehen eines Besitzmittlungsverhältnisses

a) Es ist umstritten, ob der Verkäufer seine Verpflichtung gemäß § 433 Abs. 1 BGB bereits mit der aufschiebend bedingten Übereignung der Vorbehaltssache oder erst mit Eintritt des Leistungserfolges, d.h. mit dem effektiven Eigentumsübergang, erfüllt hat. Der BGH neigt der Auffassung zu, der Vorbehaltsverkäufer habe noch nicht durch die Übertragung des unmittelbaren Besitzes auf den Vorbehaltskäufer/Kunde und die aufschiebend bedingte Einigung über den Eigentumsübergang seine Vertragspflichten erfüllt, so dass er weiterhin bis zur vollständigen Bezahlung des Kaufpreises durch den Vorbehaltskäufer/Kunde zur Vertragserfüllung verpflichtet bleibt.[43] Die hiermit angeschnittene Frage hat entscheidende Bedeutung dafür, ob der Insolvenzverwalter über das Vermögen des Verkäufers das Wahlrecht hat, bevor der Vorbehaltskäufer/Kunde voll erfüllt hat.[44]

b) Unstrittig ist, dass der Abschluss des Kaufvertrages und der Eigentumsvorbehalt ein **Besitzmittlungsverhältnis** begründen: Der Vorbehaltskäufer/Kunde ist danach unmittelbar Fremdbesitzer, der Vorbehaltsverkäufer ist mittelbarer Eigenbesitzer.[45] Indessen hat der Vorbehaltskäufer/Kunde aufgrund des ihm zustehenden – dinglich

---

39. Serick, Bd. I, 112 f.
40. Vgl. Graf Lambsdorff, a.a.O. Rdnr. 87.
41. Graf Lambsdorff, a.a.O. Rdnr. 89.
42. RGZ 144, 62, 64.
43. BGH NJW 1954, 1325, 1326.
44. Hierzu auch Serick, Bd. I, 124.
45. BGH WM 1961, 1197; BGH JZ 1969, 433.

wirkenden[46] – Anwartschaftsrechts ein eigenes Besitzrecht.[47] Die BGH-Judikatur lehnt dies freilich ab.[48] Danach steht dem Vorbehaltskäufer/Kunde lediglich die Arglisteinrede gemäß § 242 BGB zur Seite, wenn und soweit der Vorbehaltsverkäufer Herausgabe begehrt.

4. Rücktritt bei Zahlungsverzug des Kunden

Ist ein Eigentumsvorbehalt gemäß § 449 BGB vereinbart, so ist der Vorbehaltsverkäufer nach § 449 Abs. 2 BGB nur zur Geltendmachung des Herausgabeverlangens berechtigt, wenn er vom Vertrag zurückgetreten ist. Das setzt nach § 323 Abs. 1 BGB die Setzung einer angemessenen Frist nach Eintritt des Zahlungsverzugs voraus. Hiervon sind Abweichungen nach § 307 Abs. 2 Nr. 1 BGB nicht gestattet, weil kein hinreichendes Interesse des AGB-Verwenders an einer abweichenden Klausel erkennbar ist, ohne dass der Käufer hier angemessen benachteiligt wird.

5. Zahlung des Preises – Erlöschen des Eigentumsvorbehalts

Der Eigentumsvorbehalt erlischt bei Eintritt der Bedingung, und zwar mit Wirkung ex nunc.[49] Hierfür ist erforderlich, dass der Vorbehaltskäufer/Besteller den Kaufpreis vollständig bezahlt, d. h. einschließlich der geschuldeten Mehrwertsteuer, Zinsen und sonstigen Nebenkosten, wie zum Beispiel Fracht- und Verpackungskosten.[50]

a) Die Hingabe von **Wechseln oder Schecks** geschieht grundsätzlich erfüllungshalber gemäß § 364 Abs. 2 BGB: Folglich erlischt die Kaufpreisforderung erst, wenn der Vorbehaltsverkäufer tatsächlich Zahlung erhält.[51] Gibt der Vorbehaltsverkäufer einen erhaltenen Wechsel zum Diskont, so erlischt der Eigentumsvorbehalt erst, wenn der Vorbehaltskäufer/Kunde den präsentierten Wechsel auch einlöst.[52]

b) Soweit der Vorbehaltskäufer/Kunde aufgrund des **Scheck-Wechsel-Verfahrens** Zahlung leistet, sind inzwischen die Fronten

---

46. Stoll, ZHR 128, 239, 242; Bauknecht, NJW 1955, 1251; Serick, Bd. I, 248 f.
47. Serick, Bd. I, 245 ff.; a. M. Staudinger/Gursky, BGB, § 986 Rdnr. 13; Erman/Grunewald, BGB, § 449 Rdnr. 26 f.
48. BGHZ 10, 69 ff.
49. Serick, Bd. I, 411 ff.; Graf Lambsdorff, Rdnrn. 154 ff.
50. Staudinger/Beckmann, BGB, § 449 Rdnr. 31.
51. Staudinger/Beckmann, BGB, § 449 Rdnr. 32.
52. Serick, Bd. I, 418; Graf Lambsdorff, Rdnr. 158; BGH ZIP 1986, 507, 509.

geklärt.[53] Da die Hingabe des Wechsels lediglich Finanzierungsfunktion besitzt – der Wechseldiskont ist für den Vorbehaltskäufer/Kunden billiger als der Kontokorrentkredit –, ist davon auszugehen, dass der Eigentumsvorbehalt schon dann erlischt, wenn der Vorbehaltsverkäufer aus dem hingegebenen Scheck Befriedigung erlangt hat.[54] Demzufolge ist es unerlässlich, eine exakte – das Wechselobligo – einschließende Erweiterungsklausel vorzusehen, sofern das Scheck-Wechsel-Verfahren zwischen Vorbehaltsverkäufer und Vorbehaltskäufer/Kunden praktiziert wird. Notwendig ist hierbei, eine individualvertragliche Vereinbarung zu erzielen, weil jedenfalls das in Einkaufs-AGB verankerte Scheck-Wechsel-Verfahren deswegen an § 307 Abs. 1 BGB scheitert, weil die Ausstellerhaftung des Vorbehaltskäufers/Kunden wechselmäßig gemäß Artikel 9 Abs. 2 WG nicht wirksam abbedungen werden kann, so dass auf diesem Umfang der Vorbehaltsverkäufer das Insolvenzrisiko des Vorbehaltskäufers/Kunden trägt.

6. Klauselgestaltungen für sonstige Pflichten

Für die Wirksamkeit von AGB-Klauseln, die sich auf die vorstehend dargelegten Gesichtspunkte beziehen, gelten im kaufmännischen Bereich unter Berücksichtigung von § 307 BGB folgende Erwägungen:

a) Dass der Vorbehaltskäufer/Kunde verpflichtet wird, eine **Versicherung für Feuer-, Wasser- und Diebstahlschäden** abzuschließen, ist legitim: Der Vorbehaltsverkäufer trägt weiterhin die Sachgefahr; mit dem Untergang der Vorbehaltsware verliert er seine Sicherheit, so dass er auf die Versicherungsleistung als Ersatz für seine ungesicherte Kaufpreisforderung gemäß § 285 BGB angewiesen ist.[55] Dies ist nach § 307 Abs. 1 BGB nicht zu beanstanden. Auch die Verpflichtung des Vorbehaltskäufers/Kunden, die Vorbehaltsware pfleglich zu behandeln, entspricht der Interessenlage.[56] Deshalb ist es auch nach § 307 Abs. 1 BGB legitim, den Vorbehaltskäufer/Kunden zur Durchführung von Wartungs- und Inspektionsarbeiten – auf eigene Kosten – zu verpflichten. Des Weiteren ist es unbedenklich, den Vorbehaltskäufer/Kunden zu verpflichten, dem Vorbehaltsver-

---

53. BGH ZIP 1986, 507; hierzu auch Ulmer/Heinrich, Betr. 1972, 1149; Matzel, NJW 1968, 1867; Thamm, ZIP 1984, 922.
54. Serick, Bd. IV, 59 ff.
55. Serick, Bd. 1, 164 f.
56. Hierzu AGB-Klauselwerke/Graf von Westphalen – Eigentumsvorbehaltssicherung Rdnr. 4 f.

käufer Anzeige zu machen, sobald Dritte auf die Vorbehaltsware Zugriff nehmen, zum Beispiel diese pfänden oder in diese die Zwangsvollstreckung betreiben, damit der Vorbehaltsverkäufer Gelegenheit erhält, Interventionsklage gemäß § 771 ZPO zu erheben. Versäumt der Vorbehaltskäufer/Kunde, diese Pflichten zu erfüllen, so macht er sich nach § 241 Abs. 2 BGB schadensersatzpflichtig.[57] Das **Formular** berücksichtigt diese Pflichten des Kunden gemäß Abs. (2) und Abs. (3).

b) Im **kaufmännischen Bereich** ist es gemäß § 307 Abs. 2 Nr. 1 BGB nicht zu beanstanden, wenn der Vorbehaltsverkäufer Herausgabe der Vorbehaltsware gemäß § 985 BGB verlangt, ohne gleichzeitig vom Vertrag zurückzutreten. Voraussetzung für das Herausgabeverlangen ist jedoch, dass sich der Vorbehaltskäufer/Kunde entweder in Zahlungsverzug gemäß § 286 BGB befindet oder ein sonstiges vertragswidriges Verhalten ihm anzulasten ist.[58] Eine nur geringfügige Pflichtverletzung berechtigt den Vorbehaltsverkäufer nicht, ein Herausgabe- oder Rücknahmeverlangen geltend zu machen.[59] Wichtig ist in jedem Fall, dass die Rücknahmegründe – unter Berücksichtigung der allgemeinen Kriterien von Treu und Glauben – angemessen sind und nicht gegen die Wertungskriterien von § 307 Abs. 1 BGB verstoßen.[60] So ist es allemal unangemessen, wenn sich das Herausgabe- oder Rücknahmeverlangen auch auf Vorbehaltsware bezieht, welche der Vorbehaltskäufer/Kunde bereits bezahlt hat; Gleiches gilt dann, wenn der Zahlungsrückstand auf Umständen beruht, die der Vorbehaltskäufer/Besteller nicht zu vertreten hat.[61]

Das **Formular** berücksichtigt diese Konstellation, wie sie sich aus der Alternative zu Abs. (1) Satz 3 ergibt.

c) Nicht zu beanstanden im Sinn von § 307 BGB ist ferner, wenn sich der Vorbehaltsverkäufer im Rahmen von § 323 BGB das Recht ausbedingt, die – wirksam zurückgenommene – Vorbehaltsware zu **verwerten** – vorausgesetzt, der Verkäufer hat dies mit angemessener Frist im Voraus dem Kunden angedroht[62] und der Verwertungserlös wird auf die Kaufpreisforderung angerechnet. Es ist jedoch auch im kaufmännischen Verkehr nach § 307 Abs. 2 Nr. 1 BGB zu beanstanden, wenn der Vorbehaltsverkäufer – trotz Ausübung des Ver-

---

57. Serick, Bd. I, 295.
58. BGH WM 1986, 20, 21 f.
59. AGB-Klauselwerke/Graf von Westphalen – Eigentumsvorbehaltssicherung Rdnr. 8.
60. Graf Lambsdorff/Hübner, Rdnrn. 176 ff.
61. BGH WM 1986, 20.
62. AGB-Klauselwerke/Graf von Westphalen – Eigentumsvorbehaltssicherung Rdnrn. 11 f.

7. Vorausabtretung – Verlängerter Eigentumsvorbehalt

wertungsrechts – den Vorbehaltskäufer/Kunden weiterhin am Vertrag festhält.[63] Dabei hat der Vorbehaltsverkäufer eine angemessene Verwertung sicherzustellen; er muss die Interessen seines Vertragspartners berücksichtigen, weil ja die Höhe des Schadensersatzanspruchs gemäß § 281 BGB von dem erzielten Verwertungserlös unmittelbar abhängig ist. Der Abzug angemessener Verwertungskosten ist nach § 307 Abs. 1 BGB nicht zu beanstanden.

Das **Formular** berücksichtigt diese Konstellation in Abs. (1) Satz 5.

7. Vorausabtretung – Verlängerter Eigentumsvorbehalt

a) Beim verlängerten Eigentumsvorbehalt ist die Vorausabtretung typisch. Der Vorbehaltsverkäufer/Verkäufer sichert sich gegen den Verlust seines Eigentums – es findet ein gutgläubiger Erwerb der Vorbehaltsware gemäß § 932 BGB durch den Abkäufer statt – dadurch, dass er sich im Voraus die Forderung abtreten lässt, die dem Vorbehaltskäufer/Kunden gegenüber seinen Abkäufern zustehen. Gegen die Zulässigkeit einer Abtretung zukünftiger Forderungen bestehen keine Bedenken.[64]

b) Die im Voraus abzutretende Forderung muss allerdings bereits im Zeitpunkt ihrer Entstehung bestimmbar sein, d.h. nach der Person des Gläubigers, des Schuldners und nach dem Gegenstand der Abtretung **hinreichend bestimmbar**.[65] Danach ist die Vorausabtretung immer wirksam, wenn die vom Vorbehaltsverkäufer/Abtretungsempfänger im einzelnen Fall in Anspruch genommene Forderung genügend bestimmt ist.[66]

c) Besteht – aus welchen Gründen immer – die Möglichkeit, dass zwischen Vorbehaltskäufer/Kunden einerseits und dessen Abkäufer andererseits ein **Kontokorrentverhältnis** gemäß § 355 HGB begründet ist,[67] gilt in der Sache nichts anderes: Auch insoweit bestehen gegen die Zulässigkeit und Bestimmbarkeit der Vorausabtretung keine durchgreifenden Bedenken. Doch muss die Klausel – und dies ist im Einzelfall entsprechend zu gestalten[68] – dann eindeutig klarstellen, dass sich die Vorausabtretung jedenfalls auf die Saldoforde-

---

63. Schmidt, in Ulmer/Brandner/Hensen, AGB-Recht, Teil 3 Bes. Klauseln (10) Rdnr. 8.
64. BGHZ 7, 365, 368; BGH WM 1965, 1049; BGH BB 1974, 670; BGH BB 1978, 222; Serick, Bd. IV S. 270 ff.; Staudinger/Beckmann, BGB, § 449 Rdnr. 100.
65. Serick, Bd. IV S. 274 ff.; BGB-RGRK/Mezger, § 455 Rdnr. 12.
66. BGHZ 7, 365, 369; BGH BB 1978, 222, 223.
67. BGB BB 1978, 222.
68. Vgl. Formular: Alternative zu Abs. 4.

rung bezieht.⁶⁹ Denn durch die Einstellung der Einzelforderung in das Kontokorrent verlieren diese ihre Selbständigkeit und sind demzufolge auch nicht mehr einzeln abtretbar.⁷⁰ Soweit sich die Vorausabtretungsklausel auf den „**anerkannten Saldo**" bezieht, bleibt darüber hinaus stets klärungsbedürftig, ob damit auch der sogenannte „kausale" Saldo erfasst ist, der im Fall der Insolvenz des Vorbehaltskäufers/Kunden zur Entstehung gelangt.⁷¹ Der Anspruch auf den sogenannten „kausalen" Saldo, d. h. auf einen etwaigen Überschuss wird dann sofort fällig, und zwar ohne vorherige Feststellung und Anerkennung.⁷²

d) Die hier im **Formular** verwendete Klausel geht von einer **Teilabtretung** aus, indem nämlich auf den Faktura-Endbetrag des Erstgeschäfts zwischen Vorbehaltsverkäufer/Verkäufer und Vorbehaltskäufer/Kunden abgestellt wird.⁷³ Gegen die Zulässigkeit einer solchen Teilabtretung bestehen in der Regel keine Bedenken.⁷⁴ Die erforderliche Bestimmbarkeit kann jedoch dann zweifelhaft sein, wenn – anstelle einer exakt bezeichneten Teilabtretung – die Gesamtforderung, zum Beispiel bei Verbindung oder Vermischung oder auch bei Verarbeitung abgetreten wird.⁷⁵ Es kann aber durchaus zweckmäßig sein – und dies ist in jedem Einzelfall zu prüfen –, ob nicht anstelle der hier vorgeschlagenen Teilabtretung eine Vollabtretung formuliert werden sollte.⁷⁶ Unter dieser Voraussetzung ist aber dann durch strikte Übernahme der hier vorgeschlagenen Freigabeklausel eine Übersicherung zu vermeiden.⁷⁷

e) Auch unter Berücksichtigung von § 307 Abs. 1 BGB bestehen gegen eine Vorausabtretung im kaufmännischen Verkehr keine Bedenken.⁷⁸ Dies gilt vor allem auch dann, wenn – wie hier vorgeschlagen – lediglich eine Teilabtretung im Hinblick auf die Höhe der Kaufpreisforderung zwischen Vorbehaltsverkäufer und Vorbehaltskäufer/Kunden vereinbart wird.⁷⁹

---

69. BGH BB 1978, 222, 223; Graf Lambsdorff/Hübner, Eigentumsvorbehalt und AGB-Gesetz, Rdnr. 111.
70. BGH BB 1978, 222.
71. BGH BB 1978, 222.
72. Schlegelberger/Hefermehl, HGB, § 355 Rdnr. 111.
73. Graf Lambsdorff, ZIP 1981, 243, 247 f.
74. Serick, Bd. IV S. 300 ff.; BGH BB 1981, 326.
75. Vgl. BGH BB 1965, 1203; BGH WM 1975, 534.
76. BGH NJW 1981, 816; BGH NJW 1985, 1836, 1838.
77. BGH NJW 1985, 1836, 1838; BGH WM 1990, 1389.
78. BGH NJW 1985, 1836, 1837; BGH NJW-RR 1986, 1378, 1379, BGH NJW 1987, 487, 488.
79. AGB-Klauselwerke/Graf von Westphalen – Eigentumsvorbehaltssicherung Rdnr. 26.

8. Gestattung der Weiterveräußerung der Kaufsache

a) Vorausabtretungsklauseln gehen regelmäßig Hand in Hand mit der Gestattung der Weiterveräußerung der Vorbehaltsware durch den Vorbehaltskäufer/Besteller.[80] Es ist deshalb unbedenklich, wenn dem Vorbehaltskäufer/Besteller gestattet wird, die Vorbehaltsware „im ordnungsgemäßen Geschäftsgang" zu veräußern.[81] Dabei ist das Kriterium des „**ordnungsgemäßen Geschäftsgangs**" objektiv zu beurteilen; es ist also auf solche Kriterien abzuheben, die auch einem Drittabnehmer erkennbar sind.[82] Schleuderverkäufe oder der Verkauf des gesamten Lagers, weil und soweit derartige Geschäfte in der betreffenden Branche nicht gewöhnlich oder üblich sind, sind deshalb nicht im Rahmen einer auf den „ordnungsgemäßen Geschäftsgang" abstellenden Weiterveräußerungsbefugnis erfasst.[83] Darüber hinaus ist nur das als „ordnungsgemäßer Geschäftsgang" zu qualifizieren, bei dem der Vorbehaltsverkäufer/Verkäufer auch wirklich diejenige Sicherung erlangt, „von deren Erhalt er seine Einwilligung zur Weiterveräußerung abhängig gemacht hat".[84] Daraus folgt: Die Befugnis zur Weiterveräußerung der Vorbehaltsware im „ordnungsgemäßen Geschäftsgang" kann nicht isoliert von der weiteren Ausgestaltung des Eigentumsvorbehalts in den Verkaufs- und Lieferbedingungen des Vorbehaltsverkäufers gesehen werden.[85] Ist deshalb eine in den Verkaufs-AGB enthaltene Eigentumsvorbehaltssicherung – trotz Abwehrklausel in den Einkaufs-AGB des Kunden – wirksam geworden, so ist entscheidend, ob als Folge der Abwehrklausel in den Einkaufs-AGB die in den Verkaufs-AGB enthaltene Vorausabtretung der Forderung aus der Weiterveräußerung wirksam wird.[86] Denn zwischen der Gestattung der Weiterveräußerung und der Vorausabtretung besteht regelmäßig eine unaufhebbare Verbindung.[87]

b) In gleicher Weise zählt es auch nicht zum „ordnungsgemäßen Geschäftsgang", wenn der Vorbehaltskäufer/Kunde die Vorbehaltsware im „**Sale-and-Lease-back**"-Verfahren weiterveräußert, sofern im Verhältnis zwischen Vorbehaltsverkäufer/Verkäufer und Vorbehaltskäufer/Besteller ein erweiterter Eigentumsvorbehalt vereinbart

---
80. Serick, Bd. IV S. 25.
81. BGH WM 1972, 995, 997.
82. BGM WM 1977, 483, 484.
83. Graf Lambsdorff, Rdnr. 188.
84. BGH ZIP 1986, 1052, 1054; BGHZ 30, 176, 181.
85. BGH ZIP 1986, 1052, 1054.
86. BGH ZIP 1986, 1052.
87. BGH ZIP 1986, 1052, 1053.

war. Denn dann besteht – auch nach Tilgung der Kaufpreisforderung für die Vorbehaltsware – das Sicherungsbedürfnis des Vorbehaltsverkäufers fort, solange noch andere durch den Eigentumsvorbehalt gesicherte Forderungen gegen den Vorbehaltskäufer/Kunden bestehen.[88] Ähnliche Erwägungen gelten schließlich dann, wenn eine Sicherungsübereignung oder Verpfändung der Vorbehaltsware durch den Vorbehaltskäufer/Kunden erfolgt: Zwar tritt in diesen Fällen an die Stelle des verlorenen bzw. pfandrechtbelasteten Eigentums an der Vorbehaltsware die Darlehnssumme; deren Höhe liegt aber regelmäßig unter dem Wert der Vorbehaltsware:[89] Es tritt also ein weiterer Gläubiger des Vorbehaltskäufers/Kunden hinzu, so dass sich das Risiko des Vorbehaltsverkäufers, im Krisenfall seine Forderung gegen den Vorbehaltskäufer/Besteller nicht realisieren zu können, erhöht und damit der Wert seines Warenkredits geschmälert oder gar ausgehöhlt wird.[90]

c) Im Fall der Weiterveräußerung der unter Eigentumsvorbehalt stehenden Vorbehaltsware kommt es entscheidend darauf an, ob sich der **gutgläubige Erwerb des Abkäufers** nach § 366 HGB oder nach §§ 932 ff. BGB vollzieht: In Erweiterung der Regelung des § 932 BGB wird gemäß § 366 HGB auch der gute Glaube des Abkäufers an die Verfügungsbefugnis des Vorbehaltskäufers/Veräußerers geschützt. Ist ihm nämlich als einem Kaufmann – davon geht § 366 HGB aus – die Vorbehaltssache mit der Befugnis zur Weiterveräußerung überlassen, so ist der Abkäufer grundsätzlich gutgläubig.[91] Demgegenüber wird gemäß § 932 BGB nur der gute Glaube an das Eigentum des Vorbehaltskäufers/Veräußerers geschützt: **Grobe Fahrlässigkeit** gemäß § 932 BGB liegt indessen dann vor, wenn der Abkäufer nicht die in dem betreffenden Fall gebotene Vorsicht walten lässt und deshalb nicht die nach den Umständen angemessenen Nachforschungen über das Eigentum des Vorbehaltskäufers/Veräußerers anstellt.[92] Allerdings ist zu berücksichtigen, dass heute der verlängerte Eigentumsvorbehalt sehr weit verbreitet ist; die Anforderung an die Nachforschungspflicht des Abkäufers sind daher stark verschärft.[93] Der gemäß § 366 HGB, § 932 BGB maßgebende Zeitpunkt ist dabei der Augenblick der Einigung und Übergabe. Dies gilt auch dann, wenn der Vorbehaltskäufer/Veräußerer seinerseits den Liefergegenstand an einen Dritten weiterver-

---

88. BGH ZIP 1988, 781, 783.
89. BGH ZIP 1988, 781, 782.
90. BGH WM 1966, 1327, 1328; Graf Lambsdorff, Rdnr. 188.
91. Serick, Bd. I S. 221; Graf Lambsdorff, Rdnr. 197.
92. BGHZ 10, 14, 16.
93. BGH BB 1970, 150; BGH BB 1973, 401; BGH ZIP 1988, 781, 784.

äußert, weil es nicht erforderlich ist, dass der Erwerber im Zeitpunkt des Bedingungseintritts noch gutgläubig ist.[94]

aa) Es ist häufig so, dass der Abkäufer seinerseits in seinen Einkaufs-AGB ein **Abtretungsverbot** vorsieht. In Betracht kommt auch, dass er die Abtretung gemäß § 399 BGB von seiner vorherigen Zustimmung abhängig macht.[95] Solche Abtretungsverbote sind nach § 354a HGB nicht hinzunehmen.

bb) Die Vorausabtretung ist jedoch stets mit der **Ermächtigung** des Vorbehaltskäufers zur Weiterveräußerung gekoppelt. Ist deshalb ein Abtretungsverbot in den Einkaufs-AGB des Abkäufers vereinbart, so wird auch die Weiterveräußerungsbefugnis des Vorbehaltskäufer/Kunden von eben diesem Abtretungsverbot erfasst. Wegen des von ihm herrührenden Abtretungsverbots wird dann der Abkäufer – dies ist die unvermeidliche Konsequenz – bösgläubig im Sinn von § 932 BGB, d.h. er erwirbt kein Eigentum an der Vorbehaltssache. Möglich ist auch, dass er sich schadensersatzpflichtig macht.[96]

9. Einziehungsermächtigung

a) Die im Rahmen eines verlängerten Eigentumsvorbehalts stets erforderliche **Vorausabtretung der Forderung**, die dem Vorbehaltskäufer/Kunden gegenüber seinem Abkäufer zusteht, ist eine stille Sicherungszession; der Abkäufer weiß von der Abtretung nichts und zahlt deshalb geschützt durch die §§ 407, 408 BGB weiter an seinen Vertragspartner, den Vorbehaltskäufer/Kunden.[97] Dies ist der Grund dafür, dass regelmäßig zugunsten des Vorbehaltskäufers/Bestellers eine Einziehungsermächtigung vereinbart wird; sie deckt sich inhaltlich mit der Weiterveräußerungsbefugnis.[98]

b) Da der Vorbehaltsverkäufer einen legitimen Sicherungszweck im Rahmen des verlängerten Eigentumsvorbehalts verfolgt, ist der Vorbehaltskäufer/Kunde nicht berechtigt, mit seinem Abkäufer Vereinbarungen zu treffen, welche die vom Vorbehaltsverkäufer/Verkäufer angestrebte Sicherung vereiteln.[99] Unbedenklich ist aller-

---

94. BGHZ 10, 69; Graf Lambsdorff, Rdnr. 199.
95. BGHZ 55, 34, 37f.; BGH WM 1986, 1081, 1083; Klamroth, BB 1984, 1842ff.
96. BGHZ 77, 274, 277f.; kritisch hierzu Klamroth, BB 1984, 1842, 1844; instruktiv BGH ZIP 1990, 35 – deliktsrechtliche Haftung eines GmbH-Geschäftsführers; BGH WM 1991, 137, 138.
97. BGHZ 56, 173, 179.
98. Serick, Bd. IV S. 568ff.; Flume, NJW 1959, 913, 921f.
99. BGHZ 30, 176, 181; BGH WM 1970, 186, 187; BGH WM 1986, 1081, 1083; BGH WM 1991, 137.

dings, dass der Vorbehaltskäufer/Kunde mit seinem Abkäufer ein **Kontokorrentverhältnis** gemäß § 355 HGB begründet.[100] Dies gilt ungeachtet der Tatsache, dass die kontokorrentpflichtigen Einzelposten mit der Einstellung in ein Kontokorrent als Einzelforderung nicht mehr abtretbar sind.[101] Dies gilt des Weiteren dann, wenn der Vorbehaltskäufer/Kunde die Vorbehaltsware an einen Abkäufer liefert, der seinerseits die Rechnung – im Rahmen einer Abtretung – durch ein Factoring-Institut begleicht;[102] darin liegt eine ausreichende Sicherung des mit der Vorbehaltsklausel angestrebten Sicherungszwecks.

c) Der Widerruf der Einziehungsermächtigung korrespondiert in aller Regel mit dem Widerruf der Weiterveräußerungsbefugnis. Weder im einen noch im anderen Fall ist ein Widerruf ohne sachlich gerechtfertigten Grund wirksam.[103] § 307 Abs. 1 Satz 1 BGB sperrt.

d) Zweckmäßigerweise sollte deshalb vereinbart werden, dass der Vorbehaltsverkäufer/Verkäufer nur dann ein **Widerrufsrecht** – sowohl im Hinblick auf die Weiterveräußerungsbefugnis als auch auf die Einziehungsermächtigung – erhält, wenn und soweit die Tatbestandsvoraussetzungen des Zahlungsverzugs gemäß § 286 BGB erfüllt sind. Darin liegt allemal ein sachlich gerechtfertigter Grund; die Wertungskriterien von § 307 Abs. 1 BGB stehen dem nicht entgegen. Anders ist freilich zu entscheiden, wenn das Widerrufsrecht „frei" ausgeübt werden sollte; dies verstößt gegen § 307 Abs. 1 BGB.[104] Unbedenklich gemäß § 307 Abs. 1 BGB dürfte es indessen sein, wenn – abweichend von dem hier vorgeschlagenen Text (ordnungsgemäße Erfüllung der Zahlungspflichten) – der Widerruf ausdrücklich daran geknüpft wird, dass der Vorbehaltskäufer/Kunde nur schleppend zahlt, dass z.B. Wechselproteste vorkommen. Denn diese Gründe wiegen schwer; ein daran anknüpfender Widerruf benachteiligt den Vorbehaltskäufer nicht unangemessen im Sinn von § 307 Abs. 1 BGB. Dies gilt erst recht, wenn – als Voraussetzung eines entsprechenden Widerrufs – der Tatbestand der Zahlungseinstellung, der Eröffnung oder Beantragung eines Vergleichs- oder Konkursverfahrens erwähnt wird, was dem **Formulartext** entspricht.

e) Soweit die **Einziehungsermächtigung des Vorbehaltskäufers wirksam widerrufen** ist, muss er dem Vorbehaltsverkäufer im Einzelnen seine Kunden/Gläubiger bekannt geben; er muss darüber hinaus alle erforderlichen Unterlagen, Anschriften, Debitorenlisten

---

100. BGH BB 1979, 443, 444.
101. BGH BB 1970, 1193; BGH WM 1971, 173; Serick, BB 1970, 873, 875.
102. BGH BB 1981, 2024.
103. Thamm, BB 1978, 1038, 1040.
104. Graf Lambsdorff/Hübner, Eigentumsvorbehalt und AGB-Gesetz, Rdnrn. 199f.

pp. herausgeben, welche zur Geltendmachung der Forderung zweckdienlich sind.[105] Die Auskunftspflicht des Vorbehaltskäufers/Kunden zielt im Ergebnis darauf ab, den Vorbehaltsverkäufer in die Lage zu versetzen, seine Rechte – nach Offenlegung der Vorausabtretung – gegenüber den Kunden/Gläubiger des Vorbehaltskäufers/Kunden auszuüben, soweit diese noch nicht gezahlt haben.[106]

10. Erlösabführungspflicht

a) Mit der Einzugsermächtigung ist regelmäßig eine Erlösabführungsverpflichtung gekoppelt.[107] Eine diese Verpflichtung erfassende Erlös-Abführungsklausel hat vor allem im Zusammenhang mit einem Insolvenzverfahren, aber auch bei einer Einzelzwangsvollstreckung überragende Bedeutung. Indessen setzt sie voraus, dass eine gesonderte Verwahrungspflicht im Hinblick auf die aus der Veräußerung des Vorbehaltsguts eingehenden Erlöse vereinbart wird.[108] Eine solche – gesondert zu vereinbarende – Erlös-Verwahrungspflicht begegnet jedoch in der Praxis erheblichen Schwierigkeiten, weil kaum ein Vorbehaltskäufer/Kunde bereit ist, Sonderkonten für die jeweiligen Erlöse einzurichten, die ihm aufgrund der Veräußerung des Vorbehaltsguts – von welchem Vorbehaltsverkäufer immer – zufließen. Wegen des damit verbundenen erheblichen Aufwandes – und unter Berücksichtigung der praktischen Unüblichkeit einer solchen Klausel – spricht vieles dafür, diese als nach § 307 Abs. 1 BGB unangemessen zu verwerfen. Sie ist daher nicht in das **Formular** aufgenommen worden.

b) Zahlt der Abkäufer des Vorbehaltskäufers/Kunden seine Verbindlichkeiten mit Bargeld, so ergeben sich schon daraus erhebliche tatsächliche Schwierigkeiten, weil der Vorbehaltskäufer/Kunde – mangels einer Verpflichtung, den Erlös gesondert aufzubewahren – das erlangte Geld unterschiedslos mit anderen Geldern **vermengt**, so dass gemäß § 948 BGB Miteigentum entsteht. Der Vorbehaltsverkäufer/Verkäufer hat dann ganz beträchtliche Schwierigkeiten, sein Quoteneigentum darzulegen und nachzuweisen.[109] Dies wäre nur dann anders, würde man den Vorbehaltskäufer/Kunden verpflichten, die jeweiligen Erlöse, die ihm aus der Veräußerung des Vorbehaltsguts gegenüber seinem Abkäufer zustehen, in getrennten Kassen

---

105. Thamm, BB 1978, 1038, 1041; RGZ 142, 139, 141 f.
106. BGH NJW 1985, 1836, 1838.
107. Serick, Bd. IV S. 607 ff.
108. Kritisch hierzu Thamm, BB 1978, 1038, 1041 f.
109. Serick, Bd. IV S. 614 f.

aufzubewahren. Der damit verbundene zeitliche Aufwand sowie die praktische Unüblichkeit eines solchen Verfahrens bedingen aber auch hier, dass eine derartige Klausel an § 307 Abs. 1 BGB scheitern würde.[110] Sie ist deshalb nicht in das **Formular** aufgenommen.

c) Regelmäßig erfüllt der Abkäufer des Vorbehaltskäufers/Kunden seine Verbindlichkeiten durch bargeldlose Überweisung: Er überweist auf ein Bankkonto des Vorbehaltskäufers/Kunden die jeweils geschuldete Zahlung.[111] Freilich ist der Vorbehaltsverkäufer in diesen Fällen auf einen schuldrechtlichen Anspruch beschränkt, den Erlös zu erhalten; dingliche Rechte an dem Erlös, welche dem Vorbehaltsverkäufer/Verkäufer zustehen könnten, gelangen nicht zur Entstehung. Auch erwirbt er keinen unmittelbaren Anspruch gegen die kontoführende Bank; allerdings ist der Vorbehaltskäufer/Kunde verpflichtet, die Gutschrift zur Tilgung der gesicherten Kaufpreisforderung zu verwenden. Kommt der Vorbehaltskäufer/Kunde dieser Verpflichtung nicht nach, so macht er sich schadensersatzpflichtig; im Fall eines Vergleichs- oder Insolvenzverfahrens ist dies jedoch keine zusätzliche Sicherung zugunsten des Vorbehaltsverkäufers. Insbesondere ist darauf hinzuweisen: Der Vorbehaltsverkäufer/Verkäufer erlangt aufgrund der Vorausabtretung keinen Anspruch gegenüber dem Kreditinstitut, wonach dieses verpflichtet wäre, dem Vorbehaltsverkäufer eine entsprechende Gutschrift – nach Eingang des Erlöses auf dem Konto des Vorbehaltskäufers/Kunden – zu erteilen.[112] Denn Girokonten werden als Kontokorrentkonten geführt; Einzelforderungen sind nicht isoliert abtretbar.

11. Weiterverarbeitungsbefugnis

a) Es entspricht der typischen Struktur einer verlängerten Eigentumsvorbehaltsklausel, dass sich der Vorbehaltsverkäufer/Verkäufer auch dagegen absichert, dass er infolge einer Weiterverarbeitung des Vorbehaltsguts gemäß § 950 BGB das Eigentum verliert. Unter dieser Voraussetzung stellt sich die Frage, ob § 950 BGB durch die **Vereinbarung einer Verarbeitungsklausel** ausgeschaltet werden kann, was die BGH-Judikatur deswegen bejaht, weil sie sich auf die Auffassung gründet, dass die Parteivereinbarung darüber entschei-

---

110. Vgl. auch Graf Lambsdorff/Hübner, Eigentumsvorbehalt und AGB-Gesetz, Rdnr. 201.
111. Im Einzelnen Serick, Bd. IV S. 616 ff.
112. Serick, Bd. IV S. 624 f.

11. Weiterverarbeitungsbefugnis 247

det, wer Hersteller gemäß § 950 BGB sein soll.[113] Entscheidend ist dabei, dass durch die Verarbeitung eine neue bewegliche Sache entstehen muss; dies entscheidet sich nach der Verkehrsanschauung, wobei wirtschaftliche Gesichtspunkte ausschlaggebend sind.[114] Maßgeblich kommt es hierbei darauf an, ob der – vereinbarten – Sache ein neuer Name zuerkannt wird.[115] Doch sind wie immer auch hier die Umstände des Einzelfalls von ausschlaggebender Bedeutung; Zeit und Intensität des Produktionsprozesses sowie die Erheblichkeit der Änderung – Form- oder Substanzänderung – sind zu berücksichtigen.[116]

b) Allerdings erwirbt der Hersteller an der neuen Sache dann kein Eigentum im Sinn von § 950 BGB, wenn der Wert der Verarbeitung erheblich geringer ist als der Wert der verarbeiteten/umgebildeten Sache/Stoffe:[117] Bei einem **Wertverhältnis** von 100 (Stoffwert) : 60 (Verarbeitung) hat der BGH[118] die Wertdifferenz von 40% als erheblich angesehen. Dabei ist als „Wert" der Verarbeitung der Wertzuwachs zu verstehen, den der verarbeitete Stoff durch die Verarbeitung zu einer neuen Sache erfährt; der tatsächliche Aufwand für die Arbeitsleistung ist unerheblich.[119] Als **Faustregel** gilt: Der „Wert" der Verarbeitung ist dann im Sinn von § 950 BGB wesentlich geringer als der Wert der verarbeiteten/umgebildeten Ware/Stoffe, wenn Erstere halb so groß ist wie Letztere.[120]

c) Sofern sich der Vorbehaltsverkäufer in seinen AGB – durch Vereinbarung einer entsprechenden AGB-Klausel – abgesichert hat, dass nämlich eine etwaige Verarbeitung „für ihn" vorgenommen wird, stellt sich die Frage, ob sich die Sicherung des Vorbehaltsverkäufers lediglich auf die **Teilforderung** bezieht, die in dem „Wert" des Vorbehaltsguts repräsentiert wird, oder ob sich die Vorausabtretung auch auf alle Forderungen erstreckt, die sich auf die vom Vorbehaltskäufer/Verarbeiter erbrachten Leistungen bezieht.[121] Notwendig ist dabei – im einen wie im anderen Fall – ein Doppeltes: Die Vorausabtretung einerseits muss dem Bestimmtheitserfordernis hinsichtlich der abgetretenen Forderung genügen, andererseits der

---

113. BGHZ 14, 114, 117f.; BGHZ 20, 159, 163f.; BGHZ 46, 117, 120ff.; Serick, BB 1975, 381, 384; Staudinger/Beckmann, BGB, § 449 Rdnr. 124; Flume, NJW 1950, 841ff.; a.M. Palandt/Bassenge, BGB, § 950 Rdnr. 9.
114. BGH WM 1971, 564, 565.
115. Serick, Bd. IV S. 118f.
116. Graf Lambsdorff, Rdnr. 204.
117. BGH BB 1972, 197, 198.
118. BGH a.a.O.
119. BGHZ 18, 226, 228; BGHZ 56, 88, 90f.
120. Serick, Bd. IV S. 123.
121. BGHZ 26, 178, 184; BGH WM 1959, 432, 433; BGH WM 1960, 1063, 1064.

Gefahr einer unverhältnismäßigen und die wirtschaftliche Bewegungsfreiheit des Vorbehaltskäufers/Verarbeiters unerträglich einschränkenden Übersicherung des Vorbehaltsverkäufers vorbeugen.[122] Dies gilt sowohl im Rahmen einer Sittenwidrigkeitsprüfung gemäß § 138 BGB als auch – insbesondere – im Rahmen von § 307 BGB.[123]

d) Tendenziell führen **Verarbeitungsklauseln**, welche § 950 BGB zugunsten des Vorbehaltsverkäufers abbedingen, stets zu einer Übersicherung: Er erwirbt das Eigentum an der neuen Sache, die mindestens um den Verarbeitungswert wertvoller geworden ist als es der Rohstoff war. Deshalb ist es – grundsätzlich gewertet – angezeigt, die Frage exakt zu prüfen, ob der Vorbehaltsverkäufer – unter Berücksichtigung der besonderen Gegebenheiten der jeweiligen Branche – damit rechnen muss, dass auch andere Vorbehaltsverkäufer eine Verarbeitungsklausel im Rahmen ihres verlängerten Eigentumsvorbehalts vorsehen.[124] In der Baubranche ist z. B. deshalb zu berücksichtigen, dass eine Verarbeitungsklausel, welche sich im Rahmen der Vorausabtretung auf die „gesamte, einheitliche Weiterverkaufsforderung" bezieht, gemäß § 307 Abs. 1 BGB unwirksam ist,[125] weil es in dieser Branche ein Normalfall ist, dass der Wert der Lieferung eines Baustofflieferanten nur ein Bruchteil des Werklohns des Bauunternehmers ausmacht.[126] Die darin liegende Unangemessenheit im Sinn von § 307 Abs. 1 BGB kann auch nicht dadurch beseitigt werden, dass sich die Sicherung des Vorbehaltsverkäufers – zusätzlich im Rahmen eines erweiterten Eigentumsvorbehalts – auch auf alle Forderungen bezieht, die sich aus der Geschäftsverbindung mit dem Vorbehaltskäufer/Kunde ergeben, sofern eine jede dieser Forderung ihrerseits wiederum durch die Vereinbarung eines verlängerten und erweiterten Eigentumsvorbehalts abgesichert ist.[127] Unter dieser Voraussetzung bleibt keine andere Wahl als eine Teil-Abtretung – bezogen auf den „Wert" des Vorbehaltsguts (Rechnungsbetrag) – zu vereinbaren.[128] Davon geht das **Formular** aus.

e) Will sich jedoch der Vorbehaltsverkäufer/Verkäufer – ungeachtet der vorstehenden Erwägungen – in der Weise sichern, dass er eine Vorausabtretung vereinbart, die sich auf die Gesamtforderung

---

122. BGHZ 26, 178; BGH ZIP 1993, 105.
123. BGH ZIP 1987, 85, 87; BGH ZIP 1985, 749, 751; OLG Köln ZIP 1989, 1319, 1320.
124. Serick, Bd. IV S. 192 ff.
125. BGH ZIP 1987, 85, 87.
126. BGH WM 1959, 432, 433; BGH WM 1968, 644, 646; BGH ZIP 1987, 85, 87.
127. BGH ZIP 1987, 85, 88.
128. BGH ZIP 1987, 85, 88.

erstreckt, so ergibt sich auch in diesem Fall nicht die Notwendigkeit, eine Freigabeklausel vorzusehen, weil sich diese aus der gesetzlichen Ausgangslage des zwischen beiden Parteien bestehenden Treuhandverhältnisses nach § 242 BGB unmittelbar ableiten lässt.[129]

f) Das hier vorgeschlagene **Formular** geht in Abs. (4) von der Teilabtretung aus, so dass auch die Kollision mit anderen Vorbehaltsverkäufern berücksichtigt ist. Auch ist eine Freigabeklausel (Abs. 8) prophylaktisch vorgesehen.

12. Verbindung – Vermischung

a) Eine Verarbeitungsklausel erfasst nicht die Fälle, in denen ein **Verbindungs- oder Vermischungstatbestand** gemäß §§ 947, 948 BGB vorliegt.[130] Zwar steht die Bestimmung des § 947 BGB in einem engen Verhältnis zu § 950 BGB. Feststeht jedoch: Liegen die Voraussetzungen des § 950 BGB vor, gilt nur diese Bestimmung.[131] Dies setzt voraus und schließt ein: Liegt der Schwerpunkt des Sachverhalts – insbesondere bei der Verbindung mehrerer Sachen zu einer neuen Sache – auf dem Verarbeitungswert, so dominiert § 950 BGB.[132] Tritt hingegen der Verarbeitungswert ganz in den Hintergrund, so beherrscht der Verbindungsvorgang die rechtliche Beurteilung; es gilt dann § 947 BGB.[133] Wegen der eindeutigen Regelung des § 947 Abs. 2 BGB ist – im Gegensatz zu § 947 Abs. 1 BGB – allerdings eine Kollision mit der Bestimmung von § 950 BGB nicht möglich: Ist also die verbundene Sache Hauptsache, so liegt eben keine „neue" Sache im Sinn von § 950 BGB vor.[134]

b) Bei der **Verbindung mehrerer beweglicher Sachen** geht das Eigentum gemäß § 947 Abs. 1 BGB unter; es entsteht neues Miteigentum an der durch die Verbindung hergestellten Sache. Durch den Eigentumsuntergang erlischt folglich auch der an dem Liefergegenstand bestehende Eigentumsvorbehalt.[135] Eine von § 947 BGB abweichende Parteivereinbarung – gleichgültig, ob in einem Individualvertrag oder in einer AGB-Klausel – ist deshalb unzulässig.[136] Allerdings hat der Vorbehaltsverkäufer/Verkäufer die Option, bei Vorliegen eines Verbindungs- oder Vermischungstatbestandes im

---

129. BGH NJW 1998, 671 ff. – Entscheidung des Großen Zivilsenats.
130. BGH WM 1972, 138.
131. Palandt/Bassenge, BGB, § 947 Rdnr. 1.
132. Serick, Bd. IV S. 126.
133. BGH BB 1972, 197.
134. Serick, Bd. IV S. 126 ff.
135. Graf Lambsdorff, Rdnr. 223.
136. Serick, Bd. IV S. 130 ff.

Sinn von § 947 Abs. 1 BGB festzulegen, dass ihm Miteigentum an der einheitlichen Sache eingeräumt wird. Indessen ist eine Parteivereinbarung – bezogen auf den Verbindungs- oder Vermischungstatbestand – auf die hiervon betroffenen Miteigentümer beschränkt. Es steht nämlich dem Vorbehaltsverkäufer nicht zu, einseitig zu Lasten eines anderen Miteigentümers, dessen Sache ebenfalls mitverbunden worden ist, etwas anderes festzulegen als die gesetzlich vorgesehenen Miteigentumsverhältnisse.[137] Dabei ist der „Wert" zum Zeitpunkt der Verbindung oder Vermischung entscheidend; auch insoweit ist eine abweichende Parteivereinbarung – insbesondere auch eine AGB-Klausel – unzulässig.[138] Das Gleiche gilt auch, wenn – entgegen der Wertung von § 947 Abs. 1 BGB – auf einen anderen Zeitpunkt als den der jeweiligen Verbindung oder Vermischung abgestellt wird.[139] „Wert" im Sinn von § 947 Abs. 1 BGB ist stets der objektive Verkehrswert, d. h. der Marktwert des Vorbehaltsguts, nicht aber notwendigerweise der entsprechende Faktura-Endbetrag.[140]

c) Da § 947 Abs. 2 BGB – wie bereits kurz erwähnt – zwingendes Recht ist,[141] ist eine auf das Alleineigentum des Vorbehaltsverkäufers abzielende AGB-Klausel jedenfalls dann wegen Verstoßes gegen § 307 Abs. 2 Nr. 1 BGB unwirksam, wenn die Sache eines anderen Vorbehaltsverkäufers **Hauptsache** im Sinn von § 947 Abs. 2 BGB ist.[142] Das Gleiche gilt dann, wenn die Verbindung oder Vermischung sich auf eine im Eigentum des Vorbehaltskäufers/Bestellers stehende Sache bezieht und diese Hauptsache gemäß § 947 Abs. 2 BGB ist.

d) Sofern das Vorbehaltsgut mit einem **Grundstück verbunden** wird, verliert der Vorbehaltsverkäufer/Verkäufer sein Vorbehaltseigentum, sofern die Sache wesentlicher Bestandteil des Grundstücks wird. Eine Parteivereinbarung ist nicht in der Lage, daran etwas zu ändern; dies gilt sowohl im Rahmen von § 93 BGB als auch im Anwendungsbereich von § 94 BGB.[143]

Etwas anderes kann deshalb nur dann gelten, wenn das Vorbehaltsware als **Scheinbestandteil** eines Grundstücks gemäß § 95 BGB behandelt werden kann: Voraussetzung ist jedoch, dass auf Seiten des Einbauenden ein entsprechender subjektiver Wille vorhanden ist, und dass dies mit dem äußeren Tatbestand vereinbart werden

---

137. Serick, Bd. IV S. 135.
138. Graf Lambsdorff/Hübner, Eigentumsvorbehalt und AGB-Gesetz, Rdnr. 166.
130. Serick, BB 1973, 1405, 1406.
140. Serick, Bd. IV S. 133.
141. Serick, BB 1973, 1405, 1407.
142. Graf Lambsdorff/Hübner, Eigentumsvorbehalt und AGB-Gesetz, Rdnr. 159.
143. Palandt/Ellenberger, BGB, § 93 Rdnr. 4.

kann.¹⁴⁴ Bei Leasingverträgen ist diese Konstellation üblich, weil ja der Leasinggeber rechtlicher und wirtschaftlicher Eigentümer des Leasingguts bleibt, und weil sich beide Parteien darüber einig sind, dass die Nutzungsbefugnis des Leasingnehmers mit Ablauf der Grundmietzeit endet. Bei einem Liefergeschäft gelten jedoch diese zeitlichen Schranken nicht; insbesondere ist die Existenz des Eigentumsherausgabeanspruchs gemäß § 985 BGB davon abhängig, dass der Vorbehaltskäufer/-Besteller den Kaufpreis nicht bezahlt.

Fehlt es jedoch an der Zubehöreigenschaft des Vorbehaltsguts, so kann sich der Vorbehaltsverkäufer/Verkäufer nur dadurch absichern, dass er – wie hier vorgeschlagen – dem Vorbehaltskäufer/Kunden gestattet, den unter Vorbehalt stehenden Liefergegenstand in das Grundstück des Kunden einzubauen; gleichzeitig ist der Vorbehaltskäufer/Kunde verpflichtet, die Forderung, die er gegenüber dem Grundstückseigentümer erlangt, in Höhe des Faktura-Endbetrages des Vorbehaltsguts im Voraus an den Vorbehaltsverkäufer abzutreten.¹⁴⁵ Eine andere, weitergehende Sicherung gegen die Rechtsfolge des § 946 BGB – Eigentumsverlust – besteht nicht. Insbesondere verstößt ein Ausbau- oder Wegnahmerecht des Vorbehaltsverkäufers gegen § 307 Abs. 2 Nr. 1 BGB, weil § 946 BGB zwingend ist.

13. Freigabeverpflichtung

Eigentumsvorbehaltsklauseln enthalten – wie alle Globalsicherheiten¹⁴⁶ – regelmäßig eine Freigabeklausel; diese dient dem Zweck, eine Übersicherung des Vorbehaltsverkäufers zu vermeiden.¹⁴⁷ Nach der Rechtsprechung des BGH¹⁴⁸ ist sie allerdings nicht im Blick auf eine sonst nicht anzunehmende Wirksamkeit der Abrede erforderlich. Auch ohne Freigabeklausel ist eine Globalsicherheit wirksam; auch ist eine Deckungsgrenze nicht notwendig.¹⁴⁹ In diesen Fällen wird die Freigabpflicht bei einer auf den realisierbaren Wert abstellenden Deckungsgrenze von 110% erreicht.¹⁵⁰ Im Übrigen ist die Freigabeklausel eine typische „Krisen-Klausel":¹⁵¹ Sie entfaltet ihre Wirksamkeit regelmäßig erst dann, wenn sie – wegen vorhandener Übersicherung des Vorbehaltsverkäufers – auf ihr Dasein sowie auf

---

144. BGHZ 53, 324, 327.
145. Serick, Bd. IV S. 137, BGH ZIP 1990, 35, 36.
146. BGH NJW 1998, 671; BGH ZIP 1998, 684 – anfängliche Übersicherung.
147. BGH ZIP 1993, 105; Graf Lambsdorff, ZIP 1986, 1524 ff.
148. BGH NJW 1998, 671.
149. BGH a. a. O.
150. BGH a. a. O.
151. Graf Lambsdorff, ZIP 1986, 1524, 1526.

ihre Vereinbarkeit mit § 307 BGB geprüft wird. Sie verdankt ihre Existenz den widerstreitenden Interessen der Parteien: Einerseits strebt der Vorbehaltsverkäufer/Verkäufer eine angemessene Sicherheit für seinen Warenkredit an, andererseits ist das Interesse des Vorbehaltskäufers/Kunden anzuerkennen, in seiner wirtschaftlichen Bewegungsfreiheit – § 307 Abs. 1 BGB gibt Maß – nicht unangemessen eingeschränkt zu werden.[152]

a) Es ist nicht unbedingt angezeigt, unter Beachtung der Rechtsprechung des BGH[153] eine Freigabeklausel in den Verkaufs-AGB ausdrücklich vorzusehen. Doch ist dies hier gleichwohl geschehen, weil diese Klausel in der Praxis Klarheit im außergerichtlichen Bereich bringt.

b) Die sachlichen Voraussetzungen, bei deren Vorliegen eine Freigabeklausel – außerhalb der Wertgrenzen – zum Zuge gelangt, müssen im Sinn von § 307 Abs. 1 BGB angemessen sein.

aa) Als eine solche – zumutbare – Bedingung ist eine Klausel anzusehen, wonach die Freigabe auf „Verlangen des Kunden" erfolgen soll.[154] Als zumutbar und damit als angemessen ist es ferner zu bewerten, wenn die Freigabeklausel davon abhängig gemacht wird, dass die Übersicherung „nicht nur vorübergehend" besteht.[155] Beide Formulierungen sind Standard.

bb) Im Hinblick auf die **Auswahl des freizugebenden Sicherungsguts** wird man unterstreichen dürfen, dass es Sache des Vorbehaltsverkäufers ist, darüber zu befinden, welche Sicherheiten er behalten will.[156] So gesehen ist es sicherlich nicht zu beanstanden, wenn der Vorbehaltsverkäufer/Verkäufer darauf besteht, dass er etwa verarbeitete Vorbehaltsware als Sicherheit behält, weil diese für ihn eine größere Sicherheit bedeutet als die Vorausabtretung von Forderungen, welche ja mit der Zahlung des Abkäufers an den Vorbehaltskäufer/Besteller oder an dessen Bank als Zahlstelle gemäß § 362 BGB erlöschen. Selbstverständlich ist es nach § 307 Abs. 1 BGB auch nicht zu beanstanden, wenn – alternativ – das Auswahlrecht, welche Sicherungen freizugeben sind, auf den Vorbehaltskäufer/Kunden als Sicherungsgeber verlagert wird.

c) Die **Höhe des Sicherheitenüberhangs**, von dem an eine Freigabeklausel in Ansatz zu bringen ist, steht nunmehr fest.[157] Die Festle-

---

152. BGHZ 26, 185 ff.; BGH NJW 1985, 1836, 1838; BGH ZIP 1993, 105; Graf Lambsdorff, Rdnrn. 340 f.
153. BGH NJW 1990, 671 ff.
154. BGH NJW 1985, 1836.
155. Graf Lambsdorff, ZIP 1986, 1524, 1528.
156. Graf Lambsdorff, a. a. O.
157. BGH NJW 1998, 671 ff.

gung einer Freigabegrenze ist auf Grund der als abschließend zu verstehenden Entscheidung des Großen Zivilsenats keine Wirksamkeitsvoraussetzung.[158] Abzustellen ist dabei stets auf den realisierbaren Wert der gerichteten Forderungen.[159] Dieser beträgt 110% der gesicherten Forderung. Die äußerste Grenze liegt bei 150% des Schätzwertes.[160]

d) Zweifelhaft ist, ob auch eine Eigentumsvorbehaltssicherung – ähnlich wie eine sonstige Globalsicherheit – von Anfang gemäß § 138 BGB wegen Sittenwidrigkeit nichtig sein kann. Denn der BGH knüpft das Verbot der ursprünglichen Übersicherung daran, dass bereits bei Abschluss des Vertrages feststeht, dass in einem noch nicht gewissen, aber vorausbedachten Verwertungsfall ein anfälliges Missverhältnis zwischen dem realisierbaren Wert der Sicherheiten und der gesicherten Forderung besteht.[161] Denn beim Eigentumsvorbehalt steht die Weiterveräußerung der Sache, nicht ihre Verwertung im Vordergrund. Erreicht wird daher in der Regel ein über dem Preis der Vorbehaltsrechte liegender Erlös, nicht nur ein Zerschlagungswert, wie bei der Verwertung von Globalsicherheiten. Daher ist § 138 BGB auf Eigentumsvorbehaltsrechte regelmäßig nicht anwendbar.

§ 9
Gerichtsstand – Erfüllungsort

(1) Sofern der Kunde Kaufmann ist, ist unser Geschäftssitz Gerichtsstand; wir sind jedoch berechtigt, den Kunden auch an seinem Wohnsitzgericht zu verklagen.
(2) Es gilt das Recht der Bundesrepublik Deutschland; die Geltung des UN-Kaufrechts ist ausgeschlossen.
(3) Sofern sich aus der Auftragsbestätigung nichts anderes ergibt, ist unser Geschäftssitz Erfüllungsort.
• Alternative *für den Verkehr mit dem Verbraucher:*
Keine entsprechende Regelung für Abs. (1). Falls praktisches Bedürfnis, dann folgende Klausel:
(1) Falls der Kunde nach Vertragsabschluss seinen Wohnsitz oder gewöhnlichen Aufenthaltsort aus dem Geltungsbereich der Bundesrepublik Deutschland verlegt, ist unser Geschäftssitz Ge-

---

158. BGH a. a. O.
159. BGH GS ZIP 1998, 235, falls Deckungsgrenze nicht vereinbart ist; BGH ZIP 1993, 105.
160. BGH a. a. O.
161. BGH ZIP 1998, 684, 685.

richtsstand. Dies gilt auch, falls Wohnsitz oder gewöhnlicher Aufenthalt des Kunden im Zeitpunkt der Klageerhebung nicht bekannt sind.
(2) Übernahme von Abs. (2).

Erläuterungen

1. Gerichtsstandsklauseln
2. Salvatorische Klauseln
3. Trennbarkeit von AGB-Klauseln
4. Ersatz-AGB
5. Erfüllungsortklauseln
6. Verkehr mit dem Verbraucher

1. Gerichtsstandsklauseln

Gerichtsstandsvereinbarungen unter Vollkaufleuten werden gemäß § 38 Abs. 1 ZPO zugelassen – gleichgültig, ob es sich um **Handelsgeschäfte** oder um **Privatgeschäfte** handelt. Darin liegt – gemessen an § 310 Abs. 1 BGB – ein Unterschied, weil diese Bestimmung alle Kaufleute einschließt, aber nur deren Handelsgeschäfte, nicht deren Privatgeschäfte erfasst.

In gleicher Weise gestattet § 29 Abs. 2 ZPO eine an den **Erfüllungsort**[1] anknüpfende Gerichtsstandsvereinbarung nur dann, wenn sie zwischen Vollkaufleuten getroffen wird.

Die Bestimmungen der §§ 29 Abs. 2, 38 Abs. 1 ZPO gelten für Individualvereinbarungen ebenso wie für AGB-Klauseln. Soweit aber AGB-Klauseln für eine Gerichtsstandsvereinbarung herangezogen werden, gelten die Bestimmungen der §§ 305 ff. BGB ungekürzt.[2]

a) Die Vorschriften über die örtliche, sachliche – aber auch über die international-prozessrechtliche – Zuständigkeit stellen nicht nur Zweckmäßigkeitsregelungen dar, sondern enthalten Gerechtigkeitserwägungen, die berechtigten Interessen der Parteien dienen.[3] In den §§ 12 ff. ZPO liegt demzufolge ein wesentlicher Grundgedanke der gesetzlichen Regelung im Sinn von § 307 Abs. 2 Nr. 1 BGB.

b) Ob Gerichtsstandsvereinbarungen in AGB-Klauseln gegen § 307 Abs. 2 Nr. 1 BGB dann verstoßen, wenn sie einen Gerichtsstand bestimmen, der nicht denjenigen entspricht, die sich aus den §§ 12 ff. ZPO ergeben, ist umstritten.[4] Im Ergebnis ist diese Frage

---

1. Vgl. §§ 269, 270 BGB.
2. BGH NJW 1983, 1320, 1322; BGH ZIP 1987, 1185, 1100, OLG Köln, ZIP 1989, 1068.
3. Zöller/Vollkommer, ZPO, § 38 Rdnr. 5.
4. Bejahend: Schmidt, in Ulmer/Brandner/Hensen, AGB-Recht, Teil 3 (4) Rdnr. 3; Erman/Roloff, BGB, § 307 Rdnr. 116; MünchKomm/Kieninger, BGB, § 307 Rdnr. 278; Palandt/Grüneberg, BGB, § 307 Rdnr. 93; Soergel/Stein, BGB, § 9 AGBG Rdnr. 78.

1. Gerichtsstandsklauseln

jedoch zu bejahen.[5] Auch die instanzgerichtliche Judikatur vertritt diese Auffassung.[6]

aa) Das OLG Köln[7] hat allerdings eine Gerichtsstandsvereinbarung als überraschend gemäß § 305 c BGB qualifiziert, in der ein Gerichtsort gewählt war, der mit dem Sitz des AGB-Verwenders nicht übereinstimmte, obwohl für diesen wie auch für seinen Geschäftspartner ein gemeinsamer gesetzlicher Gerichtsstand bestand.[8] Ausdrücklich offen gelassen hat das OLG Köln[9] indessen die Antwort auf die Frage, ob eine Gerichtsstandsvereinbarung auch dann überraschend im Sinn von § 305 c BGB ist, die weder mit dem eigenen Geschäftssitz des AGB-Verwenders noch mit dem des Geschäftspartners übereinstimmen.[10] Denn das Überraschungsmoment lag in dem vom OLG Köln entschiedenen Fall, wie bereits kurz angedeutet, darin, dass beide Vertragspartner einen gemeinsamen gesetzlichen Gerichtsstand begründet hatten.

bb) Im Übrigen ist darauf hinzuweisen, dass die formularmäßige Vereinbarung eines Gerichtsstandes davon geprägt ist, dass die §§ 12 ff. ZPO wesentliche **Grundgedanken der gesetzlichen Regelung** im Sinn von § 307 Abs. 2 Nr. 1 BGB reflektieren.[11] Es ist daher erforderlich, dass der Verwender ein **berechtigtes Interesse** an der Vereinbarung eines Gerichtsstandes nachweist.[12] Ein einfaches „Bequemlichkeitsinteresse" an der Vereinbarung eines „eigenen" Gerichtsstandes reicht daher nicht ohne weiteres aus.[13] Das bedeutet allerdings nicht, dass es dem Verwender nicht freisteht, den eigenen Gerichtsstand an seinem Wohnsitzgericht als nach § 38 ZPO maßgebend zu vereinbaren. Geschieht dies, ist dies nicht ohne weiteres mit § 307 Abs. 2 Nr. 1 BGB nicht zu vereinbaren.[14]

c) Wenn – wie im **Formular** vorgeschlagen – die Gerichtsstandsvereinbarung dahin geht, den Gerichtsstand am Sitz des AGB-Verwenders zu begründen, so ist dies deswegen mit § 307 Abs. 2 Nr. 1 BGB vereinbar, weil dort auch regelmäßig der Erfüllungsort gemäß

---

5. OLG Hamburg VersR 1986, 808; OLG Hamburg VersR 1986, 1023; a. M. LG Karlsruhe JZ 1989, 690 mit ablehnender Anmerkung von Wolf; AGB-Klauselwerke/Graf von Westphalen, Gerichtsstandsklauseln Rdnrn. 13 ff.
6. OLG Schleswig NJW 2006, 3360, 3361; OLG Frankfurt NJW 1999, 604, 605.
7. OLG Köln, ZIP 1989, 1068.
8. OLG Köln, ZIP 1989, 1068, 1069; Palandt/Grüneberg, BGB, § 307 Rdnr. 93.
9. OLG Köln, a.a.O.
10. LG Konstanz, BB 1983, 1372; Soergel/Stein, AGBG, § 9 Rdnr. 78.
11. Schmidt, in Ulmer/Brandner/Hensen, AGB-Recht, Teil 3 (4) Rdnr. 4.
12. AGB-Klauselwerke/Graf von Westphalen – Gerichtstansklausel Rdnr. 14; Schmidt a.a.O.
13. AGB/Klauselwerke/Graf von Westphalen a.a.O.
14. AGB-Klauselwerke/Graf von Westphalen – Gerichtsstandsklausel Rdnr. 15; Schmidt a.a.O.

§ 269 BGB liegt, sofern eine **Holschuld** – bezogen auf die Sachleistung – vereinbart wurde. Ist ein solcher Gerichtsstand, ohne Bedenken nach § 307 Abs. 2 Nr. 1 BGB auszulösen, vereinbart, dann stellt sich im Sinn des § 35 ZPO die Frage, ob es sich um einen für **beide Seiten ausschließlichen Gerichtsstand** handelt[15] oder ob, was vorzugswürdig ist, der Verwender mit einer solchen Klausel nur beabsichtigen will, dass gegen ihn gerichtete Klage ausschließlich vor diesem Gericht angestrengt werden können, während er selbst weiterhin berechtigt bleibt, am gewerblichen Sitz des Käufers Klage zu erheben.[16]

d) Für den Verkehr mit dem **Verbraucher** ist – alternativ – eine Gerichtsstandsvereinbarung vorgesehen, welche den Text von § 38 Abs. 3 ZPO wiederholt. Dies ist nach § 307 Abs. 2 Nr. 1 BGB nicht zu beanstanden.

2. Salvatorische Klauseln

a) Ungeachtet der eindeutigen gesetzlichen Regelung von § 306 Abs. 2 BGB finden sich in AGB-Verträgen immer wieder salvatorische Klauseln, in Form von **Erhaltungs- und Ersetzungsklauseln**. Erstere wiederholen den Grundgedanken des § 306 Abs. 1 BGB. Danach bleibt der Vertrag im Übrigen wirksam, wenn einzelne Klauseln unwirksam sind. Eine solche an § 306 Abs. 1 BGB ausgerichtete Klausel ist nach Auffassung des BGH unbedenklich.[17] Dieser Ansicht wird man aber nur bis zur Grenze des § 306 Abs. 3 BGB folgen dürfen.[18]

b) **Vertragliche Ersetzungsklauseln** hingegen zielen darauf ab, im Fall der Unwirksamkeit einer AGB-Klausel nicht das dispositive Recht heranzuziehen, sondern eine Regelung eingreifen zu lassen, deren wirtschaftlicher Erfolg entsprechend den Vorschriften der §§ 133, 157 BGB so auszugestalten ist, dass das dann gefundene Ergebnis dem der unwirksamen möglichst nahe kommt.[19] Diese Klauseln verfolgen den Zweck, das anwendbare dispositive Recht zu verdrängen und eine Lösung herbeizuführen, die im Ergebnis die Interessen des Verwenders möglichst weitreichend wahrt. Diese Klauseln sind wegen Verstoßes gegen § 306 Abs. 2 BGB gemäß § 307 Abs. 2 Nr. 1 BGB unwirksam.[20] Entscheidend ist: Sofern eine

---

15. Hierzu OLG Schleswig NJW 2006, 3360.
16. BGH NJW 1972, 1671.
17. BGH NJW 2005, 2225.
18. Erman/Roloff, BGB, § 306 Rdnr. 16.
19. Schmidt, in Ulmer/Brandner/Hensen, AGB-Recht, § 306 Rdnr. 39 ff.
20. BGH ZIP 1991, 1362, 1365; LG Köln, NJW-RR 1987, 885, 886; Schmidt a.a.O.; MünchKomm/Basedow, BGB, § 306 Rdnr. 29.

3. Trennbarkeit von AGB-Klauseln

AGB-Klausel wegen Verstoßes gegen die §§ 307 ff. BGB unwirksam ist, richtet sich der Inhalt des Vertrages nach dispositivem Recht, sofern nicht mangels der Verfügbarkeit dispositiven Rechts als eines Ersatzrechts eine **ergänzende Vertragsauslegung** nach den §§ 133, 157 BGB in Betracht kommt.[21]

aa) Zu den gesetzlichen Vorschriften im Sinn von § 306 Abs. 2 BGB gehören freilich auch die von Rechtsprechung und Judikaten herausgebildeten ungeschriebenen Rechtsgrundsätze.[22] Aus diesem Grund ist auf die §§ 133, 157, 242 BGB – **zum Zweck der Lückenfüllung** – dann im Wege der ergänzenden Vertragsauslegung zurückzugreifen, wenn das dispositive Recht keine Regelung für den entsprechenden Vertragstyp oder als Ersatzlösung für die als unwirksam qualifizierte AGB-Klausel zur Verfügung stellt.[23]

bb) Doch setzt das Eingreifen der Grundsätze der ergänzenden Vertragsauslegung nach den §§ 133, 157 BGB voraus, dass das durch die Lücke entstandene Ergebnis einseitig das **Vertragsgefüge in unvertretbarer Weise zugunsten des Kunden verschiebt**.[24] Das wird nur selten der Fall sein, wenn es sich um einen kurzfristig zu erfüllenden Kaufvertrag handelt. Denn hier stellt das dispositive Recht in aller Regel ein hinreichendes Arsenal an gesetzlichen Bestimmungen zur Verfügung, welche geeignet sind, als Lückenfüllung zu dienen.

c) Wenn allerdings, was immer wieder – auch außerhalb von Gerichtsstandsvereinbarungen vorkommt – eine pauschale salvatorische Klausel verwendet wird, indem z. B. die Formulierung dahin zielt, dass die Klausel „soweit gesetzlich zulässig" gelten soll, dann besteht Einvernehmen darüber, dass eine solche Fallgestaltung nach § 307 Abs. 1 Satz 2 BGB nicht hinzunehmen ist.[25]

3. Trennbarkeit von AGB-Klauseln

Im Rahmen der **Unwirksamkeitssanktion** von § 306 Abs. 2 BGB ist stets zu berücksichtigen, ob es sich um inhaltlich voneinander trennbare, einzeln aus sich heraus verständliche Regelungen in AGB

---

21. Statt aller Palandt/Grüneberg, BGB, § 306 Rdnr. 12 ff.; Schmidt, in Ulmer/Brandner/Hensen, AGB-Recht, § 306 Rdnr. 39 ff.
22. Palandt/Heinrichs, BGB, § 306 Rdnr. 6 m. w. N.
23. BGH NJW 1985, 621, 622; BGH NJW 1985, 2585, 2587; Schmidt, in Ulmer/Brandner/Hensen, AGB-Recht, § 306 Rdnrn. 33 ff.
24. BGH NJW 2009, 2172, 2175.
25. AGB-Klauselwerke/Graf von Westphalen – Freizeichnungsklausel Rdnr. 130 ff.; ders. Rechtsfolgen Rdnr. 39 ff.; Schmict, in Ulmer/Brandner/Hensen, AGB-Recht, § 306 Rdnr. 39 m. w. N.

handelt,[26] welche auch dann Gegenstand einer gesonderten Wirksamkeitsprüfung sein können, wenn sie in einem äußeren sprachlichen Zusammenhang mit anderen, unwirksamen Regelungen stehen.[27] Soweit dies zu bejahen ist,[28] erfolgt eine gesonderte Wirksamkeitskontrolle mit der Maßgabe, dass keineswegs die gesamte Klausel der Unwirksamkeitssanktion gemäß § 306 Abs. 2 BGB verfällt, sondern nur derjenige Teil, der unmittelbar als unwirksam im Sinn von § 307 AGB zu qualifizieren ist.[29] Diese Rechtsregel gilt freilich dann nicht, wenn der als unwirksam anzusehende Rest der AGB-Klausel im Gesamtgefüge des Vertrages nicht mehr sinnvoll ist, insbesondere, wenn der als unwirksam beanstandete Klauselteil von so entscheidender Bedeutung ist, dass von einer gänzlich neuen, von der bisherigen völlig abweichenden Vertragsgestaltung gesprochen werden muss.[30] Unter dieser Voraussetzung ergreift dann die Unwirksamkeit gemäß § 307 AGB die Gesamtklausel.[31] Die Abgrenzung zwischen Teil-Unwirksamkeit und Gesamt-Unwirksamkeit einer einheitlichen AGB-Klausel ist nicht immer ganz leicht zu finden.[32]

4. Ersatz-AGB

Unwirksam sind auch Ersatz-AGB, die bei Unwirksamkeit der Erstregelung hilfsweise gelten sollen.[33] In der kaufmännischen AGB-Praxis sind derartige Klauseln selten. Sie sind allerdings schon unter dem Gesichtswinkel von § 305 Abs. 2 BGB problematisch; ihre Unangemessenheit kann auch als Umgehungstatbestand gemäß § 306a BGB qualifiziert werden.[34] Daraus folgt unmittelbar: § 306 Abs. 2 BGB kann lediglich durch Individualvereinbarungen wirksam abbedungen werden.

---

26. Palandt/Grüneberg, BGB, § 306 Rdnr. 7.
27. Aus der Fülle der Rechtsprechung vgl. BGH NJW 2006, 1059, 1060; BGH NJW 2001, 292, 294; BGH ZIP 1989, 783, 784; BGH NJW 1988, 2106, 2107; BGH NJW 1985, 320, 325; BGH NJW 1982, 2311, 2312f.; BGH NJW 1982, 178, 181.
28. Hierzu auch AGB-Klauselwerke/Graf von Westphalen/Thüsing – Rechtsfolgen Rdnr. 15 ff.
29. BGH ZIP 1989, 783, 784.
30. BGH ZIP 1989, 783, 785.
31. BGH NJW 1984, 2816, 2817; BGH ZIP 1989, 783, 785.
32. Einzelfälle bei Palandt/Grüneberg, BGB, § 306 Rdnr. 7.
33. OLG München, NJW-RR 1988, 796; Palandt/Grüneberg, a. a. O.
34. Palandt/Grüneberg, a. a. O.

5. Erfüllungsortklauseln

Diese scheitern, wie aufgezeigt, am Vorrangprinzip von § 305 b BGB.[35] Soweit dies der Fall ist, greift auch § 307 BGB ein. Deshalb ist hier vorsichtig textiert. Denn sie unterliegen den gleichen Wirksamkeitskriterien wie eine Gerichtsstandsklausel.[36]

6. Verkehr mit dem Verbraucher

Wegen der zwingenden Bestimmung von § 38 Nr. 1 ZPO sind Gerichtsstandsvereinbarungen im gegenüber einem Verbraucher entbehrlich. Werden sie gleichwohl verwendet, dann greift § 307 Abs. 2 Nr. 1 BGB ein. Soweit die Ausnahmeregelung von § 38 Abs. 2 ZPO etwas anderes bestimmt, mag man dies, wenn hierzu überhaupt praktischer Anlass besteht, übernehmen. Erfüllungsortklauseln werden stets an § 305 b BGB gemessen. Daher sollte im nichtkaufmännischen Verkehr, wenn überhaupt, dann Abs. 2 übernommen werden. Darin liegt jedoch gemäß § 29 Abs. 2 ZPO keine wirksame Gerichtsstandsvereinbarung.

---

35. AGB-Klauselwerke/Graf von Westphalen – Erfüllungsortvereinbarungen Rdnr. 2.
36. Schmidt a. a. O.

C. Sachverzeichnis

Angebot 61 ff.
- Angebotsbindung 62 f.
- Angebotsklauseln 65 ff.
- Angebotsunterlagen 67
- Annahmeerklärung 63
Annahmeverzug 110 ff.
Anscheinsvollmacht 49 f.
Auftragsbestätigung modifizierte 63 ff.
Aufrechnungsrechte 84 ff.
Aufwendungen, Ersatz von 199 ff.
Aushandeln 14 ff.
Auslegung 219 f.
Ausschlussfrist 189
Bauwerk 203 f.
- Konkurrierende Ansprüche 204 f.
- Verschulden bei Vertragsabschluss 206 f.
Bedienungsanleitung 155
Beschaffenheitsgarantie 103 f., 146 ff., 176 ff.
- unselbständige Garantie 178
Beschaffenheitsvereinbarung 145 ff.
- Anpreisungen 146
Beweislastumkehr 105 f.
Drittklauseln 57
Duldungsvollmacht 49 f.
Eigentumsvorbehalt 227 ff.
- Besitzmittlungsverhältnis 235 f.
- Herausgabeanspruch 238
- Kollision von Bedingungen 231
- Lieferschein 231
- Rechnung 231
- Versicherungsschäden 237
- Erlöschen 236 f.
Einbeziehung 21 ff., 52 ff.,
- Ausländer 58
- Branchenübliche AGB 25 f.
- Laufende Geschäftsbeziehungen 24 f.
- Nachbestellung 25 f.
- Unternehmerischer Verkehr 21 ff.
- Verbraucher 52 f.
Erfüllungsgehilfe 104 ff., 114 ff.
Erfüllungsort 95 ff., 96, 130 f., 130 ff., 253 f., 259

Ersatz-AGB 258
Ersatzlieferung 161 ff.
- Abwicklung 164
- Aus- und Einbaukosten 162, 166
Fahrlässigkeit 102, 124
Falschlieferung 155 f.
Fehlschlagen der Nacherfüllung 171 ff., 192 f.
Fixgeschäft 118 ff.
Fremdsprachliche AGB 27 f.
Freigabeverpflichtung 251 ff.
Freizeichnungsklausel 221 ff.
Gefahrenübergang 130 ff.
Gerichtsstand 253 ff.
Grobe Fahrlässigkeit 103. 124, 129
Haftungsbegrenzung 125, 200 f.
Haftungsfreizeichnung 129, 186 ff.
- Ausschlussfristen 189
- Körper- und Gesundheitsschaden 187
- Produktfehler 187 f.
Haltbarkeitsgarantie 208 f.
Handelsklauseln 131 f., 135 f.
Holschuld 96
Incoterms 131 f.
Individualabrede, s. Aushandeln
Kardinalpflicht 193 f.
Kaufmännisches Bestätigungsschreiben 29 ff.
- Abwehrklausel 34, 37 f.
- Auftragsbestätigung 30
- Ausschließlichkeitsklausel 34, 37 f.
- Deklaratorisches 30
- Geltungsklausel 34, 37 f.
- Kollision von AGB 34 ff.
- Konstitutives 30
- Modifizierte Auftragsbestätigung 35
- Schweigen 33
- Widerspruch 32 f.
Kundenfeindlichste Auslegung 220
Lieferregress 162 f., 209 ff.
- Ersatzlieferung 211
- Gefahrenübergang 212
- Gemeinkosten 212

- Gleichwertiger Ausgleich 213 ff.
- Großer Schadensersatzanspruch 210 f.
- Handlingkosten 211
- Kleiner Schadensersatzanspruch 211
- Rückrufaktion 214
- Verbrauchsgüterkauf 210 ff.
- Verjährung 216 f.

Lieferverzug
- Haftungsbegrenzungsklausel 125 ff.
- Rechtsfolgen 98 ff., 101 ff., 107 ff.
- Schadensersatz 119 ff.

Lieferzeit 92 ff.
Mangelbeseitigung s. Nacherfüllung 157 ff.
Mängel 137 ff.
- Katalog 153
- Nacherfüllung 157 ff.
- Negative Beschaffenheitsvereinbarung 150
- Objektiver Fehler 148 ff.
- Öffentliche Äußerung 151 ff.
- Prospekte 153
- Schadensersatz 174 ff.
- Verletzung wesentlicher Vertragspflichten 190 ff.

Mängelrüge 139 ff.
- Mitverschuldenseinwand 142 f.
- Rügefrist 141 f.
- Untersuchung 139 ff.
- Unverzüglichkeit 143 f.

Mehraufwendungen 111
- Mitwirkungspflichten 113 f.
- Pauschalierung von Mehraufwendungen 112

Minderung 170 ff.
Montage 154 f.
Montageanleitung 154
Nacherfüllung 157 ff.
- Ausbaukosten 159 f.
- Bringschuld 158
- Ersatzlieferung 161 ff.
- Holschuld 158
- Obliegenheit des Käufers 157 f.

Preisanpassungsklauseln 60, 75 ff.
- Kostenelementsklauseln 75 ff.

Preisvorbehaltsklauseln 80 ff.
- Dauerschuldverhältnis 82 ff.

Produktbeschreibung 148
Produkthaftpflichtversicherung 168, 19

Produkthaftung 225 ff.
Rechtsmangel 156 f., 202
Rücktritt 108 ff., 128
Rügepflichten 182 ff.
- Aufklärungspflicht 183
- Beratungspflicht 183
- Beweislast Verbrauchsgüterkauf 184 f.
- Schutzpflichten 184
- Untersuchungspflicht 182 f.
- Warnpflicht 183 f.

Sachversicherung 197 f.
Salvatorische Klausel 256 f.
Schadensersatz 119 ff.
- Abstrakte Schadensberechnung 122 f.
- Differenztheorie 120
- Großer Schadensersatzanspruch 180 f.
- Kleiner Schadensersatzanspruch 180
- Konkrete Schadensberechnung 121 f.
- Verletzung wesentlicher Vertragspflichten 190 ff.

Schadensersatz (Mängelhaftung) 174 ff.
- Entgangener Gewinn 175
- Untersuchungspflicht 175

Schickschuld 96
Schriftformklausel 42 ff.
- Bestätigungsklausel 47 ff., 59 ff.
- Beweisvermutung 44
- Deklaratorische 42
- Einfache 45 ff.
- Konstitutive 43
- Stillschweigende Aufhebung 43 f.

Schulden bei Vertragsabschluss 224
Selbstbelieferungsklausel 116 f.
Selbstvornahme 169
Skonto 73 f.
Trennbarkeit von AGB 257 f.
Überweisung 70 ff.
- Ausführungsfrist 72
- Institutsinterne 70
- Institutsfremde 70
- Kundenkennung 71
- Rechtzeitigkeit 72 f.

Unklarheitenregel 218 f.
Unmöglichkeit 97 f.
Untersuchungspflicht des Käufers 167, 175

Sachverzeichnis

Verjährung 202 ff.
Verjährungsfristen 189
Verlängerter Eigentumsvorbehalt 222 ff., 239 ff.
– Einziehungsermächtigung 243 ff.
– Erlös Abführungspflicht 244 f.
– Gutgläubiger Erwerb 242 f.
– Kontokorrent 239 ff.
– Sale-and-Lease-Back 241 f.
– Scheinbestandteil 250 f.
– Teilabtretung 240
– Verarbeitungsklausel 248 f.
– Verbindungsklausel 249 f.
– Verbindung mit Grundstück 250 f.
– Verlängerter Eigentumsvorbehalt 251 ff.
 – Freigabeverpflichtung 251 ff.
– Vermischungsklausel 249 f.
– Weiterverarbeitungsbefugnis 246 ff.
– weitere Veräußerung 241
– Widerruf 244
 – Freigabeverpflichtung 251 ff.

Verschulden bei Vertragsabschluss 195 ff.
– Haftungsfreizeichnung 195 ff.
Versendungskauf 96, 116, 134 f.
Vertragsabschluss 55
– Fernmündlicher 55 f.
Vertragsauslegung, ergänzende 221, 257
Vielzahl 12 f.
Vorformulieren 11 f.
Vorsatz 102 f.
Wechsel 74 f.
– Diskontspesen 74 f.
– Wechselspesen 74 f.
Weiterfressender Schaden 207, 226
Wissenserklärung 146
Zahlungsverzug 88 ff.
– Billigkeit 90
– Mahnung 90, 100
– Rechtzeitigkeit der Leistungshandlung 91
– Verzugsfolgen 91 f.
Zurückbehaltungsrecht 88
Zuweniglieferung 155 f.

Die Beck'schen Musterverträge im Überblick

Arbeitsrecht

1	Kopp	Arbeitsvertrag für Führungskräfte	4. Auflage	2001
2	Jaeger	Der Anstellungsvertrag des GmbH-Geschäftsführers	5. Auflage	2009
9	Bengelsdorf	Aufhebungsvertrag und Abfindungsvereinbarungen	5. Auflage	2011
12	Klemm/Hamisch	Betriebliche Altersversorgung	4. Auflage	2009
17	Röder/Baeck	Interessenausgleich und Sozialplan	4. Auflage	2009
23	Münzel	Chefarzt- und Belegarztvertrag	3. Auflage	2008
24	Abrahamczik	Der Handelsvertretervertrag	3. Auflage	2007
39	Hunold	Befristete Arbeitsverträge nach neuem Recht	2. Auflage	2008
43	Haas/Ohlendorf	Anstellungsvertrag des Vorstands der Aktiengesellschaft	2. Auflage	2010
55	Hromadka/Schmitt-Rolfes	Der unbefristete Arbeitsvertrag	1. Auflage	2006

Familienrecht

7	Brambring	Ehevertrag und Vermögenszuordnung unter Ehegatten	6. Auflage	2008
10	Grziwotz	Partnerschaftsvertrag für die nichteheliche und nicht eingetragene Lebensgemeinschaft	4. Auflage	2002
15	Krenzler	Vereinbarungen bei Trennung und Scheidung	5. Auflage	i. Vorb.
44	Winkler	Vorsorgeverfügungen	4. Auflage	2010

Erbrecht

18	Wegmann	Ehegattentestament und Erbvertrag	4. Auflage	2010
19	Kössinger	Das Testament Alleinstehender	4. Auflage	2010
45	Burandt/Franke	Unternehmertestament	1. Auflage	2003

Neue Medien

37	Schröder	Softwareverträge	3. Auflage	2008

Gesellschaftsrecht

6	Langenfeld	Gesellschaft bürgerlichen Rechts	7. Auflage	2009
8	Reichert/ Harbarth	Der GmbH-Vertrag	3. Auflage	2001
13	Hahn/Gansel	Der Gesellschaftsvertrag der Kommanditgesellschaft	3. Auflage	i. Vorb.
14	Sommer	Die Gesellschaftsverträge der GmbH & Co. KG	4. Auflage	2012
25	Stuber	Die Partnerschaftsgesellschaft	2. Auflage	2001
29	Wahlers	Die Satzung der kleinen Aktiengesellschaft	3. Auflage	2003
47	v. Holt/Koch	Stiftungssatzung	2. Auflage	2011
49	Kästle/ Oberbracht	Unternehmenskauf – Share Purchase Agreement	2. Auflage	2010
50	von Holt/Koch	Gemeinnützige GmbH	2. Auflage	2009
61	Timmerbeil/ Pfeiffer	Unternehmenskauf Nebenvereinbarungen	1. Auflage	2010

Miete und Wohnungseigentum

3	Sauren	WEG-Verwalter	4. Auflage	2009
20	Schultz	Gewerberaummiete	3. Auflage	2007
35	Munzig	Teilungserklärung und Gemeinschaftsordnung	2. Auflage	2008

Wirtschaftsrecht

4	Westphalen	Allgemeine Verkaufsbedingungen	7. Auflage	2012
5	Westphalen	Allgemeine Einkaufsbedingungen	5. Auflage	2009
22	Möffert	Der Forschungs- und Entwicklungsvertrag	3. Auflage	2008
26	Poser/Backes	Sponsoringvertrag	4. Auflage	2010
30	Flohr	Franchisevertrag	4. Auflage	2010
31	Wauschkuhn	Der Vertragshändlervertrag	3. Auflage	2009
34	Fammler	Der Markenlizenzvertrag	2. Auflage	2007
42	Flohr	Masterfranchise-Vertrag	1. Auflage	2005
53	Philipp	Factoringvertrag	1. Auflage	2006
54	Ulmer-Eilfort/ Schmoll	Technologietransfer	1. Auflage	2006
56	Kotthoff/Gabel	Outsourcing	1. Auflage	2008
57	Poser	Konzert- und Veranstaltungsverträge	2. Auflage	2012
59	Münchow/ Striegel/Jesch	Management Buy-Out	1. Auflage	2008